ANDRÉ BRUGIROUX

LA TERRE
N'EST QU'UN SEUL PAYS

ROBERT LAFFONT

Maquette : Carlo Wieland

ISBN 2-221-00265-2

« La Terre n'est qu'un seul pays
et tous les hommes en sont les citoyens. »

Bahá'u'lláh (1817-1892)

SOMMAIRE

1

AU BOUT DE LA ROUTE

Je m'étais juré que la dernière voiture me déposerait devant la porte. Chez moi.

La trouverai-je cette dernière voiture, en ce jour d'octobre 1973. Le temps était incertain, l'air relativement frais et humide. Novembre approchait. J'avais froid, pour la dernière fois sans doute.

Je marchais dans les rues de Troyes, sur les trottoirs humides il n'y avait presque personne, à l'exception d'un flic qui très vite me repéra. Le quatrième depuis Strasbourg.

— Vos papiers !

Triste retour ! Après tant d'années passées sur tous les chemins de la terre, j'étais suspect, à 136 km de chez moi, dans mon propre pays.

— Au bout de la descente, de l'autre côté du pont, tu trouveras la Nationale.

Je ne devais pas m'éterniser à Troyes, il me le faisait clairement sentir.

L'endroit était très mauvais pour arrêter une voiture. Je le compris d'emblée, comme par instinct. Je marchai encore vingt minutes, sans m'en rendre compte, sans sentir sur mon dos le poids de mon sac qui me donnait des allures de vagabond, de suspect... J'avais oublié le flic, le sac, le froid. J'étais de retour. Plusieurs usines grisâtres rappelaient leurs ouvriers après le casse-croûte. Encore un virage assez large, une légère descente. Je passais la dernière grille, le dernier bâtiment. Devant moi s'étendaient des champs déserts, prêts pour l'hiver.

Je m'arrêtai et posai mon sac à mes pieds. J'étais arrivé au point « stratégique », à l'endroit où les chances d'être pris sont les meilleures. Au fil des kilomètres, j'en avais parcouru des centaines de mille, j'avais acquis cette expérience du « point ». J'étais assez loin du centre de la ville, la plupart des voitures qui passaient là allaient forcément sur Paris. Un dernier panneau de zone urbaine modérait encore leur vitesse. Il y avait de la place sur le bas-côté. J'étais bien visible. Il ne pleuvait pas. Les conditions les meilleures étaient réunies. J'en étais certain, je le sentais, en un tel point, on ne pouvait pas ne pas me prendre. Il me suffisait d'attendre. Une heure, deux heures, davantage ?

Je me tenais debout, au passage de chaque véhicule, je tendais le bras droit machinalement, bien à l'horizontale, le pouce levé. Les voitures défilaient. Un soleil pâle et timide tentait de percer. Je n'avais pas envie de passer la fin de la journée et la nuit là.

J'avais dormi, la veille, dans une cabane abandonnée, près de Chaumont. L'endroit était glacial. Je n'avais quitté que mes chaussures avant de me glisser dans mon duvet, étendu sur un sol douteux. Au milieu de la nuit, une douleur dans le dos et le froid m'avaient réveillé. Je grelottais. Ne pouvant plus tenir j'avais marché longtemps dans le brouillard, dans l'espoir de me réchauffer. Puis, contrairement à tous mes principes, j'avais, en pleine obscurité, tendu le pouce. Quelle heure pouvait-il être ? Je n'avais pas de montre. Un Cambodgien me l'avait dérobée, une nuit dans une école de Phnom-Penh. Je ne l'avais pas remplacée. Un souci de moins !

La route grimpait. De lourds camions, aveuglants, passaient lentement, faisant hurler leur moteur à chaque changement de vitesse. Je sautillais sur place, me frappant des bras les épaules et la poitrine. Le lieu, une côte, l'heure et l'étroitesse de la chaussée n'étaient pas propices, et pourtant, un peu avant le lever du jour, j'avais pu « décoller ».

J'étais beaucoup plus optimiste cette fois. Je fixais dans les yeux, souriant pour inspirer confiance, chacun des conducteurs qui me dépassait. Je savais qu'on allait me prendre mais ignorais quand. Il n'y a vraiment pas de loi. Pour être plus précis, au terme de six années de pratique, j'avais découvert deux principes qui régissent l'auto-stop : le point stratégique et savoir attendre. Attendre et attendre encore, des heures et même des jours, s'il le faut. Question de temps.

Le temps. Je ne pense pas en avoir davantage à ma disposition qu'un autre mortel, mais il me semble en avoir une conception différente. Jamais je ne le perds, même lorsque je suis au bord de la route. Je suis comme un pêcheur à la ligne. Même patience, même détente aussi. Calmement je « lance » mon bras, pouce dressé, et puis j'attends. De temps à autre comme un pêcheur, je remonte ma ligne, je replie le bras, puis le rejette. Ce faisant je n'ai pas la tête vide. Je regarde le ciel, la course des nuages. Le spectacle de la nature, des arbres et des champs m'émerveille. Mes pensées, claires et heureuses se faufilent : réfléchir, méditer. La notion de profit personnel me paraît évidente. Hélas, ce genre de profit ne semble intéresser personne de nos jours. Pouvoir réfléchir, rêver, ne penser à rien, même, c'est mon luxe. D'autres adorent la pêche, moi c'est un peu la même chose : j'aime ça.

Une 2 CV s'arrêta...

Patrick allait sur Paris. Je m'installai et sortis mon carnet de notes. Sous le nom FRANCE, porté en haut d'une des dernières pages, je traçai un petit trait. Le douzième. Mon douzième « lift » depuis Strasbourg. Mon 1 978ᵉ depuis le début de mon tour du monde, six ans plus tôt.

De novembre 1967 à octobre 1973, j'ai parcouru la presque totalité des 340 000 km de mon tour du monde, à bord de 1 978 voitures, camions, avions ou embarcations diverses.

Jamais je n'ai trouvé normal qu'une voiture s'arrête et accepte de me prendre à bord. Jamais je n'ai maudit les chauffeurs qui ne voulaient pas de moi. Pour moi, le miracle s'est produit 1 978 fois et chaque fois j'étais comme surpris. 1 978 fois merci. Pour ma part, j'ai toujours tenu à rembourser à ma façon l'ami automobiliste qui me prenait en charge. Comment ? En lui racontant mes voyages lorsqu'il le désirait, en m'intéressant à lui, à sa famille, à ses soucis parfois. Lorsque je n'étais pas en forme, je faisais un effort. C'est la moindre des choses. Il m'est arrivé de jouer les mimes Marceau avec des chauffeurs dont je ne connaissais pas la langue. On finissait par se comprendre et par s'offrir quelques éclats de rire qui nous faisaient du bien à tous deux. Le stop que j'ai toujours considéré comme une chose naturelle a été pour moi, en définitive, un incomparable moyen de grandir, d'apprendre à me connaître, de jauger mes capacités, de jouer mon personnage à pleine mesure : une révélation ! En stop, j'ai fait le tour de moi-même, non sans peine. Des amis du monde entier m'ont donné un appréciable coup de main. Merci à tous. Merci pour le coup de frein, pour le petit clignotant chaleureux, pour la portière ouverte sur l'amitié.

Patrick avait passé quelques mois à Auroville, en Inde. La sympathie naquit très vite. Il parlait de Pondichéry où j'avais moi-même séjourné dans un ashram voisin, des grands gourous, des maîtres spirituels de notre temps, du passé. Notre conversation coulait agréablement. Je ne vis passer aucun des kilomètres, tant nos propos nous exaltaient, tant l'harmonie soudaine qui nous unissait était réelle. Patrick avait été profondément marqué par son séjour en Inde.

— Où habites-tu exactement ?

— Brunoy.

— Connais pas ! ça se trouve où ?

— A 9 km de Brie-Comte-Robert, dans la banlieue sud-est, sur une départementale. Tu n'auras qu'à me déposer à Brie, en passant.

— Mais pas question. Je vais te conduire jusque chez toi. Je veux être ton dernier lift. Après six ans de tour du monde en stop, tu ne vas plus poireauter. Et puis ça me fait plaisir !

A Brie-Comte-Robert, Patrick quitta la Nationale. Périgny : 7 km. Mandres-les-Roses : 4 km. J'avais gagné : j'avais fait du stop jusqu'au bout ! Personne ne m'acclamait. Le long des derniers kilomètres, il n'y avait ni foule ni banderole, seuls les poteaux indicateurs égrenaient les noms des communes que j'avais parcourues, étant enfant. Ces noms signifiaient « Arrivée » et aussi victoire. Un certain vertige gagnait ma tête. Brunoy. Je me disais, tout en pensant entendre un autre moi-même, un étranger en quelque sorte : « J'arrive, chez moi, à Brunoy. Je rentre, c'est fini. Je suis à Brunoy. » Il sonnait drôlement, ce nom pourtant si familier qui surgissait de mon enfance. J'en avais entendu tellement depuis, exotiques, imprononçables, mystérieux ou inquiétants. Brunoy, ma ville natale.

Je ne reconnaissais rien. D'affreuses HLM avaient investi le plateau de Mandres. Les blés, les champs de roses avaient disparu sous le béton et le bitume. La plaine d'Epinay où j'allais planter la tente avec les scouts, n'existait plus. Une ville neuve et froide l'avait envahie. Arbres, verdure, chants d'oiseaux, tout cela appartenait à mes souvenirs.

« Route de Brie », « la Pointe à Chalène », « rue du Plateau », j'approchais. Le nom de ces rues me parlait, les murs, chaque maison, chaque jardin sollicitait ma mémoire. J'étais aux Mardelles, dans mon quartier. J'étais arrivé.

— Laisse-moi donc au cimetière. Ce n'est pas loin de chez moi, je finirai à pied.

Je poussai une grande grille, toute neuve, Une rangée de cyprès formait un écran sombre. Le cimetière, à l'image des villages devenus villes, s'était agrandi. Il n'en était que plus anonyme. J'avais l'impression de n'y être jamais entré. Et pourtant. Neuf ans plus tôt...

Je dus demander au gardien de m'indiquer la tombe de ma mère. Tout était si différent. La pierre elle-même avait été changée. Très simple. Comme le fut ma mère.

Elle nous a quittés en février 1965.

Ce jour-là et longtemps encore je me sentis très seul, perdu, douloureux. Le cordon ombilical avait été coupé pour la seconde fois. Je ne pleure jamais, je n'ai jamais pleuré, mais le monde de mon enfance s'était écroulé soudain. A mes pieds, autour de moi, un vide effrayant découvrait ma solitude.

Je pense souvent à ma mère, l'évocation de son visage, si doux, me fait du bien. Elle possédait le vrai courage, une extrême gentillesse et une grande finesse d'esprit. Les trois qualités que j'admire le plus.

Ma mère avait une conception de l'existence, une philosophie simple qui faisait du contentement un principe général de vie. A l'époque, ce que je baptisais sa théorie de la tuile me faisait sourire. Ma mère a toujours pensé que si, par un jour de grand vent, elle avait reçu, au cours d'une promenade, une tuile sur la tête, il lui aurait fallu remercier Dieu de ne pas lui avoir expédié le toit entier, et non l'invectiver. Aujourd'hui, je ne pense plus différemment. J'ai compris. Sa « théorie » m'a été d'un grand secours tout au long de mon interminable et éprouvant périple. J'ai appris et compris la leçon de maman : savoir accepter son sort. Ce qu'elle appelait le contentement est pour moi une des conditions du bonheur.

Au pied de sa tombe, neuf ans plus tard, je n'étais plus du tout le même. J'étais très calme, serein, j'ose le dire : j'étais très heureux, j'étais à nouveau près d'elle. J'avais oublié la détresse qui m'avait submergé lors de sa mort, l'atmosphère suffocante de l'enterrement, le choc terrible de la séparation irrémédiable. Un homme nouveau se tenait là, devant cette sépulture qui, pour les autres, ceux qui ne savent pas, est un lieu terrible. Un homme nouveau de retour d'une longue quête, après avoir découvert des vérités si belles qui me permettaient en plein cimetière de dialoguer avec maman dans la joie.

Le monde que j'ai scruté, visité, les hommes que j'ai connus, aimés, sous toutes les latitudes, m'ont appris tant de choses que je me sens autre. Aujourd'hui je sais.

Je sais que la mort n'est rien, que lorsque l'on brise sa cage, l'oiseau s'envole vers la liberté, je sais qu'il ne meurt pas. Notre corps n'est qu'une cage, que brise la mort, nous libérant vers des horizons plus vastes, plus lumineux.

Je suis encore dans cette « prison », maman n'y est plus ;

mais je ne crois pas que nous soyons vraiment séparés. De retour, je sais qu'elle est heureuse. Tout au long de mon aventure, elle n'a jamais cessé de m'aider, de me soutenir. Ce voyage est ma dette envers elle, il me fallait la saluer la première, lui dire merci, lui dire mon bonheur, ma joie.

Caresse affectueuse, je passais mes doigts sur la pierre polie et brillante. Je réalisais que depuis six ans j'avais cueilli les fruits de ce que maman avait semé toute sa vie durant ; et sans doute n'avais-je pas achevé ma récolte.

Elle n'avait jamais refusé, au vagabond qui se présentait à la porte de notre modeste pavillon, un grand sandwich garni de beurre et de jambon. Il ne se passait jamais, chez nous, de jour de fête sans que maman porte une part de gâteau à notre voisine, Mme Julien, une Russe blanche qui vivait seule dans une grande misère. Quelque temps après la dernière guerre, elle n'avait pas hésité, alors que la France était en ruine, à recevoir de jeunes touristes allemands. Elle était incapable de haine. Elle avait toujours eu les mêmes attentions, elle accueillait avec une générosité identique mes camarades de classe ou les Africains que j'invitais à la maison à mon retour du Congo. Durant la guerre d'Algérie, nous avions deux locataires algériens. Jamais un mot contre quiconque, un seul souci : servir avec amour.

Elle m'a appris à aimer les hommes du monde entier, de toutes les races, de toutes les croyances. Chaque fois en ouvrant sa porte à un étranger, elle m'avait ouvert une porte à l'autre bout de la terre. Ainsi continuait-elle de veiller sur moi.

La France est aimée, moins pour son rayonnement culturel et ses succès technologiques, que parce qu'elle ne peut plus mordre. On ne jalouse que les puissants. D'ailleurs, c'est bien involontairement que je suis né en France, comme ça, par hasard, blanc, catholique et français.

Je suis intimement persuadé d'une chose, le tour du monde est une affaire de Blanc. Un Noir n'aurait jamais pu faire ce que j'ai fait. Catholique : hors de l'Eglise point de salut ! Naître catholique et français — la France ! fille aînée de l'Eglise de Rome, comble du bonheur et de la chance aussi.

Autrefois je plaignais les malheureux qui avaient eu la déveine de voir le jour sous d'autres cieux, en Barbarie.

Aujourd'hui je sais aussi que l'Eglise catholique et romaine n'est qu'une secte, aux rites impraticables dans la plupart des pays, fréquemment mal vue, dont la doctrine restreint considérablement l'horizon de notre pensée. Mahomet et Bouddha sont des charlatans ; Gandhi : il n'est pas question de le canoniser. Ces notions de catéchisme et de sermons dominicaux m'avaient choqué.

J'ai quitté la France, en 1955, à l'âge de dix-sept ans. Innocent et candide. J'avais des idées forgées par une littérature scolaire et officielle. La France, tempérée, était la patrie rêvée, debout elle éclairait le monde, portant à bout de bras le flambeau de la civilisation. A dix-sept ans, en 1955 — la date a son importance — je croyais que le policier était un homme probe, le prêtre, un saint homme, le médecin, un faiseur de miracles !

Je croyais aussi que l'homme urinait debout, la femme accroupie, que l'on offrait des fleurs sous cellophane, qu'il n'y avait rien de choquant à embrasser une fille dans la rue et qu'il était de bon ton, pendant le repas, de garder les mains sur la table. C'est tout cela que j'allais remettre en question lorsque pour la première fois je balançai mon sac et le calai sur mes épaules.

Lors de mon passage au Sénégal, le journal local, *Le Soleil de Dakar,* n'avait pas hésité à titrer : « L'Ulysse des temps modernes ». En Grèce, la presse me baptisa : « Le Marco Polo des temps modernes ». A la fin de mon périple, *Le Soir* de Bruxelles concluait : « Plus fort que les cinq sous de Lavarède. » Pour moi, ces titres, ces articles aimables, que je ne veux pas renier car ils m'ont été très utiles, ne symbolisent cependant pas ce que j'ai voulu faire pendant les six dernières années. L'exploit sportif est réel, l'exploit budgétaire également, mais je ne revendique pas autant le tour de force que les années d'apprentissage incomparables qui pour moi tiendront lieu d'universités. A San Diego, en Californie, un professeur américain me confirma le caractère exceptionnel de mes « études » et leur immense valeur. « Certaines de nos universités, m'expliqua-t-il, attachent de l'importance aux voyages de leurs étudiants et les favorisent de plus en plus ». Je ne suis ni Ulysse, ni Marco Polo, mais je souhaite tout de même demeurer une sorte de précurseur. J'ai prouvé que c'était possible. Le tour du monde est la meilleure des Universités.

Je ne connais pas d'Occidental qui, après un séjour prolongé en Asie, ne soit rentré transformé. Je crois pouvoir dire que l'inverse se produit également, mais je pense sincèrement que les Occidentaux ont le grand tort de croire, forts de leur technologie, qu'ils possèdent les clés du savoir et de la sagesse. Ils oublient que les grands maîtres spirituels nous viennent tous du continent asiatique. L'Orient. Que je sache, le Christ n'est pas né aux Buttes-Chaumont, ni à Chicago (Illinois). L'humanité tout entière a la possibilité de réaliser une réelle civilisation du bonheur : il lui suffirait pour cela de vouloir unir la technique occidentale à la sagesse et à l'art de vivre de l'Orient. Il suffirait de le vouloir.

Cela, je ne l'ai pas appris sur les bancs de mon école.

J'ai appris, j'ai beaucoup appris durant mon tour des hommes, que chacune de nos actions se traduit par l'émission de « vibrations » qui, à la manière d'un boomerang, nous reviennent. Si nous agissons en parfait accord avec notre conscience et notre cœur, nous émettons de bonnes vibrations qui, en retour, créeront autour de nous une atmosphère de paix et de générosité : le paradis ; car c'est sur la terre que l'on peut le vivre. Mais les hommes ne l'entendent pas ainsi, et le grand nuage qui plane au-dessus de l'humanité est constamment chargé de mauvaises vibrations : racisme, violence, haine, préjugés. Comme un ciel surchargé d'électricité, l'accumulation de nos mauvaises actions menace l'humanité. L'homme sait craindre la tempête dès les premiers souffles qui la précèdent, mais il refuse de reconnaître qu'une grande calamité noircit notre horizon.

Un jour, aux antipodes, j'avais « poireauté » quatre heures sous un soleil torride, sur une route désertique du Queensland australien. Il n'y avait pas d'eau. Pour que mon sac soit le plus léger possible, je n'avais jamais de gourde avec moi. J'étais assoiffé. Soudain, surgissant de nulle part, un homme m'apporta du thé et des sandwichs.

— *Hey, mate, you must be thirsty !* [1] Depuis le temps que tu es là... Ça fait un bout de temps que je t'observe.

Je savais, par expérience, que le thé chaud est le meilleur moyen de couper la soif. Cet homme exauçait mon désir. Je pensais à ma mère...

Ma mère ne m'a, cependant, pas poussé au voyage. Bien au contraire, chaque départ la déchirait. De son temps on n'allait pas à l'étranger et bien qu'elle ait visité la France, ainsi qu'en témoigne un vieil album photographique, je crois que son plus grand désir était de me garder auprès d'elle. En fait, nous n'avons jamais parlé de ces choses-là. D'ailleurs nous n'avions que peu de conversations. Nos relations, affectueuses pourtant, étaient celles de parents à enfants. Rien de plus. Il n'y avait pas de complicité entre nous et c'était dans l'ordre des choses.

Malgré cela, j'ai conscience de beaucoup lui devoir, à cause des « vibrations » sans doute, de son exemple.

En me présentant devant elle, je revenais en quelque sorte à mon point de départ, à l'heure du bilan. J'avais achevé mes « humanités ». J'ai été absent dix-huit ans pendant lesquels j'ai beaucoup médité, cherché, peiné et accepté aussi, parfois trop accepté. Dix-huit ans durant lesquels je n'ai jamais renoncé, abandonné. Un instinct irrésistible m'entraînait sans cesse sur le chemin difficile et tourmenté dont je sais aujourd'hui qu'il est celui de la vérité. Je me demande comment l'individu peut croître sans emprunter un jour ou l'autre ce sentier de la connaissance de soi-même, itinéraire malaisé, non balisé, obscurci par les hommes eux-mêmes, tortueux, éprouvant, sur lequel je m'engageais, sans le savoir vraiment, en 1955. Inconscient de mon audace, chevalier-pèlerin du

1. Mon pote, tu dois avoir soif.

Moyen Age, je commençais une longue quête, j'allais parcourir le monde, en route pour un grand et complet tour de moi-même. Chemin faisant, j'ai pris soin d'observer, de contempler les hommes et leur décor, j'ai pris le temps de cueillir les fleurs de ce que je crois être le vrai bonheur.

Liées en bouquet, je les déposais aux pieds de maman.

Un courant d'air glacial me fit frissonner. Le soleil se cachait à nouveau derrière de gros nuages. Je pris mon sac et d'un balancement précis, mille fois répété, je le calai sur mes reins. Il me fit mal, il était trop bas. Mon sac, lui aussi, était fatigué, les bretelles étaient détendues, nous étions l'un et l'autre en bout de course. Bah, quelle importance après tout, nous avions tenu le coup jusqu'à la fin.

Je quittai maman. Le gravillon crissait sous mes pas. Je retrouvai les bruits de la rue, j'étais à cinq cents mètres de chez moi.

La rue de Cerçay me parut plus étroite. Je suppose que c'est toujours comme ça après une longue absence. L'imagination, le cœur, les souvenirs déformant les objets, les grandissent. J'étais chez moi, mais tout était différent. Certains noms avaient changé sur les plaques de portes, de nouveaux pavillons, des commerces avaient surgi, ça et là.

Encore quelques mètres, les derniers pas. Je me sentais las, un peu étourdi.

Rue du Chemin-vert.

Le pavillon était bien à sa place, immuable, tel que je l'avais gardé dans ma mémoire. Courbée, une silhouette s'affairait derrière la clôture. Mon père était occupé à désherber. Il se releva, mû sans doute par une intuition dont il ne soupçonnait pas la réalité, puis se figea.

Il demeura interdit. Dans ses yeux, cependant, je ne vis aucun émoi, une sorte d'hébétude plutôt.

Qu'il avait vieilli ! Il ne s'était pas remis du départ de maman. Elle était tout pour lui ; il a tout perdu.

Une grande tristesse m'envahit soudain. Machinalement, je fis un petit signe de la main.

— Papa ! Papa, mais c'est moi !

Péniblement il pressa le pas vers la porte, puis soudain s'appuyant lourdement contre la grille, porta la main à son cœur et se mit à gémir, à sangloter.

Je retrouvais un homme écrasé, malade. J'étais vraiment très peiné.

Du regard, je parcourus la salle à manger. Tout me semblait étriqué. Rien n'avait changé, rien n'avait bougé. Mêmes papiers aux murs, mêmes meubles aux mêmes places.

J'avais la tête vide, le cœur au bord des lèvres. J'étais très mal. J'ai cru m'évanouir. Ça y était. Je venais de débrayer et six années de fatigue accumulées s'abattaient soudain sur moi. Je me sentis écrasé, comme si le ciel m'était tombé sur les épaules. Mon dos me faisait de plus en plus mal. Des douleurs lancinantes, j'avais les reins en feu.

Je gravis lentement le petit escalier de bois, conduisant à ma chambre sous les combles. Sur le sol, m'attendaient des colis, des paquets, de grosses enveloppes expédiées des quatre coins du monde. Ils contenaient mes souvenirs et achats effectués au fil des kilomètres. Sculptures, peintures, objets divers, des kilos de cartes, de dépliants, des coupures de journaux relatant mon odyssée, des dizaines de lettres aux timbres rares et merveilleux. Un pêle-mêle à mes yeux, fabuleux.

Dans un ultime réflexe, je pris mon journal de bord, le septième, j'y inscrivis la date et puis me rendant compte que tout était fini, je posai mon bic sur la petite table où autrefois je faisais mes devoirs d'écolier, et m'allongeai sur mon lit. Demain, plus besoin de « toréer » la route.

Sans un mot sur mon voyage, mon père était retourné à ses occupations.

2

O.K. LES GARS ? GO...

Tout a vraiment commencé pour moi un samedi 25 novembre 1967, vers 4 heures de l'après-midi au Canada. L'heure du grand départ avait enfin sonné. Certes, voilà déjà une bonne douzaine d'années que je roulais ma bosse. Depuis un certain 30 juin 1955 pour être exact. Ma troisième année d'école hôtelière s'était achevée la veille. Sans perdre un seul jour, je me retrouvais sur le quai de la gare Saint-Lazare valise en main. Aujourd'hui, j'attendais confiant. Comme il me paraissait loin ce matin-là sur le quai où, mâchoires soudées, yeux aux aguets, j'avançais comme un automate vers un inconnu qui me terrorisait. L'Ecosse en l'occurrence car j'avais eu cette première chance de m'y faire envoyer par l'école grâce à ma place d'honneur. Je n'avais rêvé qu'à cela au cours de ma dernière année : filer outre-Manche pour apprendre l'anglais sur place. Permis de travail en poche, passeport en règle, tout se présentait bien et pourtant j'avais terriblement peur. J'étais seul. A 17 ans, on croit avoir de l'assurance, on espère passer pour un adulte mais au fond de sa poitrine, on a un cœur d'enfant. Je n'étais qu'un petit gars comme les autres et, il y a 20 ans, les jeunes ne s'embarquaient pas avec la facilité d'aujourd'hui. Je crois qu'il est bon de le rappeler. En traversant la Manche, je croyais m'embarquer au loin. Sur le marchepied de mon wagon de seconde, je ne sentais plus mes jambes mais rien ne m'aurait fait reculer. Je suis comme cela. Peur ou pas, il faut que j'aille jusqu'au bout de mes décisions et ce n'est pas aujourd'hui que je regretterai d'avoir agi ainsi. En poche, mille francs anciens que j'avais gagnés moi-même au cours d'un stage de cuisinier à Dinard. Pas brillants mes débuts de globe-trotter. Pour rien au monde, je ne pouvais imaginer alors les dix-huit années qui allaient suivre ce premier pas si tremblant, si peu glorieux. Pendant les six premiers mois en Ecosse, j'allais me sentir misérablement isolé et à chaque nouvelle langue j'allais connaître cette épouvantable sensation d'être coupé des autres. Mais en attendant, j'aurais appris l'anglais, l'espagnol, l'allemand, l'italien. Dans la difficulté, j'ai cette faculté de me replier sur moi-même en attendant l'heure de l'éclosion. Pour cela, j'ai de la patience et de la volonté pour dix.

Toutefois, je compris bien vite que hormis l'obstacle de la langue, ces « étrangers » avaient comme moi des soucis, le besoin de rire, de se détendre, des attitudes semblables à celles que j'avais connues en France et je me sentis vite proche d'eux ce qui est indispensable pour apprendre une langue. Indispensable aussi le contact avec les filles du pays pour se sentir intégré plus vite sur le nouveau sol.

Bien vite naquit mon profond dégoût pour le métier de loufiat. Je me sentais proprement déguisé dans cette tenue de pingouin. Mais je tins le coup grâce à une volonté farouche pendant 15 mois car je voulais à tout prix apprendre la langue. Et déjà, chaque jour de congé me voyait partir à la découverte d'un nouveau coin. Très vite je pris goût au voyage, je me rendis compte que j'avais un besoin impérieux de bouger, de découvrir, de voir par moi-même. Une curiosité d'esprit insatiable. C'était plus fort que moi, il fallait que je parte. Vint l'Espagne pour l'espagnol. Cette fois-ci, je me jetais sans avoir ni place, ni papiers, ni appui, ni amis. De l'argent ? Juste de quoi tenir une semaine !

— Tu te crois malin, dans une semaine tu seras de retour ! avait bougonné mon père incrédule.

Mon milieu familial — le mien était-il différent des autres ? — ne me prédisposait nullement à élargir le cercle de ma pensée, de mes réflexions d'enfants et ne favorisait pas l'idée de départ. La fin du mois était l'objectif et y parvenir sans encombre préoccupait plus que les splendeurs du Siam ou les mystères de la Papouasie. Mon père, originaire de la Bretagnolle, un petit hameau du sud de l'Auvergne, vivait en exilé dans la banlieue parisienne. A Villeneuve-Saint-Georges où il s'abrutissait à l'entretien des wagons SNCF, il rêvait à son élevage de poules, de canards, à ses chèvres et à ses légumes, à la ferme miniature qu'il avait pu recréer à Brunoy. Victime en bas âge d'un début de méningite, il n'a pas longuement fréquenté l'école et l'horizon pour lui s'arrête au bout du jardin. Il avait aussi une théorie : « J'ai mangé ma première banane à 20 ans, je ne vois pas pourquoi mes fils n'en feraient pas autant. » Pour lui, la vie doit être simple et respecter les traditions. Mes aspirations le dépassaient. Il ne les a jamais comprises. Il ne m'a jamais encouragé mais je lui dois néanmoins le goût du travail appliqué, de l'honnêteté, un certain art de vivre sobrement.

— A-t-on besoin de cavaler, d'aller courir au loin ?

Un grand-père, un ancêtre avait émigré au Canada au début du siècle. Dans leur ferme de Langeac, mes tantes en parlaient peu. La tare, le cas quoi. Pensez ! Faut être complètement « fort caillou » comme on dit dans ce coin de l'Auvergne pour tout quitter et aller vivre à des milliers de kilomètres dans un pays inconnu.

— André, arrête donc de lire tous ces livres, ça va te faire mal au crâne. Regarde-toi dans la glace, ça te donne une tête de nabot toutes ces lectures. Va donc garder les vaches, ça te fera respirer l'air pur !

Ah, chère tante Jeanne, je te revois dans la cour de ta ferme. Tu n'aimais pas me voir lire. Tu vois, ce fut plus fort que moi, que toi, plus fort que tout, je suis parti malgré tous.

Au sortir de l'enfance, tout était confus en moi et déjà naissait le besoin de partir, de vérifier par moi-même et de sélectionner ce qu'il me fallait pour vivre heureux. L'enseignement officiel est trop partial. On y parle des guerres de Religion, de l'Inquisition, des croisades mais pas du Christ. Bizarre ! Sur la carte, la France et les possessions françaises étaient en rose (la vie y était douce, sans doute !). Je me souviens aussi d'un chapitre de mon livre d'histoire qui me tirait presque des larmes : « L'homme a deux patries, la sienne et la France, terre de liberté. »

Plus tard, je découvris en Allemagne que Charlemagne était allemand, au Mexique, que les *peônes* ne savaient pas où se trouvait mon pays et que beaucoup de pays ont inventé les mêmes choses que le mien !

Qu'est-ce qui me poussait à partir envers et contre tout ? J'avais rêvé comme beaucoup d'enfants sur les images de qualité médiocre de nos géographies d'après-guerre : buffle dans la rizière, Congolais grimpant au cocotier, Touareg dans le désert, Esquimau devant un igloo, etc. Je m'enflammais à chaque passage d'un missionnaire à l'aura lointaine qui faisait son prêche une fois l'an à l'église Saint-Médard de Brunoy. Mais cela débouchait toujours sur d'amères conclusions car je ne voyais pas comment je pourrais partir sans argent. Ni même comment faire tout simplement car on ne parlait jamais voyage à la maison.

La vie des hommes me passionnait plus qu'autre chose. Mais les grandes aventures étaient réservées aux héros, n'est-ce pas ? Dans mon missel, je gardais soigneusement une image pieuse : la photo d'un homme dont le sourire et les yeux vibrant d'une intense lumière m'ont toujours frappé. Comment cet homme, Charles de Foucauld, aussi pauvrement vêtu, planté là au milieu d'un décor aussi vide et désolé, pouvait-il rayonner au point que cela apparaisse sur cette petite image populaire ? Il avait dû connaître un bonheur que je ne connaissais pas. Le voyage l'avait-il aidé à le découvrir ? Un autre homme m'avait aussi beaucoup intrigué. Saint François d'Assise. Il avait tout quitté, parents, amis, fortune pour vivre humblement en compagnie d'êtres simples auxquels il parlait avec infiniment d'amour. Il me touchait, lui aussi, parce qu'il avait su se débarrasser du carcan matériel des habitudes de son milieu. Pauvre, il était heureux et rayonnant. Pour moi, il partageait avec l'ermite de Tamanrasset le secret d'un bonheur qu'il me fallait découvrir.

En Espagne, je trouvai une place de réceptionnaire dans le meilleur hôtel de Cordoue, le soir même de mon arrivée.

Jolie récompense ! La chance sourit aux audacieux, j'apprenais ma leçon. La chance, sans elle, je n'aurais jamais réussi mon tour du monde. J'allais désormais compter dessus, comment aurais-je pu faire autrement ? Le service militaire vint interrompre l'idylle andalouse au bout d'un an. Ce que d'aucuns pensaient être une aventureuse expédition me paraissait un douillet languissement, un morne ennui, une espèce de colonie de vacances pour grands enfants : absence totale de soucis, aucune initiative à prendre, nourri, logé et blanchi sans se tracasser. Ça me faisait sourire. J'ai toujours détesté perdre mon temps. Alors que l'ambition de la majorité, nostalgique du petit bal du samedi soir, était de se rapprocher du domicile familial, de la fiancée, la mienne fut de fuir au bout du monde si possible. C'est ainsi que j'allai passer deux ans au Congo comme gérant du mess des officiers de la base aérienne de Pointe-Noire. Battu le grand Paul, l'oncle de Besançon, seul « grand voyageur » de la famille qui nous en foutait plein la vue avec ses spahis du Maroc !

La cuisine du mess était le royaume d'Albert que j'appelais Albéré, car c'est ainsi qu'il prononçait son nom. C'était un homme au vrai sens du mot et c'est à lui que je dédie ce livre, Albéré était africain, il en était fier. Il s'était accommodé de la colonisation française mais jamais il n'avait voulu jouer au Blanc. Il n'avait pas ce genre de complexe. Il était trop intelligent, trop fin pour cela. Je le trouvais merveilleux. Doté d'un grand cœur, d'un caractère volontaire, d'un sens aigu de la justice, de l'honnêteté, Albéré avait une extraordinaire conscience professionnelle, un sérieux dans son travail qui me remplissait de respect et d'admiration pour lui. Il était à la fois illettré et philosophe, à sa façon bien sûr, avec bon sens. Une fois, il pinça mon bras, puis le sien d'un air très absorbé.

— La peau « blancé » (blanche), la peau « noiré », ça na fait rien tout ça, c'est la Bon Dieu qui l'a fait tout ça !

En vieux qui connaît bien la vie, il me traitait comme un enfant sans expérience. J'étais son « piti moana » (petit enfant). En réalité, nous étions complices dans ce mess et ce pauvre Albéré s'est effondré en larmes lorsque je suis parti.

En dépit de l'interdiction de quitter la ville, je passais la plupart de mes jours de repos sur les pistes, dans les villages africains et au cœur de la forêt vierge. Je visitai même le docteur Schweitzer à Lambaréné en avril 1959. Le continent africain m'avait envoûté, je me promis d'y revenir un jour.

— De tous les pays, pourquoi faut-il que tu choisisses l'Allemagne ?! m'avait demandé l'une de mes tantes qui avait perdu son mari en 14 et ses deux fils en 40.

C'est pourtant dans cette terre « ennemie » que, paradoxalement, j'allais découvrir mon plus bel amour. Un amour qui toucha l'absolu, le sublime. Sigrid (j'ai eu de la chance que ça tombait pendant la période de réconciliation et du pacte d'amitié, quand j'y pense !). Avec l'Italie où je débutai comme cireur de chaussures, faute de mieux, et allais rencontrer la délicieuse Mirella qui me fit découvrir le sens des étoiles en me guidant par le bout du cœur, se terminaient neuf ans d'apprentissage qui m'avaient donné le goût du voyage et pas mal aguerri. J'en avais vu des vertes et des pas mûres, j'avais eu toutes les veines, connu l'Amour et l'Amitié avec des grands A, découvert un tas de choses, mais pas de réponse à ma question primordiale : Où est le secret, la source du bonheur de l'homme, de la vraie joie ?

Je me larguai en « para » — une fois de plus — en plein hiver au Canada parce que je sentais en moi qu'il fallait que je continue. Un 14 février 1965. Surprise. Les salaires étant plus élevés en Amérique du Nord, je comprenais soudain que je pouvais économiser assez pour réaliser mon impossible rêve : faire le tour du monde au complet. Mes trois ans à Toronto me servirent uniquement à préparer mon budget et mon projet.

Un métier — traducteur — que je trouvais noble et qui me plaisait, un bon salaire, un patron content de moi et qui me formait, encore un, dans le but de lui succéder quelques années plus tard, une fille francophone et adorable, Charlotte, tout marchait pour le mieux dans le meilleur des mondes. Pourtant, cette vie rangée qui me guettait, quoique douillette, n'avait aucun intérêt à mes yeux. Bien au contraire, quelque chose se décomposait en moi, une sorte d'écorce dont j'étais persuadé qu'elle renfermait une graine qui devait lever tôt ou tard au soleil de l'aventure. Un instinct, quelque chose d'impératif venant du plus profond de moi me poussait vers la route. La route avec qui j'allais lutter jour après jour pendant six ans. Je n'avais pas le choix, il me fallait partir. Partir. Pour la « belle », cette fois.

J'ai dit plus haut que c'est notamment par les filles que l'on connaît le mieux un pays, mais hélas pour toi, ma chère Charlotte, j'avais décidé de connaître beaucoup de pays ! Ni Sigrid ni Mirella n'avaient pu me retenir d'ailleurs. Je suis convaincu aujourd'hui qu'il faut être le roi du slalom pour mener à terme un tour du monde entier.

Je mis donc minutieusement sur pied un plan qui me mènerait à travers les Amériques. Je ne songeai pas à la suite, l'épreuve me paraissait en elle-même suffisante dans un premier temps. Encore imprégné du système dans lequel j'avais vécu jusque-là, je prévoyais d'effectuer le circuit en automobile avec quelques compagnons. (Obnubilé par la frénésie prophylactique ambiante, je me suis fait trouer comme une passoire pour me mettre à l'abri du moindre microbe.) Au cours des années précédentes, j'avais appris à me débrouiller seul, à agir avec audace, mais tout de même pour une expédition de cette importance, je ne me sentais pas capable d'être seul. Qui pourrait raisonnablement penser le contraire ? L'inconnu me faisait encore un peu peur tout en m'attirant inexorablement. Ce n'est qu'à la dernière minute que je dénichai deux jeunes Canadiens qui devaient partir une semaine plus tard faire le tour de l'Amérique du Sud en taxi londonien et cherchaient un troisième compagnon pour partager les frais. Bien mal m'en pris car j'allais vite le regretter. Une semaine, le délai me parut long. J'étais prêt depuis si longtemps !

J'avais exactement 30 ans. « Insensé, irréfléchi, tu ferais mieux de penser à ton avenir... ». La dernière lettre de Jacques m'avait frappé comme un coup de poignard. Je lui en voulus de ne pas comprendre. Surtout de sa part. Dès le Congo, notre amitié n'avait cessé de grandir, lien merveilleux, communication parfaite, riche échange allant jusqu'à l'osmose en

Italie. Jacques m'avait enseigné à analyser les choses, à les questionner, à les raisonner. C'est lui qui m'avait donné ma meilleure arme pour ma quête. Et voilà qu'au seuil du grand départ, il me raillait.

Ce samedi 25 novembre...

J'ai dû rester deux bonnes minutes immobile sur le trottoir, devant ma porte. Mon sac, une valise de taille moyenne, posés de part et d'autre, je ne savais que faire. Sidéré, je découvrais une sorte de désastre. Noire, luisante, gaie comme un corbillard, l'Austin, le ventre au ras du bitume, m'attendait. Vision grotesque. Sur le toit, un canoë d'un rouge étincelant, trônait retourné. A l'arrière, une énorme remorque, en usage dans les haras, contenait deux motos. Pourquoi faire ces deux motos ?

Je me sentis pris au piège. Le ciel était bas.

— Ma parole, mais vous partez pour un week-end de loisir dans l'Algonquin Park ?

Gary, vingt-trois ans, installateur de téléphone à la Bell Company et George, vingt-quatre ans, qui se disait professeur tout en faisant preuve d'une absence totale de culture, étaient venus vers moi, contents d'eux. Ils avaient même prévu les cannes à pêche. Dans l'Ontario dès que l'on quitte Toronto, il n'y a rien d'autre à faire, alors on va à la pêche en canoë. Ces deux-là n'avaient jamais quitté leur village natal et croyaient manifestement que, du nord à l'extrême sud, l'Amérique était goudronnée, climatisée, jalonnée de restoroutes et de drugstores.

Ils y allaient en « taxi » car notre Austin n'était autre qu'un bon vieux fiacre londonien aménagé pour la circonstance. A côté du chauffeur l'emplacement traditionnellement réservé aux bagages, muni d'un siège, était fermé par une portière rapportée. La vitre de séparation avait été supprimée ainsi que la banquette arrière et les strapontins qui leur faisaient face. A mi-hauteur, ils avaient installé une planche en aggloméré, sur laquelle était posé un matelas de mousse. La partie arrière était donc divisée en deux, en haut le dortoir, en bas la soute à bagages et à matériel. Matériel visiblement de première nécessité : un projecteur de cinéma (pourquoi ?

ils n'avaient ni caméra, ni film), un projecteur de diapositives, un imposant nécessaire de développement, un gros barbecue avec tournebroche électrique, sans oublier un générateur d'électricité aussi gros qu'inutile... Sur le coup je cherchai, je ne sais mais... un poste de télévision couleur portatif grand écran ou des cannes de golf. En revanche, ils n'avaient pas songé à se munir de corde, d'extincteur, de jerrycan pour l'eau potable et le carburant. Ils n'avaient prévu ni trousse de pharmacie, ni pelle...

La voiture croulait sous le poids de leur bêtise autant que sous celui de l'inutile dont elle était pleine.

J'en fis le tour. Mon inquiétude croissait au fil des minutes. Les pneus étaient lisses, la suspension à bout de souffle et le poids de la remorque lui faisait étrangement lever le nez. Au premier cahot on allait perdre le pot d'échappement, c'était sûr !

Et mes affaires ?... où allais-je mettre mes affaires, avec tous ces gadgets il n'y avait plus de place.

— Mets-les sur le lit, allez en route !

Muet, de plus en plus ébahi, je pris place dans la cabine. Je me glissai entre les deux sièges, assis tant bien que mal sur le renflement central, les jambes pliées pour ne pas gêner le chauffeur, mais décalées en raison de la présence du levier de changement de vitesse et de celle du frein. Pas de dossier, la planche-sommier me rentrait dans les omoplates, j'avais la tête en plein dans le cadre du rétroviseur qui, du coup, devenait inutile.

Mon arrivée, à l'improviste, avait empêché toute modification. Deux sièges pour trois et 80 000 km, même en alternant on n'allait pas rigoler.

— O.K. les gars ? Go ?

— Go !

George, le propriétaire, s'installa au volant. Plusieurs fils électriques de couleurs variées sortaient du tableau de bord. Rapprochant deux de ces fils à l'extrémité dénudée, il mit le contact. Il pressa une grosse trompe qui émit un râle joyeux. C'était parti. Yong Street, la rue commerçante de Toronto, noire de monde, puis la sortie de la ville. Adieu, cité exécrable.

— Dis, André, qu'est-ce qu'on fait ? Ton plan qu'est-ce qu'il dit ?

— Je suis partisan de rouler le plus loin possible. On pourrait aller directement à Washington, je ne connais pas. New York, personnellement, je n'ai pas vraiment envie d'y retourner.

— O.K. c'est bon pour nous.

Je voulais d'abord suivre la côte est, puis longer le golfe du Mexique pour atteindre l'Amérique centrale. Ils n'avaient rien prévu. J'espérais qu'ils me feraient confiance.

Pour le moment ils dormaient tous les deux, j'étais au volant. Un brouillard épais enveloppait les monts Alleghanys couverts de neige. Le taxi tirait à gauche et les freins me paraissaient faibles. Mentalement je faisais le point : « Jamais cette bagnole ne tiendra le coup sur les routes non goudronnées des Andes ou de la Pampa. Si seulement elle atteint le Mexique... Ils ont beau être mécanos, où trouvera-t-on des pièces de rechange... en Angleterre ? Si on tombe en panne je les laisse tomber. J'ai bien fait de ne pas mettre un *cent* dans la caution exigible pour l'Amérique du Sud[1]. »

Baltimore (Maryland) huit heures du matin. Après un brin de toilette dans une gare d'autobus, nous allons faire nos courses dans un supermarché. Je pense pain, fromage, saucisson, beurre. Les vaches ! ils ne me demandent pas mon avis. Œufs, bacon, hot-dog et *relish*[2], crêpes en poudre et pain en tranche, au goût de papier buvard.

Vers midi, nous entrons dans Washington, ville spacieuse et blanche. Nous nous garons près du Mall. Ils sortent leurs motos et se mettent à tourner comme des fous. Je vais visiter le Capitole.

Nous avons passé la nuit dans un parc, au pied de

---

1. 5 000 dollars minimum.
2. Mixture verte et sucrée composée d'oignons et de cornichons.

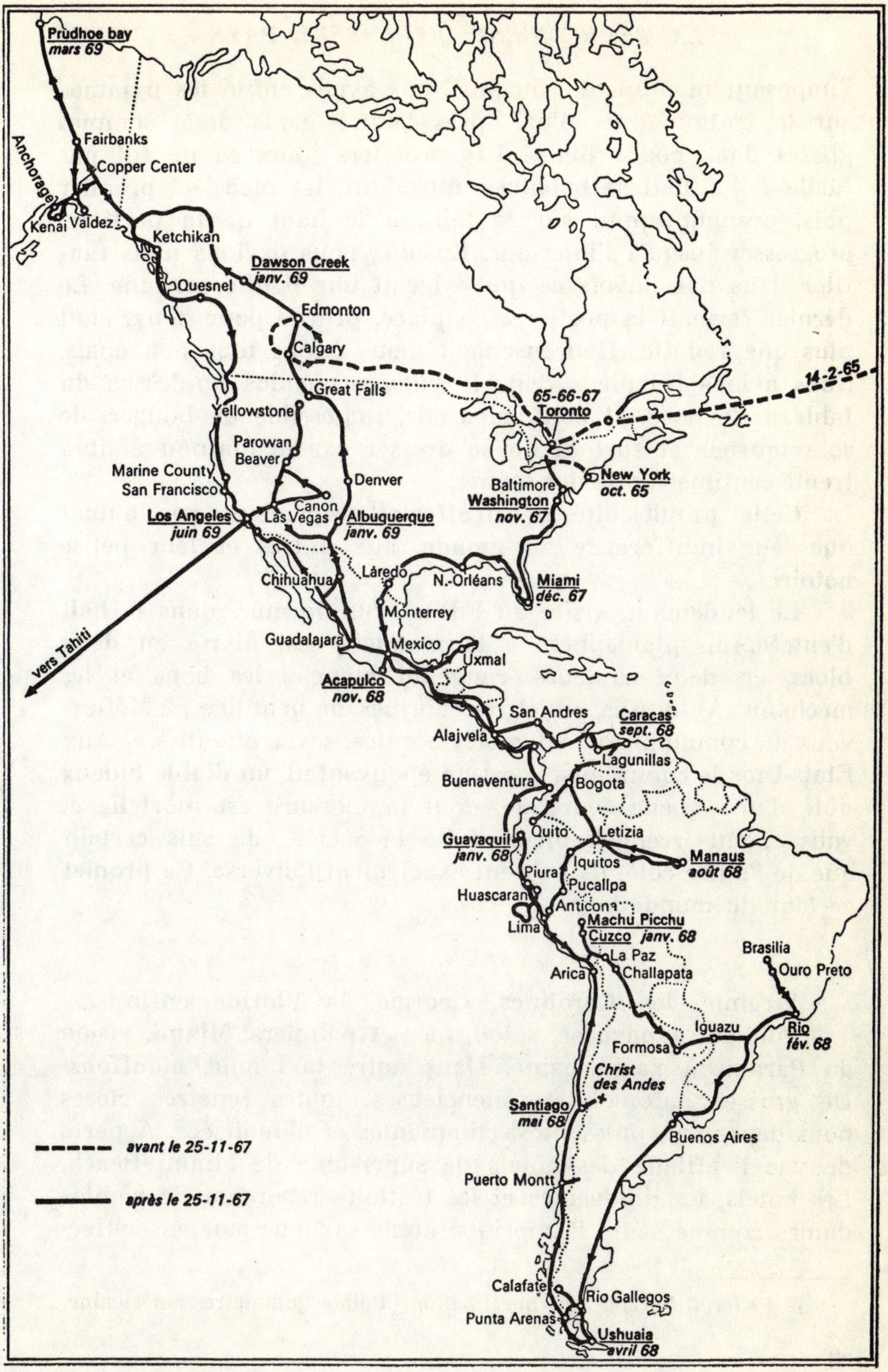
Prudhoe bay
mars 69
Fairbanks
Anchorage
Copper Center
Kenai
Valdez
Ketchikan
Dawson Creek
janv. 69
Quesnel
Edmonton
Calgary
Great Falls
14-2-65
65-66-67
Toronto
Yellowstone
Parowan
Beaver
Marine County
San Francisco
Denver
Canon
Las Vegas
Los Angeles
juin 69
Albuquerque
janv. 69
New York
oct. 65
Baltimore
Washington
nov. 67
Chihuahua
Laredo
N.-Orléans
Miami
déc. 67
Monterrey
vers Tahiti
Guadalajara
Mexico
Uxmal
Acapulco
nov. 68
San Andres
Caracas
sept. 68
Alajvela
Lagunillas
Buenaventura
Bogota
Quito
Letizia
Guayaquil
janv. 68
Manaus
août 68
Iquitos
Piura
Pucallpa
Huascaran
Anticona
Lima
Machu Picchu
Cuzco
janv. 68
La Paz
Challapata
Arica
Brasilia
Ouro Preto
Iguazu
Rio
fév. 68
Formosa
Christ
des Andes
Santiago
mai 68
Buenos Aires
avant le 25-11-67
après le 25-11-67
Puerto Montt
Calafate
Rio Gallegos
Punta Arenas
Ushuaia
avril 68

l'imposant monument Lincoln. Nous avons enfilé les pyjamas sur le trottoir puis, l'un après l'autre, nous nous sommes glissés dans nos « lits ». Les premiers jours ce ne fut pas facile : il fallait se balancer, introduire les pieds en premier puis, prenant appui sur le toit ou le haut de la portière, progresser jusqu'à l'intérieur. Ensuite, nous devions nous faufiler dans nos duvets ce qui exigeait une agilité certaine. Le dernier fermait la portière. La place, prévue pour deux, était plus que réduite. Heureusement, nous étions tous peu épais. Nous avions les pieds dans le vide, suspendus au-dessus du tableau de bord. Il était, bien sûr, impossible de bouger, de se retourner et surtout de se dresser car le plafond était à trente centimètres de nos crânes.

Cette promiscuité ne m'affectait cependant pas autant que leur indifférence au monde, aux autres et leur bêtise notoire.

Le lendemain, visite au F.B.I.[1]. Sur le mur, dans le hall d'entrée, un planisphère : le monde y est divisé en deux blocs, en deux couleurs, rouge et blanc : les bons et les méchants. Au-dessus, en lettres énormes, on peut lire : « Méfiez-vous du communisme, vous êtes écoutés, soyez attentifs. » Aux Etats-Unis le communisme est un épouvantail, un diable hideux doté d'une queue fourchue, dont la morsure est mortelle et vous exclut irrémédiablement de la société. Je suis certain que de l'autre côté, ils pensent exactement l'inverse. Ça promet ce tour du monde !

Virginie, les Carolines, Georgie, la Floride enfin !

Publicité tapageuse, soleil, mer et palmiers, Miami, vision du Paradis à l'américaine. Dans notre taxi nous étouffons. De grosses automobiles, silencieuses, toutes fenêtres closes nous dépassent, puissantes, clinquantes et climatisées. A perte de vue l'enfilade des hôtels de super-luxe de Miami Beach. Les hôtels, les limousines et les trottoirs regorgent de vieilles dames comme seule l'Amérique anglo-saxonne sait en confec-

1. *Federal Bureau of Investigation.* Police judiciaire américaine.

tionner. Cheveux blancs aux reflets violets, lunettes agrémentées de verroterie, bagues aussi lourdes que voyantes, bigoudis, nous voici aux pays des veuves qui viennent en Floride dilapider l'assurance de leur défunt mari.

Accablés par la température, George et Garry eux dilapident leurs économies en achetant de la bière en boîte. Je me demande combien de temps ils tiendront à cette allure. Décidément, tout nous sépare !

Palmiers, hibiscus, orangers et pins maritimes, le décor change, ça sent les tropiques. Alabama, Mississippi, Louisiane nous avons repris la route en direction du Mexique. Nous avons roulé de très longues heures et pris nos repas en marche, ne marquant qu'un arrêt bref au « drive-in » le temps de commander un poulet frit. L'Américain moyen est un homme-tronc, il va à la banque, au cinéma, au marché, à l'église, au restaurant en voiture. On fait tout en voiture. L'éducation sexuelle, dit-on, commence avec la première *Chevy* (Chevrolet).

Les joues du trompettiste noir s'enflent à crever. Le jazz emplit le Dixieland Hall. Les cuivres font vibrer l'air enfumé. Lorsque les musiciens s'arrêtent, des danseurs à claquettes prennent le relais avant de descendre, canotier à la main, faire la quête. Dans un grand éclat de rire, ils collent sur leur front brillant de sueur, les dollars qu'ils viennent de ramasser. La musique reprend, coule, roule dans la rue Bourbon. Le « vieux carré » donne un certain charme à la Nouvelle-Orléans qui, en dehors du *French Quarter* [1] n'est que New Orleans, une ville américaine comme les autres. Rue Bienville, rue Toulouse, Saint Louis Street, Royale, d'Iberville... un reste de France s'évanouit dans la fumée des tripots, des bars à mauvais strip-tease. Les go-go girls violacées par le néon se trémoussent et se déshabillent avec ennui sur le comptoir ou... sur votre table. « Oh là là, mademoiselle... », ce petit côté frenchie évoque le meilleur et le pire, le charme et l'art de parler d'amour avec tendresse, l'émotion et puis aussi

1. Quartier français.

les plaisanteries grivoises, autant de choses auxquelles ne songeaient pas les pèlerins du *Mayflower*.

En attendant, la fille qui me sert ne porte ni corsage, ni soutien-gorge, en retournant au bar, elle me montre ses fesses, elle est topless, bottomless et américaine.

Deux heures du matin. Je tire mes Canadiens par la manche, leurs yeux sont rouges et exorbités. Ils ont bu je ne sais combien de bières.

Strip-tease, sur fond de jazz, dans la rue cette fois et nous nous introduisons dans notre couchette. Quelques minutes plus tard un flic cogne à la vitre. Attentat à la pudeur ou stationnement interdit ?

— Messieurs, il y a un meilleur endroit, un peu plus loin. Je vais vous l'indiquer, vous y serez plus tranquilles...

Le lendemain matin, mes deux acolytes ont voulu mettre le canoë sur le Mississippi, mais il fait trop froid. Tandis qu'ils achèvent de se préparer, je refais un petit tour dans Bourbon Street. Le ciel est gris. Les toits de tuile, les balcons de bois, les porches fleuris ont un air nostalgique. Seule une calèche trouble mon rapide pèlerinage. Le Noir qui tient les guides porte un chapeau de paille garni de fruits identique à celui qu'il a posé sur le crâne de son cheval. Il chantonne, sa voix sonne étrangement dans la rue endormie. Bien vite, je retourne sur mes pas, quitte l'odeur du café grillé, les vitrines d'antiquaires et les petites salles de restaurants. J'ai tout de même pris le temps d'entrer quelques minutes dans l'église Saint-Louis. Tableaux et vitraux ressemblent à ceux de nos églises de campagne. Saint Louis y part en croisade et Jeanne d'Arc délivre la France lointaine.

A mon retour, au taxi, les deux Canadiens me font la gueule. Ces messieurs voudraient rouler, rouler. Je les retarde. Ne rien voir, ne pas pouvoir m'arrêter à ma guise me rend malade.

Vendredi 8 décembre 1967, après avoir abandonné la remorque, les motos et le générateur — ils ont enfin compris —, nous traversons le Rio Grande à Laredo. Voici le Mexique.

Tout est différent et me semble renaître à la vie. J'ai l'impression de pénétrer chez moi, après une longue absence. Cris, couleurs, odeurs, visages basanés, expressifs, souriants et toujours pittoresques, langue musicale, foule accueillante, amicale, c'est un autre monde. Mon cœur se réchauffe en un instant. Le soleil mexicain est chaleureux.

La Sierra Madre se dresse à l'horizon. Cabanes au toit de chaume, petits ânes mélancoliques, cactus gigantesques aux formes variées. La nuit tombe, lorsque nous arrivons à Monterrey. La circulation y est anarchique. Dans un concert de klaxons et de bruit de ferraille, Ford 1920, camions-autobus, voitures clinquantes et cabossées se disputent la chaussée couverte d'une épaisse poussière qui flotte et enveloppe les piétons, aux larges chapeaux, et les animaux, chèvres, mules, qui les accompagnent.

Au marché, au cœur d'une foule grouillante et gaie, nous avalons des *tortillas* [1] avec une soupe de *frijoles* [2]. Je me méfie des sauces piquantes que l'on nous présente. Je parle avec ces hommes, ces femmes, Quel bonheur ! Gestes larges, rires, l'espagnol permet tout ça. Je me défoule. Tous les marchands nous assaillent et nous proposent des piments, des fruits, des objets divers. George et Gary ne sont pas à leur aise. Hors de leur milieu, de ce qu'ils connaissent, rien ne va plus. Leur mine exprime un profond dégoût. Ces paysans qui parlent une langue étrangère de sous-développés, qui nous touchent et découvrent en riant des dents abîmées, quelle répugnance. Ils proposent de retourner à la voiture, boire une bière importée. *Je les déteste.*

Soudain je réalise combien les Québécois ont raison de combattre pour leur langue, leur culture, pour sauvegarder leur identité. Mais pourquoi mes anglophones ne veulent-ils considérer que ceux qui parlent leur propre langue ? Pauvres types que rien n'intéresse en dehors de leur voiture et de la bière. Comme je regrette de m'être laissé entraîner. Maudite trouille qui m'a contraint à chercher de la compagnie.

---

1. Galettes de farine tenant lieu de pain.
2. Haricots noirs.

Il me faudra cependant supporter ces deux boulets jusqu'au Brésil. Je veux voir Rio, le carnaval. Ensuite j'aviserai.

Le 12 décembre, Mexico commémore l'apparition de la Vierge de Guadalupe. Le parvis de la basilique du quartier Villa Madero est noir de monde. Pétards, fanfares, cantiques, la liesse dure depuis une semaine, mais aujourd'hui, les vingt-quatre heures de la journée ne semblent pas suffire à combler la soif de ce peuple qui aime chanter, danser, s'exhiber et ne semble pas pouvoir exprimer sa piété profonde d'une autre manière. Manière surprenante pour moi auquel on a enseigné la religion d'une façon plutôt austère. Mais cette joie, exubérante et simple à la fois est superficielle. Celle que je cherche paisible et rayonnante : elle provient d'un feu intérieur et non de la chaleur ambiante.

Durant quatre jours nous avons couru les consulats des républiques d'Amérique centrale et de l'Equateur, afin d'obtenis, non sans mal, les visas nécessaires à la poursuite de notre voyage. J'ai tout de même pu visiter le musée d'archéologie. J'en ressors avec le ferme désir de revenir au Mexique et d'y séjourner.

Une frontière par jour, Olé ! 2 486 km d'une pénible course de haies en Amérique centrale. Les formalités constituent la seule pause dans notre marche forcée vers le sud. Depuis Mexico nous n'avons rien vu. Ils se croient dans un rallye. A Puerto Arrista, j'admire pour la première fois le Pacifique, immense tache sombre scintillant sous la lune. Au matin avant de repartir, un vol de pélicans bien alignés effleuraient nonchalamment la crête des vagues longues et majestueuses, tandis que des milliers de crabes couraient sur le sable mouillé.

Sous une pluie torrentielle, le 18, nous passons la frontière guatémaltèque. Il nous faut nous arrêter à la hauteur de six cabanes. Contrôle financier, sécurité du territoire, douane, police d'immigration, santé, on court dans tous les sens. La dernière cabane, celle d'un coiffeur, est réservée aux hippies. Le contrôle a duré des heures. Un coup de langue officielle sur un papillon jaune que l'on colle sur notre pare-brise : on peut repartir.

Le 19, San Salvador, les six cabanes sont de rigueur, mais ça va plus vite. Des condors assistent au déballage.

Le 20, Honduras. Deux guérites supplémentaires. Derrière une table branlante, un type hirsute, mal rasé, l'air absent, chasse d'un geste sans cesse répété, les mouches qui l'assaillent et nous interroge. A la porte des gamins se précipitent pour nous observer. Ils nous interpellent en étouffant leurs rires. Le préposé se lève et les disperse. Il est à peine assis qu'ils sont à nouveau là. Lorsque nous sortons, ils nous proposent des cigarettes, des dollars, des jus de fruits et... leur sœur.

Le 21, Nicaragua. Le 22, Costa Rica, douane propre et, qui plus est, rapide. On y prend même une douche.

Des zébus blancs tirent des carrioles chamarrées. La Panaméricaine, censée nous conduire de l'Alaska au Chili, donne des signes de fatigue, l'asphalte a disparu par endroits. La route s'élève et serpente parmi les plantations de bananiers, caféiers à grains rouges et cannes à sucre.

Le 23, Panama. La journée a été éreintante, la chaleur lourde, humide. Je suis poisseux. La poussière colle à la peau, nous venons de franchir un col à 3 333 m d'altitude, le Cerro de la Muerte.

— *Can you give me a lift ?* [1]

Poussiéreux, cheveux longs, sac au dos, un grand type s'approche de notre voiture, sourire aux lèvres. Il est américain et voyage en auto-stop. Parti de chez lui en même temps, il a progressé aussi facilement que nous. Je n'en reviens pas et par-dessus le marché, ce gars est seul. Je lui tire mon chapeau, vraiment il est gonflé. A l'aise, il vient de franchir les sept frontières sans encombre. Il dort n'importe où, à la belle étoile s'il le faut, il n'a pas l'air d'avoir peur. Ça me dépasse ! En le voyant j'en oublie mes avatars, le taxi bondé, la chaleur et tout le reste. Non, je n'aurai jamais ce courage.

1. Vous pouvez m'emmener ?

Atlanta-Panama en stop et il a l'air de vouloir continuer. Bravo !

Je me sens profondément désolé mais avec la meilleure volonté, il n'est pas possible de le prendre. Nous lui donnons quelques oranges. Il retourne s'asseoir au bord de la route, il n'a pas l'air inquiet. Tout est possible, je le sais, mais tout de même, il faut une audace que je n'aurai jamais.

La ville de Panama n'est qu'un gros bidonville, dont l'odeur âcre prend à la gorge. La population est d'une pauvreté navrante. Des myriades d'enfants et de chiens errants fouillent les poubelles débordantes et florissantes. Aux balcons rouillés le linge multicolore et rapiécé pend, immobile. Il n'y a pas un brin de vent. La chaleur est insupportable. Derrière les fenêtres, sur les balcons, une foule de curieux, noirs, métis, indiens, nous épient. Les transistors hurlent et se répondent de maison en maison. On se croirait à la fête foraine. Pour la première fois la misère me coupe l'envie de danser, de chanter et pourtant c'est Noël.

Nous cherchons un bateau pour passer en Amérique du Sud, car Panama est un cul-de-sac, aucune route ne conduit en Colombie. La Panaméricaine ne va pas beaucoup plus loin, les Américains n'ont pas jugé utile de terminer la route et ont préféré mettre un peu d'océan entre eux et... le tiers monde sud-américain. Ils ne sont pas loin d'ailleurs, les Yankees. Ils ont leur *city* sur la rive nord du canal, asphalte et gazon, villas et jardins privatifs, ils ont reconstitué leur univers de banlieues résidentielles. C'est écœurant, pas une mouche, la chaleur y semble même plus acceptable.

— C'est l'autre passerelle pour l'équipage, nous dit un beau garçon à casquette et galons dorés. Le type nous prend pour des matelots. Il est vrai que nous ne sommes guère présentables, la voiture est à bord depuis la veille et nous avons dormi sur les bancs d'une gare. Mise au point faite, nous prenons possession de notre cabine climatisée trois étoiles. Je suis furieux, car je trouve ridicule de tant dépenser. 132 dollars par personne, pour trois jours... Quand je pense que nous aurions pu prendre un simple avion pour moitié prix. En tout cas, c'est juré, c'est la dernière fois que je leur cède.

J'en profite pour faire une bonne toilette complète, et puis comme la table ne nous est pas comptée, on bouffe, on s'empiffre sous le nez des Américains ahuris. Tous des vieux, cossus, passant leur temps assis sur des transats, qui croient voir le monde. Visiblement, notre présence les gêne.

Gatun, Miguel, et Miraflores. Les trois écluses hissent notre navire, comme un jouet, jusqu'au niveau du Pacifique. A la nuit tombante nous passons sous le pont des Amériques.

Escale à Buenaventura en Colombie. Avec joie je renfile mon jean et je vais faire une virée sur le port qui ne présente aucun intérêt. Peu importe je m'y sens mieux que sur le *Santa Mariana.*

Après avoir passé la ligne — le franchissement de l'équateur provoque une cérémonie grotesque qui me révolte, des douzaines d'œufs, de la moutarde, du ketchup, des kilos de spaghettis gâchés pour rien, alors que là-bas de pauvres gens crèvent de faim — nous arrivons à Guayaquil en Equateur. Mouettes, pélicans et pirogues nous escortent jusqu'au port. A marée haute nous sortons la voiture, l'une des roues est à plat et le pot d'échappement manque à l'appel. En fait si nous sortons la voiture des cales du *Santa Mariana,* il nous faut attendre plusieurs marées avant de pouvoir quitter le port. Le labyrinthe administratif de l'Amérique latine est digne des pires légendes. Palabres, pourboires, ces messieurs de la Douane jouent les durs. De cabane en bâtiment officiel, de bureau en bureau, nous remplissons des pages de formulaires. Lorsque nous refusons de glisser un billet, les choses se gâtent et la paperasse enfle. Après quarante-huit heures de démarches, après avoir parcouru je ne sais combien de kilomètres, monté et descendu des dizaines d'escaliers, nous pouvons enfin partir, non sans distribuer une dernière fois dollars et cigarettes.

La jungle équatoriale est dense et pleine de fleurs énormes, de couleurs violentes. Des oiseaux jacassent sans arrêt et leurs cris nous accompagnent jusqu'à la forêt péruvienne. Je suis emballé.

A Piura, nous faisons la connaissance de Glaedy qui avec ses copains nous conduit à Catacaos, un petit village de la côte déserte. Fiché au sommet d'une pauvre cahute de terre, un drapeau blanc indique qu'il y a de la *chicha*, du jus de maïs. On s'attable pour quelques heures sans doute, mais je sens que je ne vais pas perdre mon temps au milieu de ces gens à l'amitié si spontanée. Deux guitares jouent un peu à l'écart. La poussière enrobe un décor miséreux, de la terre séchée tombe du toit de branchages par où s'infiltrent les rayons du soleil. Chiens, chats, dindons, et lapins courent entre les tables branlantes posées sur un sol de terre battue. La chicha fermente dans des potiches d'argile décorées de figurines naïves. Une demi-calebasse, peinte, de belle taille, sert de coupe unique et passe de l'un à l'autre. A bonne hauteur, des poissons et des morceaux de viande sont suspendus, à l'abri des chiens, mais non des mouches. Un nuage de fumée bleue s'éternise au-dessus de nos têtes. Par terre, dans un coin, le feu de bois crépite et lèche les grosses marmites noires qui reposent sur de simples pierres. Toutes les tables sont occupées et joyeuses.

Chacun pioche dans le même plat et à grandes rasades de chicha, tente d'éteindre le feu qui lui dévore le palais. Poisson cru macéré dans du jus de citron, accompagné de patates douces, cabri rôti, porc mariné aux sempiternels piments rouges et aux oignons crus, ce repas est le meilleur que j'aie fait depuis longtemps. Le maïs en épi, bouilli, très tendre, le *choclo,* nourriture de base des Indiens d'Amérique, tient lieu de pain.

Des coqs de combat passent et repassent devant la porte, de la patte ils grattent le sol. Venue de l'océan, une légère brise apporte un peu de fraîcheur...

Je resterais avec plaisir mais mes deux compagnons veulent filer, toujours filer. Chanchán, Trujillo, Lima, Huancayo, tout va trop vite à mon gré comme une visite de château derrière un guide.

A la sortie d'Arequipa [1], la route s'évanouit soudain pour faire place à une piste cahoteuse, suite interminable de trous, de guet-apens rocheux, d'ornières boueuses. Un rêve en Land-Rover, mais en taxi... Les rivières se franchissent à gué, certains jours c'est un lac de boue qui nous retient prisonniers, et souvent nous attendons de longues heures qu'un camion de passage veuille bien nous tirer d'embarras. La « route » s'étire nonchalante à 4 000 m d'altitude, au pied des neiges éternelles, superbes, imposantes. Autour de nous des milliers de lamas broutent une herbe courte et drue sous la surveillance d'Indiens engoncés dans leur cape de laine rouge. Par-dessus leur passe-montagne, ils ont posé un chapeau melon, blanc cerclé d'un ruban noir. La *puna*, le mal des Andes nous tourmente. A Puno, sur les bords du lac Titicaca, nous abandonnons notre taxi pour prendre le train du Cuzco. La piste n'est plus qu'un torrent de boue.

Le tortillard, essoufflé, persévère et s'accroche à la montagne. Le voyage dure tout le jour. Autour de moi, dans les wagons de bois à plate-forme, des visages couleur de terre, légèrement aplatis. Chaque arrêt, est une fête et comporte un buffet-marché animé par des femmes aux pommettes rougies par l'altitude, coiffées de l'éternel melon. Le lendemain, changement de tacot. Après une nouvelle demi-journée de voyage, nous atteignons Machu-Picchu.

Le bonheur me submerge, je sais que je suis à l'un des sommets de mon voyage. Tant de beauté me serre le cœur, ruines majestueuses, silencieuses, inquiétantes, il y a de la magie dans l'air.

Bien entendu, les Canadiens que j'aie amenés quasiment de force, ne ressentent rien et veulent repartir de suite. J'exige de passer la nuit dans les ruines, je veux assister au coucher et au lever de l'astre-dieu des Incas. Il y a plus de quatre siècles que la vie s'est arrêtée ici, et pourtant je subis une sorte d'envoûtement. D'un instant à l'autre je

1. Seconde ville du Pérou.

m'attends à voir surgir les adorateurs du soleil. La nuit sous les étoiles est d'une indicible beauté. Le calme est en moi, dans une sorte de communion, je partage la paix de ce piton des Andes dont nous ne percevrons peut-être jamais les secrets.

C'est à La Paz que j'ai rencontré l'une des plus belles filles que j'ai jamais vues. Marianella, riche héritière d'un propriétaire de mines de soufre, aurait bien voulu me retenir, mais sa beauté pour grande qu'elle fût, n'était pas à la hauteur de mon ambition. En gage d'amitié, elle m'a remis un poulet rôti que je partage en route avec Gary, qui bien entendu, ne lui trouve rien de spécial pendant que George, lui, dort allongé à l'arrière. Nous roulons de jour et de nuit, afin de gagner du temps sur les pluies de plus en plus abondantes qui menacent de nous couper la route de Rio. Nous nous relayons au volant. Dans la lumière des phares, à droite, la roche luisante, et à gauche, le noir total. Quelle est la profondeur de ce précipice, je n'ose y songer. Anxieux je surveille Gary, ses paupières semblent s'alourdir. Devant nous, en pleine montée, émergeant de la boue, un morceau de roc nous barre le passage. Gary sans réflexes se jette sur l'obstacle qui nous immobilise un instant, le nez en l'air. Résultat : freins et embrayage hors d'usage ! La voiture repart en arrière...

— Merde, merde, merde ! Mais, Gary, qu'est-ce que tu fous ? Regarde, nous prenons de la vitesse, mais fais attention tu vas droit au précipice...

La voiture recule et semble même accélérer. Et Gary qui ne fait rien. Il est là, les deux mains rivées sur le volant, la bouche ouverte. Je m'affole, il faut que je saute il n'y a que ça... Mais qu'est-ce qu'il attend pour se jeter contre la paroi... Au moment où la première roue bascule dans le vide, je me jette par la portière.

Chute plutôt brutale, je suis sonné, mon crâne me fait mal. Un liquide chaud me dégouline sur le front et le long du nez : du sang !

— Ben alors, André, ça va pas ?

— ...

— Où te crois-tu, aux bains de mer ? D'abord on ne plonge pas avec un duvet.

J'ai rêvé. Après l'incident nous avions fort heureusement réussi à flanquer la voiture contre la paroi. George, à pied, était reparti pour La Paz dans l'espoir d'y récupérer un cylindre bloc de rechange.

Pendant mon sommeil j'ai revécu toute l'affaire et comme nous dormions Gary et moi dans un taxi très en pente, j'ai d'abord glissé le long de notre planche, puis carrément à l'extérieur, la portière ayant cédé sous mon poids.

Dans l'après-midi, alors que notre voiture occupe une partie de la piste, un convoi militaire s'arrête à notre hauteur.

— *Señores,* il faut dégager la route. Nous allons vous aider. Nous vous remorquerons jusqu'à notre cantonnement de Challapata. Là vous pourrez peut-être réparer.

Reliés par une longue corde au camion qui nous tracte et par une lourde chaine à une jeep chargée de nous freiner, nous reprenons la route en sens inverse. Assis dans leur camion, les bidasses boliviens, le crâne rasé, rigolent en nous regardant.

Soudain, les deux stops s'allument, le camion se rapproche. Le taxi semble avaler la corde. Que fait la jeep ? Pas grand-chose. Dans un grand bruit de ferraille, l'avant, phares, pare-chocs, ailes et capot, tout y passe.

Tant bien que mal, nous atteignons Challapata.

Tandis que George et Gary se livrent à leur passe-temps favori, je rejoins les militaires. Ils m'offrent de participer à l'entraînement. J'accepte. Je fais quelques cartons...

— Dites-moi, mon lieutenant, vous êtes drôlement bien équipé. Ce fusil est américain, je suppose ? bel objet ! A-t-il déjà servi ?

— Certainement, *Señor...* Nous sommes une compagnie de Rangers. Notre spécialité est la lutte antiguérilla. C'est avec « ça » qu'il y a trois mois, nous avons descendu Che Guevara !

A la douane d'Aguas Blancas, en Argentine, nous devons être les premiers touristes depuis des millénaires, car rien n'est prévu administrativement pour nous recevoir. Il est vrai que nous cherchons à couper au plus court par des pistes non mentionnées aux touristes. Total on nous colle un flic chargé de nous accompagner jusqu'au poste suivant à 300 km de là. Palabres et négociations au sujet de taxes à payer. Nous perdons plus d'une journée pour finalement céder 1 000 pesos à un officier ventripotent et transpirant qui joue les gros durs et nous tailler en douce avant qu'il ne réclame plus.

Depuis que nous avons quitté les Andes, il fait beau et le soleil durcit le sol. Avec un peu de chance on devrait passer, sinon... Adieu Carnaval.

Nous roulons sans nous arrêter, c'est la course contre la montre et la pluie. Pour l'instant la route est à peu près sèche. Allez, roule, vieux taxi, roule. Hélas, tous les 50 km il nous arrive malheur. Nous avons perdu le pot d'échappement (une nouvelle fois), le pare-chocs arrière est moribond et nous avons crevé six ou sept fois, dont une de nuit, sans compter les deux heures d'arrêt pour cause d'enlisement dans un virage ombragé. Oh hisse ! Pendant cent vingt minutes, les pieds nus dans la vase, en slip, nous avons poussé, tiré, dans tous les sens. Oh hisse ! Mes deux Canadiens, transpirants s'écroulaient contre les ailes meurtries de l'Austin.

— Alors les gars, vous pigez, maintenant, pourquoi je voulais que l'on soit le plus léger possible !

Je crois qu'ils ont enfin compris ! Après une bonne dizaine d'enlisements !

La pampa s'étend à perte de vue, paysage plat couvert d'une maigre végétation broussailleuse de laquelle émergent quelques *lapachos,* au tronc gonflé se rétrécissant vers le sommet, ce qui leur donne un profil de bouteille d'eau minérale. Perchés sur ces arbres, des perroquets, mais aussi des rapaces somnolants, qui semblent nous guetter. La soif nous tenaille et notre taxi ne progresse pas assez vite à mon gré. Nous roulons toujours dans le seul but d'avaler les kilomètres, de fuir ce désert et d'échapper à la pluie qui d'un jour à l'autre va tout noyer dans la boue.

Formosa, nous sommes arrêtés par un flic du *transito,* la police routière. Casquette en déséquilibre, cachant mal une coiffure désordonnée, cigarette aux lèvres, le bonhomme est ahuri. Manifestement, notre taxi surmonté d'un canoë rouge l'intrigue. Dans une moue dubitative, il frictionne en silence son menton pas rasé. Des étrangers, à cette époque de l'année ! Il grommelle. Je décide de faire celui qui ne pige pas la langue. Il nous fait signe de sortir et nous considère avec dégoût. Nous sommes sales, débraillés. Le manque de sommeil a creusé nos traits encombrés par une barbe de six jours. Il fixe ma casquette. Ses yeux se plissent : il me prend pour un guérillero. Après nous avoir donné l'ordre de reculer, il pénètre à l'intérieur de la voiture. Ses yeux s'attardent sur le matériel : caméras, appareils photos, magnétophone.

— Et ça, qu'est-ce que c'est, hein ?

Il a repéré les deux téléphones qui, à Londres, permettaient au chauffeur de communiquer avec son client. Mes deux gros malins n'ont pas voulu suivre mon conseil et les enlever. Tant pis, mais maintenant c'est sûr, on va avoir des problèmes. Le type me tape sur les nerfs. Je décroche l'un des appareils.

— Allô, Brigitte ? C'est Brigitte Bardot, dis-je en fixant ce pauvre niais qui est de plus en plus persuadé d'avoir affaire à trois espions.

Les deux Canadiens pouffent de rire, mais le flic, lui, ne bronche pas. Il appelle un collègue, puis pointant son pistolet mitrailleur dans notre direction, nous fait signe de monter en voiture. Armes à l'épaule, les deux factionnaires nous encadrent, l'un sur chaque marchepied.

— *Vamos.*

Sur le fronton ornant la porte de la caserne, un écriteau nous signale que nous pénétrons dans les locaux de la sécurité du territoire...

Sous le poids du taxi, le sol s'affaisse, nous voilà plantés dans le trottoir, impossible d'avancer. Les deux types se mettent à hurler, appellent du renfort. Oh hisse ! Oh hisse ! la moitié du campement s'affaire autour de notre véhicule dont l'état est de plus en plus critique. Un peu à l'écart, je filme la scène, comique et digne d'une opérette de boulevard. Rouge un officier se précipite vers moi en agitant la main.

Lorsque la grille se referme derrière nous, la cour de la caserne est noire de monde. Toutes les chambrées, les bureaux sont vides. Le personnel au grand complet attend de voir les espions.

Le chef nous fait signe de le suivre et donne des ordres pour renvoyer les curieux. Personne ne bouge. Les bras ballants, immobiles, des yeux nous parcourons les bâtiments. On est parti chercher un interprète pour faciliter l'interrogatoire des « gringos ».

Le ciel se couvre, bon sang, il ne vont pas nous garder là cent sept ans...

Anonnant un mauvais français, un étudiant traduit questions et réponses. Ils ont compris que les téléphones ne servent à rien, mais le magnéto.

— Passez-moi cette bande... oui, celle-là !

Imperturbable, Gary sort le magnétophone et le place sur le capot. Il appuie sur le bouton « lecture ». Un bourdonnement amplifié, le son poussé au maximum emplit la cour, puis vient un concert de coassements superbes, enregistrés deux ou trois jours auparavant par une nuit de pleine lune. L'éclat de rire est général. Rouge de colère, le chef griffonne à la hâte un sauf-conduit et du doigt nous indique la sortie.

Lorsque nous claquons la portière, les premières gouttes de pluie forment de grosses taches sombres sur la poussière de la chaussée. Il n'y a plus une seconde à perdre...

Le 14 février, l'entrée du Brésil nous est refusée, car nous n'avons pas de caution [1] (le montant en est beaucoup trop élevé).

Tandis que mes deux compagnons inquiets du sort réservé à l'Austin en notre absence, s'occupent de trouver un garage, je me rends à Iguaçu, afin d'assister à l'un des plus beaux

1. Tous les pays d'Amérique du Sud exigent une caution identique à l'exception du Brésil.

spectacles naturels du monde. Plus hautes que celles du Niagara, plus vastes que celles du Zambèze, les chutes d'Iguaçu sont pratiquement inconnues et pourtant dans ce décor de forêt tropicale inviolée, cette cassure bouillonnante, large de trois kilomètres et haute d'une centaine de mètres, a quelque chose de fantastique. Situées sur le Parana, aux confins du Paraguay, de l'Argentine et du Brésil, elles sont visibles de trente kilomètres, en arrière, tant le nuage de vapeur et d'écume qu'elles provoquent est important. Quant au bruit, il est simplement assourdissant.

Au terme d'un véritable marathon, en autobus, nous atteignons Rio de nuit, sous une pluie abondante qui plonge la ville dans une infinie tristesse.

Les lieux trop souvent décrits et vantés sont généralement décevants. Rio fait exception à cette règle. La ville est coincée entre de nombreux pains de sucre recouverts de végétation tropicale et l'océan qui me paraît très bleu, sans doute en raison de la blancheur du cordon des plages.

Les filles y sont les plus sensuelles du monde, les plus troublantes. Mini-jupe de rigueur, chandail de couleur éclatante. Boucles d'oreilles énormes, chaussures à fanfreluches, chaque détail pris individuellement est de mauvais goût, mais l'ensemble s'harmonise au point de faire le charme de ce pays. Ces filles débordent de vie, de spontanéité et cette manie de vous prendre la main tout en vous inondant de paroles. Je suis comme une pile...

Par hasard, je fais la connaissance d'un *Carioca* qui me propose de me conduire dans sa *favella* et me parle d'une cérémonie vaudou à laquelle je pourrais peut-être assister. J'hésite, ces villages de planche, bidonvilles perchés, sont dangereux. Poussé finalement par ma curiosité naturelle, j'accepte. Je le suis au travers de ruelles obscures, boueuses. L'ombre des baraques de fortune se devine, inquiétante, sur un ciel étoilé. A l'intérieur, le bruit de la vie et quelques lumières falotes. Mon guide soulève une planche et me fait signe de baisser la tête : nous sommes chez lui, dans une sorte de cagibi dont les murs sont faits de cartons d'emballage juxtaposés. Deux enfants dorment déjà dans l'unique lit.

Il a bu énormément, lorsque nous quittons sa femme qui vient de nous servir un maigre repas. Je pose, sur un carton qui sert de table, quelques *cruzeiros*, et nous sortons, pour pénétrer bientôt dans une hutte couverte de palmes. Une lampe émet une vague lumière tremblotante et l'atmosphère empeste la *quinchasa*, alcool de canne à sucre tord-boyaux. Je regrette soudain mon équipée car voici que s'avancent ses copains, des colosses qui me regardent menaçants. Je refuse le verre qu'ils me tendent, et c'est une erreur car aussitôt un coup de poing me ferme l'œil droit dans une gerbe d'étincelles. Mon guide, où est mon guide ? Je ne le vois plus. Le temps de détourner le visage à sa recherche et je reçois une gigantesque gifle. Je suis sonné, je sens le sol vaciller. Il faut que je me sauve. D'un bond je suis dehors et me lance à corp perdu le long de la ruelle en pente. Je n'y vois rien et risque de me ramasser sur le premier obstacle, mais que faire ? Par bonheur, les quartiers dits chics ne sont pas loin. Dès que je surgis, à la lumière, le cœur battant, hors d'haleine, un goût de sang dans la bouche, mes poursuivants renoncent.

Lorsque le carnaval démarre, une explosion embrase la ville et les favellas. Le courant passe et fait vibrer les corps.

Dès le premier soir, je suis dans un club du quartier Flamengo, un club populaire. Mes deux Canadiens, pas très rassurés, sont avec moi et n'ont pas l'intention de me quitter.

Au premier son, les tables se vident, les bras se lèvent, les mains s'agitent, les épaules et les cous sont pris de convulsions et la samba étourdissante n'en finit plus de déverser sa gaieté, son entrain, sa chaleur revigorante. La fête va durer trois jours et quatre nuits.

Chacun danse pour soi, comme en Afrique. Le cercle des Cariocas, multicolores, lumineux, terriblement vivants, est très dense. Vêtus de maillots de bain et de paréos, les corps ruissellent, les parures de fleurs sont nombreuses, et les colliers, boucles d'oreilles, bracelets de pacotille aussi imposants que multiples.

Au bout de quatre heures, je ne sens plus mes jambes,

Gary et George déclarent forfait et regagnent notre auberge de jeunesse.

Dans la journée, la fête semble se poursuivre, la foule ne marche plus normalement. Un coup de poing sur une caisse métallique, un bidon ou une poubelle et tout peut repartir. la samba est dans l'air, les corps n'attendent qu'un prétexte pour se déhancher.

Au pied des gratte-ciel de l'avenue du Président-Vargas, se dressent les tribunes devant lesquelles défileront les écoles de samba. La plus grande fête populaire du monde. C'est reparti pour dix-sept heures d'un spectacle continu sur fond de musique unique et jamais lassante. La pluie diluvienne ne semble toucher personne. La foule, les danseurs y sont insensibles. O magie de la samba !

Vers midi et demi le lendemain, j'abandonne ivre de musique et de fatigue. La tête pleine de bruit et de couleur je rentre me coucher, alors qu'une école de samba, la dernière, s'apprête à défiler. Le son, le tempo des orchestres me poursuivent jusque sur ma couche où je m'écroule.

— D'où viens-tu ? me demandent les deux Canadiens.

— J'ai assisté au défilé des écoles de samba, c'était fantastique.

— Ah, et ben nous on a préféré dormir. Tu sais, le Carnaval, c'est toujours la même chose.

En sombrant dans un profond sommeil, je maudis ces deux imbéciles, avec lesquels, décidément, je ne ferai pas de vieux os. « On a préféré dormir... » Pauvres types !

Ils veulent déjà repartir et n'ont qu'une idée en tête : couvrir le plus de kilomètres possible à seule fin de s'en vanter au retour. Un point c'est tout. A peine levé, je repars. Copacabana, les plages. Du haut du Corcovado où je passe une journée entière, je contemple la baie de Rio. Pendant des heures, je suis la course du soleil. Jardin, musées, j'écume la ville, rien ne m'échappe.

— Venez-vous à Brasilia ?

— Qu'est-ce que c'est ? Ça vaut le coup ?

En silence je me lève, je prends ma brosse à dents, mon dentifrice, ma caméra. Je plie mon barda et le pose dans un coin.

— Puisque vous êtes trop tartes, je vais seul à Brasilia. On se retrouve dans dix jours à Buenos Aires, le 16 mars, ça vous va ? Salut !

Non mais, c'est vrai, je les ai assez vus !

Brasilia, immense chantier, ville artificielle et néanmoins belle, me séduit, mais tout de suite je trouve qu'elle manque d'âme. J'ai fait près de vingt heures de car pour découvrir ce monstre, symbole de l'inlassable créativité humaine, curieux mélange d'échecs et de réussites enthousiasmantes. J'ai quelques difficultés à sortir du dédale de la gare routière et déjà se pose à moi le premier problème : où et comment passer la nuit ? Bah, je vais bien voir. Dans le fond, je m'en fous, je me sens libéré, je respire loin de mes deux chalands de supermarché aseptique.

Un édifice en construction, celui du *Touring Club do Brazil*. Pourquoi ne pas dormir là, je vais bien trouver un endroit où me cacher.

Je repère une planque adéquate au second, derrière des sacs de ciment. Sur le sol traînent de vieux journaux. Les gars du Tour de France s'en couvrent la poitrine lors des étapes de montagne, c'est le moment de voir si c'est efficace. Je m'allonge sur le ciment, la sacoche de ma caméra sous la tête. Pas brillant ce coup d'essai. Au moindre bruit, je me dresse. Je ne ferme pas l'œil, j'ai trop froid et je n'arrive pas à me rassurer. Au matin, les gros titres barbouillent ma poitrine.

Toute la journée je flâne le long des avenues rectilignes, la tête penchée, admiratif. L'architecture est audacieuse, mais ça a de la gueule et puis les teintes sont chaleureuses.

Vers midi, je bavarde avec deux types qui partent pour Recife, au Nord, ils me proposent une place dans leur voiture. Quelle déveine, si au moins j'avais largué mes deux incapables. La mort dans l'âme je décline l'invitation. Je dois être à Buenos Aires dans huit jours. J'enrage d'avoir tout le temps devant moi et de me trouver prisonnier de ces deux Canadiens.

En tout cas ma décision est prise, à Buenos Aires, je les lâche.

Je tente ma vraie première expérience d'auto-stoppeur. Ça ne marche pas tout de suite, mais tard dans la soirée, une vieille américaine stoppe à ma hauteur. A bord, trois gros lards mal rasés, l'air renfrogné, me font signe de monter. Hésitant, je me glisse à l'arrière. Mon voisin me dévisage, et la voiture démarre. Néophyte, je ne me sens pas du tout rassuré. Après tout j'aurais peut-être mieux fait d'attendre le jour pour me risquer.

— Passe-moi le flingue...

Le chauffeur tend à mon voisin un gros pistolet, sous mon nez. L'autre s'en empare, vérifie le contenu du chargeur, puis le bras replié, pointe le canon de l'arme vers le plafond. Alternativement il tourne la tête à droite, à gauche. Pour s'assurer qu'il n'y a personne ? Aucun témoin ? Témoin de quoi ? Ils ne vont tout de même pas m'assassiner. La peur me gagne. Ce n'est pas la première fois, mais j'avoue que l'habitude ne fait rien à ce genre de chose. Je vais tout leur donner, ma caméra, mes travellers, ma brosse à dents, ma chemise, mon pantalon, mais de grâce qu'ils me laissent en vie.

Le type se racle la gorge et crache par la fenêtre. Ça y est, c'est la fin.

— M... Monsieur, s'il vous plaît...

Il me regarde, étonné et éclate de rire.

— Ben alors, mon petit Français, ça ne va pas. Ah je vois, tu as peur de mon calibre. Mais est-ce que tu me prendrais pour un gangster par hasard ? Tu vois ce pétard... hein ?... c'est pour le cas où l'on verrait un gibier. C'en est infesté par ici.

Et il rit de plus belle. Du coup il me paraît plus sympathique. Il faudra que je prenne sur moi, si je veux continuer seul. Pour l'instant je suis trop émotif. Il faut dire aussi que j'ai les nerfs en boule, à cause de Gary et de George.

Ils m'ont laissé à Ouro Preto, une petite ville typique ayant conservé, intact, son caractère colonial portugais. C'est de là que partit le mouvement d'indépendance. Au détour d'une ruelle pavée, j'aperçois un jeune homme, balai à la main, il nettoie le pas de la porte. Une plaque porte la mention : *Republica.*

— Qu'est-ce que c'est ce Republica ?

— C'est la maison des étudiants.

— Pardonnez-moi, mais n'auriez-vous pas une petite place pour la nuit. Je ne sais pas où aller.

— Rentre, mais à une condition !

— ...

— Tu viens danser avec nous ce soir. C'est le bal annuel de la boîte.

— Mais je n'ai pas d'habit, je n'ai que ça.

Une demi-heure après, je suis habillé, paré pour la fête. L'un m'a prêté ses chaussures, l'autre sa chemise, une cravate, un troisième un pantalon. J'exulte, tout marche formidablement bien. Décidément je regrette de plus en plus d'avoir rendez-vous à Buenos Aires.

Le 19 mars 1968, je retrouve Gary et George chez Margarita, une Argentine rencontré à Machu Picchu. Nous avions dormi l'un contre l'autre, elle est ravie de me revoir. Les deux autres le sont moins. Ils sont furieux car j'ai trois jours de retard. J'ai fait ce que j'ai pu, trois mille kilomètres en car, c'est long. Mais il y a une autre chose qui les préoccupe. Ils viennent de faire leurs comptes et ont découvert... qu'ils étaient à découvert ! Eh oui, le crédit n'est pas un élastique sur lequel on peut tirer indéfiniment.

— J'en ai ras le bol de vos conneries, vos problèmes financiers je m'en balance. Vous continuerez sans moi. Je reprends ma liberté, vous entendez ? LIBERTE !

J'ai eu dix jours pour la préparer ma petite phrase de rupture. Elle tombe avec l'effet d'un couperet. Les étudiants qui sont venus nous rejoindre chez Margarita, les deux Canadiens, demeurent interdits. Un lourd silence plane. Que vont-ils faire, me casser la figure ? Ils savent qu'il me reste de l'argent.

— Mais enfin, tu nous dois le voyage de Rio jusqu'ici. On a trimbalé ton sac et ta valise après tout.

— Ça vous pouvez toujours vous fouiller. Rien à faire et

puis j'ai payé assez cher en autocar. Ça suffit comme ça. Je vous l'avais dit de ne pas claquer votre fric, seulement ces messieurs se croyaient malins. Vous avez voulu jouer les Américains, eh bien, démerdez-vous. Je veux bien vous aider à trouver des pneus neufs, mais c'est tout.

Le samedi soir, nous avons participé à l'émission de télé la plus populaire d'Argentine, le show de Mansera. Parlant espagnol, j'ai pu longuement répondre aux questions de l'animateur et glisser notre problème de pneumatiques. Mansera nous promet de les trouver. On a poussé la voiture qui refusait de démarrer sur le plateau et nous obtenons un immense succès en faisant la démonstration de notre souplesse pour accéder à notre couchette. Mansera décroche l'un des téléphones. Les applaudissements crépitent.

A la sortie, la bande des copains de Margarita nous attend. J'ai repéré Ginny. Peu à peu nous laissons les autres prendre de l'avance. « Plaza 9 de julio », nous restons seuls. Ginny me prend la main, se blottit contre moi et commence à me mordiller les lèvres.

Enlacés nous nous promenons dans les rues de Buenos Aires qui par endroits me font penser à Paris. Vers 4 heures, je regagne le taxi.

Au moment d'ouvrir la portière, une main ferme me saisit le poignet. Gary. Il est armé d'un démonte-pneu. George, un peu en retrait, me fixe haineux.

— Ou tu payes, ou on te casse la gueule. Choisis !

Me tailler ? Il n'en est pas question, mes affaires sont à l'intérieur. Résister, c'est impossible.

— Lâchez-moi, je paye. Donnez-moi mes affaires.

Voilà quatre mois que je vivais avec ces deux poids morts en remorque. L'aube n'est pas encore levée, les pneus arrière de l'Austin s'éloignent, je n'éprouve que du soulagement.

Cette fois mon apprentissage est bien terminé, il va falloir y aller et y aller seul. Mais je suis enfin libre de faire ce qui me plaît, de suivre qui je veux. J'ai l'impression de sortir de prison, mon baluchon à mes pieds. Devant moi s'ouvrent les routes du monde entier.

3

INCORRIGIBLE « FRANCÉS »

— Dis, André, ça te dirait d'aller en Terre de Feu ?

— Evidemment, mais c'est à trois mille kilomètres d'ici et j'ai peur que les voitures se fassent rares en Patagonie. Non, c'est pas possible...

— J'ai peut-être un bon tuyau pour toi. Ma copine Irma devrait pouvoir t'obtenir un passage à l'œil à bord d'un avion militaire.

Sans plus attendre, je me précipite chez Irma, qui avant l'arrivée des militaires au pouvoir en Argentine, travaillait comme secrétaire au Congrès.

— Je déteste les militaires et je ferai tout ce que je peux pour vous faciliter les choses.

Pendant de longues heures nous faisons le siège des bureaux du L.A.D.E. (service des déplacements militaires). Inlassable, Irma, poussée par le désir d'extorquer quelque chose aux militaires, consacre le reste de son temps à accrocher tout uniforme qu'elle croise dans les couloirs du Congrès.

Le soir du 14 avril, Irma me rejoint chez Gilles qui m'héberge dans sa cuisine depuis le début du mois.

— Ça y est, mes petits, j'ai réussi à les blouser. Tiens, André, remplis-moi ce formulaire. Voici un mot de recommandation pour le commandant de la base aéronavale de Rio Gallegos et un autre pour Ushuaia. On ne sait jamais, ça peut toujours te servir.

Je ne sais pas qui a signé mes deux lettres d'introduction,

mais l'effet est saisissant. A Rio Gallegos, le capitaine Médici m'accueille personnellement et aux commandes de son propre avion de chasse me conduit vers le sud à Ushuaia.

La journée est magnifique. Nous laissons derrière nous la Patagonie plate et désolée, pour survoler l'extrémité sud de la Cordillère des Andes qui après le détroit de Magellan dans un dernier sursaut, vient mourir en Terre de Feu. Passés les derniers pics enneigés, nous amorçons une courbe descendante au-dessus de la baie, et nous nous posons à Ushuaia, la ville la plus australe du monde. Bon sang, qu'il fait froid dans ce patelin !

En me voyant entrer dans son bureau, le commandant Padilla, un petit gros sympathique, éclate de rire. Ma silhouette à la don Quichotte le ravit. Il me présente un siège et sans plus attendre, ouvre un tiroir d'où il sort une bouteille de cognac trois étoiles, du vrai.

— Ha, ha, ha, elle est bien bonne celle-là, « *oune* » *Francés* (un Français) qui fait du stop dans mes avions... Dis-moi, le cognac, ça c'est quelque chose... Ha, ha, ha, alors comme ça tu fais le tour du monde avec ton petit sac... (J'avais tout abandonné à Buenos Aires sauf mon sac à dos de petite taille — mon duvet et ma caméra n'y entraient pas — et un minimum plus qu'indispensable car le poids allait devenir une obsession permanente.)

Hilare, il remplit son verre pour la troisième fois et entreprend de le vider à petites lampées.

— Où vas-tu dormir ?

— J'allais vous le demander, mon commandant. J'espérais que vous pourriez m'indiquer un coin où je ne dérangerais personne. Tout ce que je demande c'est d'être à l'abri du froid, l'automne est peu clément ici et...

— Enfin, tu comptes sur moi, quoi ! Mon mess des officiers, ça t'ira ?

— ...

— Dis-moi, « Francés », ce soir j'ai invité l'amiral et quelques officiers à dîner chez moi. Tu pourrais venir ? Tu dois bien avoir quelques histoires à nous conter ? Hein ? J'habite à cent mètres de « ton » mess. J'enverrai mon chauffeur te prendre... Tu vas avoir un succès fou, ha, ha, ha... Ce que tu me plais avec ton barda !

A l'issue d'un repas de grande classe, nous regagnons le salon qui domine la baie. Dans la cheminée crépite, joyeux, un petit feu de bois. L'amiral vient vers moi.

— Demain matin je vais donner l'ordre à la flotte de t'accueillir à son bord. Tu pourras y prendre tes repas à la table des officiers durant tout ton séjour ici. Ça te va ?

Quatre rues modestes, des maisons préfabriquées, en rondins et tôle ondulée, bordant la baie, Ushuaia blottie au pied des derniers pics blancs des Andes, semble contempler les innombrables îles de l'archipel du bout du monde.

— Mon petit « Francés », tu vas faire, grâce à moi, le voyage du siècle. Tu vois, dans le port là-bas, les trois cuirassés de la flotte de notre amiral. Juste derrière se trouve un bateau plus petit, rouge et blanc... vu ? C'est le *Polargas*. Il vient une fois par mois de Punta Arenas au Chili afin de nous ravitailler en mazout. Il repart demain. Si ça te dit de te balader au travers des îles de la Terre de Feu, sur le canal de Beagle et les autres canaux *fueguinos*. Ha, ha, ha... après l'avion-stop, du bateau-stop... Comme ça, au moins, tu n'oublieras pas le commandant Padilla. Hein, « Francés » ?

Le soir même, devant les caméras de la télé locale, je raconte mon histoire et m'arrange pour glisser quelques mots de remerciement à l'adresse de mes hôtes.

Seul, accoudé au bastingage, je regarde défiler les îlots, les rochers. Je quitte le bout du monde triste et froid dans lequel résonnait étrangement le rire amical du commandant Padilla. Pluie, soleil et vent violent, alternés, jouent librement dans ce labyrinthe dépouillé, baignant dans les eaux grises de l'océan austral, froid et impressionnant, comme le pôle Sud tout proche. Des arbres, au tronc torturé, couchés par le vent, s'accrochent à la roche grise qu'ils partagent avec des canards, des pingouins, des phoques et quelques condors sinistres.

La nuit, au-dessus de moi, brille, somptueuse, la Croix du Sud. Pour rien au monde, je ne céderais ma place.

Dans la timonerie, derrière le capitaine Albarrán, qui, de ses jumelles scrute le « chenal », un jeune couple chahute et chuchote en riant.

— Eh toi ! oui toi, rends-moi mes gants, me fait le garçon en m'apercevant.

— Mais, ce sont mes gants. Je les ai achetés d'occase à Buenos Aires, dans un surplus de l'armée. J'ai aussi acheté des caleçons longs, des bottes et ma veste. Il y avait même un grand carton plein de brosses à dents usagées...

— C'était pas à Chinche par hasard... Moi aussi je me suis fringué là. Tiens, je te présente Jenny.

On se regarde tous les trois et en chœur, nous partons d'un grand rire. On a la même touche. Mêmes vestes, mêmes gants et sans aucun doute, mêmes caleçons longs de l'armée argentine.

Jenny est une étudiante américaine d'Atlanta, il l'a rencontrée à Rio. Il était à court, elle avait encore quelques centaines de dollars, tout va pour le mieux et il tient les cordons de la bourse. Lui, c'est Mex, c'est ainsi que je l'appelle, il est mexicain. Juan-José est un fils de famille bourgeoise de Mexico. Parti, voici quelques mois faire le tour des palaces sud-américains en compagnie d'un chaperon, il a rencontré Jenny en plein carnaval. Du coup, il a tout laissé tomber, avion, hôtels et chaperon pour continuer avec elle, vers le sud, en stop.

— J'y suis... C'est toi le mec de la télé... Hein, c'est bien toi qui couchait dans un taxi. Dans le fond, toi aussi t'es un bourgeois !

26 avril 1968. Le bruit régulier du moteur a cessé. Le *Polargas* est amarré à quai, à Punta Arenas. Un soleil rouge se reflète timide dans les eaux froides du détroit de Magellan.

Dans douze jours nous prendrons un autre bateau pour Puerto Montt. En attendant nous décidons d'aller voir le glacier Ventisquero Moreno, que les Andes déversent dans le lac Argentino à 600 km au nord. « A dedo », en stop, bien entendu.

Le vent est extrêmement violent. La piste court entre les eaux bleues du détroit et la jaune platitude de la Patagonie hérissée de buissons crasseux. Au fond se détachent les sommets de la Cordillère à la blancheur éternelle. Afin d'aller plus vite, nous nous sommes séparés. Il pleut, cela ajoute à la désolation du paysage. Des *gnandus* [1] font la course avec la voiture et sur leur passage effraient les *caiquenes* [2] et les moutons à la double fourrure qui paissent par milliers. Des carcasses blanchies jalonnent la route.

A Rio Gallegos, je dors sur un tapis d'hôtel au fond d'un couloir. Je partage cette couche modeste avec un Colombien qui lui aussi vient de... Toronto. A bicyclette. William Arcila Gonzalez, 35 ans, pédale depuis cinq ans à travers les Amériques, en donnant des conférences agrémentées de la projection des quatre mille cinq cents diapos qu'il trimbale avec lui sur sa bécane.

Je patauge dans les rues boueuses, de café en café, à la recherche d'un camion qui aille à Calafate. La ville est plate, grise. Les rues balayées par le vent glacial sont vides. Dans les bistrots, les hommes oublient l'ennui et le froid, en s'abîmant dans des flots d'alcool. Leurs regards sont vides, eux aussi !

Jenny, Mex qui viennent de me rejoindre et moi, perdons la journée entière et le lendemain à attendre le moindre véhicule en nous boxant pour rester chauds. Finalement, à l'instant même où nous rentrons en ville, une voiture fait marche arrière : elle se rend à Calafate.

— Eh, les petits gars, venez nous donner un coup de main.

De loin j'avais remarqué la fumée, sans y prêter véritablement attention. Devant leur cabane, assis en cercle autour du foyer, une dizaine de gauchos attendaient qu'un mouton entier, planté en croix au-dessus des braises, achève de cuire.

La viande, en Argentine, est plus que le plat national, elle est souvent le plat unique. Au nord c'est le bœuf que l'on

1. Petites autruches.
2. Oies sauvages.

déguste grillé entier sur la *Parilla* ou en steak épais, débordant l'assiette et d'une tendreté remarquable. En Patagonie le mouton constitue l'essentiel de l'alimentation des gauchos. Ce qui fait que très vite nous comprenons qu'il suffit dans la pampa immense, de répérer lorsque la faim se fait sentir, la moindre fumée plus ou moins bleue.

Armés de grands couteaux, nous tailladons volontiers ce méchoui perpendiculaire. Une grosse miche de pain et la bonbonne de vin circulent, ainsi que les tomates crues. Lorsque le repas s'achève, nos hôtes nous donnent une grande partie des restes de viande, pour la route.

Calafate est un cul-de-sac, situé sur les bords du lac Argentino, long de 146 km. Le glacier, lui, se déverse dans ses eaux à une centaine de kilomètres du village.

Voilà six jours que nous sommes partis de Punta Arenas. Le premier jour nous avons parcouru deux cents kilomètres, le second aucun, le troisième cinq, le quatrième quatre-vingts et hier deux cents.

Dans l'après-midi un camion nous offre un passage pour le glacier, une antiquité pas sûre d'arriver.

Un pont de bois effondré nous contraint à marcher les douze derniers kilomètres de nuit. Il fait froid et les flocons de neige viennent fondre sur notre visage. L'obscurité est totale. Nous nous guidons au son de nos pas. Lorsque le bruit est celui d'une aspiration, lorsque le sol est mou sous nos pieds, nous sommes sur la piste boueuse, donc sur la bonne route. De temps à autre nous sifflons pour vérifier que nous sommes encore ensemble. En tout cas nous approchons, car dans la nuit résonnent les grondements du glacier. Jenny trébuche.

— Oh, Jenny, fais attention de bien tomber à plat ventre. N'oublie pas que tu portes les restes de l'*asado* (méchoui) sur ton dos !

La réflexion de Mex nous détend. Nous avons le moral et nous avons raison, car voici le refuge.

Dans la pièce unique éclairée par la lueur blafarde d'une lampe à pétrole, nous nous « organisons » pour la nuit. Juan-José et Jenny s'allongent tout habillés, la tête calée sur leur sac. Je suis seul à posséder un duvet, mais il est si léger qu'il ne m'empêche pas de claquer des dents toute la nuit. Je regrette amèrement de n'être pas plus couvert. J'ai froid au point de souffrir. Depuis deux jours je ne sens plus mes doigts. Je n'arrive plus à saisir la glissière de la fermeture éclair.

— Mex, combien sens-tu encore de doigts ?

— M'en parle pas, rester en plein vent sur les camions me tue. J'arrive même pas à me déplier aux arrêts...

Il pleut maintenant, une pluie qui semble projetée par le vent violent et qui vient frapper les carreaux du refuge. A l'arrière-plan sonore, le glacier continue de craquer sinistrement. Chaque fois j'ai l'impression que l'air et la nuit se déchirent.

Au petit jour la récompense se dresse devant nous, sublime. Haute de 120 mètres, la façade de glace s'étire sur 700 m. Le glacier se déverse dans les eaux vert sombre du lac au terme d'une course de 120 km. Le Ventisquero gémit sans cesse, émettant de longues plaintes. Soudain, devant trois silhouettes minuscules, le spectacle est porté à son paroxysme. Dans une déchirure bleue, dans un assourdissant concert, un pan du mur de glace tombe, droit dans le lac. L'iceberg danse, se retourne, provoquant d'énormes vagues qui viennent se briser à nos pieds. L'écho fracassant claque et se répercute sur les parois des Andes qui enchâssent le Ventisquero. Nous ne bougeons plus de la journée, les yeux rivés sur la paroi turquoise.

De retour à Calafate, il nous faut attendre trois jours un véhicule en sautillant près d'un brasier que nous avons été forcés d'allumer. En vain. Cela nous vaut l'occasion de dormir en prison, sur des matelas humides, puants. Les murs suintent, le sol est gras, dans les cellules voisines quelques rares clients toussent et crachent toute la nuit. Cependant, je bénis le ciel et le gardien de nous avoir procuré cet abri, car dehors il fait encore plus froid.

Le troisième jour Mex et moi tentons de faire du cheval-stop. L'un de nos compagnons de geôle, après avoir cuvé son vin, regagne son *estancia*. Nous tentons de monter à cru pour immédiatement nous retrouver les bras en croix sur le sol durci par le gel.

— *Señores,* vous auriez dû me le demander... Ces chevaux ne sont pas dressés pour la monte, je viens de les acheter.

La nuit est mémorable, une de plus. Nous la passons dans une baraque aux planches disjointes, le vent y est comme chez soi. Après le *maté* [1] d'accueil, nous nous efforçons de dormir avec des peaux de moutons non tannées, raides et malodorantes. Comme il y en a beaucoup nous les entassons. Une dizaine de peaux en guise de sommier et sept ou huit en couverture.

— Décidément, le mouton nous sert de gîte et de couvert, remarque Jenny.

Pour l'instant il nous sert aussi de parfum...

Au lever, nous avons dû nous allonger tous les trois bien serrés sur la piste gelée pour nous couper du vent.

Punta Arenas, le 9 mai 1968. Pour la troisième fois en dix jours nous n'avons que la prison comme recours.

— La fille dormira dans la cellule réservée aux femmes et vous deux là, dans le bureau, nous dit l'un des gardiens.

— Avouez que c'est mal fait, rétorque Mex, c'est nous qui devrions aller dans la cellule des filles...

Quelques minutes plus tard le type a prévenu un copain journaliste de notre arrivée. Résultat, nous avons droit à la première page du journal local, avec une belle photo. « Les premiers authentiques hippies en Terre de Feu. » Du coup nous sommes célèbres, les trois radios locales s'arrachent nos déclarations et Jenny chantonne sur les ondes un succès de Joan Baez. En quelques heures nous devenons l'attraction. Le samedi soir, nous sommes propulsés sur scène. Jenny chante à nouveau et lorsque le présentateur met un terme au numéro, la salle debout exige une nouvelle chanson.

Le bateau qui doit nous conduire à Puerto Montt étant immobilisé par une grève, nous prolongeons notre séjour au pénitencier où l'on me fauche mon argent liquide et où Jenny manque de se faire violer, à la recherche d'un avion-stop.

1. Thé amer typique des gauchos.

Pendant ces trois semaines passées en Terre de Feu je découvre, au contact de Mex, le style qui désormais sera le mien. D'une bonne humeur inaltérable, d'un entrain sans pareil, charmeur, combinard, humoriste et décontracté, il est la preuve que tout dépend de soi et que tout vient à point...

— *Keep the faith*, répète-t-il sans cesse, garde la foi !

Depuis quelques semaines je souffre de douleurs mal placées que le froid et les péripéties de ces dernières semaines rendent insupportables. Je sais qu'il me faut consulter un médecin. Je ne peux plus attendre. De Puerto Montt, je prends le train de Santiago pour gagner directement l'hôpital San Salvador.

La bâtisse est énorme, immensément triste. Les couloirs sont sans fin et les murs épais, les voûtes lugubres font davantage penser à une forteresse qu'à un hôpital.

La salle d'attente, très grande, plantée de lourds piliers, évoque un cadre monastique. Une foule miséreuse s'y entasse et s'y bouscule, vision de Moyen Age. La plupart des consultants sont assis par terre. Femmes gémissantes et craintives, gosses boutonneux et dépenaillés. Je souffre et le spectacle de cette misère n'atténue en rien mon mal. On s'agglutine aux guichets. Dans un réflexe égoïste, je décide d'user du privilège que doit constituer mon allure d'Européen. Je pousse une lourde porte et parcours les salles à la recherche d'un médecin ou d'une infirmière.

Le docteur Puentes me conduit tout de suite dans son bureau.

— C'est une fissure anale... il faut vous opérer.

— Mais, docteur...

Je lui raconte mon histoire et lui fais comprendre que cette intervention peut me coûter la visite de deux, trois, sinon cinq ou six pays.

— Ah c'est vous le type du journal... Je vais vous faire

passer sur la liste des indigents. Revenez demain, j'aurai un lit pour vous.

Le vieil hôpital est froid et dégueulasse. Dans les toilettes, cafards et cloportes se disputent les immondices. L'odeur est insupportable. Des chats font les poubelles qui traînent un peu partout et des dizaines de pansements sanguinolents jonchent le sol des couloirs. L'unique baignoire de l'étage n'a pas d'âge. Elle est ornée d'un ruban noir aussi épais que du goudron. Les draps sont percés et les matelas faits de creux et de bosses, sont de couleurs douteuses. La nourriture est capable de rendre malade sur-le-champ n'importe quel bien portant.

J'accepte mon sort, car ainsi mon tour du monde ne sera pas amputé et puis il y a le personnel d'une rare compétence et d'une infinie gentillesse.

— Pendant que j'y suis, je vais aussi te couper les cheveux, me dit le docteur Puentes à mon arrivée au bloc.

Une grande partie du personnel défile à mon chevet. On vient bavarder avec le « hippie » français. Luzmaria, mon infirmière, métisse araucanne, s'éprend de son malade et le comble de petits steaks, de sandwichs aux œufs, de fruits et de pâtes de coing.

Bien que les horaires de visite soient très stricts, je ne m'ennuie pas car Mex est toujours là. Je ne sais pas comment il s'y prend mais il échappe à tous les contrôles.

— Tu es guéri, maintenant, il faut libérer ce lit mon vieux « Francés ». J'en ai besoin. Où vas-tu aller ? me dit le docteur Puentes, au bout d'une dizaine de jours.

— A vrai dire je ne sais pas. Je ne suis pas en très grande forme... Vous ne pourriez pas me pistonner auprès des pompiers ou je ne sais pas, moi...

— Les pompiers, tu n'y penses pas ! tu ne pourras pas te reposer. Pour une convalescence... Attends, je vais en parler à ma collègue tchèque... Elle t'aime bien.

Vers 17 heures, tous les malades de la salle sont debout, agglutinés à l'énorme fenêtre. Ils n'en croient pas leurs yeux. On vient chercher *l'indigent*. Une superbe Cadillac qui n'en finit pas d'être longue m'attend. Les Friedmann, des amis de la doctoresse tchèque, citoyens américains représentant ici le gouvernement U.S., me conduisent chez eux à *Barrio Alto* quartier résidentiel de la capitale chilienne. Jardin avec piscine, tableaux de maîtres, mobilier de style, fleurs à profusion. Mon lit m'attend dans la bibliothèque et je me demande comment je vais pouvoir m'endormir dans de tels draps, soyeux comme la peau d'une femme.

— Madame, je suis confus de tant de dérangement, et de plus, arriver comme en pleine fête.

— Mais de quelle fête parlez-vous, Andrew ?

— De tout ça, de ces chandeliers, de ces couverts en argent, de cette porcelaine...

— Mais, mon cher, il ne s'agit que de notre décor de table quotidien. Allez, venez avec moi nous allons mettre une bûche dans le feu.

J'ai repris mon bâton de pèlerin, ça me démangeait. Ce n'est pas ce que j'ai fait de plus raisonnable, car je suis astreint à prendre, pendant quelques jours encore un bain de siège biquotidien, dans une eau bouillie et permanganatée. Il m'arrive donc de frapper au hasard, dans les villages des Andes et ce n'est pas toujours facile. On me prend parfois pour un fou, mais je respecte les prescriptions du docteur Puentes.

Le Christ de Las Cuevas, un souvenir d'enfance : un film documentaire vu dans une salle obscure de Brunoy, quinze ans plus tôt.

Las Cuevas, j'y suis. « Il » est là-haut, mille mètres au-dessus. Les bras en croix, le Christ Rédempteur, dont la statue posée au sommet d'une montagne andine culminant à 4 050 m, protège la paix qui règne désormais entre l'Argentine et le Chili. La frontière entre les deux pays passe par là et le Christ, symboliquement, a un pied dans chaque pays.

La route d'accès, verglacée et couverte de neige est fermée. Je découvre un raccourci. Le sentier fait tout de même trois ou quatre kilomètres et le moins qu'on puisse en dire est qu'il grimpe. Mais je suis têtu, je veux y aller et aujourd'hui car demain je dois retourner à Santiago, pour une visite de contrôle.

J'entame l'escalade. Ma cicatrice me fait un peu souffrir. Au-dessus de moi, en direction du sommet j'aperçois un bras de pierre qui me sert de point de repère. Ma progression est lente. La couche de neige est épaisse et à chaque pas je m'enfonce, ce qui a pour effet de décupler mes efforts. A peine arrivé au tiers du parcours, le ciel s'obscurcit tout à coup et la neige commence à tomber. Très vite je ne vois plus rien. Les flocons tourbillonnent noyant le paysage et me contraignent à garder les yeux mi-clos. J'ai perdu la trace de mon sentier, la prudence élémentaire me recommande de renoncer. Mais je suis ainsi fait. J'en ai trop bavé pour arriver là où j'en suis, je veux aller là-haut. Risque ou pas, je continue. Au moment où la clarté semble revenir, pour mieux disparaître, j'entrevois la route, quelques mètres plus haut à droite. Je me demande s'il ne serait tout de même pas plus raisonnable de l'emprunter, même si c'est plus long. J'avance sur ma droite, je ne vois guère où je pose les pieds, mais ce n'est pas très grave puisque la route est là.

J'ai mis le pied sur une grosse pierre en équilibre. Il est trop tard, lorsque je m'en rends compte. Je bascule sur le côté. Bon sang ! à quoi me rattraper, il n'y a rien que de la neige croûtée, des cailloux et la pente, raide à cet endroit. J'écarte les bras pour mieux m'aplatir, rien à faire, je commence à glisser. Des pieds je tente de me freiner. Le sol se dérobe et je prends de la vitesse. Je ne sais pas où je vais, je ne vois pas grand-chose. Je glisse. Mon pull remonte. Des gravillons, de la terre humide, de la neige s'infiltrent le long de ma peau. Je perds un gant, mon pantalon se déchire. Merde, un ravin. Je suis foutu ! La sacoche de ma caméra me saute par-dessus la tête. Au passage la courroie me brûle le cou. Le ravin s'approche, je le devine, sombre et béant, un peu au-dessous de moi. Il y a au moins cent mètres de chute libre. C'est fini. Je ne m'arrêterai plus. Si au moins, j'avais fait marche arrière. Par deux fois ma tête cogne durement des cailloux. Je ne les ai pas vus arriver. Le second me met l'oreille en feu. Je dois saigner. Je commence à rebondir. C'est épouvantable. Une grosse aspérité en pleine course et... pof ! Je m'y écrase. Je reprends lentement mes sens. Dix mètres plus bas, la brèche fatale.

Après trois heures de marche le long de la route verglacée, j'atteins le sommet en chancelant. Au pied de la statue, deux stations météo, l'une argentine, l'autre chilienne. Sans vraiment choisir je m'évanouis en Argentine.

Je ne verrai rien du Christ Rédempteur des Andes. Inutile d'espérer la fin de la tourmente. Je redescends avec l'un des météorologues. Pour me réchauffer, il m'a offert de l'alcool de pêche et en a profité pour boire de bonnes rasades : il est ivre et moi, sans force.

A plusieurs reprises, nous trébuchons et tombons. Je n'ai pas de chaussures adéquates, mon guide ne tient pas debout et l'on n'y voit rien. Parfois, je m'affale sur lui. Mémorable descente ! A Las Cuevas, je dors chez lui, quatorze heures d'affilée dans son lit sans lui demander la permission tellement je me sens épuisé.

— Je ne peux pas dire que je vous félicite d'être allé rôder dans les Andes, mais je dois reconnaître que tout va bien, incorrigible « Francés » !

En quelques secondes je renfile mon pantalon, puis sans rien dire, je serre longuement la main du docteur Puentes. Dans les couloirs sur mon passage, les gens se retournent, mon pas décidé les intrigue. Je n'ose pas courir, mais c'est tout comme. C'est vrai, non seulement je suis complètement guéri, mais tout va vraiment bien.

Cette fois je crois que rien ne pourra plus jamais m'arrêter. Tout le restant de ma vie je vais le passer sur la *route.* Je me sens trop libre, trop bien pour songer à autre chose. Je viens de faire la preuve de ma résistance physique et morale. Je suis « un gars à toute épreuve » comme disait Charlotte. En acier trempé. Avec ce que Mex vient de m'apprendre sur la vie, le stop, l'argent, ma volonté et ma ténacité, je crois que je peux faire des plans de voyages pour le monde entier.

23 juin 1968, 6 heures du matin. Carlos m'attend. Il fume une cigarette devant son camion ultra-moderne. Ensemble nous allons au Pérou. Trois jours de pullman avec un guide individuel. Journées torrides, nuits glaciales, nous remontons le désert le plus aride du monde. 2 300 bornes d'un coup. Pas mal. Je commence à devenir un spécialiste.

A Arica, à la frontière péruvienne, Carlos me chante *la Marseillaise* en guise d'adieu.

350 km en dix-neuf heures ! Un record. Assis à l'avant dans une Fiat 850, je regarde se dérouler le paysage. A chaque virage, à chaque lacet, le moteur hurle, une à une les vitesses descendent, puis ça repart. Le moteur... du camion, car la voiture dans laquelle je suis assis est elle-même juchée sur un camion. Le temps ne compte pas, ni pour moi, ni pour les Indiens cuivrés que j'aperçois du haut de mon perchoir auto immobile, mais il me tarde de retrouver Mex et Jenny qui m'attendent à Lima.

Lorsque j'arrive Jenny est déjà partie. Elle a dû rentrer chez elle, afin de reprendre ses études. Juan-José, entre-temps s'est débrouillé pour nous trouver deux recommandations pour deux haciendas de montagne.

— Avant d'aller plus loin, m'explique Mex, il faut absolument aller voir le *Huascaran,* le deuxième sommet des Andes. A cet endroit la Cordillère est déchirée, partagée en deux échines également majestueuses, la blanche et la noire. C'est un des coins les plus chouettes qui soient au monde.

4 000 mètres d'altitude, la respiration commence à se faire courte. Pleine lune, froid polaire, nous sommes debout à l'arrière d'un camion Mercedes non bâché. Pendant sept heures, nous partageons le sort d'une vingtaine d'Indiens. Ensemble nous sommes ballottés au gré des cahots de la piste, précipités

les uns contre les autres dans les virages. Les malheureux sentent fort mauvais, la laine grossière de leurs vêtements, ponchos et pantalons courts, renifle le mouton. Si Jenny était là... Ils parlent *quechua,* la langue des Incas et savent se montrer accueillants, malgré le handicap du langage. En signe d'amitié ils nous offrent quelques feuilles de coca. En chœur, nous mâchons tout le long du trajet. Sans un mot, ils nous apprennent le rituel de la coca. A l'aide d'un clou, généralement rouillé, on extrait une poudre blanche de l'intérieur d'une petite calebasse, le *poroncito*, qui agrémentera le goût quelque peu amer de la feuille. La boule ainsi formée est calée à l'intérieur de la joue, augmentée de temps en temps d'une nouvelle feuille de coca. Toutes ces feuilles sorties de leurs poches douteuses ne sont plus très fraîches, mais...

Bientôt, de la ceinture à la racine des cheveux toute sensation disparaît y compris le mal des Andes. J'ai la nette impression d'avoir un corps en carton bouilli. Cependant j'ai froid aux pieds ce qui ne fait qu'accentuer la sensation d'engourdissement.

La feuille de coca ne coûte rien et se vend en vrac partout. Drogue des pauvres, elle coupe la faim et la soif. Supprimant la douleur elle pallie le manque de médecin, de dentiste. Solution d'urgence à l'épouvantable misère, elle est un baume social. En ralentissant l'intellect, elle empêche les déshérités de penser à quoi que ce soit. La coca, en vente libre demeure le garant des privilèges des quelques familles fort riches qui se partagent ce pays de *peónes* à la pauvreté inconnue chez nous.

Cela n'empêche pas l'armée péruvienne de posséder les premiers Mirage supersoniques de toute l'Amérique du Sud.

Dans ce camion cahotant, j'ai honte pour moi, pour les dirigeants de ce pays, pour tous ceux qui se foutent pas mal de ces misérables Indiens quechuas qui me regardent en souriant simplement, sans doute navrés de n'avoir rien d'autre à me donner.

Nous franchissons la première cordillère, la noire celle qui ne reçoit jamais de neige, d'où son nom. A l'ombre des eucalyptus, les petits villages aux maisons blanches et basses s'étagent, dans une atmosphère de paix. Assises sur le pas de leur porte, des Indiennes vêtues d'habits aux couleurs vives, coiffées de deux chapeaux melon superposés, filent la laine. Sur leur dos, morveux et assailli de mouches, un enfant qu'on ne lave jamais — « Ça protège du froid, *señor* » — dort, insensible à sa misère.

— *Gringo, plata !* de l'argent, étranger !

Une petite fille, une main sur le front pour se protéger du soleil, nous regarde d'un œil. L'autre main tendue, elle nous barre le passage. Elle est mignonne, mais son air déterminé, la saleté de ses haillons en font une poupée triste et pitoyable. Pour la millième fois nous allons refuser l'aumône à une enfant. Pour la millième fois, sans doute à cause de ma caméra, on nous prend pour des Américains. Je n'ai pas la conscience tranquille, mais que faire... Il faut que je poursuive mon voyage. L'interrompre ne changera rien au sort de ces pauvres gens. Surtout pas celui de cette enfant et de la ronde des gosses qui nous entourent maintenant, criant en chœur :

— *Gringo, plata !*

— *No hay centavos !* je n'ai pas de monnaie, tente de leur expliquer Mex, tout aussi embarrassé que moi.

La réponse ne se fait pas attendre.

— Les billets sont acceptés aussi, *señor !* Elle me regarde droit dans les yeux. Son regard est doux et franc. Mais le reste de son visage est tendu, sa bouche pincée. Elle a l'habitude et sait ce qu'il faut répondre aux gringos qui se dérobent.

La ribambelle des enfants nous accompagne en sautillant, tournant autour de nous, comme dans un jeu. Nous remontons les rues de Yungay, en route vers le Huascaran qui nous barre l'horizon. Notre intention est d'atteindre les deux petits lacs qui sont au pied de ce sommet.

Dansez, riez, pauvres petits enfants espiègles, intrépides, gouailleurs, et... condamnés. Ni vous, ni moi, nous ne le savons, mais le destin est là. Dans trois ans, la mort descendra dans cette vallée. Un tremblement de terre videra les lacs du Huascaran. A Yungay, et sur le plateau il y aura 16 000 victimes. Petite fille à la main tendue, cette ombre sur ton visage, que je prends pour celle de la pauvreté, de la misère, est celle de la mort.

Il fait froid. Dissimulée derrière la montagne, la lune éclaire les nuages et le Huascaran ressemble à un volcan en activité. Pour parfaire l'impression d'éruption le glacier gronde.

Durant plus de cinq heures nous avons progressé de vingt-cinq kilomètres et grimpé de deux mille mètres. Les humbles cabanes aux toits de chaume des hameaux de montagne sont en terre battue et trônent au milieu de champs formant jardin de banlieue. Des cactus et des ânes meublent le décor désolé mais certainement pas triste. A chaque traversée de village, des enfants en guenilles, des chiens au flair indiscret, nous ont escortés. Les habitants des Andes ne connaissent que deux mots d'espagnol et nous ont harcelés de leur pauvre vocabulaire de la misère :

— *Gringo, plata !*

Au bout de notre marathon, une simple hutte. La grosse Indienne pousse du pied des chiffons et des boîtes de conserve et nous offre de nous allonger sur la terre battue. A côté, un grand lit délabré où dorment déjà ses cinq enfants.

La position est stratégique, la cabane est située sur le passage obligatoire des caravanes d'alpinistes qui de là lancent leurs expéditions vers le Huascaran. Elle surveille les camps de base et après coup, fait de la récupération. Des conserves surtout.

Aux branchages du toit pendent maïs, oignons et viande fumée. Elle rentre les poules, les cochons, le chien, puis ferme la porte.

Au retour nous suivons le cañon del Pato, là où les deux Cordillères se séparent. La piste est taillée dans la paroi rocheuse abrupte et se faufile à mi-hauteur au travers d'une quarantaine de tunnels. J'ai l'impression d'être prisonnier des deux mâchoires d'un étau géant.

Nous marchons depuis des heures.

— J'en ai marre, dit Mex, ça fait peut-être trente ou quarante kilomètres que nous marchons comme des dingues... écoute, tu entends ? Un bruit de moteur.

Un camion bleu, cabossé, descend vers nous. Mex se met en travers de la piste et fait de grands signes au conducteur. Le type passe devant nous dans un bruit d'enfer que les parois répercutent à l'infini. Nous restons assis sur le bas côté en attendant que la poussière se dissipe.

— Le salaud, il n'a même pas ralenti. C'est pas de pot, le seul camion de la journée...

Une demi-heure plus tard, mon regard est attiré par de longues traces de peinture bleue sur la paroi. La roche est éraflée, de fraîche date...

— Mex, regarde...

Deux cents mètres plus bas, les eaux bouillonnantes du torrent couvrent et découvrent une carcasse métallique munie de roues. Une carcasse bleue...

Après le désert aride de la côte pacifique, le froid des Andes, voici l'étuve du bassin amazonien. Rien de meilleur pour la santé que ces changements de climats brusques ! Nous avons décidé de remonter le fleuve à partir de Pucallpa situé sur l'Ucayali, l'un des affluents principaux de l'Amazone.

Huanuco, à mi-chemin, nous faisons une pause. L'unique piste très encombrée est réservée, ce jour-là, à la montée vers les Andes. Un gros lard chauve, le chef de la police, nous fait coffrer. Motif : nos cheveux longs ne peuvent être que ceux de voyous et la place des voyous est en prison où ils apprennent à vivre.

— Déballez-moi ça, hurle « gros poilu » tout rouge en désignant nos sacs, dans une pièce style oubliette de château fort.

Après une nuit en taule, finalement la bienvenue, nous nous en tirons grâce à Mex. Il a dans son sac un énorme bilboquet et un petit gadget, genre téléviseur miniature, au travers duquel on peut voir défiler quelques images importées du Danemark, de ravissantes filles nues. Mex fait une démonstration de bilboquet, époustouflante. Le gros lard, lui, se couvre de ridicule, devant quelques subordonnés en manquant de s'assommer avec. Puis, il grimace longuement de plaisir, l'œil collé à la télé qu'il a dirigée vers l'unique ampoule faiblarde de la cellule... Avant de filer, nous récupérons la télé porno et le bilboquet salvateurs. Ils peuvent servir à nouveau.

La descente reprend, extraordinaire. La piste étroite et boueuse nous conduit de la fraîcheur andine à la forêt tropicale. Trois mille mètres de dénivelé, des heures et des heures dans un camion du convoi descendant, à dix à l'heure.

Au col de la mort, les camions, l'un après l'autre, passent au travers d'une carlingue. Deux avions se sont écrasés là et leurs carcasses semblent faire désormais partie du décor.

Je songe au Congo. J'aime les tropiques et leur débauche de vert et de vie sauvage, primitive. Que de chemin parcouru depuis mes premières cases africaines que j'avais approchées si craintivement, victime d'hésitations, d'instincts, de répugnances inculqués par ma propre culture.

Quelques cases misérables, une forte odeur de végétation, une chaleur humide suffocante, un appontement de planches disjointes, un rafiot se balançant sur les eaux de l'Ucayali : Pucallpa.

— Le voyage coûte 170 *soles* en troisième classe. Mais *señores,* vous ne pouvez pas voyager en troisième...

Six jours d'une croisière en forêt tropicale, pour moins d'un dollar par jour, tout compris, un rêve !

L'*Adolfo* est pour le moins pittoresque, en troisième classe surtout. Nous vivons dans une ménagerie et l'odeur qui se dégage de ce pont à ras de l'eau me permet de comprendre pourquoi le « capitaine » était si surpris de nous voir insister au sujet des « troisièmes classes ». Cinq taureaux, des boas en caisse, des poules en liberté, des coqs qui chantent en permanence, des chiens qui ne semblent appartenir à personne, des perroquets intarissables et des singes qui se disputent les régimes de bananes entassés derrière la cabane des W.C...

Je prends ma première douche dans une cabine crasseuse, la porte n'a pas de loquet et l'eau tiède et jaunâtre disparaît entre deux grosses pierres sur lesquelles il faut grimper. L'équilibre est précaire et très vite devient critique, car les pierres se mettent à rouler... Le bateau ne bouge pas pourtant ? Sous la douche, une tête sort, émerge du dessous d'une pierre... bizarre ! Des tortues, je suis grimpé sur deux tortues qui ont trouvé refuge dans le bac de la douche qui est, vraisemblablement, l'endroit le plus frais du bateau.

Nous partageons le « repas » de l'équipage et des rares Indiens qui ont réussi à installer leur hamac dans la ménagerie. Un cuisinier, maigre à faire peur, nous sert dans du papier d'emballage, un peu de riz, des haricots ou quelques nouilles agrémentés de petits morceaux de viande suspecte et peu abondante.

Un amoncellement de peaux de tapirs, non tannées et puantes, me sert de couche que je partage avec plusieurs dizaines d'asticots. A côté de moi, s'entassent des poissons séchés enfouis dans du gros sel et des sacs d'oignons.

Au réveil, le « chef » nous sert de l'eau d'amande et du pain sec.

Le 28 juillet, l'*Adolfo* fait halte à Flor de Punga. C'est la fête nationale péruvienne. Au son de la flûte et du tambourin, nous allons danser sur la rive, en lisière de la forêt monstrueuse. L'eau-de-vie de canne à sucre coule à flots. J'ai très soif, comment faire pour ne pas boire, comment refuser les gobelets que l'on me tend ? Il n'y a rien d'autre...

Lorsque je reprends connaissance, j'ai les épaules coincées dans la cuvette des W.C. de première classe. Comment ai-je pu regagner l'*Adolfo,* escalader la planche qui sert de passerelle sans tomber dans le fleuve infesté de piranhas ? Mex est incapable de me répondre.

Iquitos : l'*Adolfo* ne va pas plus loin. Nous nous apprêtons à descendre. La P.I.P. (Policia Investigaciones Peruana) surveille le débarquement.

— Vous deux, venez ici.

Encore les flics et la routine des interrogatoires. D'où venons-nous, pourquoi voyager comme ça, pour qui espionnons-nous ? C'est amusant. Nous laissons nos empreintes, comme d'autres distribuent des autographes. Vedettes des commissariats on nous prend en photo. Face, profil.

— Nous allons interroger « Interpol » ; en attendant, vous restez là. Si vous ne faites pas les malins vous pourrez partir d'ici deux ou trois jours, mais il faudra quitter le pays. Nous n'avons pas besoin de révolutionnaires au Pérou. Compris !

Déportés, quelle aubaine et dans la bonne direction. Au grand étonnement des flics, la nouvelle nous emplit de joie car, puisqu'il s'agit d'une mesure de police, le voyage sera gratuit.

Le soir, il faut venir au poste. Pressé de questions, Mex se lance dans un plaidoyer du voyage. Futur avocat aux études interrompues, il se montre brillant :

— Les dollars... Les dollars il n'y a pas que ça dans la vie. L'amitié, voilà le vrai trésor et croyez-moi les peuples en ont davantage besoin que de dollars. L'amitié, la compréhension. C'est précisément ce que nous voulions vous apporter. Nous voulions apprendre à aimer votre pays... Vous savez, les hôtels de luxe pour étrangers ne nous intéressent pas. Trop éloignés des gens, ils constituent un obstacle à la connaissance, donc à l'entente des peuples de la terre...

Le 2 août, nous sommes expulsés, *manu militari,* et conduits à bord du remorqueur *Victoria Regia.*

Au terme d'une longue semaine passée à Leticia, la ville la plus méridionale de la Colombie, à l'extrémité de la pointe qui semble écarteler le Pérou à l'ouest et le Brésil à l'est, la chaleur que les pluies quotidiennes ne font pas chuter et l'humidité extrême, ont rendu l'attente nerveuse. Nous avions hâte de descendre à Manaus et ce navire « charter » affrété par des Français, qui fait, à vide, le retour Leticia-Manaus est pour nous le salut. Une vraie croisière. Le *Cidade de Natal* glisse lentement sur les eaux boueuses de l'Amazone, large désormais de plusieurs kilomètres. Chaque lever, chaque coucher de l'astre du jour est un spectacle inoubliable. Je n'en rate aucun. Autre vision mémorable, celle des cheminées des transatlantiques se profilant au-dessus du rideau de forêt tropicale formé par les îles innombrables et de taille respectable qui jalonnent le cours du fleuve. Ces transatlantiques viennent de l'Atlantique et remontent très loin au cœur de l'Amazonie.

Dans cette nature qui m'apparaît en délire, je suis envahi par une très forte sensation de bien-être. Je me sens, plus que jamais, bien dans ma peau. J'éprouve les impressions toutes particulières des pilotes sûrs de leur machine. Je suis installé fermement aux commandes de mon personnage et « ça » tourne rond. Je vis à l'unisson de la terre. En la découvrant, j'avance au cœur de moi-même, cette aventure intérieure me plaît et me donne envie d'aller plus loin et plus profond.

Capitale du caoutchouc, il y a un demi-siècle, Manaus est une ville morte. Témoin de la splendeur évanouie, l'Opéra regorgeant de stuc, qui vit défiler les divas les plus applaudies dans le monde, sert aujourd'hui, de refuge aux chauves-souris.

Le climat fait de nous deux larves. Tout au long du jour, nous nous traînons péniblement, accablés par la chaleur et la moite torpeur qui, d'heure en heure, nous gagne un peu plus. Je passe mon temps à boire d'innombrables *guaranas*, boissons gazeuses à base de fruit local, bon marché. La ville indolente semble guettée par la végétation, prête à l'engloutir. Nous dormons sur le trottoir au pied des escaliers de la Faculté de Droit.

— *Para vocês*, c'est pour vous.

Deux créatures délicieuses à la peau couleur café et à l'œil caressant nous tirent de notre sommeil. Le soleil est déjà haut dans le ciel. Sur le bitume, à notre hauteur elles viennent de déposer un plateau : deux petits déjeuners.

Tasses en porcelaine, café odorant, jus d'orange, œufs à la coque, toasts beurrés et marmelade. Un service de palace. Maria et Elvira, qui nous ont aussi apporté deux chemisettes et deux savonnettes, chantent pour nous. Merveilleux chant brésilien, qui m'ensorcelle, que j'aime écouter sans fin.

Nos deux complices nous introduisent dans les cuisines du palais du gouverneur et nous y prenons des repas immanquablement saupoudrés de la détestable *farinha*[1].

Chaque soir, devant notre Faculté, la foule de nos amis grandit et la fête se prolonge chaque fois, très tard dans la nuit. Mex fait chanter tout le monde, l'on s'embrasse...

Terça-Feira 27 agosto[2]. Mex me quitte, il rentre avec son billet aller-retour Mexico-Rio, pris voici un an. Il m'attendra chez lui, ensemble nous assisterons aux Jeux Olympiques.

Je voudrais remonter par le Venezuela et l'Orénoque. L'Orénoque-Amazone comme dans un de mes livres d'aventures[3] !... Impossible ! Cette région du monde est contrôlée par de nombreux guérilleros de tout poil et je redoute des complications. J'ai suffisamment fait de prison comme cela. Autre obstacle, le consul du Venezuela, fort de sa suffisance, exige 30 dollars dessous la table pour me délivrer un visa... gratuit. Le personnage, gros, débraillé, luisant de sueur, me répugne. Décidément je n'irai pas au Venezuela !

Leticia de nouveau et un projet d'avion-stop. La fièvre aphteuse a récemment décimé le cheptel du sud de la Colombie. Un pont aérien, organisé au départ de Bogota, assure le transport du bétail sain qui doit assurer la relève. J'élis domicile au pied de la tour de contrôle. Le quatrième jour, un « Hercules » de l'armée débarque son contingent de bovins. Il repart à vide. L'équipage m'accepte à son bord. La carlingue, véritable étable volante, sent bon la bouse. Je pense à Langeac, à la tante Jeanne...

Bogota. L'homme des bois ou des forêts — la forêt amazonienne est la plus grande du monde — retrouve la « civili-

1. Granulé de manioc au goût de sciure.
2. Mardi 27 août.
3. Expédition de A. Gheerbrant en 48-50.

sation » mais il est difficile d'y dormir à la belle étoile. Cela ne se fait pas. J'ai de nouveau droit à la pierre humide des cachots ; pas tous les soirs cependant, puisqu'une nuit, le fils du ministre des Affaires étrangères m'offre de dormir dans un vrai lit.

Le temps s'écoule et l'heure des Jeux approche. Je ne veux pas les manquer, mais je veux tout de même passer à Quito. Dépité, je prends le car. Je dépasse mon budget quotidien, mais je dois foncer maintenant.

Dans la jungle de Santo Domingo, je m'arrête le temps de rendre visite aux Indiens *colorados*. Un instant je regrette d'être aussi pressé. On m'offre de passer une semaine à cheval. C'est l'époque du rassemblement des troupeaux et puis... Adriana et ses deux sœurs sont si jolies à Quito.

Caracas, c'est... l'Amérique du Nord ou presque. Gratte-ciel, néons tapageurs, circulation démente. Je me remets au stop. C'est plus fort que moi et puis au pays du pétrole et des autoroutes, le « pouce [1] » marche à merveille. San Felipe, Barquisimeto, Agua Viva, Lagunillas près de la forêt de derricks du lac Maracaïbo...

— Je suis obligé de fermer à clé, me dit le gardien de la prison. C'est le règlement. Mais ne te bile pas, je préviendrai mon remplaçant... Allez, bonne nuit, « Francés ». Ah ah ah !

A l'aller, l'Etat de Panama m'avait accordé son visa. A l'époque j'étais un respectable touriste. Flanqué de mes deux Canadiens de malheur, notre taxi était, en quelque sorte, notre caution commune. Cette fois, je suis un vagabond, et le Panama

(1) « Faire du pouce » disent les Canadiens français, « Hitch-hiking » disent les Anglo-Saxons, « Cola » les Vénézuéliens, « Trampen », les Allemands et les Israéliens, « de aventon » les Mexicains. « a dedo » les Chiliens, « Boleia » ou « Carona » les Brésiliens, « auto-stop » partout ailleurs, que l'on prononcera selon les latitudes : oto-stop, aouto-stop, aouto-sitop... etc.

D'origine anglo-saxonne, l'auto-stop n'a pas pénétré le vocabulaire français. Le mot « lift » ou « ride » qui désigne outre-Manche et outre-Atlantique l'offre d'un parcours gratuit à bord d'un véhicule conduit par un inconnu, n'a pas d'équivalent dans notre langue. Je crois cependant que je pourrais employer le terme en usage au Québec : « passage ».

ne veut plus de moi. On me conseille de réintégrer l'Amérique centrale par San Andrés, île colombienne des Caraïbes, située au large du Nicaragua et du Costa Rica.

En montant à bord de l'appareil de l'Avianca, je n'ai aucune idée de ce qui m'attend. Je ne m'en préoccupe pas. J'ai pris l'habitude des tracasseries des hommes. Si au moins l'avion pouvait décoller. Il n'y a rien sur le taxi-way, qu'est-ce qui les empêche d'y aller ? Ça fait vingt minutes que l'on devrait être partis...

4

ACAPULCO GOLD

Alajuela, un nom rempli d'allégresse et pourtant... c'est celui d'un pénitencier à quinze kilomètres de San José au Costa Rica.

Cette fois, je ne suis pas volontaire, ils m'ont épinglé à l'atterrissage, sous le prétexte que je n'avais pas de billet de retour. Il y a des pays comme ça où l'on exige à l'entrée le billet de sortie. Superbe.

— *Señor,* il faut acheter immédiatement le billet, sinon je vous refoule.

— Mais je ne vois pas de guichet de vente de billet de chemin de fer ou d'autocar.

— Il faut prendre immédiatement un billet d'avion !

— Pourquoi d'avion, montrez-moi le règlement qui précise ce point particulier...

C'est ainsi que je me retrouve au trou à Alajuela qui vous a des consonances d'alléluia, mais là s'arrêtè la ressemblance. A eux, maintenant, de me trouver l'avion !

Quatre heures, on a hurlé mon nom, dernier appel de la journée. Je tire un de mes co-détenus par la manche. Je n'ai pas de gamelle. Il me passe sa boîte de conserve, je vais la laver dans le réservoir des pissotières. Un trou dans le mur, je tends le bras et la ramène, dégoulinante d'un jus indéfinissable dans lequel baignent des haricots noirs et du riz. Je n'ai pas de couverts. En prenant garde d'éviter les bords de ma

« gamelle », pour ne pas me couper, je mange avec les doigts.

Cette fois j'en ai marre. Au départ de la Colombie, deux flics de la D.A.S. (Police Secrète) m'ont littéralement kidnappé à bord de l'avion, à quelques minutes du décollage. Le pilote nerveux, m'avait pris pour un pirate de l'air. Craignant un détournement sur Cuba, il avait contacté la tour de contrôle. Total, ils m'ont coffré pendant 48 heures. Mon sac s'était envolé pour San Andrés, heureusement j'avais mes papiers sur moi. Et puis maintenant, Costa Rica, quel accueil !

Voilà six jours que je suis incarcéré. Le grand pénitencier de la capitale est une grosse bâtisse carrée, de pierres jaunâtres. Autour de la cour centrale, des cellules à double grille, donnant sur des corridors à arcades. L'établissement affiche complet. Tous les lits, de vulgaires planches sans matelas, sont occupés par deux hommes. Je dois me contenter de la dalle, sans couverture. La pierre est froide à attraper la mort. José, un vieux bagnard, loue des cartons sur lesquels je peux m'allonger. Je lui ai raconté mes malheurs et il ne me fera pas payer.

Je découvre le monde des prisons, celui de la démerde. Un gros pépère à l'air bonasse, loue un jeu de cartes élimé et ses affaires marchent bien. Un autre loue son journal, un autre un jeu de dames. Certains font de la couture ou du ressemelage. Victorio, lui, est un artiste. Dans l'os qui baigne dans notre bouillon matinal, il taille des « dents » de jaguar. Il les polit en les frottant le long des murs rugueux des toilettes en discutant avec les gars accroupis. Il n'est pas très content de celle qu'il est en train d'achever, il me la donne. Trois jours qu'il était dessus.

Rien ! Pas moyen de faire quoi que ce soit. Assis, debout, accroupi, les heures passent, longues, à contempler cette misère qui me mine le moral. Toutes les cinq minutes le réservoir conique des W.C. bascule et dans un bruit de cascade nettoie la rigole insalubre. Des gardes brutalisent un détenu qui a perdu la raison pour l'emmener au cachot. Comment des hommes peuvent-ils vivre là-dedans, résister sept ou huit ans ? On me fait des confidences :

— J'ai volé dix-neuf vélos...

— J'ai fauché quatre caisses d'oranges...

— Moi, c'est des panneaux de tissus...

— J'ai violé une mineure...

Dans une cellule voisine, un petit jeune homme, à l'air comme il faut, me raconte d'un air candide :

— La loi m'a donné le choix entre épouser la fille que j'avais mise enceinte et dix-huit mois de taule. Tu vois, j'ai choisi.

Il s'arrête. Des ovations s'élèvent. Les visages s'agglutinent derrière les barreaux de l'entrée. Des gardes « accompagnent » un vieux briscard qui salue des deux mains, content de lui, en pénétrant dans notre cour.

— C'est un habitué, voilà la troisième fois qu'il revient.

Au fil des jours, on oublie l'odeur âcre de l'urine, l'humidité, l'étroitesse des lieux, la promenade en cercle, les visages blafards, les regards vides. Curieux monde où l'on ne se souhaite rien, ni bonjour, ni bon appétit. Ici, il n'y a rien de bon. Mon gros souci est de me faire expulser dans la bonne direction. Au septième jour, à l'aube, je quitte Alajuela sous bonne escorte. Mitraillette dans les reins. Je suis extradé. C'est gagné ! Dans l'avion qui m'emmène au Nicaragua, Elda, une hôtesse mignonne et compatissante, me réconforte. L'appareil est loin d'être plein, elle glisse dans un grand sac en papier une partie des repas qu'elle n'a pas servis.

— Pour la route !

Managua au Nicaragua, on est à deux jours des Jeux. Le consul du Mexique commence à m'énerver, pour obtenir mon visa j'ai dû acheter un billet d'avion Managua-Mexico, coût : 92 dollars soit trois mois de budget ordinaire. Bon, maintenant voilà autre chose :

— Je regrette, cher monsieur, mais je ne peux pas vous délivrer de visa.

— Mais vous vous foutez de moi, vous m'avez fait prendre un billet ! J'ai de l'argent, tenez regardez mes travellers et j'ai un passeport en règle. Regardez, je suis traducteur de profession, c'est noté ici. Je ne suis tout de même pas un clodo. C'est inouï ça !

D'un geste dédaigneux, l'air pincé, il me fait signe de m'éloigner.

— Allez vous faire couper les cheveux.

La voilà lâchée la grande phrase que j'attendais. Depuis toujours les hommes les ont portés longs et les cheveux courts n'ont fait leur apparition qu'au vingtième siècle, mais la « brosse » a vite conquis la terre, devenant symbole de rigueur, de santé morale, de virilité, de supériorité. Plus que jamais, aujourd'hui, il est difficile de ne pas faire comme tout le monde. Civilisation de Panurge.

— Y a-t-il un style, une coupe recommandée par une note de service ou un article du code ? Avez-vous une préférence ?

— Je ne vous conseille pas de faire le malin ! Et rasez-moi cette barbe et cette moustache. *Comprendido ?*

Le rideau tombe, avec mes boucles noires, sur le voyage en Amérique du Sud. J'ai aimé ce continent avec fougue. Mon tempérament me portait à aimer les hommes de cette Amérique dite latine. En dépit des règlements multiples et contradictoires, en dépit de l'accueil à certaines frontières, en dépit du zèle de certains fonctionnaires, je garde la nostalgie de mes frères d'Amérique du Sud. Cariocas, gauchos, Indiens des Andes, comment pourrais-je vous oublier ? Vous, qui, malgré la misère, m'avez parlé de joie.

Je tombe dans les bras de Mex. Sacré Juan-José, comment a-t-il fait pour conserver ses cheveux longs ? Il est furieux d'avoir raté la révolution estudiantine.

Chez lui, l'accueil a été plutôt frais. Sa grand-mère horrifiée d'avoir un « Che Guevara » pour petit-fils ne lui parle plus. Son père, avocat, et sa mère, me croyant responsable du détournement de leur fils, me reçoivent froidement, mais me reçoivent tout de même. Il ne me faudra pas moins de trois semaines pour retourner l'opinion en ma faveur, grâce à mes talents culinaires. Des escargots à la bourguignonne feront l'affaire, car ils adorent la cuisine française.

La demeure est luxueuse, deux domestiques, trois voitures. C'est ma première véritable escale depuis dix mois et j'avoue qu'elle tombe à point.

Mexico est en liesse et moi avec. J'assiste aux Jeux avec assiduité et réalise un record à ma façon : tout voir et sans débourser un *peso*. J'applique la méthode Mex avec un rare bonheur. Il est vrai que nous sommes encore en pays latin. A Tokyo ou à Munich je n'aurais certainement pas pu faire la même chose, mais ici on est encore au royaume du verbe...

— Je suis désolé, *señor*, mais il faut un billet pour entrer au vélodrome.

Voilà un quart d'heure que je parlemente avec le planton, puis avec le responsable. Comment faire ? *Eurêka !*

— Ecoutez, cher monsieur, hier soir Aguastibias a remporté une magnifique victoire dans le quatre cents mètres brasse. Bravo le Mexique. Tout le pays pavoise et c'est juste. Avouez que cette médaille d'or vous fait plaisir, d'autant que c'est la quatrième médaille d'or remportée par un Mexicain, de toute l'histoire des Jeux. Alors, songez que moi, pauvre petit Français, je voudrais bien voir le drapeau de mon pays flotter en haut du mât central. Aujourd'hui j'ai une chance d'entendre *la Marseillaise*. S'il vous plaît, monsieur, laissez-moi entrer. Je vous dis qu'on va gagner. Le vélodrome, c'est notre point fort.

— C'est bon, entrez, mais c'est la dernière fois.

... Au royaume de la combine aussi.

— Hé, vous là, oui vous ! faites-moi voir cette photo... Zut, voilà plusieurs jours que j'utilise la carte d'un entraîneur français qui courtise la sœur de Mex, cette fois je vais me faire pincer. Le type a plus de cinquante ans, les tempes argentées et une fine moustache.

— C'est que... euh... je me suis fait photographier dans un photomaton de supermarché, alors vous savez la qualité, les détails...

— Allez, passe, t'es pas gros, mais tu es malin. Hein, gringo ?

... Et moi je suis le roi des curieux. J'ai une folle envie d'aller visiter le village olympique, mais il est gardé par la police et l'armée.

J'ai repéré une entrée, la sentinelle en arme, baïonnette au canon me reluque sans se méfier. Attendons. Chouette un car se présente. Le militaire s'approche du chauffeur. Contrôle. J'avais prévu le coup et je me glisse de l'autre côté du car. Lorsqu'il démarre, je le suis en courant. Ni vu, ni connu, me voici au village olympique. Au terme d'une longue visite, j'aboutis dans un des quatre restaurants. Sur les présentoirs la nourriture sollicite mon appétit. Elle est de premier choix. Après tout pourquoi ne pas tenter le coup ? Je suis sûr qu'ils en balancent tellement. J'observe le rituel, plateau, couverts, un genre de self quoi !

— Votre ticket s'il vous plaît ?

Aïe, je n'avais pas repéré que le cuistot réclamait un ticket. Mon plateau est garni, le rosbif appétissant, impossible de reculer. J'ai l'air frais, tiens.

— Pardonnez-moi, je l'ai oublié.

C'est terrible à avouer, mais j'ai de plus en plus d'assurance et de vitesse de repartie.

— Alors, allez le chercher !

— Mais il est tard déjà et je dois sortir en ville. On est tout un groupe. S'il vous plaît...

Arrive le grand chef, soupçonneux.

— Ce n'est pas sérieux ça... De quelle délégation êtes-vous ?

Je réfléchis à la vitesse de la lumière. Voyons quels sont les athlètes les plus réputés fanfarons ?

— Italienne.

— Ça ne m'étonne pas et peut-on savoir quel sport vous pratiquez ?

— *Luchador,* lutteur !

Le mot m'a échappé, ma silhouette maigrichonne en atteste. Mais le mal est fait. Miracle ! je passe.

— Dis, luchador, faut manger mon gars. Tu es sûr que tu

es bien servi ? S'il te manque quelque chose, si tu veux du rab, viens me voir directement.

Lutteur, je voudrais bien l'être parfois. Surtout, les nuits dehors. Je me réveille au moindre bruit craignant je ne sais quel malfaiteur ou bête méchante. L'esprit travaille dans le noir. On ne dort jamais à poings fermés dehors lorsqu'on est seul, car on ne se sent pas en sécurité. La fatigue peut abrutir, voilà tout. Je ne m'y ferai jamais vraiment. Ce soir-là, donc, pour avoir la paix, je décide d'aller m'étendre dans un terrain de décharges juste à la sortie de Puebla au pied du Popocatepetl. Il fait nuit noire. J'écrase des détritus, bute sur des boîtes de conserves, me prends les pieds dans des ressorts. Ça pue, des rats courent, mais je serai tranquille au moins. Pour augmenter mes chances de dormir mon content, je me dissimule complètement dans une espèce de buisson...

Un bruit à ras de ma tête. D'un geste sec, je relève mon sac. A trente centimètres de mes yeux, pâle, la lune ! Le jour a commencé à se lever. Il n'y a pas de toilettes publiques au Mexique. Ce brave *campesino* avait l'habitude de venir s'accroupir ici tous les matins en partant au travail.

— Pas sur moi, *miseria !* Je braille suffoqué.

Le pauvre bougre effrayé fait un bond énorme, pantalon baissé. Tremblotant, il se retourne et de ses yeux encore endormis se met à chercher quel diable a bien pu hurler des entrailles de la terre.

Juan-José m'a servi de guide, trois mois durant il m'a raconté son pays, a dirigé mes pas. Beautés naturelles, richesses artistiques, passé précolombien, époque coloniale. J'ai mis mon nez un peu partout. J'ai notamment visité des bibliothèques de village, des mairies, des hôtels, des syndicats, des hôpitaux, des centrales électriques, des préfectures et des chapelles. J'y ai vu l'histoire du pays, celle de la révolution de 1917, peinte par de grands artistes, Siqueiros, Diego Rivera, Orozco. Quelle force dans ces fresques, quelle vérité, dans cette peinture simple et didactique.

J'ai connu quelques difficultés à atteindre le Yucatan.

Longtemps inaccessible, la région est différente du reste du pays. Les maisons y sont ovales et blanches, à toit de chaume couvrant une pièce unique. Elles n'ont pas de fenêtre, mais deux portes en vis-à-vis entre lesquelles, à l'intérieur, sont suspendus des hamacs. Les habitants du Yucatan, peau couleur de miel, nez busqué, semblent sortir des fresques, des bas-reliefs de Palenque. A l'école, on m'a parlé des Egyptiens, des Grecs... On m'a dit que Christophe Colomb avait découvert des sauvages. Pourtant à l'époque où le modelé de la Grèce classique avait disparu pour faire place à la broderie sans relief de la naissante Byzance, les Mayas, eux, donnaient vie à des bas-reliefs étonnant de plasticité et de fluidité. Je suis frappé d'admiration, dans chaque portrait se devine un état d'âme. Nos livres d'histoire ne traitent que de notre petit coin géographique, de notre propre « grandeur » culturelle. Quelle injustice ! Motus sur le formidable héritage du reste du monde. Pourquoi ces livres ne montreraient-ils pas l'histoire et la richesse artistique de TOUS les hommes ? Ainsi commencent les mésententes et la brouille entre les hommes.

Je n'ai pas pu quitter tout de suite les ruines du Yucatan et j'ai même décidé d'y passer plusieurs nuits.

Serpent de pierre, long de cent cinquante mètres, crânes sculptés, tortues géantes et phallus-gargouilles, Uxmal me fascine. La pyramide du devin retient mon attention ; et si ce soir j'allais dormir là-haut ? Romantique, non ?

Ma requête est inhabituelle et les militaires qui assurent la garde d'Uxmal, la rejettent.

— Ils se sont donné assez de mal à construire un hôtel pour gringos, et puis la nuit dans les ruines c'est dangereux, car on tire à vue pour éviter les vols et les déprédations.

La gageure me séduit. Je vais tenter le coup. On verra bien. Le ciel est embrasé par le soleil qui vient de plonger derrière les arbres. Les étoiles s'allument tandis que les grillons, crapauds et mille espèces nocturnes, entament leur concert vespéral. L'hôtel possède une magnifique piscine, je me sens poisseux, couvert de poussière, un bain s'impose. J'escalade le petit mur d'enceinte et doucement je me glisse dans l'eau fraîche et javellisée. Un client me rejoint et me demande ce que je pense de ma chambre. Je lui dis combien j'en suis satisfait.

Mon duvet sous le bras, je regagne les ruines et la « zone de tir » où j'ai choisi de passer la nuit sous les étoiles. De jour j'avais repéré le parcours : la maison des nonnes, le terrain de jeu de pelote et le cimetière. Je progresse lentement, au moindre bruit suspect je m'immobilise avant de reprendre ma progression à demi courbé. La pyramide est en terrain découvert, non loin d'une guérite. Ramper ? Ça prendrait trop de temps. Je pique un sprint et me colle haletant, le dos plaqué contre la première marche. L'escalade est difficile, les faces de la pyramide sont très pentues, j'ai du mal à franchir chaque marche d'autant que j'évite de trop me dresser pour ne pas me détacher et être vu. Deux militaires approchent en bavardant, en placotant, dit-on au Québec, et le son de leurs voix m'avertit de leur arrivée. Je ne bouge plus, retiens ma respiration et attends qu'ils s'éloignent pour reprendre mon ascension.

Je m'allonge au pied d'un jaguar rouge, orné de soixante-douze jades : le trône du grand prêtre. Il fait doux, la lune n'est pas pleine, les étoiles brillent plus que jamais, je rêve que la cité s'anime, comme il y a quelque mille ans.

Mexico, ville monstrueuse, dévorée par la gangrène du béton, hérissée de buildings, a gardé une dernière coutume sympathique du riche folklore mexicain. « Ay, Ay, Ay... » Cow-boys endimanchés vêtus de noir, bottes de cuir, pantalons moulants décorés d'arabesques argentées, vestes enluminées à manches blanches, large chapeau sur le chef, les *mariachis* [1], groupes ambulants d'une dizaine de musiciens, ont leur quartier général Plaza Garibaldi. Guitares, violons, trompettes, tambourins et flûtes, les mariachis s'animent en fin de soirée... Pour un dollar, ils jouent la sérénade à qui veut l'entendre ou la donner à sa belle, à un ami, un parent sur place ou chez soi. En guise de bienvenue, Mex m'emmena écouter *las Maña-*

1. De mariage. Déformation datant de l'occupation française.

nitas et *las Golondrinas*. Les chanteurs n'ont pas toujours la voix parfaite ni très juste, mais l'ambiance seule, importe. Elle est celle d'une fête joyeuse, pétillante. Jusqu'au petit matin, on les voit aller et venir en ville, chanter au pied des immeubles. Il arrive parfois que deux soupirants aient au même instant, la même idée. La belle en est alors quitte pour écouter deux sérénades.

La *mordida* [1], au même titre que les mariachis, fait partie du folklore mexicain. La mordida est même une institution.

L'agent de police qui vient de me siffler, s'approche nonchalant, et me demande mes papiers.

— Ecoutez-moi, cette voiture n'est pas la mienne, elle est celle d'un de mes amis, avocat, chez qui je loge. Je suis français, je fais le tour...

— Vous n'avez pas de permis, je regrette, je dois appliquer la loi. Il faut me suivre au commissariat.

— Voyons, je suis pressé. Tenez...

Nous allons derrière la voiture, furtivement je lui glisse un billet de dix *pesos*. Il le défroisse et fait la moue.

— Voyons *señor*, conduire sans permis est une faute grave et puis... la vie est chère à Mexico !

Théoriquement, étant donné la situation et le caractère luxueux de la voiture de Mex, j'aurais dû donner le double ou le triple.

— Soyez gentil, si vous exigez davantage, il va me falloir sauter plusieurs repas, ma vraie voiture à moi, c'est mon pouce.

Il a le cœur large.

— Circulez !

Le père de Juan-José m'explique qu'il n'est pas utile de descendre de voiture et que l'on peut tout simplement glisser le billet à l'intérieur des papiers.

— A la condition de les avoir sur soi, mais combien donnez-vous ?

— Cela dépend de la gravité de l'infraction, mais compte tenu de ma situation, je donne généralement cinquante *pesos*.

---

1. Morceau, bouchée, de mordre.

La mordida améliore les fins de mois de *los grises,* agents chargés de la circulation, dont l'uniforme est gris, et évite le tribunal aux contrevenants, car paradoxalement, le code est sévère et procédurier au Mexique. Alors bien sûr, s'installe une sorte de racket, car la mordida est systématique, mais comme me l'expliquait un jour un camionneur qui payait sans qu'on l'ait sifflé :

— Dans ce pays, personne n'est jamais vraiment en règle, alors moi comme les autres, je m'arrête et glisse mes cinq *pesos* avant même d'être contrôlé. Comme ça je n'ai jamais d'histoire.

C'est ainsi qu'un jour, sur la route de Villahermosa, je vis s'arrêter chaque camion. Chaque fois, un gosse s'approchait de la cabine, puis repartait en direction d'une Chevrolet de la police, stationnée plus loin à l'ombre. La mordida profitait à tous et faisait des heureux. Les camionneurs n'étaient pas contrôlés, le flic dormait à l'ombre et le gamin touchait sa part.

Cette semaine Mex m'accompagne, pendant huit jours nous dormons sur la plage de sable fin d'Acapulco. Les hôtels, nombreux et de grand luxe, bordent la baie émeraude. Pratiquement tous les soirs nous avons de la visite, on nous propose de l'*Acapulco Gold,* de l'« herbe » à bon marché, cultivée clandestinement dans la région.

Mex m'apprend à fumer et à avaler la fumée d'une cigarette ordinaire d'abord. Je tousse abondamment, mais persévère, j'ai pris le parti de tout connaître.

Vient le moment de tirer sur mon premier joint de marijuana... Il se présente sous la forme d'une cigarette grossièrement roulée, pincée aux extrémités. J'aspire longuement et selon les conseils de Mex, je garde la fumée le plus longtemps possible. Je bloque ma respiration en crispant la bouche. Quelques minutes plus tard, mon corps commence à désobéir aux lois de la pesanteur. Je me sens euphorique et calme à la fois. Je regarde Mex. Sa tête est énorme, son corps minuscule, il ressemble à un fœtus. Il sourit et découvre ses dents qui lui mangent le visage. C'est comique et j'éclate de rire. J'ai envie de rire, comme ça, pour rien et sans fin. Plus je vois sa bouche s'entrouvrir, plus je me tords, au point de suffoquer. Lui aussi, se marre, en écho à mon rire. Le temps passe, insensible. Les minutes sont dissoutes dans l'espace. Nos voix émettent des sons amplifiés et décomposés. Mes oreilles perçoivent des bruits inouïs jusqu'à présent. Hébété je regarde la plage, la mer, les vagues, leur bruit est fracassant et nouveau. Je suis *stoned*[1]. J'ai tout oublié, Mex et le reste. Je plane. Le paysage devient décor de théâtre et le relief se décompose par plaques successives. J'ai l'impression de regarder au travers d'un de ces appareils stéréoscopiques d'autrefois. Je découvre chaque détail l'un après l'autre et chaque fois oublie ce qui précède.

A la fête foraine où nous allons ensuite, les gens, acteurs parfaits dans un ralenti presque immobile, ont des allures de personnages de cire. Toute sensation dure une éternité et efface les autres. J'absorbe avec délectation une glace à la vanille. Jamais une glace ne m'avait paru aussi bonne. Chaque bouchée m'inonde de fraîcheur et sa saveur m'emplit le palais d'une manière inhabituelle avant de descendre infiniment doucement.

Fumer me fatigue et le sommeil me gagne très vite. Je retourne dormir sur la plage de la Condesa. Le trajet s'éternise, j'ai l'impression, comme dans un cauchemar, de faire du surplace.

Le lendemain, pas de maux de tête, rien.

Une semaine, ça suffit ! J'ai eu le temps de me faire une petite idée, ça ne m'intéresse pas ! En groupe, c'est plus sympa et certainement moins navrant qu'une soirée de beuverie, mais pas plus que ceux de l'alcool, les mirages de la drogue ne m'attirent. A l'occasion, je « fumerai » sans doute encore, mais sans en tirer un véritable plaisir et surtout sans aucun bénéfice. Pour mon étude.

Je préfère de loin avoir la tête claire. Je comprends le désir des hommes de s'évader, de rêver, de vivre mieux,

---

1. Camé ; littéralement : comme une pierre, pétrifié.

d'oublier une triste réalité, mais la fuite n'est pas la solution. Le spectacle des premiers drogués que je rencontre m'en persuade très, très vite.

La drogue, non merci ! On croit « monter », « voler haut » mais à chaque fois on redescend. De toute évidence, l'élixir de l'exaltation n'est pas là, je suis sûr que quelque chose doit permettre à l'homme de vibrer intensément sans retomber. Il me faut le découvrir et pour cela, je me dois de poursuivre la route. Ma *route* qui comme dans un rêve, n'a pas de fin et m'entraîne sans cesse plus loin, vers des sensations plus fortes, vers des joies plus nombreuses, des amitiés inoubliables.

5

ALASKA HIGHWAY

— *C'mon, go away, you disturb my business*[1].

Les habitudes, les mœurs ont soudain changé. Au Mexique, il me suffisait de me placer à la sortie d'un poste à essence, pour trouver un automobiliste assez complaisant qui m'accepte à son bord. Depuis que j'ai mis les pieds aux U.S.A., franchi le grand pont-frontière du Rio Grande, perdu au milieu de centaines de journaliers mexicains, tout est différent. Maintenant, j'ai l'impression d'être dans la jungle.

Autrefois le stop marchait bien ici, mais aujourd'hui les gens ont peur. Isolés dans leur carapace roulante, ils ne connaissent plus personne. Alors j'en suis quitte pour marcher davantage, attendre plus longtemps et jouer à cache-cache avec les flics. Rien n'est catastrophique, il y a encore des camionneurs sympas, des étudiants, des hippies et même des militaires compréhensifs, mais le climat n'est plus le même. En Amérique latine, j'étais un « gringo », un Blanc. J'étais même riche, au nord je ne suis plus qu'une épave, un pauvre, dans une société qui, officiellement, n'a pas de pauvre. Je vais en baver, mes ennemis seront nombreux : l'indifférence, l'égoïsme, la loi inflexible et l'hiver pour les principaux. J'accepte à l'avance les dures leçons de l'aventure américaine. Au royaume du dollar je lance un défi au plus haut niveau de vie de la terre. Je compterai chaque pièce, chaque billet et si je réussis

1. Dégage, tu m'empêches de travailler.

en Amérique du Nord, alors le monde entier sera à moi.

Albuquerque, j'aurais voulu aller plus loin, mais avec ce foutu stop, ma moyenne s'effondre. La ville est parfaitement anonyme, trop nette, trop soignée. La circulation silencieuse semble programmée sur ordinateur. Les piétons ont disparu ou presque. Ceux qui restent sont pressés, leur visage est fermé. J'ai la nostalgie des foules sud-américaines. La fête me manque tout à coup.

Un peu désemparé, je me suis présenté à la police, par réflexe. Ils n'ont été ni aimables, ni malveillants, ils m'ont tout simplement fait comprendre que leur boulot c'était la circulation, la sécurité, l'ordre, mais surtout pas la soupe populaire. Sans manière, ils m'ont dirigé vers l'armée du Salut.

Un psaume, diffusé par haut-parleur, m'a tiré de mon sommeil, à 6 heures. Un peu tôt à mon goût ce lever, mais j'aurais mauvaise grâce à me plaindre. J'ai pu passer la nuit à l'abri, la douche obligatoire m'ayant fait du bien. Debout au pied de notre lit, attribué pour trois jours, nous avons écouté deux ou trois versets de la Bible, dont des extraits tapissaient les murs de notre dortoir à six lits. Le « capitaine » ne m'a pas cru, lorsque je lui ai dit que j'allais en Alaska, puis, dans le doute, il m'a donné un bon pour le magasin d'habillement. En plein hiver, même au sud des Etats-Unis, short et chemisette ne sont pas une tenue de saison.

Cache-col mité, brodequins du genre costauds, veste de peau tachée, j'étais paré. J'ai remercié le capitaine et j'ai repris la route.

Denver, l'autoroute traverse le cœur de la ville. A peine venait-on de me déposer, qu'un flic m'est tombé dessus. Mon compte est bon. C'est interdit. J'ai fait l'imbécile, celui qui ne comprend pas la langue. Il s'évertuait, s'énervait, parlait de plus en plus vite à mesure qu'il s'efforçait de se faire comprendre. Il finit par éclater :

— *Fine, fine, understand ? You'll get fined ! Money, money* [1].

1. Amende, tu piges ? Je vais te filer une amende. Argent.

Frottant l'un contre l'autre le pouce et l'index, il me faisait signe : *money*.

J'étais indifférent, absent, je ne faisais que passer. J'allais en Alaska, alors *fine* ou *money*, qu'est-ce que j'en avais à faire. Tout à coup j'eus une idée.

— *Oh money, you give money. Me eat. Thank you*[1].

Ecœuré, il regagna sa voiture, puis me fit monter et alla me déposer à l'entrée d'un snack. Dès qu'il disparut, je ressortis et parcourus longuement les bas quartiers de Denver. Sans être véritablement découragé, ça n'allait pas, surtout sur le plan du stop. Je déteste piétiner. Désorienté, je n'arrivais pas à trouver le point stratégique. Bien sûr, je savais que je m'en sortirais, mais j'avais l'impression de perdre mon temps. J'aurais voulu traverser les States d'un coup.

— *Hello, man !* Tu as faim. Ici, si tu veux bouffer gratis, tu te farcis une heure de sermon à la *Baptist Mission*, c'est à un bloc de là. T'auras la soupe à l'œil !

J'ai eu un moment d'hésitation. Ça n'allait plus, aucune voiture ne s'arrêtait et puis ce type qui me prenait pour un clodo. Ça sentait la faillite. Bon sang ! Je n'allais tout de même pas flancher.

J'eus un haut-le-cœur en pénétrant dans le hall. Encore une cour des miracles. Combien y en a-t-il de par le monde ? J'étais jeune, ils étaient vieux et mon premier mouvement fut de reculer. Tous les gueux de la ville s'étaient donné rendez-vous. Ils étaient là, à l'abri des regards, cachés derrière l'opulente façade du monde américain. Soudain, Denver n'était pour moi qu'un décor luxueux et fragile, derrière lequel on avait repoussé cette misère qui existait bel et bien. Je finis tout de même par entrer — depuis j'ai bien changé, mais à l'époque je n'étais qu'au début de mon apprentissage de l'homme — et me plaçais dans un coin, attendant que quelque chose se passe. L'un après l'autre je détaillais ces visages de parias, de rebuts de société. Faces vérolées, balafrées, maculées, yeux tristes, vitreux, humides, paupières lourdes, crânes dégarnis, cheveux sales et désordonnés, bouches amères barrées d'un

---

1. Oh ! argent. Vous donnez argent. Moi manger. Merci !

rictus de misère. Tous les gueux, scories de la civilisation d'opulence, attendaient sans attendre, rayés des vivants bien qu'encore vifs, rayés de la liste des citoyens de la nation modèle, rejetés parce que non conformes aux normes officielles. Ressort brisé, visage fermé — au Mexique, les pauvres ont encore la force de sourire — ils assistaient sans écouter, ni refuser d'ailleurs, le prêche d'un ministre du culte. Les deux mains calées sur un pupitre, épaules carrées, le récitant n'avait pas particulièrement la tête d'un ange.

— Jésus-Christ est venu pour nous sauver...

— Yeah, yeah, yeah, répliqua une voix au fond de la salle, yeah !

Le ministre s'arrêta, le doigt pointé en direction du ciel. Gravement, il quitta son estrade et se dirigea vers le fond de la salle, d'un pas lourd et déterminé. Dans un geste sans appel, il agrippa le fidèle enthousiaste qui sans doute avait trop fêté l'annonce de la bonne nouvelle. Le malheureux ivrogne fut traîné jusqu'à la porte et le vent glacé qui s'engouffra l'espace de quelques secondes à l'intérieur, permit à tous de comprendre que le révérend ne badinait pas avec la loi du Seigneur.

— *No food for you tonight !* [1] dit-il en refermant la porte, avant de regagner son pupitre et de reprendre à voix haute : « Jésus est venu pour nous sauver. »

L'assemblée replongea dans un engourdissement profond, bercé par la plainte d'un harmonium. Le pasteur frappa enfin dans ses mains.

— Six heures, la soupe.

Instantanément, ils se levèrent tous et formèrent une file indienne. Mon voisin me donna un coup de coude.

— Dis, si tu sais pas où dormir, tu vas en face à la *Citizen Mission*, y a de la place. T'auras qu'à me suivre.

Coup de sifflet strident : tous à poil. Les ventripotents, les longilignes, les boiteux, les bossus, chacun dépose ses effets miteux dans un panier numéroté. Au mur des images pieuses. Nous sommes une trentaine. En silence, on défile sous la

1. Pas de soupe pour vous ce soir.

douche. A la sortie on nous remet un sac de toile, muni d'un trou pour la tête et de deux manches. Balenciaga n'a pas dessiné ce modèle de chemise de nuit, dont le contact sur la peau n'est pas très agréable. Nouveau coup de sifflet et nous grimpons au second. Des lits métalliques superposés nous attendent. Les impotents se précipitent du mieux qu'ils peuvent sur les couchettes du bas. La lumière s'éteint, seule la veilleuse des toilettes restera allumée toute la nuit.

Cinq heures trente, encore un coup de sifflet. Les ronflements cessent, aussitôt remplacés par des raclements de gorge, des toussotements et le son gras des premiers crachats de la journée. Dehors, il fait toujours aussi froid.

Je sens que peu à peu, mon dégoût s'estompe et je ne regrette pas cette expérience de clochard volontaire. Je sais que je viens encore d'apprendre quelque chose sur l'homme, je sais qu'un jour tout se mettra en place. Déjà l'aventure sud-américaine m'a permis de me débarrasser, définitivement, du carcan des habitudes inhérentes au « système ». Je perds lentement le culte des apparences, je maîtrise mes réflexes, je me dépouille des idées reçues. Ce n'est pas facile, les conventions sociales sont enracinées en chacun de nous dès l'âge le plus tendre, la peur du pauvre et de la pauvreté fait partie de l'héritage que beaucoup d'entre nous reçoivent au berceau.

Physiquement tout se passe bien, je vis de très peu, ma carcasse ne m'intéresse guère. Ce que je veux c'est réaliser mon projet. J'ai fait mon choix, j'ai écarté le luxe, le confort, les petits repas et les draps blancs.

Au Montana, deux camionneurs que j'ai aidé à décharger vingt tonnes de poulet, en prix de mon passage, m'ont refilé deux volailles. Je les ai fait rôtir par le cuistot d'un routier à Great Falls. C'est au Montana qu'a commencé la neige. Et la grosse souffrance.

Calgary. Je suis enfin au Canada. Le thermomètre marque moins 35°. Je ne suis pas assez couvert. Depuis une heure il fait nuit noire. Inhumain, mes joues sont dures comme du marbre, mon nez coule.

— Désolé, mais ici, au Canada, l'armée du Salut demande une contribution de un dollar pour la nuit ! c'est le règlement !

Que faire dans cette glacière ? Je suis si fatigué. Un dollar après tout c'est peu de chose, je me rattraperai plus tard, ailleurs. Dans une minute, je vais pouvoir m'allonger, bien au chaud.

Seulement je suis têtu et j'ai choisi de ne pas payer pour dormir. Un dollar c'est peu, c'est vrai, mais c'est un jour de moins ailleurs. C'est surtout un premier pas et je sais que si je cède cette fois, je recommencerai, alors les dollars défileront et ce sera autant de jours de perdus. Il n'en est pas question.

— S'il vous plaît, laissez-moi déplier mon duvet, là, par terre. Je ne veux pas de lit.

— Désolé, c'est un dollar ou rien !

Je traverse la ville. Au *Welfare* (Service social), j'ai besoin de quelques minutes pour récupérer. Je ne sens plus mes membres. Trop soudaine, la chaleur m'assomme.

— Voudriez-vous me montrer votre carte de chômeur !

— Mais, puisque je vous dis que j'arrive des Etats-Unis... Je fais du pouce... Je ne veux qu'un petit coin pour mon duvet.

Derrière moi, un homme, un chômeur sans doute, venu s'inscrire lui aussi, me glisse à l'oreille :

— Je vais te passer la mienne.

— Trop tard, le secrétaire sait que je n'en ai pas.

Reste la police. Transi, je me présente au poste. Rien à faire, le règlement est partout appliqué à la lettre. Je suis à nouveau dehors. Depuis deux heures, je parcours les rues de Calgary, luisantes comme des patinoires de championnat. Je suis épuisé, mais je trouve encore la force de lutter contre le désir d'abandon. Il ne faut pas que je lâche, sinon je le sens, je suis foutu et adieu le tour du monde.

— Désolé, c'est interdit par le règlement !

Le gardien de la gare routière me refuse une place dans un des bus dont il a la surveillance.

— Règlement, règlement ! Ils vont me faire crever avec leur règlement. Maudit, ça ne vient à l'idée de personne qu'il fait moins trente-cinq dehors !

— *What's the problem, man.*

Sauvé, un garçon aux longs cheveux s'échappant d'une drôle de casquette, me propose de m'aider. Il est américain, fait du théâtre et a déserté pour échapper au service militaire au Viêt-nam. Avec deux autres Californiens, il partage une chambre d'hôtel. Il me prend le bras en souriant.

— Il y a encore une place sur le tapis, me dit-il, viens.

Cette fois, j'en suis sûr, plus rien ne peut m'arriver. Certes j'ai déjà eu cette sensation enivrante, en quittant l'hôpital de Santiago, mais à présent, je reçois une sorte de confirmation. A mesure que les jours s'écoulent, je me sens davantage maître de moi. J'ai surtout de plus en plus confiance en la chance et dans ma bonne étoile.

J'ai repris ma marche vers le nord. A Edmonton, j'ai eu si froid aux pieds que j'eus l'impression de marcher nu-pieds sur le verglas. Le thermomètre lumineux à l'entrée de la ville indiquait — 45°. Je n'ai pas eu besoin de le noter sur mon livre de bord, je m'en souviens aisément : je n'avais pas de gants.

J'étais à la recherche de la demeure de mes cousins d'Edmonton, aperçus déjà au cours d'un bref voyage. Il me fallut deux heures pour les retrouver tant la ville était grande. Je suis arrivé givré comme un Père Noël, les paupières collées.

— Tu as l'air bien mieux que lorsque tu es venu de Toronto...

Toronto, c'était loin, deux ans en arrière. A l'époque, je menais la vie d'un bureaucrate, horaire fixe, trois repas par jour, un lit confortable et chaud, la routine en un mot. Ils me trouvaient mieux, cela ne me surprenait guère, le voyage m'allait bien et ça se voyait.

Ce fut vraiment la fête. J'étais le premier à renouer les relations, rompues au moment du départ du *Grand-Père fou.* J'ai passé dix jours d'abord chez Georges, puis chez Antoinette. Cette génération, née à la ferme, ne se retrouve plus dans ses enfants dont la vie est essentiellement faite de confort et de facilité. Les anciens ont trimé dur, la troisième génération ne parle plus que l'anglais, habite la ville et paraît avoir honte du passé. Antoinette m'a raconté, en rigolant, l'histoire de la grand-mère Brugeyroux, qui, entendant, un jour de Noël, le facteur lui crier : « Merry Christmas », répondit : « Marie Crismass, connais pas, y'a des nouveaux qu'habitent un peu plus loin, c'est p't être eux ! »

Il y avait un siècle qu'il n'avait pas fait aussi froid à Edmonton, mais, malgré les injonctions de mes cousins, je décidai de ne pas m'éterniser.

— T'es vraiment fou, complètement *crazy* d'aller en Alaska à cette époque, en été passe encore, mais en hiver ! Si au moins, tu prenais le *bus* !

— Allez, vous en faites pas pour moi, et puis regardez, j'ai pris mes précautions, j'ai doublé, voire quadruplé, tout ce que je porte : quatre paires de chaussettes que j'enfile dans mes godasses de l'armée du Salut avant de mettre le tout dans des bottes doublées. J'ai deux paires de gants, un chapeau à oreilles en cuir feutré, plusieurs pulls, deux anoraks, deux caleçons longs l'un sur l'autre, alors...

Déguisé en bibendum, le visage dissimulé derrière une cagoule rouge munie de trois trous, deux pour les yeux et un pour le nez, je me retrouve un beau matin à la sortie nord d'Edmonton. Du stop par — 35° même avec le pouce sous laine et nylon, c'est s'exposer dangereusement. (La nuit précédente j'avais attendu en vain dans un *husky* (routier). Les gros transports qui font l'Alaska n'avaient pas voulu de moi. Le plus grand pari a commencé. Un soleil pâle tente de monter dans le ciel ouaté. La rivière Saskatchewan fume, prisonnière dans un étau de glace. Les arbres, couverts de givre, sont encore plus beaux et plus solennels. La nature silencieuse est majestueuse. A perte de vue, elle s'étend virginale. J'aime le crissement de mes bottes dans la neige. Je dois à tout prix bouger, marcher, sauter, courir car il faut que je fasse circuler mon sang. Chaque portière qui s'ouvre a des airs de sauvetage miraculeux.

Grande Prairie, Pouce Coupé... La route est un miroir sur lequel les voitures ont quelques difficultés à rester en ligne. Je ne suis pas rassuré d'autant plus que les carcasses retournées ne manquent pas sur les bas-côtés. Certaines paraissent se trouver là depuis peu. Je me cramponne. Ma témérité, ma folie ont payé. Le bilan de la première journée n'est pas mauvais. Quatre voitures pour 600 km. J'ai atteint Dawson Creek, point zéro de l'Alaska Highway. Reste 2 400 km jusqu'à Fairbanks, le terminus.

Après une bonne nuit au Welfare, au milieu de mes potes les clochards, les chômeurs et les alcooliques, je regagne la blanche route peu transitée à cette époque de l'année. Trois, quatre véhicules par jour, c'est peu. J'ai déjà pigé un truc : tous les postes à essence offrent du café brûlant en prime. J'en ingurgite plusieurs tasses à chaque fois pour essayer de maintenir un peu de feu en moi. L'astuce consiste à attendre d'ailleurs sagement au café ou au garage : il y en a un d'ouvert tous les 100 km environ. Le rare chauffeur y fait forcément halte. Je fais gaffe de ne pas me faire déposer en pleine nature, sinon... avec ce genre de température, la peau des doigts reste sur les portières, les poumons peuvent se brûler et les pneus des voitures ne retrouvent pas leur rondeur au démarrage ! Donc, pas question de faire la moindre erreur. Chaque pas dehors est comme une claque. Un coup, je suis tombé sur un café fermé. J'ai cru à ma fin ! Qu'est-ce que j'ai pu piquer comme cent mètres pendant ces trois heures d'attente. Une vieille oldsmobile surchargée de Noirs m'a finalement sauvé en me ramenant vers le sud.

— Ah vous êtes Français et vous faites de l'auto-stop. Savez-vous que l'année dernière, on a vu un autre auto-stoppeur français, comme vous. Eh bien, il a disparu et quatre mois plus tard on n'a retrouvé que sa main. On n'a jamais su ce qui lui était arrivé. Oui, dans ce coin en plein hiver, comme vous !

Manquait plus que ça ! Cette main, toute seule dans la neige, va hanter mon imagination longtemps en Alaska, je dois le dire. Surtout que chacun se fera un plaisir de me la ressortir.

Le ciel est très pur lorsque nous traversons les Rocheuses. Les montagnes sont espacées, je les trouve moins oppressantes que les Alpes. Les arbres, les fleuves pris par les glaces, les lacs couverts de brume, tout semble gigantesque. Des orignaux bruns traversent sans précaution, ce qui n'est pas du goût du chauffeur auquel la route donne suffisamment de soucis, car elle serpente dangereusement et monte et descend sans cesse. Le spectacle est tellement enthousiasmant que j'en oublie ma crainte de l'accident.

Je me sens dispos, en permanence, inlassablement j'admire le paysage, j'observe les hommes. Je m'émerveille encore et toujours.

La pleine lune argente maintenant la nuit d'un éclat vif. Je somnole dans un camion-citerne. Iron Creek dans le Yukon. Sur le point d'abandonner, vers la fin le stop est devenu impossible, je crus devoir prendre l'autocar coûteux, j'ai trouvé l'oiseau rare. 1 600 km d'un coup jusqu'à Fairbanks. Un jeune qui ne prend jamais les stoppeurs en plus !

Le décor est celui de plaines interminables, blanches, à jamais, semble-t-il. De l'épais tapis de neige émerge la partie supérieure des forêts. Les troncs eux sont enfouis. Tout cela paraît irréel.

La dernière partie du parcours devient franchement épique. Tous les quarante kilomètres, Dane, mon chauffeur, vide une boîte d'anti-gel, puis c'est la panne sèche en pleine nuit. Tandis qu'il part à pied chercher de l'essence, le prochain poste, coup de chance, doit être à trois ou quatre kilomètres, je tremble dans la voiture. Dane n'aurait pas dû partir, c'est trop risque.

Mile 1314, l'Alaska, me voici. Aïe, on me réclame deux dollars vingt cents pour un hamburger tout à fait normal, quelques frites et un café. Je vais sans doute dépenser davantage en Alaska, mais je ne dois pas lésiner, il y va de ma santé. Ni luxe, ni même le moindre confort, mais je dois veiller à absorber un minimum de calories.

Dane m'apprend qu'en Alaska la loi poursuit ceux qui refusent l'hospitalité au voyageur, bonne nouvelle, bonne loi que cette loi. La même interdit le stop en hiver, ajoute-t-il en souriant et en m'adressant un coup d'œil.

Fairbanks, — 27°, quelle aubaine, c'est une température de Côte d'Azur, pour un pays où il fait couramment moins soixante. Fairbanks me fait penser à une carte postale de vœux de Noël. Je suis content de moi, j'ai fait aussi vite que le car d'Edmonton. Cinq jours. Je suis sans doute le premier à faire l'Alaska en stop, en hiver, sans compter que la performance qui consiste à faire le parcours Terre de Feu-Alaska, sans passer une seule nuit dans un hôtel, soulève en moi une légitime fierté.

L'armée du Salut affiche complet, le centre de rééducation pour alcooliques me trouve trop à jeun, la chapelle est bouclée. Je vais essayer les flics. On a beau être aux Etats-Unis, avec cette froidure, je ne peux me permettre de laisser passer aucune chance. Le sergent McClughn est un ancien autostoppeur et m'a pris en sympathie. En riant, il m'enferme à double tour dans une cellule surchauffée et me sert un café en échange du récit de mes aventures.

Mille fois que je les ai racontées, mais c'est ma façon de dire merci alors, je raconte.

— T'en as de la chance, Andy ! Si j'avais pu, moi... Dis-moi demain, je fais la patrouille en Piper, ça te va ?

Cette balade en avion me donne l'idée d'aller jusqu'au cercle arctique, en stop bien sûr. En Alaska, une famille sur quatre possède un avion personnel, car les routes sont rares. Malheureusement, j'apprends très vite qu'en hiver la circulation aérienne est très réduite, en raison du grand froid et du mauvais temps.

Agences de transport, hangars de compagnies, bureaux, quotidiennement je fais l'aller retour Fairbanks-Aéroport. Quatre kilomètres pénibles à m'enfoncer dans la neige car j'espère débusquer une place pour Prudhoe Bay, zone de prospection pétrolière, à l'extrême nord du pays, ravitaillée par avions-cargos. Voilà près d'une semaine que l'on m'envoie promener, plus ou moins gentiment. Avec ténacité, je patrouille de salle en salle, les pilotes et mécaniciens ne font plus attention à moi.

Lorsque j'arrive, en fin de matinée, le septième jour, un « Hercules » ronfle, le capitaine Ray Boland, la cinquantaine, l'air sympa, prépare sa check-list. C'est la première fois que je le vois.

— Cap, le *crazy Frenchman* dont la radio a parlé l'autre jour, c'est moi, je voudrais aller...

— Oui je me souviens, allez grimpe et fais vite, c'est formellement interdit par le règlement, cache-toi là et ne bouge surtout pas. Compris ? T'as de la veine, il fait beau.

Le cargo est chargé de sel pour le forage des puits. 13 h 45, les moteurs plein gaz, font vibrer l'appareil, qui décolle sans grâce.

Le Yukon, sinueux, immobile, se déroule sous nos yeux. 14 h 10, 64° Nord, nous franchissons le cercle arctique, puis nous survolons la chaîne des Montagnes Brooks. Mille pics, blancs, abrupts. Le soleil est très bas, dans moins d'une heure il sera couché. Il éclaire d'une timide lueur rose la face des montagnes, laissant le reste et les vallées dans l'ombre bleue d'acier. Le vent soulève des tourbillons de neige et les montagnes paraissent fumer. A l'ouest, le soleil rougit nettement avant de sombrer. 14 h 45, l'appareil bascule et amorce un cercle au-dessus de la mer de Beaufort, qu'il est difficile de distinguer de la côte car elle est prise par les glaces. De temps à autre, tout de même, de grandes taches bleutées apparaissent, çà et là.

Dans la pénombre, il n'est pas encore 15 heures, l' « Hercules » s'immobilise sur la piste de glace, recouverte de gravillons, du camp *Britpet* n° 1 (British Petroleum number one). Au bout de la piste, qui l'été n'est qu'un marais mouvant, un avion écrasé, rappelle aux pilotes du grand Nord, que l'atterrissage est périlleux.

Un derrick s'élève vers le ciel immaculé, tel un clocher autour duquel se blottissent, l'une contre l'autre pour économiser la chaleur, une dizaine de maisons préfabriquées, type caravanes et une vingtaine d'énormes camions, aussi gros qu'elles.

Dommage, étant clandestin, je ne peux pas débarquer. J'aurais aimé jeter un œil dans les baraques, voir la tête de ces pionniers de l'or noir, qui passent ici six semaines d'affilée, avant d'aller se reposer à Fairbanks, deux autres semaines. Il sont bien payés paraît-il. Sont-ils heureux ?

Pour me consoler, Ray Boland me délivre un certificat de passage du cercle arctique.

Anchorage. L'océan tempère les ardeurs polaires du climat. Le thermomètre ne marque que moins dix et j'ai réellement l'impression que le printemps vient d'arriver. Je tombe au beau milieu des championnats du monde de course en traîneaux à chiens, organisés à l'occasion du Festival de la Fourrure. Les attelages sont impressionnants et même si la mode du traîneau fut importée par les Européens, il n'en est pas moins vrai que le spectacle a de l'allure et semble authentique. La présence d'esquimaux, parmi les vingt-deux concurrents, les *mushers,* ne peut d'ailleurs que renforcer cette impression. Harnachés, sanglés en ligne de huit à seize, les chiens dont certains ont les yeux clairs, possèdent un pelage abondant et luisant. Impatients, ils hurlent et bondissent sur place et le départ échelonné ne fait qu'augmenter leur agitation.

Au terme d'un premier parcours de 40 km, les équipages coupent la ligne dans un état de fatigue généralement extrême. Les chiens, trempés, sont environnés d'un nuage de vapeur. Le museau et le poitrail recouverts de glaçons, ils ont la gueule souvent ensanglantée. Epuisés, certains se sont effondrés durant le parcours, ils franchissent la ligne assis sur le traîneau, blancs de givre avec un regard de gratitude pour le « musher » debout à l'arrière. Parfois, celui-ci se voit obligé de tirer lui-même son attelage trop exténué. La course dure trois jours. Je ne me lasse pas du spectacle de ces traîneaux filant en silence dans la grande blancheur.

Il n'y a pas grand-chose à faire à Anchorage et le tour de la ville est vite fait. Je passe une partie de mon temps à l'aéroport Merrill, toujours à la recherche d'un passage pour ailleurs. Je voudrais voir chez eux les Esquimaux, sans le folklore bidon qu'on essaye d'entretenir. L'Alaska est un pays de superlatifs, tout y est plus grand qu'ailleurs, on y fait pousser des choux de quarante kilos. La majorité de la population est indienne et personne n'a jamais vécu dans des igloos, celui d'Anchorage a été construit par les boy-scouts à l'intention des touristes à gros portefeuille que l'on ne doit pas décevoir !

Alors, chaque jour, à l'aéroport, j'attends. En vain. Les promesses tombent l'une après l'autre. La petite Diomède, dans le détroit de Béring à 8 km de l'autre soviétique, la chasse à l'ours sur le pôle Nord, même pas Béthel d'où venait Liz, si jolie. Liz au visage rond et tendre, aux yeux en amande, aux pommettes larges, Liz dont les lèvres un rien trop épaisses m'attiraient, Liz aux longs cheveux noirs et fins, si belle dans sa parka d'écureuil, avec ses *mukluks,* bottes en phoque, décorées de perles de couleur.

Mes amis *Vista Volunteers* [1] insistent pour me faire rencontrer un Français. Après tout pourquoi pas, nous pourrons toujours parler du pays, quelques banalités n'engagent à rien.

Le gars se présente élégant, appareil photo en bandoulière, lunettes noires. Lorsqu'il ôte sa coiffure et les lunettes, je reçois comme un coup. L'effet de surprise est également ressenti de part et d'autre. Michel Villon est un copain de Brunoy. Une fois il avait relié Paris à Jérusalem en scooter. Comme moi, il a la bougeotte. Sur-le-champ il m'embarque dans sa grosse voiture rutilante, bourrée de gadgets et chez lui me prépare un dîner de gala, au Moët et Chandon. Michel est cuisinier au *Westward Hôtel,* depuis six mois et je crains que son projet de voyage s'arrête là. Il est tombé dans les pièges classiques de l'argent, du job pour le gagner et de la fille, j'allais dire pour le dépenser. Non sans doute, mais l'affection présente un danger certain pour celui qui veut toujours aller plus loin.

— Votre voyage autour du monde, c'est bien beau, mais voyez-vous, jeune homme, ce qui compte c'est que tout cela vous rapporte pour votre éternité. *Good Lord,* c'est le grand

1. Jeunes volontaires qui se vouent au service des plus défavorisés. Fondé par le président Johnson.

voyage qui est important. Moi, je sais où j'irai après ma mort, pouvez-vous en dire autant ?

— Vous avez bien de la chance, Madame !

Que dire à une charmante vieille dame qui vient de vous servir une succulente soupe aux champignons, au terme d'une longue et dure journée de stop dans la tourmente. Ce n'est pas la première fois que l'on m'échange de la soupe contre un petit sermon. Je ne suis pas contre, et la brave dame qui cherche à me placer son couplet sur la *First Assembly Church* du Kenaï, ne me porte pas à sourire. Simplement, je pense, à la lumière de toutes ces années passées en Europe, en Afrique et sur les routes des deux Amériques, que cette question, si elle demeure primordiale, ne peut être résolue par un groupe d'hommes qui seraient les seuls à détenir la vérité.

— Jésus-Christ, notre Sauveur...

Décidément c'est la série. Le hasard m'a fait rencontrer un pasteur de la *First Church of Christ,* et le cher homme m'a proposé de dormir dans le lit de son fils, militaire au Viêt-nam. Le premier jour, j'ai supporté l'épreuve avec bonne grâce, après tout je les dérangeais et c'était pour moi une façon de m'acquitter de ma dette. Mais, hélas, depuis trois jours que je suis dans cette petite ville de Valdez [1], chaque mouvement, chaque bouchée est assaisonnée d'un « Jésus-Christ, notre Sauveur ». Ça finit par être indigeste. La femme du pasteur, Mme Cousart, me poursuit de son prêche et me refile un petit livre mettant en pièce le catholicisme. Elle me propose de demeurer quelque temps sous son toit. Elle espère peut-être m'endoctriner. Bénédicité avant chaque repas, lecture de la Bible et prière au dessert... C'est l'enfer.

— André, vous avez manqué le service, hier, ce n'est pas bien. Et puis, je n'aime pas vos fréquentations. Les Van Brunt, surtout, ne sont pas des relations pour vous. Ils sont *bahá'is.* C'est une drôle de religion... Méfiez-vous !

J'ai rencontré Don Van Brunt à Copper Center, un village d'Indiens.

1. Surnommée la Suisse de l'Alaska.

— Au cas où vous passeriez par Valdez, venez donc dîner à la maison.

Quel auto-stoppeur refuserait une telle invitation ?

J'aime les Van Brunt, ils me reçoivent avec naturel, sans aucune cérémonie, le calme et la paix intérieure qu'ils dégagent m'intriguent et me plaisent. Avec eux je parle voyage, je parle aussi de Paris qu'ils connaissent bien. Un soir avant de les quitter, je hasarde une question sur la fameuse « religion » :

— Nous travaillons pour l'unité dans le monde.

Ils ne m'en diront pas plus.

J'ai repris ma route vers le Sud, longeant l'océan Pacifique, traversant de part en part une bande de terre qui dote l'Alaska d'une sorte de manche, à la manière d'une queue de casserole ou de poêle. C'est le *Panhandle*.

Ketchikan est un petit port de pêche où viennent parfois s'aventurer quelques baleines curieuses. Le pays est habité par des Indiens et devant leurs petites maisons se dressent d'imposants totems, hauts d'une vingtaine de mètres, taillés dans des troncs de cèdres de la forêt toute proche.

Je me rends, en premier lieu, à l'armée du Salut. Hélas, j'arrive trop tard, le local vient d'être détruit par un incendie, les poutrelles noircies fument encore. En face, à la mairie, l'accueil est plutôt à l'image du climat. Le secrétaire refuse de m'introduire auprès du maire et m'interdit d'étendre mon duvet. C'est à cet instant précis qu'un homme jeune et silencieux, qui travaillait à l'écart, s'approche de moi.

— Attendez-moi dehors, je sors bientôt.

Fred et Sherane m'ont reçu comme un frère et leur souvenir demeure, à jamais, gravé dans mon cœur. Invité d'honneur, j'étais chez eux, chez moi. Fred me prêta sa voiture et me servit de guide. Au moment de mon départ, ils m'ont remis un présent qu'ils accompagnèrent de cette phrase :

— Merci d'être venu nous voir André, merci d'avoir accepté de rester parmi nous, cela nous a fait tellement plaisir ! Reviens quand tu voudras ! Notre maison t'est ouverte en permanence.

Dans le paquet qu'ils m'ont remis, délicate attention, il y avait une carte postale de Ketchikan dédicacée, du fromage et une petite bouteille de vin rosé de Californie. « Merci d'être venu nous voir ». Je n'oublierai jamais ces mots. Jamais.

« Dans le jardin de ton cœur, ne plante que la rose de l'Amour... La Terre n'est qu'un seul pays et tous les hommes en sont les citoyens... La Gloire n'est pas à celui qui aime son pays, mais à celui qui aime ses semblables... Vous êtes tous les fruits d'un même arbre, les feuilles d'une même branche... Que l'homme soit amoureux de la lumière, quelle que soit sa source... La lutte entre les religions, les nations et les races est le résultat de l'incompréhension. »

La corde la plus inaccessible, la plus sensible, venait de vibrer pour la première fois depuis toujours. Je lisais et relisais [1] ces phrases de Bahá'u'lláh [2] musique jusqu'alors inconnue. Une joie réelle m'envahissait. Un feu secret venait de s'allumer soudainement au plus profond de moi.

J'avais entrevu cet ouvrage chez Fred, je l'avais acheté et lu, d'une traite. Ce fut une révélation. Au cœur de l'hiver, en Alaska, après quatorze années de ce que je crois, maintenant, être une quête, une flamme brûlante et lumineuse éclairait ma route et faisait de tout ce chemin parcouru un itinéraire.

Tout s'organisait tout à coup. Ces hommes et ces femmes noirs ou blancs que j'avais rencontrés habitaient tous la même terre, le même pays. Séparés, isolés, ils ressemblaient aux mille pièces d'un puzzle, dépourvues de signification. Assemblés, l'ensemble prenait forme et m'apparaissait limpide, unique, merveilleux.

Chaque religion prétend détenir le monopole de la vérité et l'exclusivité de l'exploitation de la parole divine. Chacune traite les autres d'infidèles, voire d'hérétiques. Il y a, aujour-

1. « Bahá'u'lláh et l'ère nouvelle », de J.E. Esslemont.
2. Le fondateur de la Foi Bahá'í.

d'hui, de par le monde autant de chrétiens, de bouddhistes que de musulmans et certaines pagodes ou mosquées n'ont rien à envier aux cathédrales d'occident. Il est difficile de ne pas admettre qu'une même et unique force anime ces centaines de millions d'êtres. « *Une étude sincère des différentes religions du monde, montre que, sous des appellations et des vocabulaires différents, leur vérité essentielle est une* ». La ferveur des musulmans priant, front au sol, dans les rues de Niamey (Niger) qui m'avait fortement impressionné lors de mon retour du Congo me revient à l'esprit...

Non seulement je savais que je poursuivais ma route, mais encore, je me sentais désormais sur le bon chemin, sur le seul qui ait un véritable sens. Plus je croisais d'hommes différents, que tout, religion, mode de vie, mœurs, séparaient plus je comprenais et plus j'allais comprendre l'enseignement de Bahá'u'lláh :

« *C'est par une vision claire et une pensée libre, non par une crédulité servile, que les hommes parviendront à percer les nuages des préjugés, à secouer les entraves de la routine aveugle, à réaliser la vérité d'une nouvelle révélation* ».

L'homme tient les deux mains crispées sur le volant et lui imprime un mouvement alternatif tout à fait superflu. Sa tête vacille, ses paupières sont lourdes et ce que je peux apercevoir de son regard me semble voilé. Il est sur le point de s'effondrer, le nez sur le klaxon. Il débite des phrases incohérentes, entrecoupées de rots. La voiture pue l'alcool. Je suis cramponné à mon siège, au tableau de bord, à la poignée latérale, je ne sais plus comment m'assurer. Il donne de grands coups de freins, chaque fois la voiture chasse de l'arrière sur le verglas, puis accélère en appuyant à fond sur la pédale. Ça va mal finir. Mes yeux pratiquent un incessant ballet, allant du compteur, où l'aiguille flirte avec le cent cinquante, à la route, dont les bas-côtés viennent trop souvent à notre rencontre. Heureusement à cette heure, le jour se lève à peine, il n'y a presque personne sur la route qui nous appartient tout entière.

Vraiment lorsque j'y pense, je suis sûr que ce sont les stoppeurs et non les automobilistes qui risquent quelque chose à faire de l'auto-stop. Déjà la semaine passée, à Haines, je suis tombé sur un maniaque, cette fois c'est un soulographe, imbibé au maximum.

— Donnez-moi le volant, nous allons nous relayer, après tout c'est logique que nous partagions les fatigues de la conduite.

Ouf, il accepte de me donner le volant et tout en achevant un flacon de whisky, dont une partie coule sur sa chemise, il se laisse glisser contre le dossier. Je dois sans cesse le repousser.

Zut, moi aussi je dérape.

— T'es vraiment un plouc, passe-moi cet engin ! Ça n'est pas fait pour les petits cons de ton espèce. Donne-moi le volant je te dis.

Il neige abondamment. Je suis la victime innocente d'un fou qui double tout ce qu'il voit, en déversant un flot d'injures. Par deux fois nous avons fait une embardée. Que faire, je suis pris au piège. Descendre ? C'est impossible, le temps est tellement pourri. Je serais bon pour une pneumonie avec mon anorak qui imbibe le moindre flocon ! Il faut espérer qu'il tiendra le coup jusqu'à Guesnel, le prochain village. Là, au moins, je pourrai m'abriter.

Dix kilomètres plus loin, une heure plus tard, après avoir pris un café à Guesnel, et trouvé une autre voiture, les phares bleus clignotants et tournants des ambulances, les sirènes lugubres de la police, un attroupement, nous contraignent à rouler au ralenti. Le nez collé contre la vitre embuée, je reconnais la *station-wagon* [1] de mon ivrogne. Je distingue mal, mais il me semble qu'elle repose sur le côté, et qu'elle est comme enroulée autour d'un pylone en plein milieu d'un champ de l'autre côté de la route.

---

1. Voiture familiale équipée d'un grand coffre.

6

JE NE REVERRAI JAMAIS JACKIE

— André, pourquoi ne prends-tu pas une douche chaude ?

La phrase résonne en moi d'une étrange façon. J'ai déjà entendu ça quelque part !

C'était il y a quelques jours, un type m'avait pris en stop puis arrivé à destination, m'invitait chez lui et m'offrait un verre.

— Why don't you take a *hot shower ?*

Machinalement j'avais refusé, l'heure n'était pas aux ablutions, et sur le mode humoristique j'avais ajouté :

— Non merci, vous savez, moi, je suis comme les hippies, je ne me lave jamais... !

Mon automobiliste obligeant s'était soudain renfrogné, apparemment il n'avait aucune envie de rire, à tel point qu'il me mit pratiquement à la porte, dans les secondes qui suivirent. Sur le moment je n'avais pas fait le rapprochement entre l'histoire de la « Hot shower » et mon « départ » précipité.

— Pardon ?

— Je disais que si tu désires prendre une douche chaude...

Daniel, un verre à la main, vêtu d'une somptueuse robe de chambre en soie transparente, indéniablement parfumée, vient de m'accueillir dans son agréable appartement de la rue Greenwich. Décoré avec un goût subtil, chaque objet est à sa place méticuleusement choisi. Le trois pièces de Daniel donne sur une terrasse au dernier étage d'un immeuble vieillot qui domine la baie de San Francisco. La vue est fantastique. Daniel m'a servi de guide toute la journée, en compagnie de Michel, le peintre, et m'a proposé de m'installer chez lui pour aussi longtemps que je le voudrais.

Une musique douce, un air de cithare, emplit la pièce. Daniel est déjà « stoned » et prépare un autre *joint* à mon intention.

— Daniel, je suis enchanté de ma première journée à San Francisco, mais pardonne-moi, cette longue promenade m'a épuisé, je désire me brosser les dents et m'étendre. Je ne sens plus mes jambes.

Lorsque je quitte la salle de bains, en regagnant le salon où m'attend un coquet sofa, je passe devant la chambre de Daniel. La porte est grande ouverte, il est sur son lit. Sa pose a de quoi surprendre. D'un signe de la main je lui adresse un vague « b'soir ».

— Andrééé...

Je reviens vers la porte. Sa voix est anormalement suave.

— ...

— André, je suis déçu...

— Ah ? Et pour quelle raison ?

— Je t'avoue que je croyais que nous deux... J'ai envie de passer la nuit avec toi. Mais je crois comprendre que tu n'es pas d'accord. N'est-ce pas, ce n'est pas ton genre ?

En fait de « Hot shower », la nouvelle me fait plutôt l'effet d'une douche glacée. Tout à coup je comprends : la démarche ondulante de Michel, le restaurant aux lumières tamisées, leur indifférence à tous deux, aux filles de Californie.

Je m'allonge tout habillé et, crainte d'une attaque surprise ou émotion consécutive au choc, je ne sais, je n'en dors pas.

A Richmond la porte de John et Deon est toujours ouverte. Ils ont tous les deux l'air très doux ; ils m'accueillent avec plaisir, comme si nous nous connaissions depuis toujours. Elle, enceinte, ne paraît pas considérer ma présence comme une charge supplémentaire.

— Nous sommes ravis de t'accueillir, tu es le bienvenu, dit-elle.

John et Deon essaient de mettre en application les deux grands principes hippies de paix et d'amour. Immédiatement je me sens chez moi et nous nous entendons à merveille. Deux jours plus tard, Lee et Jim se joignent à notre groupe et se montrent respectueux du célèbre mot d'ordre : « Faites l'amour, pas la guerre ». Apparemment, même en y mettant de la bonne volonté, il leur serait impossible de faire la guerre, faute de temps. Ils ne quittent jamais le matelas de secours !

L'appartement est simple et accueillant. Des amis, des inconnus, du même avis, y défilent sans cesse. A la recherche de chaleur humaine, d'un conseil, ils trouvent ici le réconfort de la présence de John et Deon, toujours prêts à offrir leur temps, leur amitié et au minimum une tasse de café. Sur la moquette, plusieurs duvets, dont le mien, sont alignés.

— John, tu n'as pas peur que l'on te fauche tes affaires, ta chaîne, tes bouquins, avec ce défilé incessant ? La plupart du temps, tu ne sais pas qui dort ici ?

— Tu sais, celui qui « m'emprunte » quelque chose en a peut-être plus grand besoin que moi, et il en fera sans doute un meilleur usage.

Les murs sont couverts de fleurs en papier, de posters artistiques ou humoristiques, les piles de bouquins s'entassent un peu partout. Des lampes de couleur diffusent une lumière agréable qui, associée à la musique pop répandue dans toutes les pièces par un appareil Hi-Fi, contribuent à créer l'ambiance de bien-être caractéristique. Près de l'entrée, dans le couloir, un écriteau signale qu'ici on ne *fume* pas.

— Pendant plus d'un an, nous avons un peu tout essayé, me dit John, Marijuana, L.S.D., acides, mais puisque nous avons trouvé finalement ce que nous cherchions, fumer était devenu inutile.

La naissance, aux Etats-Unis, du mouvement « Hip » n'est pas un simple hasard. Les premiers hippies qui s'installèrent à Ashbury Height étaient issus de familles aisées. Il est loin le temps des immigrants, des pionniers, de la lutte quotidienne pour l'installation d'un foyer ou l'édification d'une fortune. Aujourd'hui, dans cette société d'opulence et de gâchis, certains regards interrogent. Les hippies ne sont pas des laissés pour compte, des déchets de la grande mécanique « made in U.S.A. ». Le mouvement peut être considéré comme un phénomène naturel, une sorte de soupape de sûreté, qui pour l'instant, prévient l'emballement infernal que chacun aujourd'hui, peut redouter. Le matérialisme, poussé à son paroxysme [1] ne les satisfaisait pas, ils ont cherché à échapper au cercle production-consommation, ils ont voulu changer d'air, respirer, enfin.

Ils voulurent remonter aux sources de l'homme, afin d'y puiser la vie qui leur manquait. Ils se mirent en marge, tentèrent de mettre en pratique les paroles d'amour du Christ et s'inspirèrent des premières communautés de chrétiens, mais aussi des gourous indiens et du mouvement qui précédait le leur, celui des beatniks. Quelques signes extérieurs les distinguaient, les réunissaient : fleurs, colliers de santal, senteurs d'encens...

Ames fines et sensibles, ils captèrent, sans doute inconsciemment les « vibrations » d'universalité et d'unité que firent naître les premiers rayonnements de la pensée de Bahá'u'lláh, au siècle dernier.

Des milliers de jeunes accoururent en Californie et fondèrent de nombreuses communautés où le bonheur semblait régner. Au début, les enfants de la non-violence et de la fraternité planétaire, furent bien accueillis. Leur idéal de paix et d'amour, s'il prêta tout d'abord à sourire, fit réfléchir et se propagea même à travers le pays. Malheureusement, l'élan de cette jeunesse pure et par nature, confiante, fut débordé. Les principes, peu à peu, disparurent au profit d'une mode, d'un laisser-aller. Du culte exagéré de la liberté individuelle naquirent trop d'abus. L'usage de stupéfiants utilisés au début dans un but expérimental et comme moyen de mieux se

1. Les U.S.A. consomment 33 % des biens terrestres pour un vingtième de la population mondiale.

connaître, dégénéra par le simple fait de l'accoutumance et aussi par le désir d'aller plus avant. Le goût de l'expérience exacerbe la curiosité et débouche sur le risque. A Ashbury Height, d'autres jeunes, qui n'avaient rien compris, des voyous parfois chassèrent les enfants du pouvoir fleuri, vers la périphérie. Les joueurs de pipeau et de tambourin abandonnèrent le parc de Golden Gate et Hippy Hill n'est plus le paradis des jeunes rêveurs qui suivaient inlassables, le vol des mouettes ou contemplaient la beauté des jeunes filles aux seins nus, venues partager leurs songes, allongées dans l'herbe, offertes au soleil de Californie.

Lorsque les motos des *Hell Angels,* Anges de l'Enfer, résonnèrent dans les petites rues de Ashbury Height et firent trembler les vitres des boutiques psychédéliques, désormais closes, la violence fit son apparition. A cette époque, celle de mon séjour [1], la drogue était devenue fléau. Ceux qui n'en prenaient pas étaient déconsidérés. Plus la dose était forte, plus ravageurs étaient les effets, plus on s'affirmait. Très vite tout était bon pour s'intoxiquer : respirer les gaz d'échappement des moteurs, les fumées d'un four, la colle chauffée... les acides de tous genres. Mais la drogue — le L.S.D. par exemple prolonge ses effets durant douze heures — exacerbe autant les sensations de bien-être que d'inquiétude. Affolé par la croissance de ses soucis, le drogué n'a plus d'autre refuge que sa drogue et prisonnier ne cesse de s'empêtrer. Ainsi sombra, pour le grand réconfort de l'Amérique, cet élan qui menaçait la tranquillité de ceux qui n'avaient aucun intérêt à ce que soudain, leurs compatriotes se mettent à réfléchir. La drogue fit du mal à la jeunesse américaine, mais c'est davantage l'image que l'on en répandit qui étouffa ceux qui avaient tout quitté pour respirer.

Le mouvement est moribond, mais John et Deon conservent l'espoir. Ils m'emmènent écouter Steve qui, dans la salle désuète du théâtre d'Ashbury, parle, chaque lundi soir, à deux ou trois cents jeunes, blancs, noirs et asiatiques, aux tenues gaies, bariolées et toujours inattendues. Steve parle de Dieu,

1. Avril-mai 1969.

d'amour, de non-violence, de la drogue aussi. Comme j'ai changé. Moi qui dépréciais et me méfiais des hippies concentrés dans le quartier de Toronto où j'enseignais le français, me voici parmi eux sans aucune crainte, pour essayer de les comprendre.

A la fin, tous s'embrassent, bavardent en se tenant fraternellement par le bras, par les épaules. Ils forment un cercle et lancent d'harmonieuses incantations. Chacun balance doucement la tête, puis les corps ondulent et la ronde, les unissant tous, chacun respire la plénitude.

— On ne peut pas se perdre lorsque l'on ne sait pas où l'on va, me glisse mon voisin, visiblement heureux de me communiquer ce message.

Sur le chemin du retour, je remarque que John boite légèrement.

— C'est une terrible histoire, vois-tu André. Cela s'est passé tout près d'ici. Nous nous promenions ma femme et moi avec un couple d'amis de couleur. Soudain, une voiture s'est arrêtée à notre hauteur et deux blancs en sont descendus, se sont précipités sur eux et les ont poignardés. Les deux gars devaient être *freaking* [1], ils faisaient un mauvais *trip* [2] aux acides. Nos amis sont morts presque tout de suite, là devant cette boutique, sur ce trottoir. Comme je tentai de les défendre, ils me poignardèrent à mon tour et me laissèrent perdant mon sang, évanoui sur le bitume. J'ai eu le foie et le colon touchés. J'ai perdu un rein.

John, les yeux embués, raconte calmement, sans rancune. Il ne dit pas un mot de ses agresseurs.

Sur son blue-jean, à la hauteur du genou, une pièce décorée de marguerites, camoufle le trou laissé par la lame du poignard. John n'a pas pu, cependant, effacer sa blessure au genou. Désormais il boite.

Nous nous arrêtons quelques instants en silence. Puis John me propose de pousser une promenade jusqu'à « Point

---

1. Etat de panique du drogué consécutif à une absorption exagérée.
2. Voyage ; effet de la drogue.

Lobos » où je vais fréquemment humer l'air vif de l'océan. C'est la nuit, la plainte des milliers de phoques qui passent leurs journées vautrés sur les petits îlots du large, a cessé. Nous parlons de mon voyage et lorsque nous regagnons son domicile, il me dit :

— Je ne peux rien te souhaiter, car toi, tu « vis » déjà. Vivre, aujourd'hui dans la société, je crois bien que ce n'est plus possible.

Marine County, de la verdure à perte de vue, de l'autre côté de la baie, le printemps est là, resplendissant. Sous l'arche immense du Golden Gate Bridge, les paquebots vont et viennent comme de vulgaires caboteurs. Il est vrai que leur taille comparée à celle du pont ne les avantage guère. L'Amérique est ainsi faite, tout y est démultiplié, une petite route de campagne y est large comme nos nationales et le moindre ruisseau a aussitôt des allures de fleuve. Le vent du large vient raser la crête des vagues qui se chargent d'écume. J'aime ce spectacle de la nature et c'est pour mieux en jouir que je me suis posté à l'entrée du Golden Gate.

Michel et sa grosse Oldsmobile me surprennent en pleine contemplation. Michel n'a pas d'autre but que d'aller passer la journée au soleil. Il marche au L.S.D. A voir son air euphorique, il a pris sa dose. En cours de route, il a croisé d'autres pouces levés, il les a chargés. Deux d'entre eux, un garçon et une fille, sont « stoned » aux acides, c'est visible. Et puis il y a Jackie, qui est assise à côté de moi à l'avant. Jackie, dont la tête renversée, bascule au gré des courbes, fixe le plafond. Elle est assez jolie et doit être très jeune. Je ne lui donne guère plus de vingt ou vingt-deux ans d'allure. Ses cuisses, ses bras nus, sa peau sont presque encore ceux d'une enfant. Mais son visage est davantage marqué, ses traits et le peu que j'ai aperçu de son regard m'inclinent à penser que Jackie est malade. Le joint de marijuana passe de bouche en bouche. Rien de choquant à cela, ici c'est le contraire qui doit surprendre. La campagne défile belle, toujours fleurie et démesurée. Jackie attire sans cesse mon regard. D'abondantes mèches brunes me la dissimulent et son indifférence à mon égard, son indifférence aux autres, au décor, m'intrigue chaque seconde un peu plus. Je me demande si elle aussi n'est pas en plein « trip » comme les autres. Je rejette aussitôt cette idée, Jackie est trop jolie.

Point Reyes, nous marchons sur la plage. D'un côté le bruit assourdissant des vagues qui s'écrasent et s'étalent sur le sable, de l'autre la forêt refuge contre le vent et le vacarme du Pacifique. Appuyé contre un tronc, je laisse courir mon regard sur le dos des vagues énormes. Jackie s'est approchée, puis après avoir plongé ses yeux tristes dans les miens, a posé sa tête contre mon épaule. Sans y penser je prends sa main. C'est à ce moment que l'étendue de son drame m'apparaît. Le dégoût et la pitié me serrent le cœur. Ses poignets comme tailladés, marqués de mille points brunâtres, enflés, meurtris, portent le signe de la mort lente. Jackie se pique. Je suis atterré, navré de ma découverte.

Au coucher du soleil, elle est toujours là, contre moi. Je n'ai pas lâché sa main. Je ne me sens pas le cœur de la repousser. J'ai même déjà décidé de tenter de l'aider. Elle bâille de plus en plus fréquemment et porte souvent sa main à l'estomac. Soudain sa main se crispe sur la mienne. Doucement elle lève les yeux vers moi et sans me voir, murmure :

— Je t'en supplie, ne me laisse pas toute seule.

Michel a compris et donne le signal du retour. Une fois en ville, derrière le parc de Buena Vista, à la hauteur du ghetto noir, il s'arrête. Jackie s'éloigne d'un pas rapide.

— Tu piges, me dit Michel ? Elle, c'est du sérieux, c'est pas de la bibine, c'est de *l'héroïne,* tout ce qu'il y a de plus vrai.

Lorsque Jackie revient, elle a l'air d'un pantin. Elle s'assied machinalement et semble à bout de nerfs. Elle explique qu'elle n'a pas pu trouver son fournisseur habituel, mais un salopard qui en a profité pour lui réclamer le double. Dix dollars pour une petite boule de caoutchouc qu'elle glisse dans sa bouche prête à l'avaler au moindre contrôle de police.

Michel nous dépose, Jackie et moi, à North Beach, près de Broadway, l'artère la plus mal famée de la ville, à l'angle de Greenwich Street et de Jones Street. J'ai décidé d'accompagner Jackie jusque chez elle et de m'accorder deux ou trois jours afin de voir si je peux quelque chose pour cette poupée, sans vie apparente, qui grimpe avec précipitation l'escalier menant à sa pauvre chambre d'hôtel minable. La pièce est étroite et sombre. Dans la pâle lueur que dispense l'unique lampe du plafond, barbouillée de rouge, je découvre la « chambre » de Jackie. Un lit défoncé et défait, des draps sales, une chaise, une table de bois blanc, le tout baignant dans une odeur de désespoir. Sur le sol, traînent, épars, des vêtements froissés et quelques objets. Les murs sont étouffants, c'est leur seule caractéristique que je perçoive réellement, car ils n'ont pas de couleur.

Jackie jette sa pelisse de mouton sur le lit. Elle a déjà dans la main la petite boule de caoutchouc, luisante de salive. Elle l'ouvre et verse la fine poudre blanche dans une cuillère à café. A l'aide d'un compte-gouttes elle puise de l'eau dans un verre sale, traînant sous la table. Nerveuse à l'extrême, elle retourne son sac sur la moquette usée, récupère une boîte d'allumettes et en prend une. Elle passe la flamme sous la cuillère. Ses gestes sont mécaniques. Ma présence la trouble, Jackie perd du temps et son agitation augmente. Que cherche-t-elle, par terre, dans cette poussière ? Un morceau de coton qui se trouve dans une autre cuillère. Le coton est dégoûtant. Elle a maintenant la seringue à la main et à travers le coton aspire la terrible décoction. Elle s'assied à la tête du lit, relève sa manche gauche et ceinture son bras d'un tuyau de caoutchouc dont elle tient l'une des extrémités entre les dents. Elle serre et fait jaillir ses veines. Sa peau paraît encore plus bleue, plus meurtrie. D'un geste précipité elle tente de percer l'un des vaisseaux qui se dérobe, puis l'aiguille se tord. Le spectacle me répugne et me fascine à la fois. Elle doit souffrir et continue néanmoins de planter rageusement son aiguille dans sa chair malade.

— Mais, d'habitude, j'y arrive du premier coup...

C'est atroce. Immobile, tendu, je scrute son visage qui d'un coup s'éclaire. Le sang monte dans la seringue...

Voilà quatorze mois qu'elle est sur la pente de l'annihilation.

— Je m'en rends compte, mais je n'y peux rien. Je savais qu'on en prenait vite l'habitude, mais je croyais être plus forte.

Toute une partie de la nuit défilent des énergumènes pour le moins étranges. Ils sont tous plus ou moins « stoned » et viennent ici parce que Jackie est très douce et sait les écouter en souriant. Dans le lot se trouvent un trafiquant d'héroïne et un maniaque du revolver, qui n'arrête pas de jouer avec son arme. Effaré, je découvre ce bas-fond et je me demande si, sur ma route, j'aurai l'occasion de voir pire. A 7 heures, le lendemain matin, Jackie se lève doucement. Dans la pénombre, j'aperçois son corps juvénile et nu, désirable. Elle passe un pull et une mini-jupe. C'est tout.

— Où vas-tu ?

— *I need dope !* J'ai besoin d'héroïne. Je n'en ai jamais d'avance, c'est trop dangereux. Chaque fois je suis obligée de sortir. Attends-moi je reviens.

Nous avons passé la journée à Muir Woods dans une forêt de séquoias hauts de plus de cent mètres. Prise par l'ambiance et aussi par l'harmonie qui règne entre nous, Jackie a pu résister quelques heures et supprimer une piqûre. Cependant, à notre retour dans son gourbi, son premier geste est de se « shooter ».

Le piston glisse lentement. Doucement le poison pénètre dans la veine. Sous mes yeux, Jackie dénoue le morceau de caoutchouc, ses yeux commencent à reprendre vie. Des coups précipités s'abattent contre la porte qui n'est pas fermée à clé. Elle n'a guère le temps de cacher la seringue, qu'un type est là, dans l'embrasure. Il grimace, son visage est ruisselant de sueur, pas rasé. Il n'a pas l'air d'un flic. Jackie, rassurée, lui fait signe de rentrer. Pendant de longues secondes il reste immobile, un peu voûté, le souffle coupé, tenant encore d'une main la poignée de la porte et de l'autre s'agrippant au chambranle. Jackie a l'air de le connaître, il fait sans doute partie de la multitude des visiteurs nocturnes.

— Je viens de tuer un marin. Le fou, il s'est défendu,

j'ai dû tirer quatre fois. C'est con, il n'avait que trente-cinq dollars sur lui... et moi qui croyais qu'il en avait huit cents... J'ai les poulets sur le dos...

Jackie tente de le consoler. Elle lui dit qu'il n'a vraiment pas de chance, que le sort s'acharne toujours sur les mêmes, mais qu'elle va sans doute pouvoir l'aider à filer. Le « copain » à la gâchette facile, vient de m'apercevoir. Moi, en revanche, dès son entrée j'avais repéré son revolver. Je n'ai rien d'une tête brûlée. D'une voix légèrement étranglée, j'essaye d'articuler quelques mots du genre : « Bon, eh bien, moi je vous laisse... ».

Une fois dans la rue, je regrette d'avoir agi lâchement, Jackie est peut-être en danger.

Je suis allé voir son frère qui ne veut pas s'occuper d'elle « tant qu'elle prendra cette saloperie ». Vers midi, le lendemain, je la retrouve, adorable, en pleine forme.

— Tu vois bien, puisque je suis capable de sortir avec un type comme toi, c'est bien la preuve que tout n'est pas perdu. André, j'aime être avec toi... Prends-moi dans tes bras. Ne me laisse pas...

— Ecoute-moi bien, Jackie, je suis le dernier qui puisse s'intéresser à toi. Si dès maintenant tu ne fais rien pour te tirer de cet ignoble merdier dans lequel tu te vautres, tu es foutue... foutue, tu entends ? Tu es foutue...

Je prends sa main. Son poignet est tout enflé, elle vient de se piquer et l'a fait maladroitement.

— Jackie, promets-moi de prendre de la méthadone [1].

— Oui, j'essaierai. Mais tu sais bien qu'il faudrait que j'aille à l'hôpital. Jamais ils ne voudront me garder plus de huit jours et huit jours ça ne sert à rien. La dernière fois que j'y suis allée, je crois avoir, en sortant, franchi un degré de plus... Bon, allez, ne pensons plus à tout ça.

Les trois jours suivants, je la vois à peine. J'ai pris un peu de champ et n'ai aucune envie de me trouver mêlé à une histoire de drogue. Une fois par jour, je passe prendre de ses nouvelles. Personne ! Le troisième soir, elle est enfin

1. Désintoxicant indolore.

là. L'heure du *fix*[1] approche et je sens qu'elle ne parlera qu'après.

— Lundi soir, dans le ghetto, trois types m'ont sauté dessus et m'ont entraînée dans une piaule. Les salauds, ils m'ont eue de force. Chacun leur tour, ils me tenaient les bras et les jambes. Les fils de pute ! Tu crois qu'ils m'auraient rendu mon manteau ! Attends, ça n'est pas tout. Dans la nuit, je fais du stop, un flic en civil me prend. Au bout de quelques minutes il m'annonce, après avoir repéré mes bras, qu'il va me coffrer pour 48 heures. Tu devines la suite. La prison une fois, ça m'a suffi. Il m'a emmenée sur un des yachts du port de plaisance. Il m'a tout de même raccompagnée chez moi, le matin. Pour rien, d'ailleurs, car on m'avait refilé du sucre à la place de la « dope ». Que voulais-tu que je fasse, j'y suis retournée.

Voilà plusieurs jours que je la connais, pourtant je n'arrive pas à m'habituer à sa façon de voir et surtout de subir les choses. Il semble qu'elle ait atteint consciemment un tel degré de dépravation, tant elle se raconte avec naturel, comme si elle avait toujours été volontaire pour la déchéance. A ce point de son récit des dernières soixante-douze heures, je tente d'intervenir. Je voudrais lui faire admettre que tout cela est ridicule et qu'avec un peu de courage, il lui serait encore possible de s'en sortir.

— Ne te fatigue pas, André, je crois bien qu'il est trop tard. Et puis ce n'est peut-être qu'un mauvais passage, un invraisemblable concours de circonstances, car enfin, une série comme celle-là, il y a belle lurette que je n'en avais pas connue. Mardi après-midi, ça a remis ça, chez mon fournisseur. On était trois, lui, moi et un vague copain, lorsque deux mecs ont fait irruption, pétard au poing. Ils ont ficelé les deux autres et leur ont piqué deux mille cinq cents dollars, la recette d'une semaine. Pour prix de mon silence, j'en ai reçu quatre cents et j'ai eu droit à une partie de plumard dans un motel bruyant des environs. Je t'avoue que ça n'est pas marrant de faire l'amour sous la menace d'un revolver. Le flic, lui au

1. Piqûre.

moins, il s'était débarrassé du sien. Pour finir, en rentrant chez moi, je me suis aperçue que l'on m'avait cambriolée. Tiens, regarde...

Elle m'a pris la main et m'entraîne maintenant le long de Broadway. La tête vide, je la suis. Nous passons chez Gigi où elle travaille de temps à autre, comme *go-go girl*. Pour vingt-cinq dollars, elle est censée se tortiller de six heures du soir à deux du matin, à poil, sous les yeux de pauvres types qui, pendant ce temps, ne se rendent pas compte que l'on change leur consommation. Le staff est complet pour ce soir, tant pis. Nous en profitons pour aller voir un nouvel appartement situé dans un quartier un peu moins crasseux. Personne. Dans les toilettes d'un snack, elle se fait sa quatrième piqûre de la journée. Je sens qu'elle m'échappe définitivement et que je ne pourrai plus rien désormais pour elle. Dans le ghetto noir, notre tram arrache la portière d'une voiture qui déboîtait sans précaution. Elle est occupée par trois noirs.

— Tu vois, ces trois types ? Ce sont eux qui m'ont violée l'autre soir.

Elle ne réagit pas davantage. A vrai dire, elle ne réagit plus. Tout en tenant sa main, sa pauvre main gonflée, meurtrie, je sens qu'elle draine mon enthousiasme, ma vitalité.

— Jackie, ça ne peut plus durer. Je dois te quitter. Si au moins, tu faisais un effort. Tiens, si tu veux, je t'emmène à Tahiti, mais tu connais la condition. Plus jamais d'héroïne, alors ?

Elle me fixe de ses yeux tristes. En vain. Je tente d'y déchiffrer un quelconque message, ne serait-ce qu'un appel au secours, un reste de vie, de volonté. Rien.

Je ne reverrai jamais Jackie.

Parowan, Utah. Le ciel est bas, une pluie fine barbouille le paysage d'une teinte uniforme. Voilà près de trois quarts d'heure que j'attends en bordure de l'asphalte luisant. Deux lesbiennes m'ont abandonné là, en rase campagne. Je préférerais être à l'abri, mais finalement j'étais trop content de quitter ces deux cinglées et j'aurais mauvaise grâce à me plaindre.

En principe, je ne fais jamais de stop sous la pluie. J'ai vite appris que les chauffeurs ne prennent pas pitié. Bien au contraire : « Trempé comme il est, il peut toujours attendre, mais il ne mouillera pas ma banquette. » Seulement, je n'ai pas le choix.

Une Chevrolet rose s'arrête à ma hauteur. Les occupants, jeunes, ne m'inspirent guère, mais il flotte. Je leur demande tout de même :

— Où allez-vous ?

— Par là, on ne sait pas vraiment !

— Vous devez tout de même savoir si vous allez vers le Nord ou vers le Sud. Moi je vais à Salt Lake City.

— Eh ben, monte toujours, on t'avancera, mais je te préviens, on n'est pas des dingues de la vitesse.

Le chauffeur, vingt, vingt-cinq ans a une tête qui ne me revient pas. A côté de lui, une jeune femme à l'air blasé. Elle est blonde et vulgaire. Derrière, à côté de moi, un type en sweat-shirt à manches courtes, les cheveux noirs et gras, pattes à la Elvis Presley, tire sur une cigarette. De temps en temps, la cendre tombe, sur un bébé qu'il tient, endormi, dans ses bras.

Le chauffeur me regarde dans le rétroviseur.

— Dis, mon pote, on a des problèmes de fric. Ça fait trois jours qu'on ne mange pas. Si tu nous files cinq dollars, on peut remettre de l'essence et tout le monde y trouve son compte. Qu'est-ce que tu en penses ?

Celle-là, je m'y attendais. Ils me prennent pour un pigeon.

— Ecoutez les gars, si je fais du stop, c'est parce que je n'ai pas un rond. Si vous n'avez plus d'essence, vous me descendez.

— Dis, pour qui tu nous prends, on va pas te laisser là. A Beaver, il y a un arrêt de camions, on t'y déposera.

Beaver. C'est effectivement plein de gros semi-remorques, des *trailers*. Malheureusement, personne ne veut de moi. Au bout de vingt minutes, le gars à la Chevrolet rose vient me voir :

— Allez, continue avec nous. C'est ce que tu as de mieux à faire. Mais d'abord viens manger un morceau.

Il a apparemment trouvé de l'argent. Sa femme tient deux billets de dix dans la main.

On a repris la route, doucement. La femme, nerveuse, guette chaque camion que l'on peut croiser ou doubler et le suit longuement des yeux.

On s'arrête, un poids lourd stationne en face sur le bas-côté. La femme descend, traverse, parle brièvement au chauffeur en train de casser la croûte. De la tête, il a la bouche pleine, l'homme répond, puis mord à nouveau dans un épais sandwich. La femme revient. Le bébé se met à pleurer, elle lui jette un vague regard, puis reprend l'affût. Devant nous, un trailer peine sous le poids de sa citerne. Nous le doublons. La femme baisse sa vitre et passe le buste par la portière. De la main et du bras elle fait de grands signes au conducteur. Brutalement, la voiture se rabat sur la droite, contraignant le camion à s'arrêter. C'est dangereux. Quelques secondes plus tard, elle grimpe, non sans mal, à la hauteur de la cabine et parlemente à nouveau. De retour à la voiture, elle passe la tête à l'intérieur.

— Ils sont d'accord, mais pour cinq seulement. Ça ne fait pas lourd !

— Ecoute, au point où nous en sommes on ne peut pas refuser. Cinq dollars chacun, ça fait dix. C'est toujours ça, allez vas-y !

La femme cette fois monte dans la cabine. L'un des deux routiers ferme les rideaux, tandis que l'autre descend et fume une cigarette à l'arrière de son bahut.

Ecœuré, je les abandonne sur place. Quelques instants après je suis pris par un directeur de cirque, auquel je fais part de ma rencontre avec la prostituée ambulante.

— Je comprends maintenant, me fait mon nouveau chauffeur. Il y a longtemps que je l'avais repérée cette Chevrolet rose. Alors, comme ça, le type au volant est maquereau et sa bonne femme fait le tapin... Elle demande combien ?

— En général, si j'ai bien compris, c'est dix dollars pour environ cinq minutes...

— Dis, tu crois que pour vingt ou trente, elle accepterait de passer la nuit avec moi ?...

— ... !

— Qu'est-ce que t'en penses, hein ? Elle est bien roulée la môme.

Il y a des jours où l'homme me désespère. Mais cela ne change rien à ma détermination d'aller jusqu'au bout de mon expérience, car il faut sans doute que je touche le fond de certains abîmes si je veux, un jour, atteindre les sommets.

J'écris chaque jour quelques lignes sur mon journal de bord, dans le souci de ne rien oublier. Pour cela, il me suffit d'un coin tranquille où m'asseoir, d'une table. Lorsque je bénéficie d'un peu plus de calme et de temps, j'aime à m'attarder devant une page blanche. J'essaye de prendre un peu de recul. En marge, je griffonne quelques dessins ou colle une image. Je relis les notes précédentes, prises à chaud et les complète parfois d'une ou deux réflexions. Chez Gérard, à Los Angeles, les conditions sont propices à cette forme de méditation. De longues heures j'y reste seul pour faire le point.

Gérard, un Français, travaille comme garçon à « la Grange » un des restaurants chics de la ville. Je ne peux pas dire qu'il soit la meilleure relation que l'on puisse souhaiter, mais lorsque l'on arrive en stop, dans une ville inconnue, aussi immense que Los Angeles qui s'étire sur des dizaines de kilomètres, une adresse ça vaut de l'or. Effectivement, Gérard n'est pas très intéressant, il ressemble à certains Français que l'on rencontre de par le monde, hâbleur et coureur. Lui est particulièrement obsédé. Chaque soir il ramène chez lui des filles différentes, parfois deux en même temps. J'ai cependant vite compris qu'il valait mieux qu'il se trouve en compagnie féminine, car Gérard, incapable de rester seul, n'est pas tellement pointilleux sur le sexe de ses partenaires.

— Salut, on vient travailler ici. Gérard nous a loué sa piaule pour la journée.

J'étais en train d'écrire, lorsqu'un Noir, courtaud et musclé. bardé d'appareils photo, et porteur de deux ou trois sacs de cuir est entré. Trois filles et deux autres types l'accompagnent.

Ebahi, j'assiste à la séance de pose. Gratinée ! Tout le monde se met à poil. L'une des filles, blonde, est assez jolie, mais les deux autres sont plutôt répugnantes, gros seins lourds à l'américaine et ventre à cellulite. La plus laide s'est rasée le pubis. Le Noir prend photo sur photo. Le flash, branché sur le secteur, lâche ses éclairs toutes les cinq secondes. Très vite, on passe aux clichés en groupe. La blonde refuse et prétend ne poser que pour des calendriers et seule. Le photographe ne se laisse pas impressionner.

— T'avais qu'à pas venir. T'as pas fait la fine bouche pour les vingt-cinq dollars. Allez, mets-toi là... oui c'est ça... allez passe la tête. Ecarte tes cuisses, bon dieu ! quelle conne. Vous deux là, chatouillez-vous un peu, c'est bon pour les gros plans.

Les éclairs jaillissent à nouveau. Sexes béants, les filles prennent les poses les plus grotesques. C'est ignoble. A part la blonde et moi, personne n'a l'air dégoûté. La routine de la photo porno, quoi ! De temps à autre, l'un des acteurs de ce cauchemar vient se rafraîchir à la cuisine.

— T'es bien con de ne pas venir, me lance l'un des garçons. Dix dollars de l'heure, ça vaut le coup. Ça met du beurre dans les épinards !

La Californie, c'est aussi la beauté et la délicatesse d'Eurina, une jeune Noire, avec laquelle je m'entendais à merveille. L'un et l'autre, nous avions oublié toute notion de race, de couleur de peau.

Mais la Californie, c'est surtout pour moi, à San Francisco, un petit appartement de la rue Dolores. Des amis bahá'is m'avaient, un soir, invité à l'une de leur réunion. Décor simple et moderne, beaucoup de monde, des individus de race et de condition diverses. Tout de suite, je ressentis que les vibrations étaient bonnes et exceptionnellement fortes. Le groupe faisait bloc, avec une rare unité. C'est le voyage qui peu à peu m'a appris à sentir les êtres et à percevoir certaines ondes plus vite et plus intensément. « *Le remède divin, ordonné par le*

Seigneur, pour la guérison du monde entier, c'est l'union de tous ses peuples en une cause universelle, en une Foi commune » écrivit Bahá'u'lláh. J'avais sous les yeux une preuve éclatante de la véracité de ce qu'il enseignait. A voir ces êtres blancs et noirs, israélites ou chrétiens, croyants ou athées, vivre en harmonie, parés d'un bonheur éclatant, je ne doutais plus du caractère divin du message que m'avaient transmis mes amis bahá'is.

Un jeune Chinois parlait.

— « Aimez-vous les uns les autres » a dit Jésus. Bahá'u'lláh nous explique comment le faire. Il ne vient pas pour abolir l'enseignement du Christ, mais au contraire, pour l'accomplir...

Tous l'écoutaient avec une émotion, une attention rares. Je songeais, en les voyant ainsi rassemblés dans une même foi, aux premières communautés chrétiennes, à leur enthousiasme. L'appartement moderne avait remplacé les catacombes. Les cœurs étaient grands ouverts, j'eus envie de les embrasser. Je me sentais libre. J'étais heureux, certain d'avoir découvert le chemin de la vérité.

L'histoire n'a-t-elle pas prouvé que la parole divine est le ciment d'unité le plus puissant parmi les peuples ? Les glaives et les canons ont amené la souffrance et l'oppression ; le verbe : l'amour et l'unité. La chrétienté ne triompha-t-elle pas sans armes, d'un empire romain tout-puissant, fier de ses brutales légions ? Et Mahomet, ne réussit-il pas à unifier par le souffle de sa révélation des tribus sauvages qui s'entre-déchiraient constamment pour créer une civilisation où les caravanes pouvaient commercer en paix de Damas à Cordoue, du Caire à Bagdad ?

Aujourd'hui cependant Jésus et Mahomet ne parviennent plus à se faire entendre. Leur message d'amour ne passe plus. Bahá'u'lláh explique ce phénomène en révélant que « ces deux soleils de vérité » n'ont dévoilé qu'une part de la vérité, car les hommes en ce temps-là, n'étaient pas en mesure de la recevoir toute, la part relative à leur époque.

De même, qu'il ne viendrait à l'idée de personne de construire une maison neuve avec de vieux matériaux, on ne peut bâtir un monde nouveau avec l'homme ancien. Bahá'u'lláh nous enseigne que l'homme peut à force d'amour, faire son propre bonheur sur la terre. La condition n'est pas de changer la société, en lui appliquant tel ou tel principe politique en « isme », mais en changeant chaque homme, l'un après l'autre. Une pyramide ne s'édifie pas à partir du sommet. Un monde meilleur dépend de la volonté de chacun, mais sans l'aide de Dieu, rien n'est possible. Seul le changement de l'individu peut changer la société et ces deux étapes sont indispensables à la réalisation de l'âge d'or que nous guettons tous. Changer l'homme, changer la société, Bahá'u'lláh, pour cela, s'adresse à chacun d'entre nous, mais aussi aux nations et les met en garde. Dans notre monde malade la paix universelle et la justice sociale se font de plus en plus impératives. Les conditions radicalement nouvelles de vie, les transports ultra-rapides et les moyens de communication à l'échelle planétaire, ne nous laissent même plus le choix. L'électricité nous a réduit à la grosseur d'un village [1]. Seule une administration mondiale, avec des hommes ayant pour souci le service et le bien de l'humanité tout entière peut sortir notre planète angoissée de son ornière.

La vraie révolution reste à faire, celle des cœurs et des esprits.

Le bonheur de l'homme, c'est bien de cela qu'il s'agit, se trouvera dans l'équilibre de sa nature physique et de sa nature spirituelle. Aujourd'hui, grâce à l'enseignement de Bahá'u'lláh, il possède les moyens de réaliser l'harmonie vers laquelle il aspire. Il est grand temps que l'homme s'aperçoive que le confort, la domestication de l'énergie, le progrès matériel ne suffisent pas à son épanouissement. Dans mon tour du monde j'ai rencontré davantage de pauvres souriants que de riches heureux. En raison du déséquilibre existant entre la science qui a fait un pas de géant et la spiritualité qui balbutie, notre siècle est celui de la jouissance immédiate et fugitive. Le sous-développement spirituel de l'homme est la cause de son malheur.

---

1. Mac Luhan.

Incroyable, mais vrai, j'ai trouvé une place de mousse à bord du *Thorsgaard*. J'irai donc à Tahiti en stop. En attendant le départ, fixé en juin, il me reste de nombreuses semaines que je vais remplir en visitant le plus de lieux possibles. A Los Angeles, je fais deux fois le tour du monde, en abrégé, grâce à Walt Disney, à son Disneyland et grâce aux innombrables décors des grandes compagnies cinématographiques dont les studios sont ouverts au public.

Le luxe ne m'intéresse pas, mais je ne veux rien négliger, rien écarter. Je veux avoir une vision du monde et des hommes, aussi complète que possible. Je parcours donc Beverly Hills, quartier résidentiel favori des stars, à pied, ce qui est pour le moins saugrenu au royaume de l'automobile-paquebot climatisée. Chaque maison est un château environné d'une débauche de verdure, de fleurs et de jeux d'eau. Les piscines sont aussi immenses que nombreuses et invitantes. Abasourdi par cet étalage, je parcours douze kilomètres à pied, sans rencontrer le moindre piéton, à tel point qu'à la fin un sentiment de honte commence à me gagner. Sur mes deux jambes, je me sens ridicule, démodé. Je finis même par me cacher dès que j'aperçois une patrouille de police. A pied, dans un tel quartier, je ne puis être que suspect.

Le jour où je décide de quitter Los Angeles, il m'en arrive une autre tout aussi belle. Je veux quitter ce monstre de ville en stop bien sûr et à partir du centre, ce qui est une gageure (en général, il est préférable de gagner la périphérie en bus). Mais j'ai envie de voir, comme ça, si ça peut marcher. Je cherche d'abord longuement ma bretelle Las Vegas. Ce n'est pas une petite affaire et puis, dans le cadre exact de ce qui est toléré, j'attends. La loi interdit le stop aux U.S.A. dans 48 Etats sur 50, mais il n'en reste pas moins toléré sous certaines conditions qui varient suivant l'Etat. C'est dire si je prends bien soin de me renseigner chaque fois. Ici, il ne faut pas dépasser le panneau indiquant l'entrée de l'autoroute et garder sagement les deux pieds sur le trottoir. J'attends longtemps de 9 heures à 18 heures. Le temps de déguster une bonne dose d'oxyde de carbone et de poussière californienne et d'attirer l'attention d'un motard tout-puissant qui vient me coller un p.v. parce qu'il en a envie, me dit-il ! Je refuse de payer et je lui refile une adresse bidon au Canada. Ce p.v. californien, j'en suis tout fier. Je l'ai conservé dans mon journal de bord comme un trophée, un véritable brevet d'auto-stoppeur !

Sur la route de Las Vegas, j'hésite à dormir en plein désert, le vent y souffle trop fort, je n'ai pas envie d'avoir du sable dans les yeux et dans mon duvet. Et puis, il est inutile de narguer les serpents et les scorpions. A l'entrée d'une petite agglomération, un parc pour enfants, et le vert, étonnant pour l'endroit, de son tapis de gazon, attirent mon attention. Dans l'obscurité complice de la nuit, je me glisse à l'intérieur et élis domicile au sommet d'un toboggan métallique, bien calé dans un creux pour ne pas être dérangé. Vers quatre heures, le lendemain, des rafales régulières me réveillent. Trop régulières, comme cadencées. Le vent ? Non, j'extrais la tête de mon duvet pour recevoir la giclée plutôt fraîche d'un arrosoir automatique qui vient de se mettre en route. Ce vert ! J'aurais dû y penser ! Je quitte précipitamment mon toboggan pour me réfugier à l'intérieur d'un hot-dog géant. Je n'y resterai pas longtemps, le hot-dog est aéré et par les trous du plafond la pluie intermittente d'un autre arrosoir viendra me déloger. Trempé, je retourne me poster le long de la route, attendant que le soleil veuille bien monter dans le ciel et me sécher. Les yeux bouffis, grelottant, mais riant de ma mésaventure.

Las Vegas, six kilomètres de façades de néon, d'hôtels-casinos que je vais parcourir en tout sens et toute la nuit. Les hommes s'entretuent au Viêt-nam, les Indiens crèvent de faim dans les Andes et ici, l'on jette les billets de cent dollars par les fenêtres dans le tintamarre des orchestres et la fumée des cigares de luxe.

Je reprends ma respiration dans le Grand Canyon creusé par le vert Colorado. Un kilomètre et demi de profondeur, seize de large, trois cent cinquante de long. La nature est encore le plus beau spectacle du monde et ici en Amérique le plus imposant. La fantasmagorie des couleurs, les milliers de pics évocateurs de châteaux de légende, les effets de lune, me rendent l'envie de danser, de chanter et de prier.

Je passe la nuit dans une forêt de pins, ce qui me vaut une belle frayeur. Dans mon sommeil, j'entends un grattement tout proche. Un maraudeur armé ? Erreur, il s'agit d'un coyote qui vient me renifler. Mon réveil en sursaut le surprend autant que sa présence peut m'inquiéter. La lune éclaire comme en plein jour. Ses babines découvrent des crocs brillants, sa grosse queue fourrée ondule imperceptiblement ; bien campé sur ses pattes, je sens son corps tendu. Immobiles nous nous observons de longues minutes. Pour tromper l'attente l'animal hurle ce qui a pour effet d'accélérer les battements de mon cœur. Appelle-t-il ses copains à la rescousse ? Je n'ai même pas une brindille pour me défendre. Oooo... Oooo... La plainte lugubre terrifie la pinède, me glace le dos. Paralysé, je n'émets aucun son, sauf peut-être celui de mes dents qui s'entrechoquent. Ce n'est ni la première, ni la dernière fois que j'ai peur. Je suis d'un naturel émotif, mais cette sensation, bien que fréquemment ressentie, n'a jamais infléchi mes décisions ou projets. Une fois le coyote parti, je rabats mon duvet sur mes oreilles et retrouve le sommeil, aussi profond qu'avant la venue du carnassier.

Les Rocheuses à présent. Le parc de Yellowstone vient d'ouvrir ses portes, des plaques de neige témoignent encore de l'hiver qui s'éloigne lentement. Je viens de voyager en compagnie d'un « ancien » du Viêt-nam qui avec un gros calibre faisait des cartons sur les panneaux publicitaires qui jalonnaient notre route. Me voici rasséréné, le calme du parc, la beauté de sa nature me conviennent davantage. Je m'organise : une plaque de neige me servira de frigorifique, à la condition que les prédateurs du parc n'aient pas l'odorat trop sensible et les geysers me permettront de mitonner les quelques conserves que je viens d'acheter. A l'un des détours de la forêt, une clairière s'épanouit et devient prairie, puis carrément plateau, fumant et sifflant. Cela me fait songer au dépôt S.N.C.F. de Villeneuve-Triage autrefois.

Ici la croûte terrestre n'est pas très épaisse, le magma n'est pas loin et par mille orifices se manifeste régulièrement Le Vieux Fidèle, ainsi baptisé en raison de la régularité de ses apparitions, toutes les soixante-cinq minutes, est le clou du spectacle. Chaque fois, invariablement, le geyser crache eau bouillante et vapeur à cent mètres en l'air durant cinq minutes. Ailleurs, l'eau chaude de mille sources jaillit et fume, accompagnée de rejets de matières soufrées ou ferrugineuses, qui donnent naissance à une extraordinaire palette. Je dépose une boîte de raviolis dans la fontaine Minerve, une heure plus tard, mon repas est à point. La belle vie !

La nuit, il fait froid. Je dors dans les toilettes chauffées.

— Finalement, vous êtes aussi bien là, car les ours sont dangereux. Ils seraient capables de vous tuer, me dit un ranger qui me surprend au matin.

Vingt kilomètres de marche quotidienne, de l'air pur, des repas réguliers, tout va bien. Une seule chose me manque : une prise pour me raser. En quittant le parc, je pénètre dans un supermarché. Devant une rôtissoire, me vient l'idée d'interrompre quelques instants le manège des poulets. Je débranche les volailles et me rase en me servant des faces inox de l'appareil, comme d'un miroir. J'avoue que ce procédé est original, et que j'ai eu du succès, mais avant que l'activité du magasin ne s'arrête complètement, j'avais disparu.

J'ai devant moi suffisamment de temps pour envisager un crochet vers le sud. J'ai envie de revoir mon ami « Mex », de lui raconter mes aventures en Alaska, ma rencontre des bahá'is et surtout je veux lui prouver que son élève a bien retenu la leçon.

Chihuahua. Je fais du train-stop en compagnie de pauvres bougres frontaliers qui sans un sou et sans papiers font la navette entre la terre brûlée du Mexique et l'univers yankee. Ils m'apprennent l'art et la manière des *mojados* [1] qui fran-

---

1. Les mouillés. Les policiers U.S. les surnomment *Wetbacks*, dos mouillés.

chissent à la nage et de nuit le Rio Grande, avant de gagner, au terme d'épuisantes journées de marche, un ranch où ils trouveront de l'embauche. Fréquemment, ils sont recueillis par une patrouille américaine, alors qu'ils viennent à peine de quitter les eaux du Rio Grande. D'où leur surnom de « mouillés ».

Dans ce tortillard bondé de marchandises, dans lequel j'ai pris place en compagnie de ces *tramperos*, je me sens revivre à la « latine » et les conditions du voyage ne me paraissent pas plus pénibles qu'aux gringos que je peux apercevoir, confortablement installés dans un autorail climatisé, que nous croisons. Le trajet n'en finit pas. A chaque arrêt, un ou deux tramperos se précipitent vers la première hutte venue et en échange d'une tortilla et de quelques haricots noirs, cassent du bois. Lorsque le train s'ébranle, ils se mettent à courir et sautent en marche.

A Mexico, une cruelle déception m'attend. J'ai fait ce détour de six mille kilomètres pour rien. Au moment où je me sens au comble de ma forme, je tombe sur un pauvre type que rien n'intéresse plus. L'ancien étudiant en droit qui rêvait de devenir l'avocat des pauvres n'est plus qu'une loque. Mex s'adonne à la drogue et n'a plus qu'une idée en tête : la marijuana. Nous n'avons plus rien à nous dire. Le coup est rude, j'ai perdu mon ami, mon maître.

A peine arrivé, écœuré, je repars, je m'enfuis. Adieu, Mex, je t'aimais bien tu sais...

7

FLIBUSTIER, ATTENTION OU TU METS LES PIEDS

Depuis trois heures, je tape, à coups réguliers, sur un treuil, afin d'en détacher la rouille et la peinture desséchée, rongée par le sel. Le marteau est de plus en plus lourd et ma main est engourdie, je ne peux plus l'ouvrir. J'ai mal au bras, mes muscles sont durs, au bord de la crampe. Toutes les secondes je frappe de la pointe du marteau : une écaille saute. Il fait chaud, j'ai envie de souffler un peu.

— Alors, qu'est-ce que tu fous ! On voit bien que monsieur n'a pas l'habitude de bosser. Allez, au travail fainéant. Je ferai de toi un vrai matelot...

J'en ai six à faire... six gros treuils. Si au moins, l'on m'avait désigné pour la peinture, j'aurais pu poser mon pinceau. Personne ne s'en serait aperçu, tandis que là, dès que le martèlement cesse, Boxy, un Sud-Africain aux allures de Popeye, vient m'engueuler. En fait, il est brave et la douzaine de gars qui composent l'équipage sont sympathiques et m'ont bien accueillis. Voilà deux jours que je suis sur le *Thorsgaard*, navire marchand norvégien, en route pour les îles.

J'ai signé un contrat d'un type un peu particulier : il stipule qu'en échange de mon travail, je ne prétendrai à aucune rémunération. En m'engageant comme matelot à bord de ce cargo qui transporte outre sa cargaison, une douzaine de passagers, j'ai obtenu un passage gratuit. Cela représente une économie de trois cent quatre-vingts dollars, soit pratiquement un an de voyage [1].

Il y a deux jours que nous avons quitté Los Angeles. Les mouettes ont abandonné le sillage de notre coque blanche qui semble être la seule sur le Pacifique immense. Malgré les ampoules qui naissent au creux de mes paumes, je suis en grande forme. Je me sens ivre du vent du large, du vent de la liberté qu'aucun obstacle n'arrêtera plus jamais. Mes huit heures achevées, je m'allonge sur un transat et jouis du restant de soleil, assistant à l'étonnante démonstration de centaines de poissons volants qui n'en finissent plus d'accomplir leurs bonds argentés. Le moment du repas venu, l'équipage se réunit et reprend pour la troisième fois de la journée, la querelle des habitudes gastronomiques. Les Norvégiens nous présentent du fromage de chèvre sucré à l'aspect de savon de Marseille et du poisson, sous forme de boulettes, tout aussi sucré. L'Indien de Samoa repousse le plat et réclame du riz. L'Américain demande du pain pour faire un sandwich et moi je rêve de saucisson et de camembert. Le Chinois de Singapour, lui, a résolu le problème. Il possède un réchaud et dans sa cabine, mijote de longs vermicelles transparents. Nous sommes tous loin de chez nous et tous nous regrettons la cuisine de maman. Chaque homme est conditionné et recherche instinctivement une alimentation familière. Mener à bien ce projet légitime sera impossible et hors de la portée de mon mince budget pendant mon voyage, malheureusement.

Les îles du Pacifique sont trop nombreuses et ne pouvant les faire toutes, j'ai préféré visiter sérieusement Tahiti et quelques îlots de la Polynésie française. C'est la logique qui m'a conduit à un tel raisonnement. Je suis Français, à Tahiti je serai chez moi et puis Tahiti c'est un mirage auquel nul habitant de l'hexagone n'est insensible. Vahinés, colliers de fleurs et de coquillages, quel accueil. Qui n'en a pas rêvé ?

— Je regrette, mais je ne peux pas vous laisser débarquer sans billet de retour ! Oui, sur Paris, monsieur !

---

1. Moyenne de mes dépenses sur six ans.

— Ça c'est un comble ! Chez moi ! Suis-je chez moi en France, oui ou non ? Et d'abord où sont les vahinés ? Et les colliers ?

Tahiti ne veut pas servir de refuge à tous ceux qui n'ont besoin que de soleil et d'air pur pour vivre mieux, ni être une terre d'asile pour doux rêveurs et sous prétexte de fermer ses portes aux vagabonds, les autorités tiennent à être sûres de deux choses avant de laisser débarquer quiconque : il doit être fortuné et « promettre » [1] de repartir. Mon visa de touriste pour les U.S.A. (valable cinq ans) rassurant ces messieurs les gabelous — qui savent ainsi que je peux retourner sans problèmes en Amérique —, je suis autorisé à débarquer, moyennant le versement d'une caution de 280 dollars couvrant mon retour à Los Angeles par avion. (A la sortie, ma qualité de Français ne faisant plus aucun doute, je ne pourrai pas récupérer tous mes dollars. « Nous sommes en zone franc. Vous ne pouvez quitter le territoire qu'avec 180 dollars. » Et le reste en francs Pacifique. Inutilisables ailleurs !)

15 juillet 1969. Grâce à l'O.R.T.F. je me glisse dans les chaumières polynésiennes. En ce lendemain de fête nationale, l'actualité est creuse et la station locale m'accorde un quart d'heure d'antenne. Le hasard qui m'a fait me présenter ce jour-là, fait bien les choses. Entre deux anecdotes, j'explique mon problème. Tahiti c'est beau, mais que d'eau. Comment faire lorsque l'on veut visiter quelques-unes des quatre-vingts îles de la Polynésie française en stop. Or, je veux connaître les trois types d'îles différents, volcaniques, atolls et mixtes. La presse écrite répercute mon appel et le lendemain, les résultats dépassent mes espérances. Dans les rues de Papeete, tout le monde me reconnaît et les propositions pleuvent.

— Dites-moi où vous voulez aller, quel jour, je vous aurai un bateau.

— Pas de problèmes, on a de la place pour vous...

— Très bien votre interview à la télé. Je suis d'accord

1. Le billet de retour est exigé. Il faut aujourd'hui un minimum de cinq cents dollars en poche, afin de pouvoir prétendre circuler, sans encombre, à travers le monde — cinq cents dollars auxquels il ne faut surtout pas toucher. Réservés à rassurer les douanes.

avec tout ce que vous avez dit. Ah la terre est bien belle, monsieur. Je vous attendais...

— Passez donc à mon agence...

Ce jour-là, je suis le sujet de conversation numéro un de tous les *farés* (maisons) et les bistrots de l'île. Dans les journaux je partage la « une » avec Bernard Moitessier, le navigateur, et la reine d'Angleterre...

Christian, marin sur l'*Aunis,* de la Royale, me reconnaît, lui aussi, et m'emmène à son bord. Les gars du contingent sont ravis de tromper leur ennui et viennent bavarder avec moi. Pendant ce temps-là le cuistot me prépare une belle tranche d'aloyau et la jette sur son grill.

— Merde, les gars, 22 !

Trop tard, l'officier nous a vus. Il s'approche. Il n'a pas l'air en rogne.

— Du calme, messieurs. Mon cher Brugiroux, soyez rassuré, vous êtes le bienvenu à bord. Revenez chaque fois que vous en avez envie. N'ayez aucun scrupule, nous jetons assez de nourriture à la mer. Vous valez bien un requin ! Très bien votre affaire. Faut être gonflé. Et surtout ne vous faites pas prier pour venir nous raconter la suite, à la télé hier au soir, c'était trop court.

L'invitation tombe à pic. La vie est hors de prix à Papeete : un tiers de dollar US pour une orange. L'inflation date du tournage des « Révoltés du Bounty ». Marlon Brando a pourri l'économie locale avec ses dollars et depuis tout le monde prend tout le monde pour « un Américain ».

— Flibustier, attention où tu mets les pieds !

Le capitaine Olivier m'a vu à la télé et me fait les honneurs de son bord, de sa cabine et de sa table. Grand buveur, il se dit grand « baiseur » et raconte volontiers ses exploits, en riant très fort. Son second sur le *Méhério* est un grassouillet, surnommé « poulet-graisse » qui n'arrête pas de raconter des blagues. En compagnie de l'excellent cuisinier chinois et de quelques matelots, ils pêchent un thon de quatre-vingts kilos qu'ils tuent à coups de gourdin sur le pont dans un beau vacarme...

Maupiti, une île sous le vent, perdue, difficile d'accès, est cernée de corail. Les vagues viennent se déchirer sur cette barrière naturelle entrouverte en un seul endroit. Le *Méhério,* une ancienne péniche de débarquement franchit la passe avec d'infinies précautions. Sur la barrière de corail, un rideau de cocotiers cache encore l'île dont j'aperçois seulement l'église protestante qui se détache, blanche au toit de tôle peinte en rouge, au pied de la falaise abrupte. La péniche, chargée de parpaings et d'arbrisseaux, manœuvre lentement sous les ordres d'Olivier, quelque peu imbibé *d'hinano* (bière locale). Lorsque nous accostons enfin, le petit débarcadère est encombré d'une foule d'enfants joyeux et criards. Je me rends vite compte : je suis l'attraction. Un *popaa* (blanc) à Maupiti, c'est un événement. M. Varoo, le planteur de pastèques a décidé de fêter ça et réunit quelques amis, en mon honneur. Tandis que je me rafraîchis en avalant à longs traits, l'immanquable hinano, il me passe un collier de coquillages autour du cou. Il ne parle pas un mot de français et son accueil me paraît d'autant plus touchant. Nous nous sentons tout de suite complices. Mme Varoo a préparé un rouget grillé que nous mangeons avec les doigts. Les enfants viennent ensuite nous ceindre la tête d'une odorante couronne de fleurs. Frais cueillis aussi, les gros pamplemousses très sucrés, produits exclusivement sur ces îles, que la grand-mère nous apporte à la fin du repas. M. Dupont m'offre de passer la nuit dans son faré. Avant de prendre congé, M. Varoo m'asperge de talc et me parfume le cou, selon la coutume.

— *Iorana,* bonjour.

Les visages sont souriants. Comme chaque matin, le soleil brille et le vent du large vient en tempérer les ardeurs. Deux rangées de modestes bâtisses de bois s'étirent le long de la falaise au bord du lagon. Je vis en maillot de bain.

Hier, j'ai exploré Maupiti, à pied, durant deux heures. J'ai dû couper à travers la montagne et à travers un enchevêtrement de maniocs, de cocotiers et de palétuviers. Sous mes pas s'enfuyaient des centaines de petits crabes et de temps à autre, une noix de coco tombait avec un bruit sourd. A mi-chemin, j'ai rencontré un Maupitien qui faisait sa récolte de coprah. Pour me désaltérer, il m'ouvrit une noix fraîche. Le jus en est délicieux.

— *Maruuru,* merci.

Là se limite mon vocabulaire, mais cela suffit à nos cœurs chaleureux. Il m'indiqua le chemin des *maraés*, vestiges de pierre, ruines primitives. Plus tard en bouclant le tour de l'île, j'ai rencontré un autre popaa : Alain. Kinésithérapeute à Nice, malade de la civilisation, il a cherché et trouvé ce coin perdu pour s'y « refaire ». Il m'a donné rendez-vous pour m'initier à la plongée sous-marine.

Etienne d'un mouvement régulier fait glisser sa pirogue légère au balancier si fin et gracieux. Avec nous se trouve Mariéla, sa sœur, qu'Alain voudrait bien « marier à la tahitienne ».

Le lagon est un monde fabuleux. L'eau y est cristalline et le sable blanc diffuse, embellit la lumière. Les coraux sont des jardins de paradis et les fleurs sont les plus belles que j'ai jamais vues. Sensation exquise, mon corps plane dans le monde du silence. Des anémones blanches et des hérissons aux longues piques noires se balancent doucement et animent la dentelle de corail. Des milliers de poissons aux formes surprenantes et aux couleurs parfaitement délirantes vont et viennent, montent et descendent dans une lumière qui apparaît plus éclatante encore. Rouge, orange, jaune criard, bleu phosphorescent, noir velours, j'en oublie de respirer. Alain et Etienne sont fatigués de chasser. Au fond de la pirogue, des rougets, des mulets, des poissons-perroquets, des carengues, sautent dans une dernière convulsion.

La mère de Mariéla, qui parle anglais depuis l'occupation de Bora-Bora par les troupes américaines lors de la Deuxième

Guerre mondiale, autorise sa fille à venir cuire nos prises dans le faré d'Alain. Pendant ce temps, Alain file chez elle et lui demande la permission de garder Mariéla pour tout son séjour. Le mariage à la tahitienne se réduit à quelques palabres.

— Elle est pire qu'un morceau de bois, me dira-t-il le lendemain matin, mais elle est brave et a la peau plus douce que tout ce que j'imaginais.

A mon tour je deviens le centre des commérages de l'île. Pourquoi ce Blanc demeure-t-il célibataire ? A quelle coutume ridicule obéit-il ? Parfois une respectable et plantureuse *mamaé* m'attrape le bras et me demande sans ménagement.

— Tu n'es pas malade popaa ? Alors pourquoi ne veux-tu pas « goûter » la tahitienne ?

Hélas je ne puis lui répondre qu'Alain ayant enlevé la plus belle, ou plutôt la moins vilaine, les autres ne me disent rien du tout. Je me pose la question : d'où vient la réputation des vahinés ? Les filles brunes au corps élancé, si belles dans nos magazines de voyages, sont eurasiennes et ne ressemblent en rien aux Polynésiennes. Les eurasiennes naissent du mélange entre Blancs et Chinois. Il y a des Chinois à Tahiti et des Blancs, les uns font du commerce, les autres administrent... Les marins de Cook et de Bougainville, après des mois et des mois de mer étaient disposés à trouver un charme fou à la première venue. Dans ces îles où la liberté des filles est grande, les marins venus de l'Europe pudibonde se croyaient au Paradis, à leur retour leurs récits s'en ressentaient.

Gauguin a bien rendu la Polynésienne, avec son manque de grâce, sa corpulence, des membres forts et lourds, ses pieds pataauds. Les visages n'ont rien d'attirant. Le nez est épaté et les lèvres épaisses s'ouvrent sur de pauvres dentitions souvent incomplètes. Leur conversation est nulle et leurs manières primitives et si j'en crois mon ami, elles n'ont pas dépassé le stade fonctionnel.

Patiemment, sous la conduite d'Alain, je m'initie aux subtilités de la plongée et de la chasse sous-marine. Le lagon fourmille de proies faciles à tirer. Mais il est néanmoins recommandé de reconnaître à coup sûr, les comestibles des autres, d'autant que certains sont franchement vénéneux. Il faut aussi apprendre à se méfier du corail tranchant comme le fil d'un rasoir, hérissé parfois de pointes mortelles. Sous la surface, beauté et danger sont intimement mêlés. La raie manta dont l'envergure peut dépasser le mètre cinquante, paraît gracieuse lorsqu'elle plane entre deux eaux ou lorsque, posée sur le fond, elle déplace du bout de ses ailerons, des petits nuages de sable. Elle peut soudain vous emmitoufler, vous envelopper à tout jamais. J'ai également appris à me méfier des requins, puissamment carénés, à l'aileron gris cendré cerclé de jaune. Alain m'a dit qu'il suffisait de taper sur l'eau. Lorsque je vois leur gueule menaçante se diriger sur moi, je tape ainsi qu'on me l'a appris, avec force et redoute que, cette fois, ça ne marche pas. Précaution primordiale, tout poisson tiré doit être sorti de l'eau à la seconde, sinon... le sang attire les requins, à la vue basse, qui ne font pas de détail. Poisson mort, flèche, bras ou jambe tout y passe. Je ne peux vraiment pas me faire à l'idée d'être un jour bouffé par un de ces monstres et chaque partie de pêche est aussi faite d'appréhension, mais mon alimentation est à ce prix. Un feu de braise et je grille mon butin avec le fruit de l'arbre à pain. Un pamplemousse, une noix de coco et de temps en temps une boîte de « corned-beef » achetée chez le Chinois. Voilà mon menu quotidien. En extra, il m'arrive de déguster des oursins, des langoustes, des *parhuas* (bénitiers), des bigorneaux... La mer me nourrit et fort bien.

Pas de voitures, pour quoi faire, il n'y a pas de routes, pas d'électricité, pas d'eau courante, pas de lecture, rien. Maupiti est loin du monde et de la vaine agitation des hommes.

Je suis fréquemment invité. Roïti la douce compagne de M. Dupont, m'initie aux secrets du four tahitien, le *himaa* dont on avait omis de me parler à l'école hôtelière. Un jour j'ai l'occasion de participer à un véritable *tamaraa* (festin) préparé pour une quarantaine de convives, à l'occasion d'une noce. Sur la table couverte de feuilles de bananier, en plus des langoustes, du poisson cru au citron, des tomates et des oignons, de la papaye confite au lait de coco, s'étalent les merveilles du four tahitien : le cochon de lait et ses légumes, manioc, *taros, ourou,* le fruit de l'arbre à pain, banane et patate douce. Salé et sucré, tout est mélangé. J'observe Roïti du coin de l'œil. Elle pioche avec un rare naturel, de ses deux mains, dans tous les plats à la fois et m'invite à en faire autant. Doucement un accordéon et une guitare bercent les âmes qui deviennent plus vagues à mesure que les verres de bière et de vin se vident et se remplissent. Dès que les convives quittent la table pour aller danser, les enfants se précipitent sur les restes dont ils font leur repas. Un vieux bidon vide, planté d'un bambou muni d'une corde en nylon fait office de contrebasse.

Un beau jour une vedette vient chercher deux conscrits. Je les suis. Au gré du stop, je saute d'une île dans une autre. Bora-Bora, Moorea, Raïatea, Huahine... J'écume l'archipel de la Société.

Les îles australes sont interdites pour cause de bombe atomique, les Marquises sont trop lointaines, restent les atolls des Tuamotou.

L'atoll : une bouée blanche, flottant à la surface de l'eau. La plage de sable immaculé comme du sucre en poudre, les eaux du lagon, d'un vert émeraude parfait, se détachent nettement du bleu profond de l'océan. Les cocotiers, les palmiers, les fleurs et le calme sont encore plus beaux et plus grands qu'ailleurs. Les villages nets et joyeux sont surprenants avec leurs églises protestantes et leurs allées bien ratissées, cernées de murets blancs. Je me sens petit, mais tellement bien dans ce monde exclusivement fait de gentillesse, de naturel et de simplicité.

A Manihi, des gosses interrompant leurs jeux, se mettent à crier :

— Avion, avion !

Les adultes nonchalants, piqués par la curiosité accélèrent le pas. Tous se dirigent vers la piste de corail pilé, mêlé de goudron. En levant le nez, ils aperçoivent, virant pour mieux se présenter, le premier bimoteur de l'histoire de leur île.

Les popaas s'implantent, bâtissent des pistes, des jetées, installent des générateurs... La « civilisation » débarque au Paradis. Dommage !

Rangiroa, le plus grand atoll du monde. Les heures coulent, douces. Je me consacre longuement à mon livre de bord. J'y dessine la fleur blanche ou rose du frangipanier, l'hibiscus aux larges pétales de sang, l'odorante tiaré, les bougainvillées et la papaye, belle comme un sein, le vanillier parasitaire et même la lourde vahiné à sa lessive ou l'esquisse d'un *tiki* (divinité) de bois, grossièrement taillé.

Tenini, le fils du *Tavanaa,* le chef du village, m'apprend à plonger par dix mètres de fond ce dont je n'ai pas l'habitude. Un matin, il m'entraîne sans harpons, ni masque.

— Viens, on va à la pêche !

— Avec quoi ? Tu ne vas pas me faire croire que tu pêches avec ce ridicule morceau de bois ?

— Viens, je te dis, tu verras bien.

Je le suis, jusqu'à un petit parc à poissons qu'il a aménagé lui-même. A l'aide d'un morceau de corail, il écrase l'extrémité de son bout de bois et la plonge dans l'eau du parc. Une sorte de lait se répand et colore le liquide à la manière d'un pastis. Au bout de quelques minutes, les poissons anesthésiés flottent à la surface. Il ne reste plus qu'à les ramasser.

— Vieille bite galeuse, va donc t'égarer dans le truc de ta femme. Le mien n'est pas déformé, il n'est pas pour toi. Tu veux le voir peut-être ? Fous-moi le camp, cochon pas lavé !!!

Mami Fatia est chez le Chinois et l'homme auquel elle s'adresse aussi vertement, vient de l'insulter ou de la bousculer. Peu importe, Mami Fatia ne fait pas de détail.

— Tu sais, me dit-elle, heureusement qu'il y a des enfants, sinon je le lui aurais montré mon truc, à ce pauvre type.

Je ne peux plus pêcher, j'ai heurté un corail empoisonné. Mon pied est enflé et douloureux. Je marche avec peine. Je passe mon temps à palabrer avec cette truculente matrone dont les commérages sont sans égal. La cinquantaine passée, elle vit seule dans son faré, planté au milieu d'une petite cour clôturée d'un mur bas. Des poules vagabondes y abandonnent parfois leurs œufs, mais le plus souvent ce sont des chiens, maigres à faire peur, qui viennent y rôder. Lasse de les chasser, elle leur prépare des boulettes empoisonnées.

— Les salauds, ils viennent me démolir mes frangipaniers. Leurs propriétaires n'ont qu'à les surveiller.

Mami Fatia m'explique l'île, ses habitants et leur vocabulaire particulier. Un jeune homme et une jeune fille qui s'enfuient pour aller vivre sur un *motou* (îlot) et y vivent cachés jusqu'à ce que leurs parents les autorisent à se marier, font « tapouni ». Un jeune homme qui surprend chez elle et de nuit, une jeune fille, fait « motoro ». Motoro, est, me semble-t-il, une coutume très répandue.

En dépit de son âge et de son veuvage, Mami Fatia est très gaie et « jeunette ». Elle a l'intention de se remarier avec un Chinois de vingt-six ans, pauvre et docile.

— Pourquoi prendre un vieux ? Un sur deux, ça suffit bien et puis qui s'occupera de mon coprah et de mes cocoteraies... Les hommes riches ne veulent rien faire...

Elle, elle est de Papeete, de la ville et méprise les *paumoutous* (habitants d'un atoll). Elle sait parler aux popaas et n'accepte pas de s'attarder avec n'importe qui. Elle adore les frites et s'en prépare tous les jours, de bien grasses, qu'elle avale avec délectation. Elle fait office de sorcier, de guérisseur et distribue avec parcimonie une pommade de sa fabrication sur tous les bobos du voisinage.

Un matin, furieuse, elle débarque chez le Tavanaa. Un jeune dévergondé, imbibé de bière, a eu le culot de lui faire « motoro » la veille. Elle a dû pour se défendre, lui fracasser sa lampe tempête sur le crâne.

— Ils sont jaloux parce qu'un popaa (moi en l'occurrence) vient me voir et parce que je leur préfère mon Chinois. Je vais me plaindre au *Motoï* (agent de police). Chez moi tout est tabou. J'interdis d'entrer. Même la bonne femme est tabou, non mais !

Chère Mami Fatia qui n'a pas son pareil pour tresser de ses doigts épais mais tellement agiles, un collier de tiarés.

Il m'a suffi de traîner le long du port à Papeete et de demander, en anglais, car la majorité des navigateurs sont de langue anglaise, s'il y avait une place à bord pour moi. Un Ecossais, Dick, qui vient des îles Britanniques et se rend en Australie, via Panama, a accepté de me prendre avec lui comme cuistot. Mon anglais et ma nationalité m'ont facilité les choses, car les Anglais ne parlent volontiers que leur langue et apprécient les talents culinaires des Français. Il n'y a pas de grande cuisine à faire à bord du *Reina Christina*, un sloop de onze mètres, et je me sers peu de ce que j'ai appris à l'école. Mon travail consiste surtout à essayer de ne pas m'arroser les pieds en versant le café dans les tasses et à bloquer les assiettes avant qu'elles ne descendent des étagères dans un coup de roulis. J'ai quitté définitivement Tahiti où je suis revenu sans plaisir le temps de dénicher un passage. J'ai revu la plage noire de la pointe Vénus, le mont Diadème, la falaise de Mahina et les Tahitiens qui sont bien différents des autres Polynésiens. Papeete est une ville désagréable, réunissant les seuls inconvénients de la civilisation occidentale dont les dégâts se multiplient aujourd'hui sur la « grande île ». Comme partout le popaa a détruit les traditions et l'art de vivre indigène. A Tahiti, autrefois, on prenait soin des vieux, des infirmes, la mendicité était inconnue tout comme l'étaient le travail et la propriété ; certes, aujourd'hui, les filles sont toujours là, les enfants toujours rois, une naissance y est systématiquement bien accueillie et l'adoption est un phénomène courant, mais les popaas ont amené avec eux l'appât du gain, chassé l'hospitalité et introduit les Chinois qui débutèrent en remplaçant les Polynésiens peu enclins à travailler dans les plantations de canne à sucre, avant de mettre à profit leurs dons pour le commerce. Sans compter la bureaucratie et la présence des militaires. « A noa noa tiaré, Tahiti... » une guitare joue ses notes à mon oreille, d'une geste machinal, je cherche la tiaré, fraîchement cueillie, que je plaçais, chaque jour dans mes cheveux.

Il y a deux moyens de locomotion qui ne m'inspirent guère

confiance : la moto et le voilier, sur lequel je me trouve présentement. J'ai beau m'être fait expliquer que la quille est bourrée de plomb et ramène *automatiquement* le mât vers le ciel en cas de pépin, j'ai la trouille, encore une fois. Comme d'habitude, peur ou pas, je continue. En plus, je suis malade et durant les trois premiers jours, je demeure de longues heures penché par-dessus les filières. Je n'ai pourtant pas grand-chose à restituer, Dick est radin et planque toutes les conserves, sous son propre matelas. Vomir l'estomac vide, c'est sans doute ce qu'il y a de pire. J'en ai mal à la tête, mes tempes battent et la nuit je suis incapable de fermer l'œil. Vers la fin du troisième jour, notre capitaine, sans doute dégoûté de voir son équipage dans cet état, lui administre deux petites pilules vertes. Instantanément je retrouve le goût de vivre. Sacré Dick qui avait cru pouvoir économiser ses petites pilules. Un Ecossais digne de la légende...

Passées les premières émotions, je me sens bien. Je contemple longuement l'immensité du ciel et de l'océan, et je comprends maintenant ce qui attire les solitaires et ceux qui sacrifient tout à leur passion de la voile. Que ce soit en haute montagne, au cœur des forêts tropicales, en plein désert, l'appel de la nature permet à l'homme de se dépasser, de se rapprocher de son Créateur. Personnellement j'aime la nature et la solitude ne m'effraie pas, mais je préfère tout de même le cœur de l'homme car c'est en cet endroit secret que je retrouve vraiment le Bien-Aimé. C'est auprès de l'homme que je puis encore le mieux servir.

Dick, Richard et Dennis, mes compagnons de route, se relaient à la barre toutes les quatre heures. Une fois ma vaisselle faite, rangée, calée, je m'en vais les rejoindre sur le pont et bavarde avec eux. Les « vibrations » sont bonnes et l'harmonie règne à bord. Allongés sur les lattes vernissées du pont, nous refaisons le monde. Tout y passe, problèmes politiques, choix de société ou philosophie. Dick, quarante-cinq ans, tire inlassablement sur sa pipe qui semble ne s'éteindre jamais. Richard, vingt-cinq ans, l'Américain, sort à peine de l'université, il n'a pas eu le temps de personnaliser ses jugements. Dennis, lui a beaucoup voyagé et il me refile des tuyaux sur l'Inde et la Thaïlande.

Il n'y a pas de place pour moi à bord, et je trouve refuge chaque nuit dans la soute à voile. Je me loge à l'intérieur de l'étrave et tente de dormir à moitié courbé. J'ai l'oreille plaquée contre la coque qui n'est pas très épaisse et le bruit des vagues est amplifié par la carène. J'ai l'impression de passer la nuit à l'intérieur d'un haut-parleur. C'est très psychédélique.

A l'aube du neuvième matin, nous nous présentons face à Rarotonga, l'île principale de l'archipel Cook. Je suis à la barre et en exultant, je tire mon chapeau à notre capitaine qui me paraît être un as de la navigation. Après huit jours de pleine mer, tomber pile dans la passe relève à mes yeux de l'exploit. Je n'irai pas plus loin avec le *Reina Christina*. J'ai insulté Dick en criant au « miracle ». Lui, sûr de sa maîtrise des mers, blessé dans son orgueil d'ancien officier de la *navy*, m'a intimé de ne plus remettre les pieds à bord. Ça m'apprendra !

Ces îles sont loin de tout et il n'y a qu'une liaison par mois avec le reste du monde, en l'occurrence un bateau et un avion qui font la Nouvelle-Zélande [1] et sur lesquels les places sont réservées des semaines à l'avance. Je ne me fais, cependant, aucun souci pour mon départ car je me sens trop bien ici. Contrairement à Papeete, les indigènes sont très accueillants et s'empressent de proposer leur amitié, leurs services. Le douanier lui-même au moment de débarquer, m'a offert son aide. Autre élément, non négligeable, les prix sont quatre fois moins élevés qu'à Tahiti. Lors de mes promenades, les Polynésiens me saluent, comme un voisin et m'invitent à me joindre à eux. Ils craignent que la solitude me pèse. Un jour un jeune homme me supplie d'accepter sa bicyclette car il ne veut pas que je me fatigue à marcher. Ingénu, simple, gai, réconfortant, ce peuple heureux est touchant et une nouvelle fois je rêve à ce que pourrait être le monde si les hommes voulaient bien...

1. Puissance de tutelle des îles Cook.

La nature est à l'unisson, paradisiaque et cela aussi est important pour le bonheur de l'homme. Le ministre de l'Intérieur, lui-même, m'accorde trois mois de séjour, sans que j'en demande tant. Je songe au mal que je me suis donné bien souvent pour obtenir un visa, alors qu'ici où je n'ai pas l'intention de rester, on m'offre sans difficulté une possibilité de séjour prolongé. Malgré la paix intérieure, le calme, une force me pousse à poursuivre, à aller plus loin. Je suis au Paradis, certes, mais l'inactivité me pèse. Je ne suis pas homme à prendre des vacances. Le farniente n'est pas mon genre.

Par chance, un appareil de l'armée néo-zélandaise vient d'atterrir sur le terrain de golf et a eu la bonne idée de tomber en panne. Cela me donne le temps de faire la connaissance de l'équipage et surtout, me permet de trouver une place à bord du second « Hercules » qui vient le lendemain dépanner le premier. Parti le mardi matin des îles Cook, j'atterris quelques heures plus tard à Whenuapai, aéroport d'Auckland en Nouvelle-Zélande, le mercredi... J'ai franchi la ligne internationale.

La première impression n'est pas très bonne. Auckland, le 1er octobre 1969, la réalité est vilaine à regarder. Les gens se bousculent et courent l'air renfrogné, soucieux. Ils n'ont pas de fleurs dans les cheveux et les rictus amers ont remplacé les sourires. Débarquer en pleine « civilisation » n'est pas chose facile lorsque l'on arrive droit de l'Eden. D'un coup je retrouve tout ce que j'avais si facilement oublié, le bruit, l'oxyde de carbone, l'ambiance de compétition maladive et les nouvelles alarmantes. En sautant de l'avion, j'ai mis le pied dans une fourmilière, pire, je suis au milieu d'une colonie de cafards noirs et fuyants qui se ruent le long de tuyauteries malodorantes. Auckland me rappelle Toronto ; mêmes buildings de style britannique, même atmosphère de pays neuf, de lutte pour la vie. Dans les archipels, on dénomme grand pays, tout ce qui n'est pas une île du Pacifique. J'ai perdu l'habitude des Grands Pays.

Sur le pas de sa porte, Geoff, pieds nus, une bague à

l'orteil, cheveux longs, ne me demande aucune explication, il m'offre de me loger. Sa chambre, ornée de posters, de fleurs en papier, les disques qu'il écoute sans cesse, l'odeur d'encens, me font songer à Frisco [1]. Du matin au soir, les haut-parleurs crachent « plein pot » leur musique pop ; « stoned » à mort, Geoff qui cultive sa « mary-jane » sur le bord de sa fenêtre, reçoit une foule d'individus bizarres, plus ou moins drogués. Inlassable, Cherry, sa compagne, sert le thé. Paul, son frère, essaie une nouvelle petite pilule blanche, le « mendrix » qui a pour effet d'empêcher toute coordination des mouvements. Une grande fille en pantalon transparent, le front orné d'un cœur violet, peint avec délicatesse, oscille lentement devant moi. Au bout d'un quart d'heure je vois son grand feutre ni vert, ni brun, s'éloigner, toujours mouvant. Je ne la reverrai jamais. La plupart des garçons portent des boucles d'oreilles et des cheveux qui leur tombent sur les reins. Chez les filles, la fantaisie n'est guère limitée non plus. Enormes lunettes carrées, à verres mauves, robes de grand-mères, pulls déchirés, vestes frangées, jeans délavés. Un trait commun : ils ont tous l'air absent.

Le dimanche, leurs meetings, colorés, brisent la monotonie du *sunday* britannique à mourir. Rassemblés sur le gazon ultra soigné, du parc Albert, ils discutent, regardent courir les nuages, écoutent les guitares qui égrènent une musique un peu aigre, mais douce à entendre, ou dansent de folles farandoles. Ils achèvent la journée, assis en rond, autour d'un orateur qui reprend les thèmes du pouvoir fleuri. « Cessez les guerres, nous préférons faire l'amour et quand bon nous semble et sans l'autorisation de « vos » lois. Le système est pourri, hypocrite. Légalisez l'herbe... » En Amérique du Nord le mouvement a été détourné, mais cela n'empêche que, partout, un nouvel esprit souffle sur la jeunesse. Certains commettent des excès, agissent confusément emportés par une vague qu'ils subissent sans vraiment la comprendre. Néanmoins, j'aime cette jeunesse qui veut bien réfléchir et se

1. San Francisco.

préoccupe du ravage des guerres, de l'injustice, du racisme, etc.

Pig, pig, pig[1], Hô Chi Minh, *Sieg Heil.*

Les slogans fusent dans la mêlée.

La manifestation dure trois heures. Des bagarres éclatent, les chiens mordent, la police frappe. Pris dans le feu de l'action, malgré moi — je suivais Geoff — je suis bousculé et renversé. Un « cop » aux épaulettes arrachées m'extrait de la mêlée en me traînant par une jambe sur le dos. J'échappe de peu à la petite virée en panier à salade. De mémoire de « Kiwis », on n'avait jamais vu ça, dans un pays aussi paisible. Motif de la manifestation : l'opposition de la jeunesse à la participation de troupes néo-zélandaises au conflit vietnamien.

— Mais il faut bien arrêter cette foutue guerre, me dit Geoff. S'ils envoient des boys de chez nous, ils ne feront qu'aggraver la situation et puis nous ne pouvons pas supporter d'être les complices de l'impérialisme.

— Je suis d'accord avec toi, mais à mon avis, tu agis d'une façon totalement négative. Tu parles de paix et tu alimentes la violence, chez toi, dans ta propre ville d'Auckland. Finalement tu ne fais qu'ajouter un foyer de violence supplémentaire. Tu augmentes les vibrations qui chargent négativement le nuage, déjà lourd, si noir, qui pèse sur notre destinée contemporaine. Je crois que si, seulement, tu fais la paix en toi d'abord, puis autour de toi ensuite, tu pourras faire cesser la guerre, au Viêt-nam, puis ailleurs.

— Bon, mais si l'on ne manifeste pas, les politiciens continueront leurs saloperies...

— Je sais, lui dis-je, sans me décourager, mais qui t'oblige à manifester avec violence... à répondre à la provocation policière. Les politiciens sont hypocrites et prétendent faire la guerre pour asseoir la paix. Je sais... c'est faux. Mais tu ne pourras pas les combattre sur leur terrain. Sors de leur jeu. Sois un vrai pacifiste... Fais la paix en toi d'abord !

Auckland mise à part, la Nouvelle-Zélande est le pays

1. Lit. Cochon, flic.

de la douceur et du bonheur de vivre. L'homme y demeure un être humain et le piéton que j'étais, sans fortune, y reçut un accueil amical dont les élans spontanés dépassèrent largement le seuil de la seule phrase de bienvenue. Stoppeur, je n'étais ni un paria, ni un anormal. Je n'ai jamais eu aucun problème de transport, en Nouvelle-Zélande, le stop y est naturel et un homme qui vit en pleine nature est aussi respecté qu'un autre.

Lors de mon passage, hormis le Viêt-nam qui ne passionnait malheureusement qu'une partie de la jeunesse, le grand problème national était celui de la tournée des « All Black ». L'équipe nationale de rugby était en partance pour l'Afrique du Sud et Prétoria refusait de loger le maori de l'équipe dans le même hôtel que ses camarades blancs. Un pays qui se passionne pour le sport et qui met un point d'honneur à défendre l'un de ses représentants de couleur est un beau pays.

Le Paradis sur terre n'est pas un rêve irréalisable a dit Bahá'u'lláh. Tout sera possible du jour où l'amour du prochain deviendra le souci de tous, autant que celui de bien-être matériel. La Nouvelle-Zélande peut donner un avant-goût de ce que ce serait. Les deux groupes ethniques (Maori et *Pakeha*, les Blancs) vivent en harmonie. L'homme habite le plus souvent une maison individuelle environnée de verdure. Les bidonvilles sont inconnus. La pollution inexistante, les soins médicaux gratuits et dépourvus de paperasserie. Les vieux ne sont pas abandonnés. Il y a du travail pour tous et dans des conditions décentes et la technique est au service de l'homme et non le contraire, comme ailleurs trop souvent...

J'aime ce jardin qu'est la Nouvelle-Zélande, où l'homme a planté les plus belles fleurs, les plus beaux arbres du monde entier, et même du gazon partout [1], jouant à merveille de la riche palette que lui offrait la nature : plages vierges, fjords profonds, volcans, pics enneigés, geysers, lacs immuables, collines douces... J'évolue avec bonheur, pendant huit semaines, dans ce monde en réduction. La performance est nulle, puisque

1. Remplaçant dans les pâturages, comme ailleurs, l'herbe originelle.

tout le monde m'y aide, me loge. me conduit avant même que j'en formule le souhait, mais mon émerveillement est grand, à la mesure du changement perpétuel du décor.

A Bluff, la ville la plus australe de Nouvelle-Zélande, je teste ma résistance. Je tiens à vérifier que l'accueil douillet du pays, après des mois passés en Polynésie, n'a pas eu raison de la carapace que je me suis forgée peu à peu. Le vent violent fait courir la pluie horizontalement. Pas d'anorak, hélas. Mes mocassins s'imbibent. Je suis trempé comme une soupe. Je grelotte et ce no man's land ne recèle aucun abri, pas même un buisson. Tant pis, j'attends, imperturbable. J'ai confiance, j'ai la foi. Ce qui m'importe, c'est de garder ma maîtrise, avant de savoir si un automobiliste me prendra, si je trouverai où dormir.

En Amérique du Sud, cette dernière question me tracassait dès 3 heures de l'après-midi et me gâchait une bonne partie de ma journée. Puis j'ai remarqué qu'au moment de dormir, je trouvais toujours les quelques dizaines de centimètres carrés nécessaires à mon repos. Je ne suis plus la lavette tremblotante de la gare Saint-Lazare et la peur de l'inconnu qui me fit partager la fortune des Canadiens ne me paralyse plus depuis longtemps. De temps en temps le poids de mon sac dont les bretelles me coupent les épaules, me rappelle la fragilité de mon destin de voyageur solitaire. Ni protection, ni confort, ni tendresse, tel est mon lot, mais je dois aussi ajouter que si je suis seul face au monde, aux choses, je suis entier, d'un bloc, disponible, réceptif, totalement voué à ma quête. Ma carcasse est à mon service et j'exige désormais une obéissance militaire. Je suis indépendant. Mentalement, je répète les noms des arbres de cette île pour tromper l'attente : *mataï, miro, rimu, kamahi,* et des oiseaux que j'y ai vus : *pukeko, tui, kiwi*... Je repense à mon représentant de commerce écossais, hier, qui me les a enseignés. Un de ces gars joviaux, pleins d'entrain qui vous mettent un rayon de soleil dans la vie. Il avait un carnet spécial « Hitch-hiking » sur lequel il notait le nom et l'adresse de tous les stoppeurs qu'il ramassait :

— Moi aussi je prépare mon tour du monde, dit-il en riant.

Un Maori au volant d'une camionnette, traverse la chaussée et vient, à contresens, me chercher alors que tombe la nuit.

— Je vais au lac Tutira, je vous emmène ?

Mon itinéraire passe-t-il par-là ? Pourquoi pas ? L'homme est tondeur de moutons et me propose d'assister à une tonte. Au pays de la laine abondante, il serait navrant de passer à côté de ce spectacle et surtout à côté de l'amitié de cet homme qui me tend la main si généreusement.

L'animal n'a guère la possibilité de réaliser ce qui lui arrive. Attrapé, immobilisé, il est tourné, puis retourné. D'abord le ventre, puis les flancs et le dos, comme à la broche. La tondeuse avance très vite dans la toison, l'homme est payé à la pièce et tant pis si parfois il coince un peu de peau de la bête dans sa machine. La première pause a lieu vers 8 heures, le matin, les opérations ayant débuté à l'aube. Les hommes se groupent autour d'un plat de côtelettes en sauce, de pommes de terre, le tout arrosé de thé.

— Allez, mange, me dit mon Maori, en me servant trois côtelettes, mange, ici, on n'est pas chez les hippies, on a de quoi. Te laisse pas aller !

Pour la seconde fois je prends un billet pour la Nouvelle-Calédonie, bien que je n'aie aucunement l'intention d'y aller. A l'entrée de la Nouvelle-Zélande et de l'Australie, les autorités exigent un billet de sortie par avion et un visa d'entrée dans le pays suivant avant d'accorder leur propre visa. Je suis français, je n'ai pas besoin de demander de visa pour la Nouvelle-Calédonie. Quant au billet je le revends chaque fois ! L'expérience d'Alajuela m'a servi de leçon. (Jamais deux sans trois, je recommencerai la même opération pour l'Indonésie.)

25 novembre 1969. Je viens de poser le pied en Australie. Je suis aux antipodes de chez moi. Il y a deux ans exactement, je quittais Toronto. Je ne peux pas m'empêcher de repenser au taxi londonien, au canoë, au générateur, aux motos... Brûlé

par le soleil, battu par les intempéries, marqué par l'effort et la route, je me trouve également aux antipodes du personnage que j'étais au sortir de l'école en 1955.

Pourtant face à l'immensité de ce nouveau continent sur lequel je viens de débarquer, j'ai l'impression d'entamer mon premier véritable marathon. Frangée au nord par une bande tropicale, au sud par une zone tempérée, l'Australie n'est qu'un immense désert, grand comme quatorze fois la France.

Interdit par la loi, le stop y est cependant parfaitement toléré, il y a même la queue à la sortie des villes. Les autostoppeurs sont généralement des chômeurs qui partent à la recherche d'un emploi. J'ai toujours sidéré mon interlocuteur, lorsque je lui faisais part de mon intention de faire le tour du pays, en stop, et pour le plaisir. Seize mille kilomètres !

Décembre, l'été commence à peine. Sur la côte, il fait déjà quarante. Les feuilles des arbres très fines, sont rouges comme des flammèches, et les fleurs prennent les tons les plus chauds.

Brisbane-Cairns, une odeur de mélasse me poursuit. Les immenses champs de canne à sucre du Queensland brûlent. Comme s'il ne fait déjà pas assez chaud ! L'exploitation en est, paraît-il, facilitée. Cairns, le soleil chauffe à blanc dès 4 heures du matin. Tully, pas une ombre le long de la route. Mon front coule, je fonds. J'ai mal à la tête, un voile noir s'abat sur mes yeux.

On me tape sur l'épaule. J'émerge. Je m'étais évanoui. L'homme a une jambe dans le plâtre, il me saisit vigoureusement, néanmoins, à bras le corps et m'aide à gagner sa voiture.

— Je ne fais jamais de vitesse, me dit-il, mais je ne laisse personne sur la route. Une fois, j'ai dû marcher vingt *miles*. Nul n'a voulu me prendre. Alors depuis...

Plus loin, nous nous arrêtons, pour charger deux autres jeunes, sans bagage : des chômeurs. Ils sont rouges comme des tomates. Il était temps. L'homme au plâtre nous dépose dans un campement en pleine forêt. Je me précipite sur une pompe, l'eau est trop chaude et me brûle le gosier.

J'avance par petits bonds, entrecoupés d'attentes en plein soleil. La peau de mes bras se boursoufle et tout contact me fait hurler. Sans véritablement faiblir, je me demande parfois si je ne me suis pas attaqué à l'impossible. Est-il vraiment raisonnable de vouloir faire tout ce périple en stop, dans de telles conditions climatiques ? Cependant même dans les moments de lassitude, il se produit toujours quelque chose. On m'apporte une carafe d'eau glacée, le geste me redonne aussitôt du courage tandis que l'eau me réconforte.

Une grosse Holden [1] a fait demi-tour et est revenue me chercher. Le conducteur m'offre un repas. J'accepte quelques spaghettis. Je n'ai vraiment pas très faim et puis je ne veux pas abuser. Il y a une douche. Je me décrasse rapide pour ne pas impatienter l'ami qui m'a pris avec lui. Une bonne douche, un plat de spaghettis, une tasse de thé, il faut si peu, je me sens un autre homme, prêt à poursuivre, regonflé à bloc. Au lieu de m'abandonner à Townsville où il réside, il me conduit hors de l'agglomération, s'arrête, soulève le capot de sa voiture et... nous attendons. Très peu, solidarité oblige ! Une voiture s'arrête presque aussitôt. Mon chauffeur me présente à son successeur et la ronde continue.

Richmond. Je suis resté une journée, affalé sur les marches du bureau d'un garage. Exténué. Le soleil me dessèche, me tue lentement. Je songe avec nostalgie à l'Alaska, mêmes étendues vierges et infinies, même solitude... mais avec la chaleur en moins.

Au-dessus de ma tête, un thermomètre indique fièrement 130° Fahrenheit [2]. Je repense aussi à la chaleur humide de Manaus qui transforme les individus en larves. Non décidément ici c'est autre chose. Un four, voilà l'approchant, un four à la chaleur sèche, qui me rôtit fibre après fibre. J'ai noué un mouchoir autour de ma tête, que j'ai enfouie sous une vieille caisse en carton. Devant moi, l'asphalte et l'horizon ocre-rouge, dansent. Je ne peux plus rien avaler, à part un peu d'eau, du lait et du jus d'orange. Dans le bureau, une fille en petite culotte rose et mini ultra-courte, me reluque sans cesse. Je n'ai même pas la force de lui sourire et encore moins

1. Marque australienne.
2. Cinquante-quatre degrés centigrade.

de bouger. Je ferais craquer la peau de mes cuisses. Au bord de la chaussée, à cent mètres de moi, parmi des tas de boîtes de coca-cola et de bouteilles de bière vides — les routes australiennes sont jalonnées de détritus de toutes sortes — j'ai posé mon sac. Un busard s'est perché dessus et renifle.

Colin, un professeur irlandais, jeune et barbu, me prend finalement pour la traversée du cœur du désert. Nous passons carrément dans le centre du fourneau australien. Mille six cent trente kilomètres dans un décor de feu. Terre trop rouge, végétation rabougrie et jaune, arbres dénudés aux branches torturées. Des cadavres de vaches, de moutons, d'émeus, de kangourous rendent l'air irrespirable. Selon leur ancienneté, les corps sont ou gonflés et ridicules, ou bien réduits à l'état de squelettes blanchis et inquiétants. Des *willy-willy*, tourbillons de poussière, courent au ras du sol, puis, tout à coup sans raison apparente, s'élèvent vers le ciel. Heureusement, comme des oasis, apparaissent de temps en temps des buvettes, « pubs » où l'on déguste de la bière fraîche. (En demandant du thé, j'ai manqué de provoquer une émeute !) A Mount Isa, grand centre minier, on déglutit dans une frénétique agitation. Le long du parcours, des aborigènes très noirs, en loques, avec des yeux enfoncés au regard apeuré ou indifférent, mais toujours triste. Le plus triste du monde.

Alice Springs, je quitte Colin et l'attente infernale reprend. Le désert me brûle les yeux, les fourmis me dévorent les pieds, des mouches se posent sur mon visage. Plus question de me pointer le pouce levé : il y a de quoi tomber raide mort. Je laisse donc mon sac à dos sur le bas-côté de la piste accompagné d'un écriteau indiquant ma destination et je vais me cacher là où je peux trouver un minimum d'ombre. Un eucalyptus sur les basses branches duquel je déploie mon duvet car les feuilles pas folles ne présentent que la tranche au soleil. Et puis j'attends. J'attends qu'un chauffeur ayant aperçu mon sac s'arrête et klaxonne jusqu'à ce que j'arrive !

Coober Pedy peuplé d'aventuriers qui affrontent la fournaise pour récolter des opales et faire fortune, si possible, avant de fuir au plus vite. Les hommes, des Grecs, des Siciliens, vivent sous la terre où ils trouvent un minimum de fraîcheur. Les cabanes de la surface sont réservées au matériel. Ils mènent ici la vie des chercheurs de la ruée vers l'or, au siècle dernier. Misère et espoirs déçus se rencontrent plus facilement qu'un bon filon, mais ceux qui me reçoivent ne sont pas mécontents. Sur des hectares, le désert truffé d'opales attend les courageux. De quoi faire fortune rapidement ! Mais je ne suis pas un aventurier et ce genre de fortune ne m'intéresse pas. Je suis étudiant dans l'âme et ma richesse, c'est la connaissance.

Port Augusta. D'un seul coup, à proximité de l'océan, la nature renaît, céréales, verdure, grands arbres et vignes. Je respire enfin.

Maisons de brique rouge, bus à étage, *zebra-crossings* [1] je retrouve le style « Dominion ». Chaque colonie reflète le style de la mère patrie. Sydney a vraiment des allures « british ».

Ann, une amie de Toronto, m'héberge. Elle n'a rien perdu de sa gentillesse, mais elle me déçoit. Sa conversation est vide et si je dois lui rendre grâce de m'accueillir, alors que je suis au bord de l'épuisement, je ne trouve guère chez elle un grand réconfort. Nous n'avons plus rien en commun, plus rien à nous dire. Je l'écoute me parler de choses qui ne m'intéressent plus depuis longtemps. L'argent est au centre de tout, sa position sociale, sa réussite. Bière, cigarettes, sièges profonds, frigidaire et moquette, rien ne manque, pas même les potins sur ce que sont devenus les uns et les autres, membres du club australien de Toronto. Je sombre dans l'ennui et le dégoût.

C'est Noël et la « party [2] ». Les jolies mains, ornées de bagues et de bracelets plongent dans le plat garni de grosses écrevisses de la baie. Je me sens très loin de tous ces gens engoncés dans l'étroitesse du quotidien et des valeurs de la

---

1. Equivalents de nos passages « cloutés ».
2. Soirée, réunion mondaine.

société fondée sur les conventions. Je déteste l'esprit de classe et les réactions conformes aux usages du « monde ».

Le monde, je le sais aujourd'hui, c'est autre chose, malheureusement je suis seul à le savoir. Tout en mesurant ma chance, je les regarde « s'amuser », c'est-à-dire sombrer dans l'alcool et le désœuvrement le plus navrant. Entre deux gorgées, ils débitent des banalités, puis se quittent, la tête lourde et encore plus vide qu'à l'arrivée, appuyés les uns contre les autres, cherchant d'une main hésitante, le bouton de la lumière... Aline, une snobinarde grassouillette et pas trop mal roulée, me parle de « ses » croisières, de ses « tours » en charters, avant de finir par avouer :

— Il est vrai que je ne vois rien, on m'emmène...

Cette « party » à la bière, me permet de faire une sorte de point sur cette population de l'autre bout du monde. Les hommes, les vrais, sont de grands buveurs, des durs qui tapent dans le dos des filles en s'esclaffant. Leur idéal, c'est le pionnier, le cow-boy viril des salles obscures.

Les filles et les garçons forment deux groupes distincts. Suivant une inclination naturelle, j'ai entrepris de me rapprocher du groupe opposé. Cela manque de mal tourner ! En Australie, parler aux filles avec galanterie, leur offrir des fleurs, les courtiser, vous apparente à une *sissi* [1]. Ces demoiselles, il fallait s'y attendre, sont très mal à l'aise, devant un Français et malgré leurs mini-jupes ultra-courtes, leurs maillots de bain d'exhibitionnistes et leurs allures sportives, elles sont décontenancées par un compliment, trois mots charmeurs. Autre monde, autres mœurs, mais je ne sais pas si j'arriverai vraiment à me débarrasser de mon côté latin.

Sydney est ancrée dans un décor fantastique. Une baie magnifique, abritée, profonde, jonchée d'îles attrayantes, paradis de la voile et du sport. Je n'y demeure pas longtemps, tout compte fait, je préfère le désert.

Je repars. A Melbourne, où je ne fais que passer, je

1. Homosexuel.

rencontre un jeune *pommy*[1] du plus pur style « made in England ». Chapeau melon, cheveux courts, cravate, costume strict, parapluie sur le bras. A n'en pas douter, il n'a jamais entendu parler du pouvoir fleuri et des idées qui aujourd'hui rapprochent les jeunes au delà des frontières. Il est content de lui et m'apprend qu'il est venu faire fortune. Le gouvernement australien lui a fait l'avance de son voyage depuis l'Angleterre lointaine et à la condition qu'il veuille bien rester ici deux ans minimum, il n'aura rien à rembourser. Tout à coup je regrette mon séjour au Canada. En Australie j'aurais sans doute pu économiser plus rapidement le pécule nécessaire à mon tour du monde et en outre, j'aurais évité la dépense du voyage. Je ne le savais pas. La publicité pour les pays de « zone blanche[2] » est interdite en France. Je lui demande pourquoi le Canada ne fait pas cadeau du voyage.

— Peut-être, parce que l'Australie a besoin de plus d'immigrants que le Canada.

— Alors, dans ce cas, pourquoi n'ouvre-t-elle pas ses portes « en grand » ?

— Qu'est-ce que vous voulez dire par là ?

— Eh bien oui, pourquoi ne laisse-t-elle pas entrer des gens de couleur ?

— Je ne sais pas ce qu'il vous faut... Et tous ces Grecs et ces Italiens qui déferlent par vagues entières. Qu'en faites-vous ?

— ... !

La conversation s'arrête brusquement. Je m'en vais sans même saluer mon pommy, puis n'y tenant plus, je reviens à sa hauteur, le temps d'une dernière remarque :

— Votre peau blanche, « supérieure », êtes-vous bien sûr de l'avoir choisie ?

Je crois bien qu'il m'a rétorqué quelque chose comme « mais je ne suis pas raciste, moi... » Pas raciste, non sans doute, mais il n'aime pas les Grecs, les Italiens. Les Noirs

---

1. Anglais. Péjoratif.
2. Zone blanche : Canada, Australie, Afrique du Sud, Nouvelle-Zélande.

sont sales, fainéants et sentent mauvais. Les Arabes sont des faux-jetons qui n'attendent qu'une chose : que vous tourniez le dos afin de mieux vous poignarder. Plus le monde se rétrécit, plus l'avion réduit les distances, plus les individus s'éloignent les uns des autres. Quand donc l'homme dominera-t-il son instinct animal et cette notion dépassée de territoire. L'étranger sera-t-il encore longtemps l'ennemi héréditaire ? L'Européen est-il si petit pour manquer à ce point d'humilité ? Grisé par ses succès technologiques tellement récents après tout, il se croit supérieur. Qui était-il ce pauvre blanc au temps de la splendeur des civilisations hindoue et chinoise ?

Décidément il n'y a qu'une seule réponse à cette angoissante question : l'Amour. Il faut aimer son prochain, abandonner ses préjugés. L'homme a besoin d'amitié, de sécurité. Il a besoin de rire pour être heureux quelle que soit la couleur de sa peau et la nature de ses cheveux.

« Si vous regardez un jardin dont toutes les plantes présentent la même forme, la même couleur et le même parfum, loin de vous sembler beau, il vous paraîtra plutôt triste et monotone. Le jardin qui réjouit les yeux et le cœur est celui où poussent côte à côte des fleurs de toutes couleurs, de toutes formes et de tous parfums (...) Ne vous contentez pas de paroles amicales, mais que votre cœur soit embrasé par une affectueuse bonté... » Abdu'l-Bahá [1]

Perth. Je respire à nouveau l'air de la mer. Je viens de traverser le désert méridional. David m'a pris à Port-Augusta et par bonheur m'a conduit jusqu'à Perth sur la côte ouest. Nous nous arrêtions uniquement pour boire. Deux mille quatre cents kilomètres d'une traite dans la poussière. Mon passage record et je n'ai attendu que cinq minutes pour le « dégommer » ce passage ! Toujours le même spectacle de terre brûlée à l'infini ; la nuit, les inévitables kangourous bon-

1. Fils de Bahá'u'lláh. Causeries à Paris en 1911.

dissant en tous sens, menacent en permanence notre carrosserie. Béni soit David qui m'a évité de m'éterniser dans l'enfer de Nullabor.

A l'Automobile-Club j'apprends qu'il me faut renoncer à poursuivre en longeant la côte ouest. Darwin, à quatre mille kilomètres au nord-est m'est désormais interdit : la saison des pluies commence et peut couper la circulation sans avertir demain, après-demain, dans une heure...

Je n'aime pas revenir en arrière. Passer par le centre. Non merci. J'en arrive. Tant pis, je fonce et guette les derniers automobilistes.

Roeburne. L'asphalte a depuis longtemps cédé la place à la tôle ondulée. Rouler devient pénible, mais la piste est sèche, c'est l'essentiel. Pour combien de temps le restera-t-elle ? Pour l'instant, j'attends au pied d'un eucalyptus, les deux pieds dans une flaque d'eau jaunâtre. Des deux mains, je me protège les yeux ; le vent chargé de sable me brûle le visage.

Je ruisselle. L'eau de mon corps s'écoule le long de mon dos, de mes jambes. Je me vide. Ma gorge est terriblement sèche. Je suis sans force. Le thermomètre est en train de flirter avec les soixante-cinq degrés. Combien fait-il à l'ombre de cet eucalyptus ? Cinquante ? Cinquante-cinq ? J'ai bu cinq litres d'eau depuis ce matin, sans rien manger et je me déshydrate... Vers midi, un ronflement me tire de ma torpeur. Je me dresse, tel un cadavre le jour de la résurrection. Je n'avais pas repéré le petit aérodrome. Grâce à Brian je fais un bond à trois mille mètres. Je revis.

La routine reprend, plus torride, plus insoutenable, une fois le retour au sol effectué. C'est l'attente sur le grill. Néanmoins je persiste, poussé par ma phobie du retour en arrière.

— Venez, comme ça vous nous aiderez à pousser si on s'enlise.

La famille se tasse pour me faire place. Un dingue qui va vers le nord : mon bonheur. Il fonce car le ciel menace.

Maintenant la route n'est plus qu'une suite de mares plus ou moins profondes. A chaque arrêt, je cours boire. Dans un bruit de ferraille, une machine me crache une boîte de coca glacé. A force de boire aussi froid, j'ai mal à la gorge.

Kununurra, c'est fini ! Un cyclone furieux a tout arraché, englué en vingt minutes.

J'atterris à Darwin, à bord d'un Cessna qui fait le ramassage du lait, des ranches isolés. Darwin, une étuve entre jungle et océan. C'est la mousson. Devant moi, de l'autre côté des vagues : l'Asie.

Au port, aucun voilier n'est en partance, ce serait de la folie. Chaque jour le ciel déverse des tonnes d'eau. Il est couleur d'encre et le vent qui soulève la poussière et le sable précède généralement la pluie. Les rues deviennent rivières et toutes les maisons sont sur pilotis. J'élis domicile sous une maison abandonnée. Le voisin intrigué m'observe longuement par-dessus sa haie puis finit par prendre contact et m'invite à dîner. Il y a onze jours que je ne me suis pas assis à une table. Je vais finir par ressembler à un *abo* [1]. Comme toujours je raconte volontiers mon histoire. Je crois qu'il comprend que c'est ma façon de le remercier. Il apprécie.

— Vous avez de la chance. Je travaille à la tour de contrôle. Quel dommage, si au moins vous étiez arrivé hier matin. Toute la journée, un type a parcouru le hall de l'aérogare en s'époumonant :

— Quelqu'un pour Timor [2]. J'ai de la place pour Timor.

Je suis catastrophé. Ma chance m'abandonnerait-elle ?

— Dites-moi, monsieur Viegas, aujourd'hui, demain, j'en trouverai bien un autre ? Il me suffit d'aller traîner à l'aéroport ?

— Hélas non, avec la mousson, les petits appareils ne traversent plus. Le gros Américain qui cherchait de la compagnie hier, a pris des risques et je ne sais pas si aujourd'hui il serait autorisé à décoller. La météo est épouvantable, surtout pour les jours qui viennent.

Dans la journée, M. Viegas a téléphoné à sa femme :

1. Aborigène.
2. Une des îles de la Sonde, au nord-ouest de l'Australie divisée entre le Portugal et l'Indonésie, goulet de passage des voyageurs de mon espèce en route pour Bali.

— Dis à André de courir au motel Koala et de demander M. Hutton. Il est venu retirer sa feuille de route pour Bali... André pourrait peut-être le convaincre...

M. Hutton était un brave homme, compréhensif et généreux...

8

J'AI BRULE DE L'ENCENS AU PIED DU TATHAGATA

A Bali, tout étranger résidant chez un particulier doit être déclaré aux autorités. Comment vais-je me loger ?

Je me sens fatigué, j'ai passé la journée à errer dans les rues de Denpasar, la capitale, et peu à peu la fièvre m'a gagné. Je me sens perdu, au milieu de cette fourmilière, de cette agitation colorée. J'ai mal à la tête. En plus cette langue m'est étrangère pour de bon ! Jusqu'à présent, j'avais pu me faire comprendre, mais cette fois à Bali, c'est le mur et ce n'est pas marrant.

La nuit tombe sur la grouillante *djalan* (rue) Diponogoro et résorbe doucement le tintamarre des charrettes, des pas des poneys, ornés de grelots, qui les tractent, des pétarades des *bemos* [1] surchargés, des sonnettes des milliers de vélos, sans lumière, qui se faufilent insolemment au travers d'une foule alerte. La poussière redescend lentement et vient danser dans le halo de quelques misérables cahutes. A côté de moi, un petit enfant nu joue avec l'un des seins, pauvre amas de chair tombante, de sa mère qui me tend une salade pimentée de mangues vertes baignant dans une espèce de caramel. Dans l'obscurité, en appui contre l'un des montants mal assurés de cette échoppe de rue, au toit recouvert de feuilles de bana-

1. Scooter-taxi à trois roues transportant parfois jusqu'à six personnes.

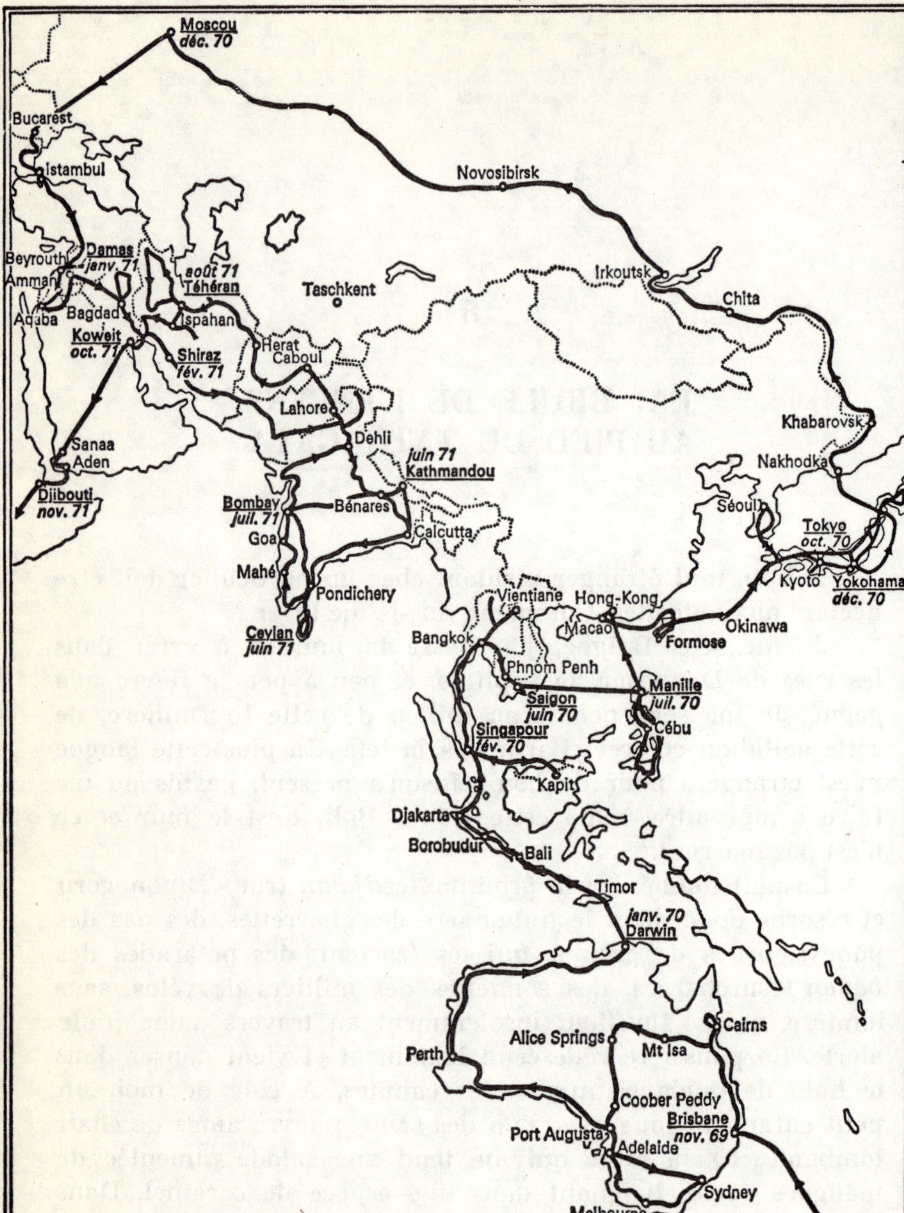
Moscou
déc. 70
Bucarest
Istambul
Novosibirsk
Beyrouth
Damas
janv. 71
Amman
août 71
Téhéran
Aqaba
Bagdad
Ispahan
Taschkent
Irkoutsk
Chita
Koweit
oct. 71
Shiraz
fév. 71
Herat
Caboul
Lahore
Dehli
Khabarovsk
Sanaa
Aden
Djibouti
nov. 71
juin 71
Kathmandou
Nakhodka
Bombay
juil. 71
Bénares
Séoul
Goa
Calcutta
Tokyo
oct. 70
Mahé
Pondichery
Kyoto
Yokohama
déc. 70
Vientiane
Hong-Kong
Macao
Okinawa
Formose
Ceylan
juin 71
Bangkok
Phnom Penh
Manille
juil. 70
Saigon
juin 70
Cébu
Singapour
fév. 70
Kapit
Djakarta
Borobudur
Bali
Timor
janv. 70
Darwin
Cairns
Alice Springs
Mt Isa
Perth
Coober Peddy
Brisbane
nov. 69
Port Augusta
Adelaide
Sydney
Melbourne
Iles Cook
Auckland
oct. 69
Bluff

niers, je mange avec les doigts et vide difficilement mon assiette de tôle émaillée : c'est trop amer. Maintenant, où vais-je dormir ?... Je suis tellement las, épuisé, crevé.

Derrière moi, comme venue de l'au-delà, une voix mélodieuse me pénètre telle une caresse. Je me retourne. Un visage angélique, d'une douceur infinie, au regard rassurant me sourit. Mon mal s'estompe. Je me sens enveloppé d'un bien-être jamais connu à deviner cette femme sortie de l'obscurité. Comme dans un conte, elle me fait signe de la suivre.

La maison de Mme Sukenashi est faite de lattes de bambous entrelacées, peintes à la chaux et d'un simple toit de tôle. Sur le sol en terre battue, courent des petits cochons au poil noir et des poussins piailleurs. Le mobilier est inexistant, quelques habits pendent à des clous plantés dans le bambou. Des caisses retournées font office de sommier et une natte celui de matelas. Deux garçons dorment dans un « lit », l'autre m'étant réservé. Mme Sukenashi dort dans la pièce contiguë avec ses cinq filles.

En m'offrant l'hospitalité, elle m'accueille avec des mots à consonance musicale.

— *Selamat datang.*

Malgré mes souffrances qui ont repris, je répète ces mots dont je devine qu'ils signifient bienvenue. Quelle femme merveilleuse ! « Selamat datang », elle n'a rien, mais elle me prouve qu'il n'est pas nécessaire de posséder pour donner.

Impossible de fermer l'œil, je grelotte, je respire mal, mes vêtements sont trempés. Je dois avoir une fièvre de cheval. Cela m'est déjà arrivé. Une diarrhée tenace et des vomissements répétés me forcent à me lever très fréquemment. Ma bienfaitrice, levée à 4 heures pour préparer le riz quotidien, s'approche de moi, une lampe à la main et d'un regard inquiet m'interroge. Elle me tend un dictionnaire en s'agenouillant et mot à mot je tente de lui faire comprendre ce dont je souffre. A son tour, elle me désigne le mot nurse, disparaît, puis revient avec un lot de pilules et de cachets colorés que j'avale avec un peu d'eau. Mme Sukenashi est infirmière, Dieu soit loué, une nouvelle fois ! Quelques minutes plus tard, elle m'apporte un bol de thé bouillant. Comment a-t-elle bien pu deviner ? J'avais tellement envie de thé chaud, mais je n'osais pas la déranger davantage. Comblé, calmé, je sombre dans un profond sommeil.

Au réveil, la case est vide : le travail et l'école m'ont laissé seul en compagnie d'une adorable petite bonne femme aux grands yeux noirs. Assise sur le « lit » voisin, elle attend mon réveil, en balançant ses jambes gracieuses, comme le font tous les enfants du monde. Elle a sept ans. Dès que j'ouvre les yeux, elle m'adresse un sourire et des mots que je ne saisis pas. Je lui fais signe qu'il fait chaud. Elle se dresse, trouve un éventail, s'approche et l'agite doucement pour me rafraîchir. Tout en continuant son léger « pépiement ».

— *Tidak, tcha panas, manis.*

J'aligne péniblement mon premier vocabulaire. J'ai soif, un peu de thé chaud et sucré serait le bienvenu. Iomate est déjà dans ce qui sert de cuisine, accroupie elle souffle sur le foyer moribond et ranime les braises que je vois rougir entre deux pierres, sur le sol. Bientôt, elle me sert en inclinant la tête.

Je me remets doucement. Handi, l'aîné me fait signe de prendre place sur le porte-bagages de sa bicyclette et pédale inlassablement, dans le but de me faire découvrir son pays béni. Autour du mont Batur, le volcan central, les rizières à étages reflètent l'éclat du ciel. Des paysans à chapeaux coniques, marchent lentement dans la boue grise, guidant des deux mains le soc de bois que tirent des buffles roses. Le riz domine le paysage de Bali. Nourriture exclusive, il donne aux habitants la finesse incomparable de leur peau que j'admire.

Bali m'ensorcelle et je passe de longues heures à contempler ses danseuses, délicates poupées mues par des fils invisibles. Leurs mouvements sont coordonnés à la perfection et le jeu de leurs doigts, obéissant à une musique céleste, suscitent en moi une intense émotion. La danse, tout comme la vie à Bali, est une perpétuelle offrande à Çiva et je suis particulièrement sensible à cette interpénétration du sacré et du quotidien que je retrouve sous le toit, même, de Mme Sukenashi, lors de la préparation d'une fête. La fille aînée taille, à l'aide de ciseaux dans des feuilles de bambous, de ravissantes décorations. La mère, tout en composant des colliers de fleurs fraîches, tâche de prononcer quelques mots d'anglais que je fais l'effort d'interpréter car elle s'inquiète de ma santé, de mon confort. Elle voudrait tant que je me sente bien chez elle. Comment lui faire comprendre que je m'y trouve mieux que je ne pourrais le souhaiter. On remplit avec minutie, de petits paniers en feuilles de cocotiers tressées, d'une pincée de riz, d'un peu de safran, de pétales parfumés. On dirait une dînette de poupées. Sur des plateaux, je range les fruits, bananes, canne à sucre, *salak, blimbing, rambutan, lengkeng, djambumonet,* fruits des tropiques inconnus des Européens, et c'est regrettable, que l'on dégustera à l'issue de la cérémonie. Tout se passe dans une ambiance de paix qui fait envie. Dans une grande cage, disposée dans la cour, des tourterelles roucoulent. Le temps a perdu sa signification. L'humble foyer vibre de l'amitié partagée, exaltante et devient, à mes yeux, le plus beau des palais.

L'île tout entière est vouée aux dieux et les gestes de l'offrande se répètent mille fois chaque jour. Dans ce pays où les autobus s'arrêtent pour permettre le dépôt de quelques pétales aux pieds d'une statue [1], le moindre matériau, le moindre éclat, le plus petit morceau de bois, deviennent effigie, œuvre d'art. Bali est sculptée, ouvragée et la nature elle-même y semble ordonnée par un artiste. Les temples ne se comptent pas et la prière est le manifeste de la joie. Le rituel n'est pas compassé, solennel, mais plein de gaieté, de couleurs, de musique. Bali, c'est la vie. Je n'y perds pas une seconde, sans cesse j'observe, emmagasine ces instantanés d'un paradis perdu. Tandis que le gamelan [2] égrène sa musique légère, dans une cour dissimulée, de très jeunes filles répètent les mouvements de la danse ancestrale. Sur le bord de la chaussée, un artisan cisèle l'ébène qui prend vie, doucement, au rythme d'autrefois. Un paysan, une longue badine ornée de chiffons colorés à la main, guide son troupeau de canards

1. Certaines sont disposées au milieu de la chaussée.
2. Xylophone de bambou.

qui progresse le cou tendu. Des hommes, dignes et droits comme des pontifs, glissent imperturbables sur des vieux vélos, des enfants aux crânes rasés, vont et viennent joyeusement, les femmes s'arrêtent à la hauteur des échoppes, puis repartent dans le léger balancement qu'imprime la charge placée sur le haut de leur tête. J'aime les dessins des sarongs très colorés, qu'hommes et femmes portent, tombants sur les chevilles. Les Balinaises menues, à la peau mordorée, ont les seins nus. Gracieux spectacle. Je songe parfois à la ténacité des fonctionnaires chargés de la censure qui passent leurs journées à coller de petits carrés de papier blanc sur les nus que peut publier la presse occidentale !

La vie de fête coule douce et sans cesse recommencée, les vieux flattent avec orgueil de terribles coqs de combat, des babouins grimpent sur les temples et les chiens maigrichons errent en bande joyeuse.

En fin de journée, je passe en vitesse au « Three sisters » où se réunit la jeunesse « globe-trotter ». Je n'aime guère ce lieu fréquenté par les seuls Blancs, mais j'y pêche quelques nouvelles et le dernier tuyau utile pour la suite de mon voyage. Dans cette région du monde, agitée et parfois périlleuse, il est bon d'être averti. Les voyageurs que je rencontre là, dorment tous à l'hôtel et sont bien équipés en dollars. Ils passent de longs moments au « Three sisters » à lire « Newsweek », à boire de la bière et parfois à « fumer », Que voient-ils de Bali, le joyau de l'Indonésie ?

J'ai déposé des œufs durs, coupés par moitié et un peu de riz sur l'autel-colonne des ancêtres, placé dans la petite cour attenante. La famille Sukenashi est au complet, Mme Sukenashi est triste, déçue. Je lui ai annoncé mon départ prochain.

— *You are great man. You learnt so many things* [1].

Je pense qu'elle est encore plus grande, car elle possède le secret de la vie heureuse, de l'amour rayonnant qui transforme les choses. Le cœur déchiré, je m'arrache à mon séjour balinais. Longtemps les enfants me font signe de la main.

1. Vous êtes grand. Vous avez tant appris.

Java. Le stop devient problématique. Sous le hangar des camions de Banjuwangi, je me demande si je vais finir par décoller. Je lis tranquillement, assis sur mon sac, au milieu des chauffeurs oisifs et de l'habituelle foule de curieux, bouche bée, auxquels je ne prête plus attention depuis longtemps. Dans la pénombre, alentour, une assemblée d'êtres accroupis s'épouillant. Des singes ? Non des Javanais qui attendent, comme moi le départ, mais ne se posent aucune question. Ils se contentent d'avaler quelques bouchées de riz, de cracher par terre et de roter sans discrétion.

Je progresse difficilement. Les routes sont encombrées, paysans à balanciers, porteurs d'eau, de graines, zébus tirant de hautes charrettes de bois, militaires armés, femmes lourdement chargées. La mousson me contraint chaque soir à trouver un véritable toit, mais ce n'est pas très compliqué. Attentif à quelques mots clés, que je possède bien, désormais, je m'assois sur mon sac n'importe où dans le village, au hasard. Tout de suite les curieux accourent, m'observent quelques instants puis sans préambule, sans présentation mais avec gentillesse, courtoisie, me posent des questions, toujours les mêmes. « Quel est ton nom... d'où viens-tu... où vas-tu ? » J'attends la quatrième qui ne tarde jamais. « Où dors-tu ? » Je désigne alors mon duvet, et immanquablement, je me retrouve sur les planches nues d'une case. Tout le monde dort sur le plancher. On se pousse volontiers pour me céder quelques centimètres carrés. Dans les familles les plus démunies, je suis aussi bien accueilli que chez les autres. Je n'ai pas de gros besoins, je suis très facile à contenter et la générosité ne se mesure qu'avec le cœur. A Jogjakarta, on me propose en toute simplicité la brosse à dents communautaire...

Le *Dharma,* la doctrine, est inscrite dans la pierre, à Borobudur, le plus grand temple bouddhique du monde (VIIIe siècle). Le voyage vers l'éternité de ma petite vieille de l'Alaska, en quatre étages, schématisé dans une imposante construction de plus de trente mètres de haut sur cent quinze de côté.

« Quel est ce chemin du milieu que le Parfait a découvert, qui décille les yeux de l'esprit, qui mène au repos, à la connaissance, à l'illumination, au Nirvâna ? Il se situe juste entre l'ascétisme et la vie mondaine... C'est un chemin d'activités pures non affectées par le désir du désirable ni par la crainte du redoutable... [1] »

Je gravis le chemin symbolique de la délivrance, marches raides et désunies : le *karmadharta,* l'homme attaché au monde, le *Rupadharta,* l'homme se libérant, l'*Arupadharta,* l'homme libre ; le Nirvâna, représenté par un énorme *stupa* [2].

Djakarta est la plaie virulente d'une misère écœurante sur l'île principale, surpeuplée. Une rue moderne fière de son hôtel de luxe, quelques quartiers décents, vestiges de l'ancienne Batavia [3], puis des taudis, des taudis, encore des taudis à perte de vue. Des canaux cloaques, un incessant grouillement duquel émergent de gigantesques monuments commémorant la révolution d'après-guerre. Il m'a fallu tout mon courage le premier soir, pour traverser seul la place de la gare Seneni, noire d'une foule en haillons, agglutinée autour des sorciers manipulant d'horribles serpents, de bonimenteurs, de vendeurs d'amulettes, d'enfants nus suppliants et quêtants, d'aveugles, de mutilés et de tous les parias de la terre psalmodiant le Coran. Sans compter la cohorte des *Betjacks,* cycles « pousse-pousse », que Suharto appelle « l'exploitation de l'homme par l'homme ». La nuit ces malheureux la passent, pour un certain nombre, accroupis, recroquevillés sur la selle de leur engin. Avec mon humble duvet je me sens riche désormais, nanti d'un confort extraordinaire. J'ai presque honte. Dans tous les recoins, des corps décharnés et poussiéreux sont allongés sur des lambeaux de toiles grossières. Le premier

1. Sermon de Bénarès.
2. Reliquaire ou monument commémoratif.
3. Nom de la ville pendant la colonisation hollandaise.

instant de frayeur passé, je m'approche des vendeurs ambulants qui attendent le chaland, derrière leur carriole-cantine, fumante et odorante. Pour un prix plus que modique, ils proposent des plats plus succulents les uns que les autres. Très vite je me rends compte que cette foule ne m'est pas hostile. Chacun, au contraire, me sourit et me salue.

Contraste surprenant, je dors chez un armateur du quartier chic. Chauffeur en livrée, servante attentionnée, carafe d'eau glacée et deux mokas sous cloche sur la table de chevet, draps fins, petit déjeuner au lit, vaisselle raffinée, le tout, d'un coup. Ça surprend. Mais ça ne dure pas et je ne regrette surtout pas la brièveté de mon séjour chez ce riche, car l'accueil de M. Soegkarno, de modeste condition me touche infiniment plus. Sa maison est trop petite, il m'en demande pardon, mais m'offre sa remise. Les humbles m'ont toujours prié d'excuser leur pauvreté ; les riches au contraire étalent, avec indécence, leur fortune sans songer un seul instant que cela peut choquer et ne s'en excusent jamais. Chez les riches on est « traité », chez les pauvres, on est « reçu ».

Les coupeurs de têtes de Bornéo ne coupent plus les têtes... Tant pis ! Même si ça diminue un peu le côté suspense de mon voyage, je n'en suis pas fâché car je peux espérer le poursuivre sans dommage.

De Kuching, la capitale de Sarawak, j'ai longé la côte, puis remonté le fleuve principal de l'île : le Rajang. La barcasse de bois, vrai omnibus fluvial est pleine à ras bord et zigzague d'une rive à l'autre, s'arrêtant sur un signe de la main, un coup de chapeau ou à la vue d'une chemise que l'on agite. L'embarcation est bondée, Malais, Chinois et Dayaks [1] s'y entassent avec bonhomie. L'eau est boueuse, charrie branches mortes et troncs d'arbres, dans une lourde senteur de forêt tropicale, sous un soleil de plomb.

Kapit, le terminus, le dernier bastion chinois, est située

1. Indigènes de Bornéo.

en territoire *Iban*. Les indigènes ne quittent leur case-village[1] que pour venir troquer à Kapit, du caoutchouc et du poivre contre de l'essence pour le moteur de leur pirogue, de l'huile pour leurs lampes et des piles pour le transistor. Chaque boutique possède sa propre clientèle iban. Dans un de ces magasins pittoresques, j'avise deux coupeurs de têtes, ravis comme des enfants à la foire, contemplant un étalage hétéroclite. Ils sont nus, ont le corps couvert d'arabesques bleues et portent une plume dans les cheveux. Le commerçant, à face lunaire, imperturbable, aligne sur une ardoise, des caractères chinois. Les ibans rient. J'hésite. Et si j'ôtais mon short pour les aborder, le contact en serait peut-être facilité ? Ils ne parlent pas d'autre langue que leur dialecte. Finalement, au bout de quelques heures de gesticulation et de palabres, je sors de petits dollars malais...

Le puissant moteur hors-bord nous permet de remonter le courant bouillonnant du Rajang, puis le tumultueux Baleh et enfin les rapides innombrables du Sut, étroit et peu profond, sur lequel notre équilibre est menacé à plusieurs reprises. Le ciel n'est plus visible, la forêt forme une voûte au-dessus de nos têtes. Sur les sombres branches, de chaque côté, des oiseaux-pêcheurs, jaune vif, ventre orange et gros bec rouge, scrutent la surface des eaux, indifférents à notre passage. La rivière demeure le seul lien de ces peuplades avec le reste du monde, car la forêt est hermétique.

Quelques troncs d'arbres le long de la rive : le débarcadère. Les gosses accourent, suivis de quelques anciens venus aux nouvelles. La « maison », sur pilotis, est construite en bordure immédiate de la rivière et mesure environ cent mètres de long. Le toit très incliné abrite deux couloirs dont l'un est compartimenté. Quinze portes : quinze familles. A l'arrière, quinze petites cuisines suspendues attenantes à chaque pièce. Cet ensemble habitable porte le nom de *bilek*, l'autre couloir, le *ruaï*, sorte de véranda, fait office de forum, de promenade, mais aussi de lieu de travail. On y trouve les sacs de riz, les lignes pour la pêche, les petites presses à caoutchouc, les

1. La tribu entière habite sous le même toit.

OSLO

Après dix-huit ans d'aventures, je suis de retour. J'ai réalisé mon rêve : faire le tour du monde.
(Ph. Odd Anthonsen.)

AMÉRIQUE DU SUD

Mon budget de 1 dollar par jour me contraint à me restaurer auprès des marchands ambulants de la rue. (Ph. Marcel Welty.)

BANGKOK

J'ai goûté à tous les mets de la terre. (Ph. Thairath Newspaper.)

BARRANQUILLA en Colombie

Encore une fois la prison.
Cette fois-ci, on me soupçonne d'être pirate de l'air.
(Ph. Marcel Welty.)

DJAKARTA

En stop, tous les moyens sont bons, même ce « betchak » indonésien.
(Coll. de l'auteur.)

PÉROU

Au début, je m'étais joint
à deux Canadiens par peur d'être seul.
(Ph. El Comercio de Lima.)

TÉHÉRAN

Seul et confiant
après des milliers de kilomètres.
(Ph. Etalaa, Téhéran, Iran.)

AEG

ALASKA Sur la route par — 45°. Là, je ne peux pas rester plus d'une demi-heure dehors. (Edmonton Journal, Canada.)

BRÉSIL

Le tour du monde aujourd'hui est une course d'obstacles par-dessus consulats et frontières. Avec mon ami Juan-José, nous avons ici des difficultés à Manaus à cause du visa vénézuélien. (Ph. Diario Da Tarde, Manaus.)

PAKISTAN

La maladie me ronge.
Je suis tombé à 52 kg
et j'ai bien cru que
le voyage était fini.
(Ph. Lankadipa, Colombo, Ceylan.)

AMSTERDAM

Je dors n'importe où. J'ai trouvé refuge dans une péniche. Dans mes bras, Tahirih, la petite fille du propriétaire. (Coll. de l'auteur.)

JAPON

C'est un honneur
de prendre le « gaijin »,
l'étranger ;
c'est rarement le cas
dans le reste du monde...
(Coll. de l'auteur.)

pilons à *padi* (variété de riz), etc. Devant le ruaï, une plateforme, en terrasse à ciel ouvert, le *tanju*, réservée au séchage du linge, du tabac, du poivre. Tout le « village » est là sur le tanju et découvre, en bas, au pied du tronc d'arbre échancré qui sert d'escalier, ce blanc aux habits cousus. Un vieux, qui me sent embarrassé, s'empare de mon sac, place les bretelles sur son front et grimpe. A mon tour, j'escalade le tronc, non sans mal, dans le fou rire général. Je pense aux poules de mon père à Brunoy et aux petits perchoirs qui leur permettent de nicher.

Le père de Preslé, l'un de mes deux piroguiers, un ancien couvert de tatouages à la suie, portant de très longs cheveux qui lui tombent sur les fesses, m'invite à le suivre dans son bilek. A l'entrée, il faut se baisser et saluer, en quelque sorte, les quatre crânes suspendus dans l'embrasure de la porte. J'avais oublié que j'étais chez des coupeurs de tête. Le vieux s'asseoit et roule un peu de tabac dans une feuille de palmier et se met à fumer, lentement. Toute la famille me sourit, mais les échanges sont difficiles. Je ne sais pas quoi dire, ni quoi faire. Je souris.

Le plancher à claire-voie est en lattes de bambou, les parois sont en planches et le toit recouvert de palmes *nipa* (espèce de palmier). Pas de meubles, quelques coffres rudimentaires seulement. Les femmes portent un sarong qui leur tombe jusqu'aux chevilles et les hommes un cache-sexe de taille réduite.

Nous voilà, tous les cinq, assis en tailleur, sur le sol. Bilang, la jeune sœur de Preslé, yeux brillants, jolis petits seins bien ronds et fermes, dépose au milieu du cercle que nous formons, le riz bouilli, de la verdure et des tranches d'ignames. Boisson : de l'eau. Frugal repas, s'il en est et cela explique sans doute l'étonnante santé de ces « sauvages » aux silhouettes splendides. Je mange avec les doigts, comme tout le monde. Malheureusement les grains de riz, parfaitement cuits et détachés ne parviennent pas à ma bouche. J'en mets partout et cela fait rire mes hôtes. Le père me montre alors comment manger. Il forme une boule de riz en la comprimant légèrement, puis la main en creux, la fait glisser avec le pouce jusqu'à la bouche. Au deuxième essai, je suis devenu un parfait convive. La technique me servira longtemps, jusqu'en Inde. A la veillée sur le ruaï, je raconte mon histoire, lentement. Tout le village m'écoute attentivement. Richa, un jeune Iban, fort intelligent, sert d'interprète. La nuit tombée on déroule sur le sol des nattes de palmes tressées. Les couples et les femmes dorment dans les bileks, les enfants et les hommes célibataires dorment sur le ruaï. Je m'endors tranquille à peu près persuadé que l'on ne me coupera pas le cou.

A 5 heures et demie, le lendemain, les coqs sonnent le réveil, un peu tôt à mon goût. Les enfants sont les premiers levés et en courant font résonner les lattes de bambou flexibles. La forêt est encore nappée de brume, tandis que les hommes et les femmes s'éloignent et s'enfoncent dans la pénombre. Ils partent, des hottes d'osier sur le dos, récolter le padi, travailler les plantations de poivriers ou de bananiers, recueillir le latex. Bilang, délicieuse, m'apporte une tasse de milo, avant de courir rejoindre ses compagnes, en riant, à la fois moqueuse et timide. Richa, est près de moi et m'observe. Preslé, me fait visiter son « village ». Seuls sont restés les enfants bruyants et les vieux, toujours affairés qui m'accueillent chaque fois avec courtoisie. Je les visite les uns après les autres, ils déroulent une petite natte sur laquelle je prends place et je leur souris avec tout ce que mon cœur contient d'amitié et de gentillesse.

Sous la maison, entre les pilotis, courent les poules et les cochons, réservés aux jours de fête, que l'on nourrit directement par les interstices du plancher. Des chiens plutôt maigres, des coqs de combat, des singes, des perroquets et des toucans au bec d'ivoire, font aussi partie des animaux familiers.

Armés de petits fusils, nous partons à la pêche. La pirogue se dirige en amont et remonte de nombreux rapides menaçants. Débordement de végétation, cigales grinçantes, oiseaux criards et turbulents, lourds effluves humides, je me sens heureux au cœur de cette jungle de Bornéo. Nous pêchons de nombreux poissons à moustache. Preslé est ravi de ses prises. Au retour, sur la rive, nous cueillons la fougère, que l'on prépare à la manière des épinards et qui fait partie du menu quotidien. Au-dessus d'un feu de bois, un Iban et son épouse font chauffer des bambous remplis d'eau et de riz, bouchés à l'aide d'une feuille. Ils les retirent ensuite du feu pour les plonger dans la rivière. Au bout d'une semaine de fermentation, le *tuak,* alcool de riz, est prêt à la consommation.

Tandis que les adultes récoltent le padi, les vieux cramponnés à des lanières tombant du plafond, piétinent les épis de la récolte de la veille. Puis les femmes passent les grains au tamis, l'éventent et sur le tanju surveillent le séchage, une longue badine à la main pour éloigner les poules. D'autres anciens tressent des paniers, des nasses pour la pêche ou taillent des outils dans le bois. Deux gamines nues, lèvent et abaissent, en cadence, le lourd pilon qui permet d'extraire la farine, des grains dorés du padi, à l'aide de laquelle seront préparées des galettes. Les enfants sont les rois de la maison-longue et leurs cris joyeux, leurs pleurs parfois, retentissent tout au long de la journée. En fond sonore, un transistor dispense une musique nasillarde. (Comme dans toute tribu qui se respecte de par le monde aujourd'hui.)

5 heures de l'après-midi. Tout le monde a regagné la maison. C'est l'heure du bain collectif dans la rivière. Hommes et femmes vont à l'eau « habillés », ils conservent leur sarong. Je me baigne en maillot, à la surprise générale. J'admire ces corps sains et sveltes quoique petits. Leur peau est parfois claire, les yeux sont ronds et très noirs, les nez épatés et les lèvres nettement dessinées. Les filles aux cheveux fins sont jolies. On observe discrètement le Blanc, la bonne humeur est générale. Bilang et son amie Jawaï, m'aspergent en riant aux éclats.

Pendant le repas, Bilang m'a préparé, insigne honneur, quelques sucreries. Je songe que ce petit monde témoin des origines est menacé. La civilisation occidentale s'infiltre, sournoise : moteur hors-bord, presse à caoutchouc, transistors... Les jeunes ne veulent plus se tatouer ni se laisser percer les oreilles. Ils ont des cheveux courts à l'américaine, portent des jeans serrés et les paquets de cigarettes commencent à circuler. Un ou deux jouets de plastique traînent sur le plancher de certains bileks. Le monde s'uniformise, mais refuse toujours de s'unifier.

Bilang me fait visiter sa *makaï,* cuisine, où se trouvent d'énormes jarres chinoises de la dynastie Ming. Elle y conserve le riz, l'huile et le tuak. Elle me fait mâcher du *pinang* (bétel) dont les feuilles amères sont enduites d'une pommade blanche très salée, qui facilite la digestion et rougit la salive. Les vieilles en ont les lèvres colorées, cachant mal des chicots noirs.

Richa vient ensuite me chercher et m'entraîne dans son bilek, où sa grand-mère m'offre un ananas. Sur le feu grillent des noyaux de *nangka,* dont les amandes ont un goût de châtaigne. Au « grenier », sont rangés les attributs des fêtes prochaines : peaux de panthères piquées de plumes multicolores, peaux de chèvres cousues de nacre, bonnets de perles et plumes ainsi que les gongs du gamelan. Il me sort triomphalement des crânes ficelés, restes, entre autres, de l'ancienne coutume prénuptiale, qui voulait que toute demande en mariage soit accompagnée de l'offrande d'une tête. Amoureux, le garçon tenant particulièrement à la vie ne prenait aucun risque. Dissimulé dans les hautes herbes, il guettait les enfants et les vieilles femmes !

Les maisons étaient construites sur pilotis, afin d'éviter toute attaque-surprise au bon temps des razzias de têtes. En 1920, des missionnaires protestants ont mis un terme à la chasse aux têtes. Heureusement pour le folklore, les légendes ont la vie dure.

L'anticommunisme officiel limite la durée de mon séjour à Bornéo. Le cœur gros, Bilang m'offre une papaye cuite à mon intention. Nous buvons un peu d'alcool de riz. Richa me passe autour du cou un collier de perles et Preslé dépose sur mon sac un petit bouclier qu'il a lui-même décoré.

— *Selamat tinggal, selamat tinggal* (au revoir).

Les bras restent longtemps levés, les mains s'agitent, la maison-longue s'éloigne et disparaît, enfouie dans la jungle.

J'AI BRULÉ DE L'ENCENS

Singapour, contact choc avec une Asie de poche. Avant-goût irrésistible du plus fabuleux et du plus étendu des continents, kaléidoscope de mouvements, de couleurs, de bruits, de lumière, festival pour les sens. L'un des plus grands ports du monde, un vaste et fourmillant marché, une foule d'îlots verdoyants, une foison de boutiques pleines à craquer. Chinois débonnaires, Malais toujours souriants, Indiens secs et réservés, Européens distants ; hindouisme, confucianisme, taoïsme, bouddhisme, mais aussi christianisme et islamisme, voilà le curieux mélange de Singapour à l'architecture si diverse. Variétés aussi dans les costumes, saris soyeux brodés de fils d'or, *samfus* noir [1], longs *cheongs-sams* fendus sur le côté, sarongs à motifs batik, uniformes blancs des marins américains omniprésents, complets distingués des Anglais et l'universelle mini-jupe, sans compter l'international laisser-aller des touristes. Une des capitales de l'art culinaire soumis à la gourmandise de chacun selon sa bourse sur le modeste plateau d'une carriole ambulante, à la devanture d'une petite échoppe ou sur les présentoirs des restaurants les plus raffinés. Canard laqué, nouilles chinoises, fruits pelés, pâtisseries ensorcelantes, curry de toutes les sauces, boulettes de mouton, poissons encore frétillants... que de sollicitations. Odeurs multiples : encens discret des boutiques, lourd des temples, parfums de santal, de mille fruits mais aussi celui des canaux aux eaux croupissantes. Bruits insolites : martèlement de *sogo lane* où l'on taille les troncs d'arbres pour en faire des cercueils, sonnettes des cycles innombrables, sirènes des cargos, pétards de la fête chinoise, gong, flûtes et cymbales des processions, des funérailles... Succession ininterrompue de couleurs, de bizarre et d'inattendu mais mosaïque sans ciment.

Premier obstacle pour le visiteur, éberlué, que je suis : la langue. On y parle principalement quatre langues : le chinois, le malais, l'anglais et le tamoul que l'on écrit en caractères latins, chinois, tamoul et arabes. Le malais est la langue officielle, mais pas la plus usitée. L'anglais, qui n'appartient plus à personne, sert de langue « véhiculaire ». Le

1. Pantalons portés par les Chinoises.

tamoul n'est parlé que par une partie des Indiens et le chinois se divise en de nombreux dialectes. La pagaille est absolue et révélatrice de la barrière qui s'élève entre les individus dès leur plus jeune âge, obstacle majeur à l'unification des peuples. Le besoin est pourtant évident d'une langue et d'une écriture internationales auxiliaires qui, sans détruire la langue d'origine, véhicule de la pensée et de la culture maternelles, favoriseraient la compréhension universelle.

L'un après l'autre, je visite les temples représentatifs des différentes religions pratiquées à Singapour. Je me suis fait asperger d'eau parfumée par un brahmane dénudé dans un temple de Çiva, j'ai brûlé de l'encens au pied du *Tathagata* [1], j'ai jeté des morceaux de bois en forme de gros haricots au pied d'une statue à la bouche dégoulinante d'opium dans un temple taoïste. J'ai la tête pleine des éclats sonores de toutes les cérémonies. Pétards, coups de gong de la procession bouddhique, roulements de tambour, carillons et trompettes du temple hindou, etc. Jeux de lumières, bougies parfumées, pétales de fleurs répandus à profusion, litanies, incantations... Je songe à nos grand-messes d'autrefois. Encens, sonnettes, faste vestimentaire, le spectacle est analogue, même moquerie carnavalesque tellement éloignée de l'enseignement des fondateurs de ces religions. Cela ne m'avait pas frappé auparavant. Les rites entretiennent la division des hommes aussi. Et puis, s'il n'y a qu'un seul Dieu, pourquoi tant de religions ?

J'ai désormais mis les pieds dans la poudrière asiatique. Mes déplacements, menacés par les guerres, les révolutions, les embuscades que les hommes s'ingénient à multiplier, vont devenir difficiles, voire risqués. Les perspectives ne sont pas très engageantes, quel que soit l'horizon vers lequel je me tourne. Sarawak : chasse aux terroristes communistes et couvre-feu quotidien ; Malaisie : guérilla à la frontière thaï; Thaïlande : la route Bangkok-Phnom Penh est fermée depuis dix ans pour cause de « neutralité » ; Laos : seule Vientiane

1. Celui qui a franchi le gué (Bouddha).

est accessible et relativement sûre ; Birmanie : les frontières sont fermées, purement et simplement ; Viêt-nam : la guerre que l'on sait. Le 20 mars, j'apprends en lisant le « Strait Times » que les Viets sont sur le point d'envahir la capitale cambodgienne. Je pourrais renoncer, mais je n'ai pas l'habitude de revenir sur mes pas et les événements de Singapour même, décident pour moi. Je n'ai pas d'autre choix que la fuite en avant, car il vient de se constituer des groupes [1] de chasse aux hippies. Tous ceux qui avaient trouvé refuge au *Sam Leong*, un hôtel bon marché et autres bouges du quartier chinois ont été expulsés. Dans une faculté où j'ai repéré une banquette tranquille, pour dormir, je me sens relativement à l'abri. Ça ne dure pas, Philip, un stoppeur anglais, me signale qu'il est devenu impossible de circuler dans la ville. On l'a arrêté dans une boutique de souvenirs, on lui a piqué son passeport et on ne le lui rendra qu'à la frontière.

— *This is no good !* C'est pas bon, ça. Je ne veux plus être moine.

— Mais pour quelle raison, révéré Pra Boontin' ?

— Le moine pas pouvoir toucher la femme !

La cellule sur pilotis est étroite et fort simple. Entorse à la rigueur monacale, des photos grand format alignées sur les murs, de filles nues, dorées et pulpeuses, poitrine offerte, que le magazine américain Play boy publie chaque mois en page centrale.

C'est une tradition en Thaïlande, chaque famille doit avoir un bonze parmi les siens. C'est une question d'honneur et c'est pour cela que Pra Boontin' est là devant moi, le crâne et les sourcils rasés, allongé sur sa planche, les pieds à proximité d'un ventilateur, tirant avec une lenteur désespérante sur une cigarette qui sent très mauvais. Il va passer toute sa vie dans cette école d'oisiveté. Les vœux des bonzes sont, paraît-il, révocables, mais qui voudrait employer Pra Boontin' qui ne sait rien faire de ses dix doigts ? Victime de la coutume,

1. Corps spécial de la police.

il se morfond dans son *wat* (monastère). Pour sa docilité, il aura droit en retour, à la vénération de ses semblables et à la meilleure place dans les autocars.

Chaque jeune homme doit effectuer, une fois dans sa vie, au moins trois mois de retraite à la pagode, avant d'affronter l'existence sous peine d'être un mauvais garçon et de ne pas pouvoir se marier... L'idée en soi n'est pas mauvaise. Qu'un homme, au seuil de la vie adulte, se retire et réfléchisse, dans le calme, le silence, à ce qu'il sait, à ce qu'il pense devoir faire dans la vie, est une excellente chose. Mais l'esprit des origines s'est dilué à mesure que la tradition se perpétuait et aujourd'hui, la retraite n'est plus qu'une corvée. On passe son temps à attendre la quille en essayant de le meubler le plus possible avec les moyens du bord : transistor, Playboy, jeux de dés, cartes...

Depuis quinze jours, je tente de me familiariser avec les *dhammapadas* de l'Illuminé [1]. En marge du recueil et sur mon livre de bord, j'ai pris des notes, j'ai dessiné les différentes *moudras,* mimiques sacrées. J'en ai appris la signification et je connais par cœur l'essentiel de la vie de Bouddha. Mais comment véritablement travailler dans cette ambiance frelatée.

— *To-night, I go to play* [2] *!*

Pourquoi pas, je pense qu'après tout la vie de moine n'est pas incompatible avec le sport et voire, une certaine détente.

— A quel jeu allez-vous jouer ?

La question à peine posée, je me rends compte de mon erreur. Les Thaïs, comme les Chinois, ne savent pas prononcer les « r » et les remplacent par un « l ». Mon bonze a voulu dire « pray » (prier) et non « play » (jouer). Pour eux, je suis : « Andelé ». Ce « l » est source de surprise. Un matin. au réveil, Pra Boontin' me dit joyeux :

— Aujourd'hui, jour de fête, *plenty lice !*

---

1. Textes sacrés du Bouddha.
2. Ce soir, je vais jouer.

Interloqué, je cherche à comprendre.

— *Yes, to-day, plenty lice, plenty lice, good lice. Don't you like lice*[1] *?*

Oh ça non, je n'aime pas ça du tout. Puis je comprends trop tard encore, qu'il me faut entendre « rice », riz.

Le Wat Hualu Pong est un grand complexe de cellules, de *bots, viharns* et *chedis,* une des trois cents oasis de silence de l'infernale Bangkok, trépidante, malodorante, archi-polluée, surpeuplée et striée de canaux fétides. Pra Boontin' se lève à 6 heures chaque matin, enroule méticuleusement sa tunique safran et muni de son grand bol noir qu'il couvre d'un plat de cuivre, il part faire ses « provisions ». Scène typique de Bangkok, s'il en est, que cette apparition, dans les rues grises, de tous ces pantins jaunes en quête de riz qu'on leur offre en quantité. Respectueux, les passants quittent leurs chaussures, s'agenouillent et saluent le bonze avant de lui faire offrande. Une fois le bol rempli, s'il y en a trop, le restant est déversé dans un sac que porte un boy, le bonze se retire dignement, sans dire merci, ainsi que le recommande Bouddha. Autrefois, le moine se contentait d'une poignée de riz et reprenait sa vie de méditation, mais aujourd'hui, le bol a pris des proportions familiales et le public, en offrant abondamment, fait un placement d'avenir, espérant ainsi gagner son ciel.

Pra Boontin' a son coin réservé, non loin de l'Institut Pasteur, personne ne songe à le lui chiper, car c'est un ancien, il y a dix ans qu'il est bonze. Assis en tailleur, il mange avec les doigts, puis en second, il me tend le bol. Les restes seront partagés entre deux ou trois moinillons qui font office de boy, lui font ses courses et nettoient sa cellule. Le deuxième et dernier repas de la journée est pris à 11 heures. Le soir je suis seul à avaler les restes rances, les bonzes ne font que deux repas par jour.

Une fumée blanche s'élève de la cheminée. C'est bon signe. On incinère un défunt ! Ce jour-là, en plus du spectacle coloré, on fait bonne chère. Les crémations sont prétextes à

1. Lice : poux. Poux à volonté !...

des réunions de famille où l'on mange et boit volontiers.

Le Thaï est généreux et l'étranger est un invité d'honneur. Les proches ont pris une dernière photo devant le cercueil décoré de rouge et d'or, qui est ensuite soigneusement démonté. Un second, plus rustique, est alors ouvert à coups de burin. Une odeur insoutenable se répand et pique les yeux. Le corps, en partie décomposé, macère dans son jus, les mains jointes renfermant des fleurs de lotus et des bâtonnets d'encens. On lui découvre la tête et avec le doigt, l'un de ses amis lui sort de la bouche une pièce de un *baht* (monnaie thaï) insérée cent jours plus tôt. Avant d'être introduit dans le crématoire, le cadavre est arrosé d'eau parfumée. Chacun va ensuite allumer le bûcher. Même moi.

Ces soirées funéraires sont pour Pra Boontin', l'occasion de se rendre utile. Enveloppé dans son drap orange, dissimulé derrière un grand éventail ovale, il psalmodie durant deux heures, au pied d'un Bouddha en or massif. Coca-cola glacé, cigarettes, crachoir et ventilo, on est équipé pour ces cent vingt minutes passées sur le sol du grand *viharn* [1]. Il regagnera sa cellule en emportant un cadeau que lui fait la famille. Les bonzes reçoivent exclusivement des dons en nature. Au moment de mon départ, je le débarrasserai d'un lot de savonnettes et de dentifrice, reçu en de telles circonstances.

Bangkok, c'est aussi les filles les moins chères d'Asie et New Petchburi road, appartient aux G.I.'s en « R and R [2] » qui investissent les hôtels de luxe, les « hamburgers-restaurants », les drugstores et surtout les nombreux bars ouverts à leur intention. La lumière crue des néons éclabousse la nuit. Ivres d'alcool, de musique, ils se frottent outrageusement contre les filles à la peau si soyeuse, puis leur choix fait, ils règlent le patron et disparaissent en taxi avec l'élue de la soirée.

Le nombre trop important des maisons de massage m'in-

1. Lieu de prière.
2. Permission. Le Viêt-nam n'est pas loin.

trigue. Je pousse une porte. Dans une vitrine, sous une lumière rosâtre, des filles en blouse blanche, fendue et ultra-collante, peintes comme des poupées, attendent devant une télé. Chacune à un numéro. La vitre teintée ne leur permet pas de voir la foule des mâles surexcités qui, l'eau à la bouche, ne les quittent pas des yeux. Je songe à la bassesse, au ridicule aussi, de ce commerce, à ce que peuvent penser ces pauvres filles, à la guerre si proche, à ces jeunes Américains déchaînés.

— Alors, t'as choisi ton numéro « John » ? Une main s'est abattue sur mon épaule, me faisant sursauter. C'est trois dollars de l'heure. Tu prends une serviette là... la caisse est à droite... et si tu désires *foki-foki*, c'est extra, tu t'arranges avec la mademoiselle...

— *Koon, koon,* toi, viens ici.

Pra Boontin' me montre une photo du « Daily News » de Bangkok. Pas de doute, c'est bien moi. En short, pieds nus, collier iban autour du cou, caméra au poing, de la main j'effleure le menton d'une danseuse-étoile de la télé. Mon geste est banal, il a pour but d'améliorer la prise de vue. La fille était superbe, orchidées dans ses cheveux noirs, tunique de soie brodée d'or et d'argent, couronne incrustée de pierres, faux doigts, longs, recourbés et dorés, un rêve ! Hélas au Siam, on ne touche jamais une femme en public, sauf, peut-être, si l'on est G.I. à dollars. J'ignorai ce détail. En tout cas j'ai droit à une légende gratinée : « Ce hippie ne sait pas se conduire, ce qui n'est pas surprenant de la part d'un individu aussi mal habillé. La Thaïlande n'aime pas les hippies. Comment celui-ci a-t-il pu entrer dans le pays ? » Je déplore le ton de ce commentaire tout en reconnaissant que j'aurais pu agir avec plus de discrétion. J'explique à Pra Boontin' ce que mon geste peut avoir de banal en Europe, qu'il ne doit pas m'en vouloir. Je lui dis aussi que la légende me choque parce qu'elle est trop inamicale. Vilipender l'étranger n'est pas la solution qui conduit au bonheur des peuples. Les journalistes ont beaucoup de responsabilité. Après tout celui-ci était peut-être amer ce jour-là, bien que ce fût fête : le *Songkran,* (le nouvel an bouddhique). Je veux oublier ce léger incident pour ne me souvenir que de l'extraordinaire générosité, de la fraternité du peuple de ce pays que j'ai pu parcourir en tous sens. Ce pays où pas une seule nuit je n'ai dormi dehors. Au coucher du soleil, on venait souvent me chercher au bord de la route.

— Il est tard maintenant, viens à la maison...

Ce pays où des inconnus règlent la note de restaurant des étrangers, sans mot dire... Ça m'est arrivé.

Une hutte de vulgaires planches, sur pilotis, à toit de chaume. Je salue, les mains jointes sur la poitrine, la tête légèrement inclinée. Salutation tellement plus belle, plus respectueuse aussi, que notre rustique poignée de main. Mon hôte m'offre avec tant de spontanéité de partager son pauvre repas : le riz cuit du matin, de tout petits morceaux de viande, des pois chinois. Simplicité, générosité, compassion, détachement, pacifisme, sont les fruits du Bouddhisme.

Le long de ma route, des éléphants, leur cornac sur la tête, vont au travail, des milliers de buffles gris ou rosés, ornés de cornes énormes et semi-circulaires — un enfant, le gardien souvent assoupi sur le dos de l'un d'eux — et des zébus blancs à la bosse dodelinante paissent tranquillement. Montagnes, jungle, plages, encore et toujours des rizières, voici le paysage du Siam. Il fait chaud, trop sans doute et particulièrement sur le nouveau pont qui aujourd'hui enjambe la célèbre rivière Kwaï.

Les soirs de grande fatigue, je n'hésite pas à me présenter à la première pagode venue. Je repère facilement sa proximité, grâce au faîte de son toit doré et pointu. Le scénario est chaque fois le même. Curieux, les bonzes m'encerclent aussitôt, tâtent ma chemise, soupèsent mon sac, jouent avec mon collier, puis me caressent les bras et les jambes. Les Thaïs sont imberbes et la présence de poils sur mes membres les intrigue. Ils se mettent, alors, à rire. Cet instant inévitable passé, je demande à voir le chef que je salue d'une profonde courbette, à genoux, mains jointes sur le front. Une fois la permission accordée, il ne me reste plus qu'à interpeller un moinillon pour connaître l'endroit où je pourrai dérouler mon duvet et déplier ma moustiquaire, puis un autre pour récupérer quelques restes de riz. Nu comme un ver, je prends ma douche environné de mes bonzes qui, ahuris, me scrutent de la tête aux pieds. Parfois, excédé je leur balance le contenu d'une gamelle d'eau, pour les éloigner. Mais ils reviennent pour assister à la séance de rasage. C'est en général la première fois qu'ils voient un rasoir électrique et surtout... une barbe.

Les « Phantoms », spectres de mort, déchirent l'air de leurs hurlements stridents et lugubres. Le vacarme de leurs réacteurs et les bruits de la guerre ont depuis longtemps fait fuir les oiseaux. D'interminables convois marqués de l'étoile blanche, défilent, remplis de bombes. Dans le ciel des hélicoptères kaki vont et viennent, menaçants. A bord des camions, des appareils, des chars, une foule de géants blonds et mastiquants : les Yankees. Korat, Udhorn-Thani, je remonte vers le nord, vers le Laos. J'arrive au pays de la guerre, de la peur, de la mort.

Sans un mot, un cireur de chaussures a vidé le contenu de sa sébille dans la main du contrôleur. L'homme en guenilles, pieds nus, pauvre comme Job, m'a offert le voyage en bus. J'ai honte. Je voudrais le rattraper, mais il s'éloigne déjà et la foule dense m'empêche de le rejoindre. Humble cireur, en te privant avec une telle noblesse, tu t'es montré *bhikshu*, bonze véritable que je n'oublierai jamais. *Kob Koon*, merci de tout cœur.

Lang Xang (Laos), le pays du million d'éléphants. Je n'en ai vu aucun, pour cause de guerre. Seule Vientiane, qui respire avec la lenteur d'un agonisant, est accessible.

— Ils tirent sur tout ce qui a la peau blanche... Ça n'est pas écrit sur le bout de ton nez que tu n'es pas Américain !

Je suis prévenu. Je voudrais tout de même visiter Luang-

Prabang, l'ancienne capitale, située en amont, sur le Mékong. Je me renseigne. Fleuve ou route, la réponse est chaque fois négative ou du genre :

— C'est à vos risques et périls, vous avez une chance sur deux.

Rien ne me prédispose à jouer les héros, j'estime plus urgent de terminer mon voyage, avant de songer à visiter l'autre monde. Une mission militaire française d'instruction me propose une place à bord de son avion, mais mon visa ne me permet pas d'attendre, la date du vol est trop éloignée. Reste l'aéroport de la Royal Laos Air Force. Sous un grand hangar croupissent des familles militaires en partance pour Luang-Prabang, Paksé ou Savannakhet. Je patiente trois jours au milieu des enfants pleurnichards. La patrouille de sécurité ne m'a éjecté qu'une fois. L'aéroport ronronne comme une ruche. De minuscules T.28, avions-école, décollent et atterrissent les uns derrière les autres, sans cesse. On a trouvé le moyen de les garnir de bombes, ils ont pour mission d'incendier les paillotes de la brousse et de provoquer l'exode vers les villes encore aux mains du gouvernement que soutient l'Amérique. Ainsi a-t-on la preuve que la population souhaite le maintien du gouvernement en place puisqu'elle se réfugie « spontanément » dans les villes encore aux mains du pouvoir officiel ! Aux commandes des T.28 des pilotes américains *en civil* que je côtoie chaque jour. Officiellement, il n'y a pas de soldats US au Laos. Je harcèle les gradés civils.

— Je veux aller à Luang-Prabang.

Les appareils sont surchargés, mais je finis par obtenir une place. La ville sommeille au pied du Phousi au confluent du Nam Khan et du Mékong. La chaleur y est lourde, intense. Trompeuse léthargie. Les militaires sont partout. La guerre est là, grenades dans un cinéma, rafales d'armes automatiques dans les faubourgs et partout des réfugiés, drame de notre siècle. Désespoir muet et indescriptible.

Bendara, un nom léger et gai comme les notes du *Lanat*, (petit xylophone en bois de teck) qui en Pali, langue locale, signifie étoile aux cinq beautés. Dix-neuf printemps, elle m'avait cueilli, à mon arrivée à Vientiane, dans son bureau de tourisme de l'hôtel *Lane Xiang.*

— Viens donc chez nous.

Une grande maison de bois, située un peu à l'extérieur de la ville, neuf enfants s'efforcent d'y oublier la guerre. M. Bandasak, son père, a séjourné en France. Je partage le grand lit et la moustiquaire de son frère Saysana.

Bendara, dès qu'elle rentre du travail, quitte sa mini-jupe et dénoue son chignon pour laisser courir ses cheveux magnifiques dans son dos. Fragile, elle a un corps très menu. Elle ne l'est qu'en apparence car elle pratique le judo. Gaie, franche et avenante elle est éprise de liberté. Elle aurait voulu être pilote, ce qui n'est pas permis aux femmes, au Laos. Je reconnais chez elle la griffe du Sagittaire. Vive, intelligente, elle parle six langues et voudrait apprendre le russe et l'espagnol. Elle a fait une demande de bourse pour aller étudier les sciences politiques à Rostov, en Union soviétique. Sur le formulaire d'inscription, à la question de quelle race êtes-vous, elle a répondu : chienne bâtarde ! Dans son bureau de tourisme, elle étouffe et rêve de voyages lointains. A la recherche de la fraternité universelle, en désaccord avec le bouddhisme d'aujourd'hui, elle appartient à cette jeunesse qui a dépassé les frontières de la patrie et de l'esprit nationaliste. Bendara, ton étoile à cinq beautés est une étoile pour les cinq continents.

La fumée s'attarde dans la pièce. Le chat, indolent, attend que les marguillas [1] transparents tombent du plafond pour les saisir d'un coup de patte. Des chiens folâtrent. Bendara se charge le plus souvent de la cuisine. De temps à autre, elle délaisse le poisson en train de frire, pour venir me dire quelques mots sous la véranda. Elle va et vient, emplissant les heures de sa délicieuse présence. Les « cob-couns » réguliers des crapauds-buffles ponctuent la nuit.

Elle me fait oublier les nouvelles alarmantes qui nous parviennent du Cambodge et du Viêt-nam voisins.

---

1. Petits lézards dont les pattes sont munies de ventouses et qui se nourrissent de mouches.

Ses parents, ses frères et sœurs se sont retirés sous leurs moustiquaires. Bendara, restée seule, se blottit contre moi. Sa fraîcheur, son innocence me surprennent toujours : je n'ai pas l'habitude des jeunes filles. La confiance qu'elle a en moi me confond. Elle me regarde avec une infinie tendresse. Quelque chose semble cependant la préoccuper. Elle hésite, puis tout à coup, de sa voix suave, dans un français chantant me demande :

— André, as-tu déjà embrassé une fille ?

— Les étrangers sont priés de ne pas quitter la capitale, répète toutes les heures Radio Phnom-Penh.

La confusion est totale, les communistes sont à portée de canon de l'aéroport Pochentong où je viens d'atterrir, et occupent la moitié du Cambodge.

Les plus grandes ruines du monde, le fabuleux ensemble des temples d'Angkor-vat sont encore sous le contrôle des troupes de Lon Nol ; je dois absolument m'y rendre et tout de suite, car la situation se dégrade. Une fois de plus, est-il encore utile de le préciser, la chance me sourit. Des israéliens sont autorisés à effectuer, pour le compte du ministère de l'Intérieur, des recherches agronomiques dans la région d'Angkor. Je fais la route sud en Land Rover, en compagnie de M. Roth. La directe au nord du lac Tonlé Sap est coupée. Grâce à son ordre de mission, nous franchissons sans encombre une vingtaine de barrages militaires.

Siem Reap, la ville voisine des temples khmers, regorge d'uniformes. On se prépare à résister à un siège, on creuse des tranchées, on empile des sacs de sable, on décharge des munitions et met en batterie des mitrailleuses à chaque angle de rue. Les touristes ont déguerpi, seuls demeurent quelques « fous » de mon espèce. Il y a du pain français, du beurre, du café noir au marché, tout ce qui m'a manqué le plus tout au long de mon voyage, et pourtant je n'arrive pas à savourer le plaisir que me procure un petit déjeuner à la française. Le cœur n'y est pas, ce peuple souffre trop intensément dans sa chair pour que je puisse assister indifférent à ce drame et me goberger.

Je loue une bicyclette, j'achète un ananas, mon repas quotidien, pour trois fois rien et je quitte Siem Reap par l'avenue du Général-de-Gaulle. A six kilomètres de là, m'attend le plus grand ensemble de ruines de la terre, environnées d'une paix qui me surprend, tant, tout à coup, la guerre semble lointaine.

Tout est grandiose, immense, véritablement à la mesure des dieux que l'on y honorait. Ta Phrom est le temple que je préfère. Les archéologues français qui ont réalisé un travail remarquable n'ont fait que débroussailler celui-là, afin de donner une meilleure idée de ce qu'ils ont trouvé à leur arrivée. Des fromagers, à la taille imposante, majestueux, ont emprisonné la pierre. Leurs racines énormes, tentacules d'un monstre insatiable, enlacent les piliers, soulèvent des blocs de plusieurs tonnes. Certains se juchent sur les toits, crèvent les murs d'enceinte. La nature reconquiert ses droits, inexorable. Des singes, fort irrespectueux, sautent de mur en mur, se perchant sur les *stalaos* au tronc blanc et cannelé. A Ta Som, les racines d'un ficus affublent d'une chevelure grotesque de Beatles, les quatre têtes géantes de Lokeçvara de la *gopura,* porte d'entrée. Les batailles et les scènes militaires succèdent aux ballets de coquettes *devattas* et *apsaras,* danseuses célestes aux formes suggestives. Angkor-vat, une volupté infinie, un plaisir de tous les sens renouvelé de minute en minute, une vertigineuse et fausse sensation de sécurité, au cœur même d'une poudrière.

La guerre est là, toute proche, je dois regagner la capitale. Je m'étais promis dix jours de ce régal archéologique. Je choisis de fuir au matin du neuvième, en haut d'un camion bondé. Le lendemain [1], les ruines tombent aux mains des « rebelles » qui bombardent Siem Reap et l'aéroport !

En plus, je dois une fière chandelle au stop lui-même : le train pour la capitale a sauté !

1. Jeudi 4 juin 1970.

Frises de barbelés, sacs de sable, miradors, jeeps rugissantes, postes de tir, slogans sur la chaussée et les murs, chicanes, fusil mitrailleur en batterie, militaires casqués, une étincelle suffirait... D'autant plus que les soldats sont pour la plupart de jeunes recrues inexpérimentées et impulsives. Elle ne tarde pas l'étincelle, un coup de feu claque, puis en écho, un autre lui répond, puis deux, trois, une rafale suivie d'une grenade, la guerre s'infiltre. Des fusées éclairantes trouent l'épaisseur de la nuit. Je dors dans une classe d'école, installée dans les bâtiments de l'évêché, les coups partent d'un réservoir d'eau, point stratégique abondamment gardé, à cent mètres de là. J'arrête mon ventilateur pour mieux écouter le sifflement des balles. Je me demande s'il est bien raisonnable de risquer un œil à l'extérieur. Je retiens mon souffle, mon estomac est noué, mon cœur cogne, j'ai peur. La curiosité l'emporte toutefois. Je rampe vers la fenêtre. Les fusées éclairent davantage.

— La belle rouge, la belle blanche !...

Tout l'évêché est au balcon, au troisième, deux ou trois prêtres commentent la fusillade en blaguant.

Une heure plus tard, fin de l'alerte, je me rendors, comme d'habitude.

« A bas Sihanouk, vive Lon Nol », « Mort au virus viet », les murs dégoulinent de ces appels à la haine, au meurtre.

Les écoles sont transformées en casernes et Phnom-Penh n'est plus qu'un champ de manœuvre. Dès son arrivée au pouvoir le nouveau chef de l'état n'a pas fait de détail. Il faut se débarrasser des vietnamiens, avait-il proclamé en quelque sorte. Ses concitoyens, eux non plus, n'ont pas fait de détail, ils ont massacré, violé, dépouillé tous les vietnamiens qu'ils ont pu rencontrer, assouvissant une rancune séculaire. Des centaines de cadavres flottaient sur le Mékong, ce fut affreux et d'autant plus regrettable que Lon Nol avait désigné les Vietnamiens du Nord et non pas les immigrés qui depuis fort longtemps, étaient installés au Cambodge et vivaient de leur travail. C'est sans doute ce que leur reprochait la population : travailler et bien, au point de passer maîtres de l'artisanat et d'une grande partie du commerce. Le patriotisme a bon dos. Des milliers de Vietnamiens ont tout de même pu échapper au massacre et se réfugier, entassés dans la boue pour la plupart, au séminaire ; certains sont même installés sur les toits. Ils ont tout perdu. Et moi qui râle qu'on vient de me faucher montre et liquide.

En les regardant, je me souviens de la guerre, la nôtre, à Brunoy. Le marché désert, les tickets pour le pain, le lait, les biscuits à gros grains de sel distribués à la récréation, les alertes, on fonçait s'abriter à la cave ; des mots s'alignaient dans ma tête : exode, fusillé, bombardement, gestapo, otages, mort, mort... La peur m'envahissait. Mes premiers souvenirs de la vie. Là où je ne voyais que souffrance, haine, hideur, on a essayé de me faire comprendre alors que ça s'appelait gloire, grandeur, héroïsme. Etonnant le patriotisme. Tuer devient légal, un devoir, une source d'honneur, la médaille... comme à Mexico. Bon sang, que l'homme est difficile à comprendre certains jours, et désespérant.

— Oh, oh ! vous vous prenez pour Fangio ? Regardez l'état de la route, on va se casser la figure à cette allure !

— Mon petit gars, tu vois le soleil là-bas à l'horizon, dans cinq minutes il sera couché et ici ce sera l'enfer, moi je n'ai pas une vocation de passoire...

Le diplomate coréen qui m'amène à Saigon n'est pas très optimiste, il prévoit du grabuge et appuie à fond sur l'accélérateur. Je ne suis pas rassuré, avoir le choix entre un obus de mortier et un tonneau dans le fossé, ne me pousse pas à la rigolade.

Il y a trente ans que l'on vit entre deux morts au Viêt-nam. La guerre est partout [1], les routes sont encombrées de chars, de camions, de jeeps, d'automitrailleuses. Depuis quelques jours, je me prends pour un général en inspection. C'est dégoûtant. Je ne fais plus le tour du monde, mais celui des « théâtres d'opérations » en stop.

1. Je n'ai pas été autorisé à pénétrer au Nord.

Contrairement à Ventiane et à Phnom-Penh, Saigon est en pleine effervescence, la guerre aussi présente ici qu'ailleurs, plus meurtrière même, est devenue routine. Chacun des habitants porte dans sa chair ou dans son cœur et parfois les deux, une blessure profonde. On me prend pour un Américain. Je suis donc soupçonné d'avoir des dollars plein les poches. Motos, pousses, autos s'arrêtent et me proposent de me véhiculer. Je me crois obligé d'expliquer que je suis français et sans un : on me conduit là où je le souhaite et sans débourser !

La mousson transforme les rues en bourbier et la guerre pourrit tout. On se bat aussi entre frères à l'intérieur de la capitale, les étudiants se sont soulevés contre Thieu et les députés s'étripent à l'Assemblée nationale, sans oublier les bagarres entre soûlards, entre les filles des bars et les G.I.'s en perm. La violence est à tous les niveaux, les enfants en sont nourris dès la naissance. Je découvre l'homme dans ce qu'il a de plus instinctif, de plus hideux.

Ce qu'il y a de plus beau, de plus délicat au monde, est pourtant là, à deux pas de cette tuerie trentenaire. Ailes brillantes et colorées, les *ao dai* [1] volent délicatement dans ce champ de mines. Les Vietnamiennes sont à mon sens, les plus angéliques des filles de la terre. Dans le haut de la fente latérale, juste au-dessus du pantalon de soie noir, apparaît un petit triangle de peau. Peau très claire, visages fins, lèvres délicatement prononcées, yeux troublants en amande, cheveux noirs de jais sous un chapeau conique, svelte et gracieuse, la Vietnamienne m'aide à comprendre la nostalgie des anciens de l'Indo. Gracieuses libellules, quand le soleil se relèvera-t-il sur ton pays, le pays de l'*Ahimsa*, de la non-violence ?

— Le tour des Philippines en stop ? On voit bien que vous n'y êtes jamais allé. Il faut être totalement inconscient, vous allez vous faire coller une balle dans la peau. Croyez-moi, vous devriez poursuivre votre route.

---

1. Tunique à deux pans du costume traditionnel féminin.

Le pilote d'Air France m'a averti dès ma descente d'avion. Je suis sceptique. J'arrive du Viêt-nam... Si j'écoutais tout le monde, je serais encore à Brunoy.

— Taxi, monsieur, taxi !

— Je ne suis pas un client pour vous. Je fais du stop.

Les chauffeurs n'en croient pas leurs oreilles. L'un d'eux s'accroche.

— Mais monsieur, c'est impossible. Le stop est trop dangereux, croyez-moi. Il y a dix-sept kilomètres jusqu'à la ville, la nuit tombe... Vous n'avez pas l'air de vous rendre compte de la situation...

Sidéré par mon obstination, il m'offre un billet d'autobus. Pas très rassurante cette arrivée à Manila. Bigre, après la poudrière de l'Indo, me voici dans un coupe-gorge.

Eddie, mon hôte, lui ne prend aucun risque. Aussitôt après m'avoir accueilli, il me met en garde. Aux Philippines, le meilleur copain c'est encore un bon pétard bien chargé. Nous allons faire un tour. Il en glisse un dans sa ceinture et place le second, bien en évidence, sur le dessus du tableau de bord de sa voiture. En ville j'ouvre des yeux ronds : « Prière de déposer les armes avant d'entrer » affichent les banques. La police est armée jusqu'aux dents et les journaux regorgent de crimes. A en croire mon ami philippin, tous ses voisins sont des assassins et des bandits.

Si je veux voir du pays, il va falloir m'armer... de courage et d'une bonne réserve de vibrations pacifiques, en réponse à la violence, car il n'est pas question que je porte un revolver. On verra bien !

De Manila, gigantesque manège de calèches colorées et de *jeepneys* — ces jeeps de la Seconde Guerre mondiale, transformées en taxi collectif, abondamment décorées, peintes à la main de motifs exubérants, originaux chaque fois ; que de chromes ! — je vais tâter le stop sur Luzon, la plus grande des îles de cet archipel qui n'en compte pas moins de sept mille sept cents. Le stop ne marche guère, mais je progresse tout de même. En revanche, côté interrogatoires ça va très fort. Pourquoi faire le tour du monde ? C'est insensé. Aux yeux des Philippins, le seul voyage utile est celui des Etats-

Unis où l'on peut amasser rapidement des centaines de dollars.

A Baguio, petite station climatique construite parmi les pins de la montagne, je célèbre à ma manière mes quinze ans de globe-trotter. L'air de l'altitude est frais, revigorant. Je sors de l'espèce de léthargie dans laquelle j'étais plongé depuis plusieurs mois. Etat plus ou moins comateux dû en partie à l'étuve australienne et asiatique, mais aussi à la présence continuelle de l'ombre de la mort. Le maire de Baguio est visiblement heureux de m'accueillir sur le territoire de sa commune. Il me fait signer le livre d'or, m'offre un opuscule dédicacé consacré à sa ville, donne un banquet en mon honneur et organise une conférence de presse. La télé nationale est là, ainsi que sept chaînes de radio. Depuis longtemps je me sens détaché de tout et le bouquet de micros m'est aussi indifférent que la puanteur d'un fossé où je trouve refuge. Il n'empêche que je pourrais très bien croire que c'est arrivé et que Brugiroux deviendra bientôt un nom célèbre... Non, je suis là, devant des individus auxquels je commente, en short, liquette à peu près propre et savates, mon voyage.

Je reprends mes thèmes favoris : les communications modernes abolissent les distances et à mesure l'homme hérisse la terre de barrières de plus en plus difficiles à franchir. La conscience universelle peut sauver la terre du chaos qui la guette. Si les hommes le voulaient...

Consécutivement à mon intervention devant les « médias », le stop marche bien tout à coup. Les compagnies d'autocars et de ferry-boats se font un plaisir de m'accorder gratuitement le passage. Je décide de visiter plus à fond, malgré les risques d'attentat. Luzon, Samar, Leyte, Mindanao, les conditions de transport sont inénarrables. Il faut parfois patauger plusieurs kilomètres dans la boue avant de retrouver un autre car sur une route enfin sèche. Des ponts manquent à l'appel. La longue cohorte des voyageurs sans véhicule emprunte alors une planche à péage. Quinze à l'heure de moyenne, le soir je suis éreinté. Je dors chaque fois dans un village minable, encombré de poules, de chèvres et de cochons, mais je m'en moque, la baie toute proche est toujours magnifique.

A Bohol on vit heureux, ce pourrait être un slogan touristique, c'est du moins mon avis. M. Cabagnot me voyant passer devant la porte de sa cabane, m'a gentiment interpellé. Il me prie de lui faire l'honneur de pénétrer sous son toit. J'ai du mal à imaginer le même genre de situation en Europe... Il n'a que huit enfants, ce qui est peu pour ce pays où la douzaine peut paraître un minimum et si j'en crois ce que je vois, élever des enfants est plus facile que d'élever des cochons, car ces derniers sont moins nombreux. Le fils Cabagnot qui se prend pour un hippy, m'énonce le principe de base de ce qu'il croit être la philosophie de ces jeunes d'occident.

— *Make babies, not war !*

Dans la tête de ces gens simples, faire l'amour n'est que synonyme de procréation.

L'affection, la prévenance, l'ambiance paisible dans laquelle vivent les Cabagnot me touchent. Je me plais en leur compagnie, ils me traitent comme leur fils le plus précieux. Le père m'a demandé de bien vouloir lui laisser une photo, il désire que je prenne place dans son album familial. Je songe fréquemment à la chance qui, d'un bout à l'autre du voyage, m'a permis de trouver un foyer, un réconfort, une véritable famille parfois sans lesquels je n'aurais jamais pu boucler la boucle. Quel plaisir de pénétrer à l'intérieur d'une cuisine, d'y surprendre une mère à ses « fourneaux ». Quelle intimité précieuse. Comment sinon, connaître l'âme d'un peuple ? Je n'aurais pas supporté, je ne le crois pas sincèrement, la vie dans une chambre d'hôtel, fût-il de grand luxe, trois cent soixante-cinq jours par an. Une chambre d'hôtel, en dépit de son confort n'est jamais qu'une cellule dépourvue de chaleur humaine, affreusement anonyme.

Les Cabagnot m'entraînent à la fête à Batuan, de l'autre côté de l'île. Sur la place de l'église, quelques baraques foraines se disputent les faveurs du public. Celle qui, notoirement, a le plus de succès est celle des rois mages.

— Entrez, Mesdames et Messieurs, venez voir les merveilles des merveilles, le spectacle de la nature le plus extraordinaire des Philippines. Approchez, vous ne regretterez pas votre argent...

Mes tripes se révulsent. Trois monstres hideux, fœtus vivants, avortons. Les parents, cousins au premier degré, ont eu quatorze enfants, dont six êtres de la sorte. Les deux premiers anormaux complets, leur ont donné l'idée de cet épouvantable gagne-pain. Gaspar, Balthazar et Melchior ont respectivement quatorze, dix-huit et vingt-cinq ans, ne mesurent pas quatre-vingts centimètres et pèsent entre cinq et dix kilos. Aveugles, ils demeurent repliés sur eux-mêmes, dans la position du fœtus, et leurs spasmes nerveux soulèvent des torrents de rire dans l'assistance. Je suis écœuré, je ne peux pas supporter ce spectacle. Certains essayent de leur faire des « guili-guilis ».

— Ils en ont de la chance, me dit un voisin. Ça doit leur rapporter gros, « ça » !

Les spectateurs s'amusent beaucoup et de bon cœur. Dans leurs yeux, il n'y a ni méchanceté, ni malice. Dans les sociétés « occidentalisées » nous cachons nos bossus, nos aveugles, ici le naturel a pris la place de la condescendance. La réaction d'un Asiatique devant un événement désagréable me surprend toujours, mais elle est la bonne : faire face avec bonne humeur. L'Européen dès la moindre tuile se met à jurer, en Asie, on rit, c'est plus sain. « *L'âme des individus n'est pas affectée par leurs problèmes physiques, pas plus que les nuages n'empêchent le soleil d'émettre son éblouissante clarté* [1]. »

Sept semaines plus tard, le moment du départ venu, je ressens la même tristesse, celle de la séparation, plus forte encore que jamais. Je quitte le pays le plus hospitalier de la terre. Les Philippines possèdent les secrets de l'accueil réussi, le goût de partager ce qui fait leur bonheur et si vous aimez rire à la vie, alors ils vous adoptent. Comment pourrai-je expliquer que ce peuple de pauvres, de démunis puisse aimer, donner avec autant d'élan.

Je m'étais armé d'amitié, j'ai succombé sous un déluge

1. Abdu'l-Bahá.

d'affection, d'amour. Quand je pense que l'on me conseillait une extrême prudence, un ou deux revolvers, et de ne jamais quitter mon autocar sous peine de mort... C'est cela le retour, les retombées des bonnes vibrations.

Marianela à La Paz, Ginny à Buenos-Aires... « Be-Bop » à Cébu. J'ai connu trois filles extraordinairement belles, Be-Bop est la troisième. Vingt ans, un corps parfait, des allures de mannequin, la grâce vénusienne des balances du zodiac, Be-Bop est speakerine à la télévision. Elle n'a qu'un défaut : elle est capricieuse, et je finis par lui préférer Maggy. Des manières exquises, un fond très sincère, généreuse, amicale et sentimentale, une beauté intérieure tellement plus évidente, Maggy a vécu en Amérique et connaît les habitudes occidentales différentes de celles de son pays. Héritage espagnol mêlé de pudibonderie asiatique, tout contact charnel est interdit avant le mariage, tel est le lot des délicieuses Philippines qui, en échange, mettent régulièrement au monde chaque année, un sous-développé supplémentaire. Heureusement, Maggy ne déteste pas les coutumes occidentales et à l'île de Mactan, en face de Cébu, là où Magellan fut assassiné, l'eau est chaude et les grottes nombreuses. Je m'aperçois que depuis sept mois, depuis mon arrivée en Asie, je n'ai pas pu approcher une seule femme. La journée est magnifique et seules les vagues qui régulièrement nous enveloppent, viennent interrompre nos baisers et nos caresses.

Décidément, je n'ai jamais eu autant de regrets en franchissant la passerelle d'un bateau en partance. Je voudrais encore jouir de l'ivresse que me procurait Cébu. On m'avait promis la terreur, le guet-apens permanent, j'ai trouvé la douceur tellement évidente des Malais. Et leur incroyable amitié.

9

EN CHINE, ÇA NE MARCHE PAS

Des jonques aux voiles hérissées, des milliers de sampans, une foule en perpétuelle effervescence, un commerce plus que florissant : Hong Kong. Voilà des mois que je vois des Chinois, mais cette fois je suis sur le continent chinois et aux portes de ce monde qui fait rêver et trembler bien des hommes sur cette terre : la Chine Rouge de Mao.

La révolution culturelle est achevée, mais j'ai peu d'espoir de pénétrer au pays de la Grande Muraille. J'ai pourtant pris mes précautions longtemps à l'avance. Je me suis présenté au consulat chinois de Vientiane où je fus accueilli comme un conspirateur sinon comme un espion. Porte dérobée, judas entrebâillé, interrogatoire en règle : échec. Re-belote à Phnom-Penh :

— Vous êtes le bienvenu en Chine... mais nous ne délivrons pas de visa !

Alors que faire ? Tenter le coup, clandestinement, ça ne me paraît pas impossible, mais je n'ai rien d'un suicidé et je n'ai aucune envie de moisir dans une prison chinoise. Wendy Myers [1] y est allée, elle ! C'était en 1954, mais depuis les gardes rouges ont changé bien des choses. N'importe, c'est tout de même vexant.

---

1. Jeune Anglaise qui a fait, elle aussi, le tour du monde en stop (de 1960 à 1967), en deux fois, cependant, faisant étape pendant de longs mois en Australie et Nouvelle-Zélande. Sa famille contribuait pour une bonne part aux frais de son voyage.

Il n'y a pas de consulat à Hong Kong et pourtant la Chine est omniprésente. L'étoile rouge scintille sur la plus haute des banques de Victoria et de Kowloon [1]. Autour, dans certains magasins, entrepôts, le portrait de Mao est bien en vue. Des navires frappés de l'étoile rouge accostent non loin de sous-marins yankees dans un défi permanent. Les boutiques de propagande sont peu discrètes. Une exposition noyée sous les slogans et les photos géantes occupe une grande partie d'un gratte-ciel. Tout y est dédié à Mao et le petit livre rouge, édité en cinquante langues est en vente à chaque pas. Des cinémas et des supermarchés diffusent les produits de Chine communiste, à prix fixe, car le marchandage n'est pas admis. Après avoir erré dans la ville, désolé de ne pas pouvoir aller de l'autre côté, écœuré par cette propagande rigide et officielle, je finis par dénicher un bureau du China Travel Service, à Victoria, qui fait office de consulat. Ultime espoir. La statue dorée de Mao trône au centre de la pièce, des photos de foules menaçantes, de soldats en armes, de prouesses techniques agressent le visiteur. Ce bourrage de crâne m'exaspère, mais je suis persuadé que le peuple chinois est différent.

— Nous ne pouvons pas délivrer de visa en ce moment... Attendre ? Inutile, nous n'avons aucune idée de quand Pékin enverra le prochain quota, aucune... cela demanderait alors six semaines de formalités...

Ce qui veut dire, en clair, que je n'irai pas en Chine. Mon rêve s'effondre. J'aurais tant voulu connaître ce peuple, le plus nombreux de la terre, à l'histoire si longue, à l'héritage tellement considérable et puis aussi tirer quelques leçons de son expérience politique. La fille qui me reçoit costume bleu caractéristique, cheveux courts, sans fard, est extrêmement agressive et fort bien endoctrinée. Elle voudrait me faire dire le plus grand mal des Américains et des « laquais » impérialistes du Cambodge et du Viêt-nam. Seul Mao a raison à ses yeux. Le fanatisme me répugne. Je la quitte, non sans

1. Victoria la capitale est bâtie sur l'île de Hong Kong, Kowloon lui fait face sur le continent chinois.

m'être fait recommander la lecture du livre sur la Chine en vente sur place !

Certes, l'on peut tout aussi bien rester chez soi, faire le tour du monde grâce à la télévision, ou en feuilletant les journaux et les magazines.

Mais lire un beau roman d'amour n'est pas vivre un bel amour.

Histoire de vérifier que mon projet est définitivement tombé à l'eau, je me rends au China Travel Service de Kowloon, même réponse, même échec mais cette fois je sympathise avec le jeune garde rouge. Autour d'une tasse de thé vert, sans sucre, il m'explique Mao et la Chine. Mao, en lutte contre Confucius à la morale désuète et l'hypocrisie traditionnelle, a introduit la critique, le sens de l'effort national, le respect de la femme, le goût du progrès et de la science moderne et fait du travail un idéal populaire. Résultat, la Chine est à l'unisson de notre époque. Bravo, c'est vrai et je le dis à mon nouvel ami.

— Le capitalisme est l'ennemi, ajoute-t-il, il faut l'éliminer avec les fusils.

Je le sens décidé à prendre un fusil au moindre mot d'ordre !

Alors là je ne suis pas d'accord et je compte le lui dire, lui commenter ma théorie de la non-violence, de l'amour universel et des vibrations boomerang. Nous nous reverrons. En attendant, il m'offre le petit livre rouge, en espagnol, préfacé par le « traître » Lin-Piao.

J'explique à mon ami Wu, que je revois deux ou trois fois, que son Mao retarde d'un métro. Le pouvoir *était* mais il n'est plus au bout du fusil. Les deux grands vaincus de la dernière conflagration se retrouvent à la tête de deux économies surpuissantes et depuis 1945, les guerres n'aboutissent à aucune solution, mais à des échecs partagés, des divisions, des « statu-quo » : Corée, Viêt-nam, Moyen-Orient... Mais alors si plus personne ne peut gagner, à quoi sert la guerre ?

— Tu sais Wu, la violence entraîne la violence. Si tu t'accapares le pouvoir avec un fusil mitrailleur, tu incites le suivant à en faire autant... Tu poursuis la ronde infernale de la violence et tu ne changes rien. Tu crois faire la révolution et, au contraire, tu perpétues la violence qui finalement fera de toi une nouvelle victime. Faire la guerre pour avoir la paix, c'est tout de même paradoxal, non ? Crois-moi seule la paix peut apporter la paix. De même cher Wu, *la solution des problèmes économiques ne peut être apportée par l'organisation du capital contre le travail, ni du travail contre le capital, ni par les conflits et les luttes, mais par une ferme attitude de bonne volonté de part et d'autre* [1]...

Je verrai donc la Chine Rouge de loin, de Lok Machau, une colline dominant la rivière frontière. De ce promontoire, j'aperçois la province de Kwangtung et la plaine n'est que verdure à perte de vue. Des autobus climatisés déversent des centaines de touristes curieux qui assaillent les vendeurs de souvenirs. Des petites filles âgées d'une dizaine d'années, portant un nourrisson sur le dos prennent la pose sur fond de Chine Rouge pour un dollar.

— *Hello, picture baby, tchiii...* [2]

Faute de Chine de Mao, je me rabats sur celle de Formose. Zut ! Il n'y a pas non plus de consulat. Je reprends ma course imbécile au visa. Wyndham street, le bureau du Chung Wah Travel Service se charge des démarches.

— Je regrette infiniment, mais nous n'accordons pas de visa aux Français !

Allons bon ! Le grand Charles a ouvert une ambassade chez l'ennemi juré du continent donc ceinture pour le visa. Mais le fonctionnaire me glisse un tuyau précieux.

— A moins que vous ne connaissiez à Taïwan quelqu'un qui désire vous recevoir et se porte garant à votre place...

Hélas, je ne connais personne chez Tchang-Kaï-Chek.

Je regagne bredouille l'appartement de mes deux amis bahá'is, deux jumeaux chinois qui m'hébergent. Un géant américain pousse la porte. Miracle ! Il arrive de Taïwan où à titre d'enseignant, il vient de passer deux ans.

---

1. Abdu'l-Bahá.
2. Picture : photo. Tchiii : rappelle « cheese » qui lorsqu'on le prononce provoque un mouvement de lèvres proche du sourire.

— Tu sais, ça me paraît impossible, les Formosans ne peuvent déjà pas obtenir de passeport pour eux-mêmes... J'ai bien un copain italien, mais...

Un Italien, ma chance ! Ces gens-là n'ont pas leur pareil pour dénicher une combine. Antonio a été très chic. Dès réception de ma lettre, il a été retirer le permis de séjour qu'il avait rendu temporairement, afin de se rendre aux obsèques de son père, aux U.S.A. Il dirige l'une des fondations Pearl Buck [1]. Mon affaire est réglée, je suis devenu le beau-frère de ce cher Antonio... D'ici à ce que je reçoive mon « invitation », j'ai le temps de voir un peu de pays. Je file à Macao, province portugaise, deuxième verrue minuscule sur le corps de l'immense Chine, le plus grand casino du monde. Macao et les deux îles de Taipa et Coloan dépendent en réalité de Pékin et Mao les gouverne pratiquement depuis 1966, au point que le 1er octobre, l'on y célèbre la fête nationale de la Chine de Pékin. Cela n'empêche guère les Chinois de Macao de célébrer la fête nationale portugaise, ni celle de Formose !

De retour à Hong Kong, j'achète une nouvelle caméra, les prix y sont tellement plus bas et ma vieille Ercsam a rendu l'âme, après dix ans de loyaux services. Ma caméra est véritablement mon seul bien ayant une certaine valeur. Elle ne correspond pas tout à fait à l'image que l'on a de l'auto-stoppeur, à mon style de voyage et j'ai eu honte de m'en servir de nombreuses fois, mais elle m'a permis de réaliser un second journal de bord. Je l'ai souvent maudite à cause de son poids, trois kilos sur les douze qui me pesaient quotidiennement sur le dos et je me suis toujours demandé pourquoi je ne suis pas parti avec un de ces mini appareils photo grosseur stylo à bille. (La providence sait toujours mieux que nous : ces films agrandis en 16 mm me serviront maintenant à donner des conférences, chose à laquelle je n'avais pas songé en partant, pas plus que d'écrire un livre : je partais étudier, chercher la vérité par moi-même, sans plus.) Afin de me familia-

1. Les fondations Pearl Buck s'occupent des enfants, nombreux, laissés par les Américains en Asie du Sud-Est.

riser avec le super-8, je filme le cauchemar de cage à lapins, les rues-escaliers, les taudis flottants, les boutiques grouillantes du détroit des parfums (Hong Kong), incroyable bric-à-brac, dont nul lieu en Europe ne peut donner l'idée. La baie est très belle, mais la ville, en dépit de la vie qui l'anime, n'est pas chaleureuse, il n'y est question que de business et de dollars. On ne sourit jamais à Hong Kong. Les filles y sont belles, mais distantes, tranchantes et peu sentimentales. Hong Kong, comme Bangkok et Sydney est un « R and R » américain et ceci explique sans doute cela, mais pas exclusivement. « Voulez-vous un rendez-vous : téléphonez au K 669805 JESCORT ». Tous les journaux sont bourrés de telles annonces. Dans le célèbre quartier de Suzie Wong, à Wangshaï sur chaque porte une affiche : *Welcome US boys.* Pas question de prendre un verre sans compagnie, dollar exige. Résultat : aucune fille ne veut plus fréquenter un blanc de crainte de se faire passer pour une prostituée.

La radio cantonaise consacre deux émissions d'une heure à mon voyage. Chen, une jeune femme de couleur ivoire, qui réalise l'interview, l'entrecoupe de chansons de Piaf, Brassens et Aznavour.

Ouf ! me voici enfin en Chine chinoise, Chine de secours certes, mais Chine malgré tout ! Pour pénétrer à Formose, sans alarmer les autorités, j'ai dû me coller les cheveux à l'eau et planquer la photo du « chien renégat [1] » offerte par Wu. J'ai eu la chance de ne pas être contraint de passer chez le coiffeur car on a donné l'ordre de ne plus toucher aux cheveux des étrangers. Quelques jours plus tôt, les marins d'un navire danois avaient été rasés de force. Fous de rage, ils avaient levé l'ancre sans décharger leurs marchandises. Mauvais pour le négoce.

« N'est-il pas merveilleux d'avoir des amis qui viennent d'aussi loin ? » Le bureau de tourisme de Taipeh, la capitale, qui affiche cette pensée de Confucius, ne manque pas d'air...

1. Mao signifie « chat ». L'insulte est donc suprême.

Les amis doivent montrer patte blanche et gare à leur visa si leur pays se mêle de faire de l'œil à Pékin.

Décidément depuis le temps que je vois du Chinois, je vais d'étonnement en surprise. Cette fois, je suis complètement perdu. Le spectacle de la rue est encore plus étrange. Des toits biscornus recouverts de tuiles vertes aux petites échoppes aux étalages stupéfiants. Je ne reconnais rien. Je me lance dans un intéressant jeu de devinettes. Des racines écrasées, des lézards séchés, des poudres brillantes, serait-ce la devanture d'un apothicaire ? Et ce marchand de verdure serait-il spécialiste en botanique fournissant les amateurs ou un concurrent du précédent ? Quel nom donnerai-je à cette boutique : épicerie, bric-à-brac ou « dlugstole [1] » ? Oranges amères, bâtons d'encens en spirales, poulpes effilochés, gâteaux de lune, pétards de tailles multiples, poissons séchés, chapeaux percés... à quoi bon énumérer, la liste serait trop longue. Il y a pourtant ces boules de glaise empilées dans des caisses. Cela m'intrigue plus que le reste. A l'intérieur, un œuf dur. Le jaune de la boule noire est rouge et celui de la blanche est vert, mais afin de ne pas compliquer les choses, dans les deux cas le blanc est noir. Ce genre d'œuf se déguste en rondelles entre lesquelles on intercale du gingembre, le tout piqué sur une baguette.

Désorienté, je le suis aussi à cause de la langue, les caractères chinois sont très décoratifs, certes, mais trop nombreux et quelque peu surprenants. Cependant au fil des jours j'en apprends quelques-uns. L'idéogramme « Homme » s'étant simplifié au cours des âges — la tête, les bras ont disparu — il est aujourd'hui représenté par un Y renversé. Le « soleil » lui aussi a évolué au point de devenir un rectangle muni d'une barre au milieu. Un « avion » est représenté par un oiseau... à moteur, une « fusée » par une flèche en feu. L'idéogramme « Paix » est déjà plus compliqué : une femme sous un toit [2]. Deux arbres signifient : fort ; le soleil dans un arbre :

1. Les Chinois, comme les thaïs ne prononcent pas les « r ».
2. C'est une opinion !

l'orient ; une piqûre d'insecte dans la bouche : le verbe commander ; un grand mouton : beau ; une femme et un enfant : bon ; le soleil et la lune juxtaposés : une éclipse ? Non, mais : brillant ! Je m'y perds, mais pas les Chinois qui peuvent tous lire ces caractères quels que soient leur langue ou leur dialecte. Pas plus qu'en Indonésie, mes cinq langues ne me servent en Chine. J'ai donc l'intention de recommencer l'opération « vocabulaire minimum ». C'est ainsi que je me mets en quête d'apprendre les quelques phrases et mots suivants : je suis français, je fais le tour du monde en stop, voiture, tout droit, je vais à..., bonjour, merci, fatigué, malade, sel, combien (indispensable), je ne suis pas américain, c'est trop cher, et... je t'aime (utile). J'ai une mémoire d'éléphant, l'effort devrait être apprécié par mes interlocuteurs. Et puis avec le temps et l'expérience, je suis devenu malin, je songe à ne retenir, de chaud ou de froid, que le plus facile. Ainsi aurai-je à ma disposition chaud et... non chaud. Astucieux ? Malheur, en Chine, ça ne marche pas. Pas question de combiner un petit vocabulaire de poche. Chaque « mot » possède des sens différents et ma gorge d'occidental est incapable d'émettre correctement une seule syllabe, laquelle peut, selon le ton, signifier quatre choses différentes. Mais je suis rarement pris au dépourvu. Au fil des kilomètres, j'ai mis au point un numéro de bruiteur digne des meilleurs chapiteaux. J'imite le moteur d'automobile, la sirène de navire, le meuglement d'une vache et je sais ronfler, ce qui, théoriquement, me permet de faire du stop en voiture et en bateau, d'obtenir du lait et de chercher refuge pour la nuit. Comme j'ai tout de même retenu deux expressions chinoises : *méo tchen* (pas d'argent) et *sé sen* (merci) je dois pouvoir me débrouiller. Le moment étant venu de mettre en pratique tout ce beau savoir, je me lance dans une imitation absolument parfaite de la poule sur le point de pondre. Tête des Chinois qui me regardent impassibles. Je remets ça en ajoutant, subtilité suprême, le geste au son. Je place la main sous mon derrière et m'étant incliné, je fais semblant de retirer un œuf... cot, cot, cot... Rien ! On me regarde maintenant avec effarement, on me prend pour un dingue. Cot, cot, cot...

J'apprendrai un peu plus tard que les Chinois ne mangent que des œufs de cane !

Restent les gestes purs et simples, muets : échec total. En Chine pour signifier manger, il faut placer une main en creux, en forme de bol de riz, à la hauteur de la poitrine et de deux doigts tendus, imiter les baguettes. Un jour que je voulais acheter dix bananes, j'ai fait le signe deux fois cinq avec mes deux mains : le type s'est sauvé, apeuré. En réalité, j'aurais dû croiser mes deux index à la hauteur des genoux... etc. J'ai également appris qu'il ne fallait pas dire merci, à table, sous peine de passer pour mal élevé, que le dessert se servait au milieu du repas et la soupe pour conclure.

Au pays où les hommes se promènent en pyjama de soie dans les rues, où les oreillers sont en porcelaine, j'apprécie tout de même une chose : la cuisine. Un art qu'ils pratiquent à merveille et qui, bien qu'elle soit totalement différente de la nôtre, me rapproche d'eux. Autre point commun entre ce peuple et le nôtre : une certaine idée de la culture. Comme nous, ils sont persuadés de posséder la culture la plus parfaite qui soit. En réalité, ils croient détenir la seule, la vraie culture et à leurs yeux tous les autres peuples ne sont civilisés que dans la mesure où ils se rapprochent de la culture de l'Empire Céleste.

A Taitung, au moment de quitter l'autocar, Wun Lang, la femme contrôleur, jeune, mais sans féminité excessive me retient par le bras avant de me faire signe de la suivre. Où donc m'emmène-t-elle ? J'ai certes refusé de payer mon voyage, mais elle n'a pas eu l'air d'en faire un drame. Alors ? Nous entrons dans un restaurant, nous nous asseyons et nous dînons nez à nez dans un parfait mutisme. De nombreux sourires mis à part, il nous est impossible d'échanger quoi que ce soit d'autre. A la fin du repas, elle me donne à nouveau, impérativement comme le font les Américaines, le signal du départ. J'obéis. Sac au dos, je la suis dans les sombres dédales d'une ville sale et inconnue. Apparemment elle devrait s'occuper de me loger, mais comment lui dire que si elle me laissait faire les choses iraient plus vite, que ma technique personnelle est garantie efficace et rapide et que je puis fort bien me débrouiller tout seul.

La police ! C'était à prévoir, nous aboutissons chez les flics qui à Formose, ont la réputation d'être très à cheval sur les règlements. Trop tard, je suis coincé. J'ai droit à tout le cinéma, à l'interrogatoire serré par un inspecteur des Affaires étrangères venu tout exprès de chez lui. Le bonhomme épluche mon passeport comme jamais cela ne m'est arrivé. Il le lit, le relit en détail, dans tous les sens, je me demande s'il ne va pas finir par prendre une loupe. Que je voyage en stop, sans argent ne l'inquiète pas outre-mesure, une seule chose le préoccupe véritablement : suis-je ou non allé en Chine Rouge ou en U.R.S.S. Lorsqu'il est enfin rassuré il s'inquiète de mon sort.

— Le stop n'existe pas chez nous, la police est heureuse de vous offrir un billet d'autocar pour votre prochaine étape et vous passerez la nuit à l'hôtel, vous êtes notre invité.

— Mais je peux parfaitement dormir ici, par terre, dans cette cellule...

— Il n'en est pas question, ce serait une honte pour moi. Mademoiselle Wun, soyez assez aimable de conduire notre visiteur à l'hôtel du Dragon Doré.

Les jours suivants, à ma grande surprise, les chauffeurs de taxis auxquels je signale chaque fois mon refus de payer, « méo tchen », me font signe du poing, pouce levé [1], l'air de me dire : t'inquiète pas mon vieux, monte et dis-moi simplement où tu veux aller. Pour dormir c'est la même chose, au point qu'il m'est impossible de dormir n'importe où, dans la rue. J'ai droit à l'hôtel et au restaurant, à l'œil, bien entendu. Je finis par dénicher l'explication lorsqu'un Chinois me montre des journaux dans lesquels on parle de moi. On y fait état d'un Français fauché secouru par une femme receveur d'autobus, un chauffeur et la police de Taitung. L'article n'est pas clair au sujet de l'auto-stop, apparemment, ils n'en ont pas

1. Ce qui signifie prima, formidable et non auto-stop chez eux.

très bien saisi le pourquoi. Ils n'ont retenu qu'une chose : je refuse de payer !

Hôtel, restaurant, pour une question d'honneur les Chinois m'ont toujours bien traité, mais je n'en demandais pas tant. J'aurais préféré, de loin, être reçu dans les foyers afin d'y connaître mieux les habitudes, les individus. Hélas, le Chinois de Chine, s'il est généreux, demeure secret et ne reçoit pas chez lui. La société chinoise est fermée hermétiquement. Alors je me console du mieux que je peux en suivant de nombreux spectacles du fameux opéra chinois. Assis, immobile sur ma chaise, je me laisse fasciner par ce théâtre envoûtant, par ces chants célestes, par cette musique venue d'ailleurs, par ces costumes extravagants, ces tons criards et les mimiques. Pendant de longues heures, la Chine légendaire, la Chine spectacle, me conquiert. Je sais qu'un jour, plus tard, j'irai dans la Grande Chine.

Finis les shorts, les savates minimum et la suée permanente des pays tropicaux. Adieu saunas et autres bains turcs continuels, pour la première fois depuis neuf mois, je retrouve une saison, un climat tempéré. J'aborde le Japon à l'automne. Avec une température plus clémente me revient l'appétit. Il était temps, je ne pèse plus que cinquante-sept kilos. Je n'ai jamais été aussi maigre.

Il est des gens qui rêvent leur vie. Moi, je vis mes rêves. Il y a un peu plus de vingt ans lorsque le premier office de tourisme japonais s'était ouvert à Paris, je m'étais précipité rue de Richelieu, pour aller rêver sur ses dépliants. J'avais treize ans. Dix ans plus tard, accroché à mon rêve, j'avais échafaudé tout un plan avec Jacques, mon plus grand ami. Dans un troquet de Saint-Germain-des-Prés, nous mettions au point une expédition Paris-Tokyo, via la Sibérie, rien de moins. Les heures merveilleuses, à calculer la longueur des étapes, le nombre de pneus nécessaires... Jacques est devenu prisonnier d'une femme, d'une bonne situation, le Paris-Tokyo est resté dans un tiroir.

Au moment où je pose le pied au Japon, j'ai donc comme

l'impression de débarquer sur la lune. Vingt ans d'attente pour ce pas, ce premier pas au pays du soleil levant. On dirait d'ailleurs une autre planète. Le Japon effarouché par les premiers voyageurs étrangers, des Portugais, s'est refermé sur lui-même au XVIe siècle ce qui lui donne une originalité toute particulière. Lorsqu'en 1853, le commodore Perry, à la tête d'une flotte de trois navires américains crachant une fumée noire, ordonne au pays d'ouvrir ses portes au commerce, faute de quoi il menace de faire feu, c'est la révélation. A ce moment, les Japonais prennent conscience du retard qu'est le leur et au lieu de se plaindre, ce qui est aujourd'hui le cas de nombreux peuples ou du moins celui de leurs dirigeants, ils font face avec intelligence. Ils se rendent en Europe et en reviennent avec ce qu'il y a de mieux dans chaque pays visité. C'est la révolution Meiji : cinquante ans plus tard, le Japon écrase la Chine et la Russie, et devient la première puissance asiatique. A l'issue de la Seconde Guerre mondiale ce peuple intelligent, habile, infatigable, tire les leçons de la défaite et de l'occupation, résultat : le Japon d'aujourd'hui. Peu doté, à l'origine, les îles nippones sont essentiellement volcaniques, le Japon est un exemple et prouve qu'il n'existe pas de pays pauvres, mais seulement des nations mal organisées et que s'inspirer des meilleures choses, quelle qu'en soit la source, est toujours bénéfique.

Il y a sans doute deux Japon, celui du passé et celui du présent, industrialisé, placé à la pointe des économies mondiales, mais l'harmonie règne entre l'ancien et le nouveau et ça aussi est une des forces de ce pays.

Le cargo des îles Okinawa m'a laissé au port de Kagoshima, je suis abandonné à mon sort d'étranger aux prises avec une nouvelle monnaie, une autre nourriture, des mœurs et une langue inconnues. Pour le stop il n'y a heureusement aucun problème, le Japonais est trop heureux de rendre service à un Européen, car il a une notoire dévotion pour le Blanc qu'il a copié. La coutume est même d'offrir un petit cadeau à chaque fois, comme ça, en signe d'amitié, de bienvenue. Prendre un *gaijin*, un étranger, c'est lui faire honneur. Par contre, on ne fait pas l'aumône à ses concitoyens, ce qui fait que je n'ai jamais vu les Japonais faire du stop dans leur propre pays.

« Les Japonais ne reçoivent aucun étranger chez eux », m'avait dit un ambassadeur. Je me suis fait le plaisir de démentir ce grave propos grâce à une nouvelle combine. Attablé dans un petit restaurant, je me mettais le soir à la rédaction de mon journal de bord. Comme tous les hommes, le Japonais est curieux et... chaque fois je me suis retrouvé dans une famille. Je dois ajouter à l'intention de Son Excellence, que le Nippon est généralement de condition modeste et qu'il entend néanmoins conserver sa fierté, pour cette raison il n'ose sans doute pas ouvrir sa porte à un ambassadeur. Mais devant André Brugiroux, il n'a aucune honte à manifester, l'invité étant si humble, il peut faire état d'une étonnante cordialité.

C'est le cas de Nagakao, un jeune conduisant une Mazda, qui me proposa de me faire visiter le *Ryokan* et de m'initier au Japon traditionnel. Il m'invita dans une vieille auberge digne de *Madame Butterfly,* à Fukushima, à trois cents kilomètres au nord-est de Tokyo.

Un couloir qui gémit doucement, une mince porte de bois et de papier de riz, coulissante, nous étions au Japon d'autrefois. Une pièce réduite à la plus grande simplicité, aux parois de bois, blanche et pourtant belle et tellement accueillante. Les Japonais possèdent au plus haut point l'art d'organiser le dépouillement et de jumeler beauté et simplicité contrairement aux Chinois qui aiment les couleurs et le foisonnement d'objets. La pièce était vide ou presque puisqu'elle ne contenait qu'une table basse. Dans un angle, un oiseau rouge vif, peint sur un *kakemono* (genre d'estampe-rouleau) se détachait au-dessus d'un bouquet typique. Un petit lustre en lattes de bambou tressées et c'était tout. Une baie vitrée donnait sur un bosquet de bambous. L'ensemble était imprégné d'une paix rare. Nous y entrâmes pieds nus. Sous mes pas le *tatami* [1] fut comme une caresse.

A cet instant, Nagakao me fit signe d'enfiler le kimono

---

1. Tapis de paille de riz et d'herbe qui fait office de lit, de moquette...

plus pratique pour s'asseoir en tailleur sur le tatami. La servante en kimono à obi, revint avec du thé au jasmin, marque de bienvenue traditionnelle.

— Viens, on va prendre le bain ensemble.

Les Japonais sont très propres, leurs habits immaculés, je l'ai remarqué, mais je ne puis m'empêcher de songer à mon aventure californienne et à l'histoire de la « hot shower ».

Après avoir posé nos habits dans deux petits paniers nous entrâmes dans la salle de bains, nus. Nagakao me remit une petite serviette que je balançai sur mon épaule, ne sachant pas quoi en faire. Ce faisant, j'avais visiblement choqué mon nouvel ami qui marchait à mes côtés, à demi accroupi, la serviette savamment disposée devant la partie la plus secrète de son individu. Nous prenions sans doute un bain ensemble, mais l'*ofouro,* le bain à la japonaise, ne devait pas être le prétexte à une quelconque débauche.

Même simplicité étonnante dans cette salle d'eau. Dans un coin, deux pierres symbolisaient une cascade et dans l'autre un baquet de bois, grand comme une baignoire-sabot.

— Ne va pas te tremper directement comme un sale Européen, lave-toi auparavant !

Je dois avouer que le conseil me surprit, mais que la leçon profita. Il est tellement évident que le Français qui barbote une fois par semaine, s'il le fait, ne trempe que dans son propre jus, dégoûtant. J'observais donc mon hôte qui, assis sur un petit tabouret, s'aspergeait à l'aide d'un récipient qu'il remplissait sous deux robinets situés dans le mur. Après avoir enduit une serviette de savon, il procéda à plusieurs lavages et rinçages que j'imitais soigneusement ; ce fut alors l'heure du bain dans lequel mon ami pénétra avec délectation. A mon tour j'y plongeai la jambe, sans méfiance, pour le rejoindre quand toute l'auberge retentit de mon cri de douleur. L'eau était bouillante. N'y tenant plus, accablé par ma balourdise d'occidental mal lavé, mon samouraï éclata de rire. Depuis j'ai eu l'occasion de recommencer et je me suis habitué à l'ofouro au point d'y prendre goût.

Complètement relaxés, ivres de chaleur, nous avons renfilé les kimonos et la servante, entre deux sourires et de profondes courbettes, nous a servi le repas, à genoux. J'avais devant moi la bagatelle de onze petits récipients contenant du poisson cru, des herbes, des choux salés, du concombre sucré au riz gluant et quelques autres étrangetés que je n'ai pas su identifier. Nagakao s'est une nouvelle fois amusé à mes dépens, car je suis incapable de m'asseoir à la japonaise sur les talons et à genoux. Je préfère nettement le semi-tailleur, seule position que je peux tenir plusieurs heures durant. Courbettes, sourires figés, la servante prépara la « chambre » en tirant deux matelas de mousse d'un placard que je n'avais pas remarqué dans la paroi, sur lesquels elle posa un drap et un édredon. Confort occidental et simplicité asiatique, j'ai fort bien dormi et depuis je ne sais plus que dormir ainsi.

Le lendemain Nagakao fait un « détour » afin de me déposer à Aomori d'où part le ferry pour l'île nord de Hokkaïdo. Je suis véritablement confus mais il veut absolument me montrer son pays, me familiariser avec les coutumes et les habitudes gastronomiques locales. Pour cela il s'impose un crochet de sept cents kilomètres. Jamais vu ça. Curieux Japon, qui tous les matins, sautille dix minutes, pendant la gym' obligatoire : patrons et employés, au coude à coude, une deux, une deux. Le Japonais travaille avec plaisir, avec le sourire. En assistant à l'une de ces séances d'entretien de la forme nippone, je songe à mes compatriotes ou aux Italiens et je les imagine dans la cour de leur usine. Quelle pagaille en perspective.

Passionnant Japon ! Chaque jour j'emmagasine image sur image, souvenir après souvenir, je veux tout voir, tout connaître, le passé et le présent. Je repense à Baudot et Séguéla qui m'avaient fait peur en écrivant que « neuf capitales sur dix » finissent par se ressembler dans un tour du monde [1]. Je ne trouve pas. Chaque chose éveille mon attention. Jamais je n'arriverai à me sentir blasé.

Dans la journée, lorsque je ne suis pas en train d'observer

---

1. Dans « La Terre en Rond » : il est vrai que faire 100 000 km en 11 mois (58-59) coincés dans une 2 CV a de quoi donner cette impression !

la vie dans la rue, dans les parcs ou les temples j'étudie le passé, l'histoire, les traditions dans les musées. Mais au Japon, la vie est affreusement chère et comme je suis curieux de tout et que les musées sont nombreux, mon porte-monnaie trouve mes « universités » coûteuses. Habituellement, je baratinais un gardien, un directeur, les amusant d'une anecdote. Un éclat de rire et le tour était joué. Mais au Japon, les gardiens de musées, comme tous leurs concitoyens, ont des têtes d'acteurs de Nô [1]. Impossible de les dérider, ils sont à cheval sur la discipline. Et il n'est pas question, avec un vocabulaire aussi faible que le mien, de tenter d'entrer au baratin. Un jour, cependant, je tente toujours tout, par défi, j'ai pu visiter un musée à l'œil : celui de Mikimoto, du nom de l'inventeur de la perle de culture. En bon français, j'avais remarqué que les Japonais quittaient tous le musée par la... sortie qui, de ce fait, ne me paraissait pas surveillée. Le coup était tentant. Clac, clac, clac... A peine franchie « l'entrée », un bruit de chaussures de bois, les *guettas* se fit entendre (l'étroit kimono féminin provoque une démarche menue et saccadée). A la fille qui m'indique la sortie je demande à voir le directeur, devant lequel je tente le coup de l'anecdote. Surprise, ça marche à merveille. Le bonhomme, un bon gros tirant sur son cigare, ne croit pas un mot de mon histoire, mais rigole de bon cœur. Du coup, j'ai droit à un excellent repas, à une visite privée avec guide particulier. En échange, je dois raconter quelques anecdotes supplémentaires au personnel au grand complet. A la sortie, le directeur du Mikimoto, me demande si je suis satisfait, puis il ajoute :

— Si tu épouses une fille du pays, promets-moi de venir chercher un collier de perles. Au revoir, samouraï français !

Au cœur d'un cirque montagneux paré de forêts splendides, je découvre Kyoto qui fut, durant dix siècles, capitale et qui aujourd'hui demeure le centre culturel du pays. Des châteaux,

1. Drame d'une lenteur désespérante aussi distrayant qu'une messe de funérailles où les acteurs portent des masques.

des tours, d'innombrables rues étroites, des dizaines et des dizaines de vieilles maisons de bois et puis des temples, surtout des temples, font de Kyoto une ville que l'on ne cesse de visiter tant il y aurait à découvrir.

— Je parie que tu ne sais pas où dormir ?

— J'avais pensé aller tenter ma chance à l'Université.

— Drôle d'idée, tu ferais mieux de venir chez moi, mais nous allons d'abord dîner.

Yoshihiro, qui a passé trois mois à Paris, parle assez bien le français et c'est lui qui m'a pratiquement cueilli sur le trottoir. Il est jeune, a voyagé. Tout de suite nous nous entendons parfaitement. Le restaurant devant lequel il a garé sa Nissan est de premier ordre et le menu à base de langoustines et de légumes frits, est *oishi,* excellent. Mon pull râpé et mes vieilles godasses de corde ne cadrent pas tellement. Je suis gêné, d'autant plus que la note est sévère 2 850 yens [1]. La nuit tombée nous rejoignons un quartier tranquille. Chez Yoshihiro on entre par-derrière, en traversant une cour, partiellement occupée par un jardin miniature, planté de pins châtrés, les *bonsaï,* de chrysanthèmes, de roches moussues garnies de cactées et baignées par une petite source jaillissant d'un bambou qui alimente un bassin à fond noir sur lequel se détachent des poissons d'or aux nageoires délicates et gracieuses en forme de pétales. La porte coulisse, découvrant une cuisine petite mais ultra-moderne pourvue des derniers gadgets électriques. Et Etsuko, que j'aperçois très vite est délicieuse et me sourit comme si elle m'avait toujours connu. J'éprouve tout de suite une vive sympathie pour la sœur de mon nouvel ami.

Nous ôtons nos chaussures avant de pénétrer sur le tatami du salon comme il se doit. Debout, M. et Mme Sawabe m'accueillent dans la plus pure tradition. Courbette. Je fais de même. Ils recommencent et je remets ça. Combien de fois faut-il ainsi s'incliner, mains au corps, sourire figé, jusqu'où faut-il plonger ? Il me semble que celui qui salue en dernier

1. 9 dollars U.S.

est le plus poli. C'est ainsi, sans courbette le Japon n'existerait pas (même au volant de leur voiture, à califourchon sur les motos ou leurs vélos, deux Japonais qui se rencontrent se saluent avec des courbettes). Courbettes donc, à répétition en arrivant chez les parents de Yoshihiro, mais c'est la grand-mère et de loin qui bat le record de politesse. Elle me salue à genoux, le front à ras du tatami comme si j'étais le Mikado lui-même.

On s'installe à terre autour d'une table basse. Etsuko, vêtue à l'européenne, sert silencieuse et légère le thé vert, puis toujours sans rien dire vient s'asseoir à côté de moi. Elle m'observe discrètement de ses yeux noirs. Dès que je m'en aperçois, elle se trouble et tente de se réfugier dans un semblant de conversation. C'est difficile : elle ne parle que le japonais auquel je n'entends pratiquement rien. Timidement, elle pointe de son index le bout de son nez qui n'est pas vilain du tout. Que veut dire ce signe cabalistique ?

— *Watashiwa...* Etsuko... moi... Etsuko.

Derrière nous, la télé-couleur, la sempiternelle télé, omniprésente dans chaque foyer nippon, marche sans interruption. Personne n'y prête attention. Dans le creux du plancher pratiqué sous la table se trouve une petite chaufferette garnie de braise. La nappe épaisse déborde largement et nous tombe sur les genoux. De ce fait j'ai les pieds bien au chaud et mes orteils ne s'en portent pas plus mal.

Etsuko qui ne sait pas quoi faire de ses mains rajuste la nappe autour d'elle. Elle me frôle la jambe de ses doigts légers, est-ce par mégarde ? Ce doux contact me fait tressaillir et sans plus y réfléchir je lui prends la main. Un coup d'œil alentour... La conversation poursuit son rythme, Yoshihiro traduit, inlassable, les questions posées par ses frères. Je me sens bien et trouve que la vie de stoppeur n'a vraiment rien de désagréable. Il y a à peine une heure j'étais dans la rue où le vent soufflait glacial, inquiet d'un nouveau gîte et puis voilà le problème résolu avec en prime une charmante petite main toute chaude et douce dans la mienne.

Le lendemain matin, le léger ronflement d'une machine

à coudre me tire d'un profond sommeil. Les Sawabe sont fabricants de tatamis et ma chambre se trouve juste au-dessus de leur atelier. Une odeur de paille de riz emplit toute la maison. C'est un bon métier : il y a des tatamis dans toutes les maisons et on les change tous les trois ans.

Yoshihiro, en bon Japonais, se fait servir par sa sœur qui, docile, obéit sans broncher. Un soir j'explique à Etsuko, qui manifeste toujours la même joie à me chouchouter, qu'en France les femmes se font aider des hommes et que les règles de la galanterie ordonnent à l'homme de s'effacer devant sa femme. Etsuko comprend vite ce que je veux dire, aussi lorsque de retour de promenade en ville, mon guide s'attable et ordonne :

— Etsuko, apporte-nous un café...

— Ce soir, je suis une petite Française.

— Dis donc, André, tu n'es pas là pour combattre les excellentes traditions japonaises. On n'est pas à Paris ici...

Nous éclatons de rire, tous les trois. Que c'est bon de se sentir ainsi entouré, aimé. Etre aimé c'est peut-être ce qui me manque le plus dans ma vie errante. Bien sûr, l'essentiel est d'aimer les autres, mais tout de même ce séjour à Kyoto, c'est vraiment très bon. Repas après repas, Etsuko qui a mis les petits plats dans les grands, me fait goûter les merveilles de son répertoire culinaire. Je suis comme un coq en pâte. Le père, qui a repéré le manège de sa fille, me dit un soir :

— Je crois que si ça continue, vous aller devoir l'emmener à Paris avec vous !

Pour me faire encore plus plaisir, Etsuko a décidé de m'accompagner au festival d'automne en kimono. Lorsque je la vois déboucher en haut de l'escalier, je reçois comme un coup au cœur. Elle a mis le plus beau et porte une perruque laquée et un maquillage de cérémonie. Bon sang, qu'elle est belle. Une geisha de gravure, une poupée de kabuki. Flatté, je lui fais la révérence. Doucement, comme gênée, elle rit de ce rire féminin typiquement japonais. Son kimono est d'une merveilleuse soie blanche, brodé de fil rouge. Un *obi* artistiquement ouvragé lui serre la poitrine.

La journée passe comme un rêve, pleine de sa présence.

Elle à mes côtés, je me sens fier comme le *shogun*. Etsuko en profite pour m'initier à la longue cérémonie du thé, interminable suite de gestes raffinés. Je me plie volontiers à ce qu'un Européen prend parfois pour des simagrées, mon professeur est tellement gracieux. Nous avons également rendu visite à son amie Yoko qui expose une collection de bouquets. Etsuko est elle-même diplômée d'*ikebana* [1] et sous sa conduite j'apprécie hautement le travail de son amie. Lente évolution des motifs, des formes et des couleurs, art caractéristique d'une vie faite de poésie, de délicatesse, de raffinement, d'une vie que notre affolement moderne extermine.

Au crépuscule, dans un de ces jardins soignés à l'extrême, où le gravier blanc, comme peigné, évoque la mer et incite à la méditation, je contemple mon ikebana à moi, assise sur les marches d'un temple. J'aime ses yeux intrigants et rieurs qui donnent tant de vie à son visage rond. Ses fossettes joyeuses et le reflet roux de ses cheveux achèvent de me rendre amoureux. Je me laisse bercer par le son de sa voix, qui doucement égrène les notes d'une chanson exotique. Etsuko me parle, elle sait que je ne la comprends pas, nous savons que cela n'a aucune espèce d'importance. Je sens à peine ses doigts dans ma paume, tant ils sont graciles. Sa peau est douce et sent le riz. Ses lèvres sont hésitantes et tremblent sous les miennes... Orient, je t'aime de toute mon âme.

24 novembre 1970. Le grand ferry pénètre lentement la baie de Shimonoseki. Je viens de faire une escapade au pays où l'on inventa l'imprimerie, bien avant Gutenberg, les cuirassés et l'alphabet le plus rationnel du monde : la Corée. Ça non plus, ce n'est pas écrit dans mes manuels scolaires !

A côté de moi, accoudée au bastingage, une jeune Coréenne d'un type mongoloïde particulièrement marqué avec des yeux fendus au rasoir. Même quand je lui parle, j'ai l'impression qu'elle dort ! Pourtant, certaines de ses sœurs du *Matin Calme*,

1. Art de composer des bouquets où ciel, terre et homme doivent être représentés.

celles de type caucasien, sont les plus belles femmes du monde. Elles sont blanches mais beaucoup plus fines, plus gracieuses que l'Européenne et surclassent la fameuse Eurasienne ou l'Ethiopienne la plus racée. La *Chima*, robe cloche, de couleur brillante, partant de la poitrine, la transforme en personnage de conte de fées.

Derrière nous un couple de jeunes Américains, terriblement amoureux. En entendant l'officier d'immigration japonais prononcer mon nom, la fille a ouvert de grands yeux.

— André... André ! Tu es Français ? Tu es le Français qui fait le tour du monde ?

— Euh... oui, c'est moi.

— J'ai dix dollars pour toi, pour célébrer ton anniversaire.

Interloqué, j'observe cette inconnue toute excitée. Elle m'explique qu'elle est l'une des amies de ma brave Jenny que je n'avais pas revue depuis qu'elle soutenait la grève des *chicanos,* saisonniers mexicains, dans les vignobles de Delano en Californie.

— Jenny m'a écrit : puisque tu vas au Japon en novembre, cherche André, le roi du stop. Tu verras c'est un beau brun, grand mince, avec un petit sac sur le dos. Donne-lui ces dix dollars pour fêter son anniversaire...

Il fallait nous voir tous les trois, déambulant dans les rues de Shimonoseki, joyeux et turbulents comme des collégiens qui ont fait le mur. Avec nos allures de gueux, leur tenue n'avait rien à envier à la mienne, nous cherchions un restaurant afin d'y claquer d'un seul coup notre beau billet de dix dollars. Le jour de mes trente-trois ans, j'ai fait ce que je n'avais encore jamais fait : parcourir la carte à la recherche de ce qu'il y avait de plus cher. La carte c'est d'ailleurs la vitrine où l'on présente une réplique, en plastique, parfaitement imitée, des plats que l'on sert à l'intérieur. La première fois, j'ai même cru que c'était de vrais plats.

— Du *sushi* [1], regardez ça a l'air drôlement bon !

— Laisse tomber, ce n'est pas assez cher !

Nous nous décidons pour le *sukiyaki*, le plat le plus réputé

1. Mon régal : poisson cru sur boulette de riz vinaigré.

du Japon. La servante en kimono nous apporte du thé au jasmin, des amuse-gueules et des serviettes chaudes. Le service se fait à genoux. Sur la table basse elle branche un réchaud, puis dispose les éléments du sukiyaki : de fines tranches de bœuf de Matsusako élevé à la bière, veinées de graisse, assemblées comme les pétales d'une rose, puis dans un autre plat un bouquet d'oignons blancs, de persil, de soja, de vermicelles transparents et autres légumes. Dans un poêlon elle jette du sucre-glace, dispose la viande et verse abondamment la sauce shoyu qui se met à bouillir doucement. A l'aide de longues baguettes elle y plonge enfin les légumes. Dans notre bol nous battons un œuf cru avant d'y tremper tranches de viande et légumes. Le bœuf fond dans la bouche comme une crème caramel. Jenny comme il est bon ce repas d'anniversaire, à cause de ta générosité, de ton enthousiasme. Je songe à nos aventures sud-américaines, au froid de Patagonie, au mouton en croix. Quel bonheur de t'avoir pour amie. Ravis, joyeux, rassasiés, nous quittons, hilares, le restaurant après avoir dépensé nos derniers yens dans une débauche de crème fouettée, de chocolat et de fruits.

« Il existe une force stupéfiante que l'homme n'a heureusement pas encore découverte. Supplions Dieu, le Bien-Aimé, que la science ne découvre pas cette force tant que la civilisation spirituelle ne dominera pas l'esprit humain. Entre les mains de l'homme, d'une nature matérielle inférieure, ce pouvoir pourrait détruire la terre entière. »

Ainsi parlait Abdu'l-Bahá à l'ambassadeur du Japon lors de son séjour parisien en 1911 !

Début août 1945, des tracts américains invitaient la population à exiger la reddition inconditionnelle du Japon car cette force stupéfiante était désormais opérationnelle. On connaît la suite. Le six, à huit heures quinze du matin... épicentre six cents mètres d'altitude. En un éclair Hiroshima, quatre cent mille habitants, disparaissait.

Les fleurs ont repoussé depuis, dans une ville plus

vibrante, plus courageuse que jamais. Hiroshima a effacé ses ruines mais pas le souvenir. De la tragédie, il reste un parc de verdure, rayonnant comme un jour de paix, entourant le musée où les documents exposés dépassent les forces de l'imagination. Les Japonais le parcourent les larmes aux yeux. A la sortie, un tableau, tenu à jour, compare l'arsenal nucléaire des « grands ». Les zéros mortels s'alignent sans vergogne, et la bombe d'Hiroshima y fait figure de pétard ridicule. Devant ce tableau, bilan du progrès de l'humanité, je médite cette phrase de Bahá'u'lláh :

« *La civilisation d'où découle tant de bien lorsqu'elle est modérée, deviendra, si elle est portée à l'excès, une source aussi abondante de mal...* »

10

LE BORTSCH DANS LE LONG TRAIN

L'hiver approchant, je décidai de ne pas me geler en territoire japonais et projetai de le passer en Inde. Mais la perspective de retraverser le péril asiatique ne m'enchantait guère et puis, je n'aime pas prendre deux fois le même chemin. C'est pour cette raison que je choisis l'itinéraire russe qui offrait à mes yeux le double avantage d'être neuf et à l'abri de la mitraille. Deux solutions s'offraient alors : faire un crochet par la Sibérie et de Tachkent prendre l'avion pour Kaboul (Afghanistan), ou emprunter le Transsibérien et gagner l'Iran via Moscou. En Union soviétique le tourisme sauvage à la Brugiroux est formellement interdit, seules une vingtaine de villes sont ouvertes aux étrangers et tout est obligatoirement programmé à l'avance : réservations d'hôtels, correspondances à dates et heures précises, itinéraire fixe, etc. Pour toutes ces raisons je décidai de ne pas m'attarder en U.R.S.S. mais optai pour le Transsibérien qui, pour une somme égale, me permettait de visiter davantage. Après six semaines de démarches, après d'interminables échanges de télégrammes, je me suis retrouvé ficelé, étiqueté, prêt pour l'expédition surveillée en Union soviétique. Elle n'y allait pas de main morte *la mama* Intourist, l'unique agence étatique chargée de « guider » les étrangers en territoire soviétique. Tout était prévu, planifié, avec interdiction formelle de m'éloigner d'un pas et obligation d'obéir à son représentant. Stop interdit, *hôtel obligatoire* et touriste comme tout le monde, quelle claque ! Je m'en souviendrai.

Mon visa délivré avec, mentionnées à la minute près, l'heure d'entrée et l'heure de sortie, je contemplai — accoudé au bastingage du paquebot soviétique qui lentement quittait le quai de Yokohama, coupant ainsi les milliers de rubans qui unissaient chaque voyageur à la terre japonaise, aux parents, aux amis — mon programme soviétique : trois jours de bateau Yokohama-Nakhodka [1], sept jours de train jusqu'à Moscou, une nuit d'hôtel *obligatoire* [2] et deux jours de train de Moscou à Akharian en Turquie. Le pouce au rencart, sans souci pour la nuit, j'ai bien fini par me faire une raison. L'espace de onze jours j'allais redevenir un touriste moyen. Un vrai voyage organisé, quelle horreur tout de même. Et ce bateau avec son argenterie lourde, son décor massif et cet équipage aux visages anguleux. Certes la viande était de nouveau abondante, mais accompagnée d'une musique martiale et de trombines caucasiennes peu rigolotes. Je ressentis tout de suite un contraste évident et regrettai l'Asie. Je sortais brutalement d'un rêve fait de délicatesse et de douceur.

La « mama » Intourist, qui m'avait pris en main, me servait maintenant du caviar que j'étalai sur mon pain de seigle recouvert d'une couche de beurre glacé. Pour moi ce caviar, même servi à la louche, était cher : 265 dollars, deux cent soixante-cinq jours de moins, voilà tout [3]. J'ai même failli y couper à la distribution des précieux grains noirs, la « mama » m'ayant refilé un visa de Japonais.

ХАБАРОВСК [4], le 6 décembre 1970. Sur l'Amour.

Il est 14 h 15 et c'est bien là le drame. On vient de rater le Transsibérien dont le départ était prévu une heure plus tôt. Le représentant de l'Intourist, casquette à lettres dorées rage et en attendant la décision de ses supérieurs, il nous

---

1. Le Transsibérien part de Vladivostock. La zone était interdite aux étrangers, les touristes sont débarqués à une centaine de kilomètres de là, à Nakhodka et rejoignent le transsibérien à Khabarovsk.
2. La seule nuit d'hôtel que j'ai payée en six ans.
3. La plus grosse dépense de mon tour du monde.
4. Khabarovsk.

parque dans une salle d'attente spéciale sous l'œil du camarade Lénine, reproduit à plusieurs exemplaires sur les murs couverts de slogans. Sur une table, au centre, une abondante littérature, en plusieurs langues, présente le socialisme aux visiteurs. Une heure plus tard, les ordres arrivent enfin ! Deux tours de clés nous sommes délivrés et logés, gratuitement à l'hôtel. Nous prendrons le Transsibérien du lendemain.

Je m'attendais à voyager dans un mauvais fourgon à marchandises, influence du film « Docteur Jivago » sans doute. Surprise, on m'a fait monter *de force* dans un wagon de classe supérieure en compagnie de tous les transitaires. Le wagon est confortable, quatre couchettes par compartiment, deux sont relevées de jour, chauffage, draps blancs et taie d'oreiller changés à mi-parcours, ménage quotidien et musique. C'est Byzance. Une bonne vieille, qui me fait penser à ma voisine russe de Brunoy, fait office d'hôtesse et nous offre du thé gratuit, tout en nous réclamant quatre kopecks par morceau de sucre. Elle a l'air bien brave et me soigne particulièrement, sans doute la *nanouchka* ne me trouve-t-elle pas l'air suffisamment touriste ni suffisamment gras.

Par la fenêtre court une plate étendue de forêt de bouleaux couverts de neige, la steppe, parsemée de petits villages faits de grosses masures de bois. De temps en temps, la fumée de notre locomotive enveloppe le décor fugitif et glacé. Beaucoup d'arrêts durent de dix à quinze minutes, parfois davantage. J'en profite pour bondir sur le quai me dégourdir les jambes, fouiner dans les halls de gares aux inévitables effigies de Lénine. Parfois je pique une pointe jusqu'à la locomotive, histoire de saluer les mécanos et de respirer un bon coup. A Chita qui marque l'entrée en Sibérie proprement dite, le thermomètre annonce moins trente. Malgré mon wagon douillet, le thé servi chaud, je regrette l'Alaska où il me fallait sauter sur place comme un dément pour me réchauffer, investir les garages pour obtenir du café bouillant et baratiner au finish pour trouver un coin où dormir. Finalement ces quelques heures de luxe me déplaisent. Je suis un lutteur, un homme d'action, je n'ai pas l'habitude de la facilité.

Notre train compte quinze wagons verts. Je les filme à

mes risques et périls car il est défendu de filmer ou de photographier quoi que ce soit, c'est écrit sur la notice de l'Intourist. Il nous est même interdit de quitter notre voiture sauf pour se rendre au wagon-restaurant contigu. Certains de mes compagnons de voyage ont tout de même tenté d'explorer les environs immédiats. Ils ne sont pas allés bien loin, ils se sont fait refouler et ont été raccompagnés par des policiers en civil. Je reçois cette interdiction comme un défi personnel de la « mama ». J'aime ce genre de situation, mais à la différence des autres, qui étaient partis en groupe, je tente seul, l'air assuré, la traversée des wagons du Transsibérien. Après tout, je ne risque pas grand-chose, sinon de regagner sous bonne escorte ma couchette de nabab. Les soufflets des wagons sont de véritables glacières. La neige s'y engouffre par paquets et des glaçons étincellent. Je réussis et j'en suis fier, l'exploit de parcourir deux fois, dans les deux sens, tout le convoi sans me faire interpeller.

La première chose que je constate est que les chemins de fer soviétiques n'ont apparemment pas été tenus au courant de l'abolition des classes. Il y en a encore trois. Les troisièmes n'ont même pas de compartiment. Un simple couloir central bordé de banquettes de bois, traverse toute la voiture. Rudimentaire. Une odeur de saucisson à l'ail et de *bortsch,* soupe aux choux rouges, épaissie d'une crème sure, empeste l'air. Ce n'est pas le fourgon du docteur Jivago avec son vieux poêle central fumant, mais nous n'en sommes pas loin. L'ensemble à l'air triste, le bois et la peinture sont sales. Cependant je me sens revivre. Dans ce wagon je suis plus heureux que dans le mien, car ici bat le cœur du peuple. Très vite je suis entouré d'une sympathie extrême. Avec ces gestes naturels, qui sont ceux des gens simples, on me tend du pain noir, des oignons et une sorte de cervelas, mais aussi des bonbons, des biscuits et du thé. J'affirme à mes nouveaux amis que je suis pour la paix et l'amitié entre les peuples, moyennant quoi une grosse dame emmitouflée de noir, me déclare bon communiste. Elle me parle, soutenue par l'ensemble des voyageurs qui opinent du bonnet, de son amour pour Lénine, du bien qu'il a fait au peuple. La conversation dure assez longtemps.

Alex, un jeune cinéaste, nous sert d'interprète. Je parle en anglais. Autour de lui demeurent Bila, une ouvrière et un militaire, apparemment avides de savoir. Le soldat me fait endosser la veste de son uniforme. Quel fou rire. Puis il me fait cadeau de l'une de ses étoiles rouges qu'il épingle sur mon pull-over, à côté de mon insigne hippie souvenir de Frisco, cadeau de Jackie la droguée. Alex m'explique les conditions de vie difficiles de ses compatriotes, les bas salaires, le coût élevé de la vie, le marché noir. Notre conciliabule s'éternise au point de ressembler à un complot et je m'attends à être éjecté d'un instant à l'autre. Je me rends compte que lui et ses amis font partie de cette nouvelle jeunesse aux idées plus universelles et que même les rideaux de fer n'empêcheront pas les idées de passer. Les vibrations d'unité sont plus fortes que les dogmes. Nous nous comprenons à merveille. Ils sont désolés, honteux de l'écrasement de la Tchécoslovaquie, la guerre du Viêt-nam les bouleverse. Je suis étonné, ils sont au courant de tant de choses. Le communisme, appelé socialisme chez eux, tel un feu de savane prépare le terrain pour une récolte future. Mais cela suffit-il ? Antéchrist, il reprend les lois sociales énoncées par Bahá'u'lláh : égalité des sexes, du travail pour tous dans des conditions plus humaines, les vieux doivent être à la charge de la société qui doit s'occuper des orphelins, des malades, l'école doit être obligatoire, etc. Malheureusement le communisme impose par la force des choses valables que seuls l'amour et une acceptation volontaires peuvent perpétuer. Car la violence n'entraîne que la violence et la souffrance. Dieu est mort (Gagarine ne l'a pas aperçu du haut de sa fusée), la religion est un opium, je suis d'accord avec eux. La religion de nos dogmes, imitations et interprétations est une drogue à laquelle il faut renoncer. Le Dieu de notre imagination est bien mort. Limité, fini, l'être humain ne peut comprendre l'illimité, l'infini. La nature essentielle de Dieu échappe entièrement à la compréhension de l'homme [1]. Dieu nous a créés à son image, mais un tableau a-t-il jamais compris son auteur ?

---

1. Bahá'u'lláh et l'ère nouvelle (Esslemont — Editions Bahá'ís : 45, rue Pergolèse, Paris (16e).

La paix et l'amitié entre les peuples sont le refrain de ces jeunes, mais à mon avis il leur manque quelque chose pour y arriver : Dieu. Car le bien-être matériel ne suffit pas au bonheur de l'homme. Pour ce qui concerne la fraternité, ils ont raison. Abdu'l-Bahá n'a-t-il pas dit : *nous devons aimer tous les êtres et toutes les choses,* mais il ajoutait : *alors nous verrons le visage du Bien-Aimé.* Pour améliorer la condition humaine et rendre l'homme plus heureux, il faut en prendre les moyens. Le bien-être matériel n'a aucune signification sans le développement spirituel de l'homme. Science sans conscience... dit-on. Peu à peu l'épanouissement de l'esprit de l'homme est assuré par le souffle divin. Encore faut-il vouloir le percevoir.

Les heures ont passé. Je suis resté tout l'après-midi auprès de mes nouveaux amis. Lors de ma seconde visite, le lendemain, nous approchions de Novosibirsk et Alex allait nous quitter. Il m'invita chez lui. A mon grand regret je lui expliquai que l'Intourist ne permettait aucune incartade et que les visites privées étaient interdites. Je lui proposai, en revanche, de lui donner des livres, en anglais, des revues que j'avais en ma possession.

— J'essaye bien d'écouter la B.B.C., la voix de l'Amérique, au travers d'impossibles brouillages officiels, mais, vois-tu, il est extrêmement difficile de savoir ce qui se passe en réalité dans le monde. Ces ouvrages me feront drôlement plaisir, mais je t'en supplie, ne les amène pas dans ce compartiment. On a déjà trop parlé ensemble. Je suis sûr que nous sommes surveillés. Sois gentil, enveloppe les livres dans du papier journal et donne-les moi sur le quai.

De retour dans mon compartiment, j'ai fait la collecte de quelques livres, de magazines parmi les touristes du wagon. Avec les miens cela fit un bon petit paquet que je remis furtivement à Alex.

— *Spasibo,* merci André, je ne t'oublierai jamais.

Aussitôt, il disparut, me laissant dans la main une boule de papier : l'adresse de son frère à Moscou.

Nous avons changé de locomotive, abandonné la vapeur au profit de la traction électrique. Au cours de l'arrêt, plus long que de coutume, des femmes, la goutte au nez, vendaient des pommes de terre chaudes, du chou rouge en salade et des concombres au vinaigre.

A l'extérieur, inlassable, le décor sibérien a repris son long cours. Forêt saupoudrée de blanc, troïkas attelées, chevaux aux naseaux fumants, vols de gros corbeaux noirs, villages de bois, maisons cernées de palissades, vastes plaines luisantes à perte de vue.

Le convoi remonte vers le nord et à mesure les journées deviennent plus courtes. Dans mon compartiment sont maintenant installés une femme sans doute aisée, un ingénieur et un officier. Ils n'ont pas l'air du « peuple ». Ils sont à mes yeux la preuve que la société pour être viable a besoin de différences. Il n'est pas possible de mettre tous les hommes sur le même pied d'égalité. Nous ne naissons pas avec les mêmes capacités et il est évident qu'une armée ne peut être faite que de 2e classes ou que de généraux. Ce qu'il faut éviter c'est l'extrême richesse et l'extrême pauvreté, l'esprit de caste et de supériorité. Mes nouveaux compagnons sont fiers des réalisations de leur pays. Ils me font des confidences, mais séparément, comme en cachette. Diffusés par des hauts parleurs du wagon, des chants de l'armée rouge et une balalaïka nasillarde facilitent la conversation.

Lorsque le Transsibérien s'immobilise en gare de Moscou je jette un œil à l'horloge. 11 h 55. Nous sommes pile à l'heure, après sept jours de voyage[1]. Pas une minute de retard. J'embrasse très vite « nanouchka », la remercie pour son thé gratuit et ses sucres à quatre kopecks, car déjà l'homme de l'Intourist, casquette vissée sur le crâne, braille les noms d'une longue liste et nous enfourne dans de lourds taxis Moskvitch. Décidément la « mama » ne me lâche pas d'une semelle. Selon toute vraisemblance on nous dirige vers l'hôtel, mais

1. Le Transsibérien est le plus long chemin de fer du monde : 9 000 km, 7 fuseaux horaires, 98 arrêts (l'U.R.S.S. occupe 1/6e des terres immergées). Second, le Transcanadien : environ 7 000 km (pris sans problème !).

lequel ? C'est la loterie. Des Américains commencent à râler. J'ai de la chance, je suis logé au Métropol, un vieil établissement de la place de la Révolution, à côté du Bolchoï et à deux pas de la place Rouge.

A peine arrivé, je m'inquiète de la suite de mon voyage. C'est que nous avons un jour de retard. Le fonctionnaire de l'Intourist, renfrogné, auquel je demande ce que je dois faire, étant donné que j'ai manqué ma correspondance pour la Turquie, m'indique que nous sommes dimanche. On statuera sur mon sort demain lundi. Je n'ai plus qu'à monter dans ma chambre à onze dollars. Une honte pour ce prix. Le restaurant ressemble à un buffet de gare et le service est lamentable. Les nappes sont sales et usagées, l'attente interminable. Une demi-heure pour avoir un café. J'ai fait ce métier et je sais combien de temps il faut pour servir un petit déjeuner (ça me rappelle Prague en 1962 avec Jacques : le garçon en débraillé, costume taché renversait la moitié de ce qu'il nous servait sans même s'excuser). Je ne blâme pas ces garçons. Qu'ils fassent un client ou cent, des contents ou des mécontents, ils touchent les mêmes maigres roubles. Tout en rejetant toute idée de compétition abusive, l'homme a néanmoins besoin d'être stimulé dans son travail, surtout lorsqu'il n'a aucune vocation à servir autrui.

Lundi matin la « mama » Intourist sort de ses gongs. Qu'est-ce que je prends. Mais qu'est-ce qu'elle croit cette administration bornée ? Que je vais me laisser faire ? En tout cas elle ne manque pas d'aplomb :

— Monsieur, vous êtes *coupable* d'être arrivé un jour en retard à Moscou (elle est bien bonne !) vous êtes *coupable* d'avoir occasionné du dérangement à Khabarovsk (!!!) d'avoir raté votre correspondance pour la Turquie...

J'avoue qu'à cet instant j'ai le souffle un peu court. Il me faut quelques secondes avant de réagir.

— Mais, ce n'est tout de même pas de ma faute si votre bateau a pris du retard, je ne suis pas le capitaine !

— Il n'y a plus de train avant une semaine. Vous attendrez ici que l'on prolonge exceptionnellement votre visa. Pour l'hôtel ça fera un supplément de soixante-six dollars.

— Ça ne va pas non ? Je veux bien rester, mais il n'est

pas question que je verse un kopeck. Vous avez voulu organiser mon voyage, vous m'avez imposé votre règlement, votre hôtel, vous me trimballez par la main comme un môme. Prenez vos responsabilités.

N'y tenant plus, je décide de me rendre au bureau central. A la direction, au moins, ils comprendront que je n'y suis pour rien. L'agence principale n'a rien à voir avec ce que l'on peut voir sur les Champs-Elysées. Ici pas de belles affiches qui donnent envie de partir. Rien qu'une peinture défraîchie sur laquelle se détachent à peine les visages mornes des fonctionnaires. Personne n'est responsable, personne ne s'excuse ou tente de m'aider. Ecœurant. A l'hôtel, Svetlana, belle comme Mirella, vend des billets de spectacle ; la veille, elle m'a trouvé, in extremis, une place pour le Bolchoï. Je lui demande de me tirer d'affaire encore une fois. J'adore l'entendre parler français, si ce n'étaient les circonstances... mais j'ai hâte d'en finir. On trouve finalement un train pour Bucarest (Roumanie) pour le même prix que la Turquie. Evidemment cela m'éloigne de l'Inde et de Kaboul. Plus de dix mille kilomètres, en plein hiver, par-dessus le marché. Vache d'Intourist !

— Comme vous ne partez que demain mardi, cela vous fera onze dollars pour la chambre 4001.

— Vous me cassez les pieds, vous n'aurez pas un rond. Vous avez eu six semaines pour mettre au point mon « voyage ». Depuis dix jours vous me bassinez avec vos interdits. Je prends mon sac de couchage et je vais dormir dehors. Vous savez, moins dix, ça ne me fait pas peur !

Devant mon air décidé, le dogue abdique. Svetlana avec laquelle je partage un sandwich au fromage, me dit que je suis verni.

— Réfléchis, toi au moins tu peux venir librement chez nous, mais nous, nous ne pouvons même pas sortir d'ici.

Dimanche, lundi, mardi à Moscou. J'en ai profité pour sillonner la ville. Kremlin, mausolée de Lénine, différentes églises orthodoxes (que de belles icônes !), le magasin d'Etat *Gum*, avenue Gorki, square Pouchkine, musée Tretriakov, les stations de métro de marbre blanc aux lustres d'opéra. Place Rouge on me demande des bas nylon, des foulards de soie, on m'offre même cinquante dollars pour un disque des Beatles ! A midi je fais la queue sans fin, à l'entrée de minables cafétérias pour une pitance de cantine. Moscou est lugubre, impressionnante, massive. Les Russes ont le visage fermé mais je les aime de tout mon cœur, car dès que je les aborde ils sont les êtres les plus cordiaux du monde. Je sens des gens qui ont besoin de savoir, de communiquer, d'échanger.

Vers 11 heures, mardi soir, un garde-chiourme vient me chercher. Direction la gare. Il ne desserre pas les dents. Dans le train, il me remet mon passeport, mon billet et reste planté sous ma fenêtre jusqu'au moment du départ.

A minuit, je suis en Moldavie, un type en béret me réveille et s'assure que je quitte bien le pays. Un douanier vide mon sac dont il étale le contenu sur la banquette puis disparaît une demi-heure avec ma caméra, mon journal de voyages et mon livre de prières.

Jeudi 17 décembre 1970, le Danubius Express s'immobilise en gare du nord à Bucarest. Pas de propagande, pas de Lénine à tire-larigot, plus d'Intourist. Je respire enfin. Une phrase de Tolstoï me revient en mémoire. « Le monde est en désarroi, la clé de tous ses problèmes se trouve entre les mains du prisonnier de Saint-Jean d'Acre. »

Des rues pavées, des maisons de style parisien, des églises, des cafés, des boutiques, des gens qui vous regardent et vous sourient, des sons familiers et un alphabet que je peux lire, une langue que je peux deviner [1], d'un coup je me retrouve. Noël est proche et la France que je respire déjà d'ici me semble à deux pas. Voilà six ans que je n'ai pas vu ma maison. J'ai maintenant cinq neveux et nièces et aussi une belle-mère. Je suis tenté de revoir mon monde, ces nouveaux membres de ma famille, de revoir mes frères, de me relaxer aussi. Le crochet serait vite fait. Je suis si près de la maison, quarante-huit, soixante-douze heures tout au plus...

1. Le roumain est une langue latine.

Je chasse aussitôt cette idée car je sais pertinemment que si je débraye un seul instant, je ne pourrai plus repartir. Ce serait trop dur. Non, il vaut mieux foncer sur l'Inde où il fait chaud, où m'attendent tous mes rêves de voyageur.

Une brume glaciale, une espèce de gelée blanche, suspendue, enveloppe le paysage, figé, mortuaire. Les caniveaux sont pris par la glace. Mes calcçons longs, mes chaussettes de laine, mes deux pulls et mon anorak ne me semblent guère plus épais que de la soie. Il me faut tout mon courage pour braver le froid vif dans lequel je me plonge à la sortie de Konstanta, sur les bords de la mer Noire.

L'entrée de la Bulgarie est déserte à cette époque de l'année ; je marche cinq bons kilomètres avant de sauter sur un tracteur, puis sur une carriole tirée par un cheval, sur un side-car, une auto de la poste et un bus d'écoliers. A Burgas, je passe la nuit sous un escalier d'H.L.M. A Stara Zagora je ne suis plus qu'à trente-trois kilomètres de Kanzaluk. Il y a sept ans, durant une escapade[1], j'étais venu jusqu'ici. Il me reste trente-trois kilomètres pour dire que j'ai bouclé la boucle et fait le tour du monde. Depuis 1519, époque à laquelle Henrique l'esclave malais de Magellan réussit le premier à boucler la grande boucle, beaucoup ont suivi. Aujourd'hui, le tour du monde n'est plus un exploit même si franchir les barrières des frontières demeure difficile. Les astronautes l'accomplissent des milliers de fois à bord de leurs vaisseaux spatiaux. Les clients de l'*American Express* le font en une ou deux semaines (mon budget de six ans n'y suffirait pas). Les pilotes de lignes voient, quant à eux beaucoup d'aéroports et d'hôtels d'escales. Les hommes d'affaires, commis voyageurs du monde industriel, les techniciens, les reporters courent la planète. Les officiels, les hommes d'Etat le font en cortège. Les marins font le tour des ports du monde qui est un peu celui des « filles ». Mais mon tour du monde à moi est autre. C'est le tour des hommes, de leur misère, de leur savoir, de

1. En compagnie d'Antonio. A l'époque je travaillais en Italie (1964).

leur sagesse, de leur générosité et il me faudra faire encore de nombreux zigzags avant de l'achever.

A la frontière turque, un Syrien me tombe dessus dans un anglais difficile à décrypter. Il me fait comprendre qu'il a l'intention de se servir de mon passeport pour faire passer une Mercedes. En Asie, ces voitures se revendent à prix d'or et un trafic lucratif s'est installé. Cependant, depuis un an, la Turquie n'autorise plus qu'une seule Mercedes par passeport. Mon Syrien, qui en a déjà passé une, est à la recherche d'un pigeon. Il me propose, en échange, de m'emmener tous frais payés, jusqu'à Damas. Il me présente au chef de la douane qui, évidemment, est dans le coup. Les Arabes et les Israéliens ne sont pas en guerre en ce moment, et je devrais profiter de l'aubaine, car les hostilités peuvent reprendre d'un jour à l'autre. Finalement, je refuse, car le douanier a l'air trop content de l'affaire, cela me met la puce à l'oreille. Et si le Syrien me faisait une entourloupe, s'il se taillait une fois la Mercedes inscrite sur mon passeport. Non c'est trop risqué. C'est dommage car il fait très froid et aller jusqu'en Syrie d'une seule traite m'aurait bien arrangé.

— You Ankara ?

Le chauffeur m'a fait un signe de la tête. Je me précipite et lance en premier mon sac sur la banquette. D'un geste il le rejette à terre et démarre ! Ça va pas non ? C'est la quatrième fois qu'on me fait le coup. A chaque fois, même histoire ; le type me fait oui de la tête et puis il me balance mes affaires. Ils sont fous ces Turcs ! Je finirai par comprendre qu'en Turquie hocher la tête de haut en bas est en réalité un signe négatif. Ensuite, je tombe sur des chauffeurs qui exigent un bakchich. Je dois alors rapidement apprendre une réplique de circonstance :

— *Para yok*, pas de fric !

Les camionneurs sont tout de même de joyeux drilles, ils chantent à tue-tête, battent la mesure au volant et klaxonnent toutes les femmes qu'ils croisent, sans compter qu'ils fument généralement comme des pompiers. Lorsqu'ils ne chantent pas, ils mettent la radio à fond, ce qui, ajouté au ronflement du moteur, fait qu'à la fin de la journée j'ai la tête comme une papaye. Certains sont bien sympathiques. Je me souviens de l'un d'eux qui me glissa une couverture de laine sur les genoux tandis que je m'effondrai sur sa banquette.

Bon sang, qu'il fait froid sur les plateaux d'Anatolie. Moins quinze. Entre deux passages, déchaîné comme un pantin, je saute sur place pour me réchauffer. J'ai les pieds dans la neige et c'est pire qu'en Alaska. Jamais je n'ai eu aussi froid. Je ne suis pas équipé. Je progresse de relais routier en relais routier, sordides bouges où flotte une odeur rance, toujours la même. On y fume la narghilé et l'on y sert de petits verres de thé brûlant très sucré, gros comme des dés à coudre. J'y rencontre Jean, un ouvrier de la banlieue parisienne. Ecœuré de la civilisation industrielle, il fonce vers l'Inde, papillon attiré par la lumière, comme des milliers de jeunes de son espèce. Il est parti avec ses maigres économies à la recherche d'un monde plus respirable spirituellement. L'Inde, à ses yeux, miroite comme un Eden. Je ne veux pas le décevoir, mais je sens que j'ai une vision différente, plus saine des choses. En attendant, Jean découvre avec stupeur l'amitié du peuple turc. Il a l'air surpris. J'avais oublié. C'est la première chose qui frappe vraiment lorsque l'on sort de chez soi : les autres ont aussi un cœur, de la chaleur et de l'amitié. Au début, on croit tomber en barbarie et puis c'est la surprise totale, car finalement l'Europe est le plus sclérosé et le plus inhospitalier des continents. Moi je suis maintenant assez loin de cette première découverte. Pour moi il n'y a plus d'étranger. Je regarde l'homme au fond du cœur et perçois directement ses « vibrations ». Le rideau des races, des couleurs, des coutumes n'est qu'un trompe-l'œil. Je sais désormais qu'il faut d'abord faire confiance à l'autre, à celui que l'on nomme : l'étranger ; puis l'aimer. Il y a toutes les chances pour qu'il vous le rende. Ainsi bâtira-t-on le paradis sur terre.

Le café est une institution, la base des relations sociales en Turquie. On y passe de longues heures, même sans consommer, attablé. Je fais comme tout le monde, je m'y installe. Comme ils n'ont guère les moyens de sortir, les Turcs viennent observer les étrangers, les questionner. C'est leur façon à eux de voyager. Un petit vieux vient roter et crachoter à ma table. Il me dévisage, l'air intrigué. Je porte un petit bouc. Au pays où la moustache, et quelle moustache, est de rigueur, cela l'étonne. Puis il me tâte carrément le menton et d'un geste rotatif de la main, d'un claquement de langue il me fait part de sa désapprobation. A ce moment, je vois passer une petite vieille voilée, courbée sous un fagot. Elle est vêtue de pyjamas colorés, bouffants. Je tends le bras dans sa direction et avec le même mouvement de poignet et le même bruit de bouche, j'indique à mon Turc que je trouve aussi bizarre cette pauvre vieille qui ploie sous sa charge. Le vieux n'est pas long à saisir. Il sait pertinemment que les coutumes européennes sont différentes. Il lève alors les bras au ciel en laissant échapper un « Allah » qui n'en finit pas. C'est la volonté d'Allah, veut-il me faire comprendre.

Et pourtant dans ce pays aux milliers de minarets, les muezzins se sont tus. La Turquie rescapée de l'Empire ottoman qui s'étendait des portes de Vienne à la Perse, de la Crimée au Maroc et au Soudan, flambeau de l'Islam, a tout sécularisé voici cinquante ans. Suprême atteinte, l'alphabet latin a remplacé l'arabe, le costume européen a été adopté et le dimanche chrétien proclamé jour de repos. L'alcool est désormais autorisé à la consommation. Pourquoi ce recul de l'Islam ? Pourquoi ce « progrès » ? Dans quel but ?

Après avoir cherché à me connaître moi-même, je m'aperçois qu'il me faut maintenant m'atteler à connaître l'histoire des hommes. Je me rends bien compte que ma quête est loin d'être complète.

A Boursa, l'ancienne capitale ottomane, un vieil et imposant *hammam* dresse ses coupoles de tuiles vernies. Somptueux comme un palais de sultan. Le bain turc est une expérience que je ne voudrais manquer pour rien au monde.

Les différentes salles du hammam sont noires de monde. Le bain proprement dit se trouve au centre. Un grand bassin d'eau chaude est installé au milieu d'une très belle salle en forme d'hexagone. Sur le pourtour des loges en arcades me font songer au « bain turc » d'Ingres. Un instant j'observe les habitués, leur manège, puis comme eux je vais m'asseoir sur un banc de marbre dans une des loges. L'eau, très chaude, coule sans arrêt dans un petit réservoir de pierre sculptée. On y plonge une espèce de petite assiette argentée, pour s'asperger. Adossé contre de splendides arabesques de céramique, je procède à mes ablutions. La chaleur ambiante est étouffante. Je transpire abondamment. Trois fois je me savonne. Je prends mon temps. Une fois propre, mais perlant de sueur, je retrouve les autres dans le bassin. Les bavardages vont bon train. A la sortie le massage est facultatif ; mais j'ai envie d'essayer. De redoutables costauds attendent dans un coin. Je choisis le mien, de dos, sa moustache n'étant pas visible, il doit avoir l'air moins terrible. Malheur ! Il m'empoigne sans ménagement et me passe au gant de crin. Il me semble qu'il râcle le fin fond de tous les pores de ma peau. Ça pique. Il me fait ensuite allonger sur le sol de marbre et commence un impitoyable triturage qui me fait pousser des cris de douleur. Ce cirque dure plus de dix minutes. Il me grimpe dessus, me tord en tous sens, m'enfonce brutalement les doigts dans les épaules. Il me fait des « clés » aux jambes, de véritables prises de judo. Lorsqu'il me saisit les côtes ça me chatouille et je ris comme un imbécile, à sa grande déconvenue. Puis les tortures reprennent et les cris aussi. Apparemment il n'a jamais eu de victime aussi bruyante. Ce massage n'a vraiment rien de relaxant. Pour couronner le tout, il me « masse » si violemment le bras que je me retrouve avec un coude qui a doublé de volume. Bravo ! Je crois alors saisir pourquoi l'on dit : « fort comme un Turc ». En attendant pendant trois jours je marche comme un éclopé, le corps endolori. Je ne retournerai jamais au hammam.

Pour les fêtes de fin d'année, je m'offre un bel entracte au Liban. Ici on aime la France, on se veut francophile, presque français, alors j'y passerai un Noël chez moi. Et en plus il fait doux. Sept mille ans d'histoire, dix-sept civilisations s'y sont succédées, douze religions, voilà le bilan. Dans la pierre et dans le paysage, défilent les noms de l'histoire ancienne, tant rébarbatifs sur les bancs de l'école, qui ont soudain un charme insoupçonné. Au Liban deux communautés rivalisent sourdement. Les chrétiens progressistes qui tiennent l'économie entre leurs mains et les musulmans figés dans l'Islam. Chaque jour les haut-parleurs des minarets rivalisent de décibels avec les bourdons des églises dans un tintamarre peu catholique.

J'arrive à Beyrouth pour la veillée de Noël. Des chants de la Nativité déferlent sur la ville, plongée dans la pénombre et qui ressemble à un conte oriental, bruyant, coloré, odorant. Tout de suite je me perds dans les souks où je joue les Aladin.

Ma première visite à l'extérieur de la capitale est pour Baalbek. Un peu à l'écart des ruines, sur le désert qui fut autrefois le grenier à blé des Romains, je vois mon premier chameau en liberté. Sentiment puéril, sans doute, mais cela me rend tout joyeux. Non loin du chameau, je découvre une tente de Bédouins. J'hésite, incertain de l'accueil, avant de m'en approcher. Des mioches morveux m'entourent et non loin de moi, des bouquetins au long poil noir, celui dont on fait les tentes, broutent une pauvre rocaille.

La tente est partagée en deux. D'un côté les brebis, de l'autre les hommes. Sur le sol poussiéreux, une femme accroupie étale, sur une planche, une boule de pâte qu'elle fait ensuite virevolter jusqu'à ce qu'elle obtienne la finesse et les dimensions d'une serviette. Elle prépare le pain. Elle fait ensuite cuire la feuille de pain sur une plaque chaude et bombée. A côté d'elle, un homme assis en tailleur mange, tranquille, en compagnie d'une petite fille crasseuse. D'un geste noble, il m'invite à m'asseoir. L'odeur âcre des animaux me prend à la gorge. Sur une peau de mouton, pleure un bébé. Des yeux, je balaie ce pauvre décor : aucun mobilier, quelques ustensiles de cuisine rudimentaires et des jarres d'eau. Une misère criante à seulement quelques kilomètres des snobs, des gros richards de l'une des capitales les plus sophistiquées du monde. J'offre des bonbons aux enfants, l'homme partage son pain et le thé. J'aimerais bien lui demander l'hospitalité pour la nuit, mais je n'en ai ni le courage, ni l'audace. *Salaam.*

A la sortie de Sidon, ville biblique chantée par Homère, une jeep s'arrête à ma hauteur dans un crissement de pneus et un épouvantable nuage de poussière. Trois gaillards en tenue léopard toute neuve, mitraillette russe au poing, surgissent, l'air bravache.

— *Do you know who we are ?* (Sais-tu qui nous sommes ?)

— ...

— *We are fedayin...* El Fatah. (Nous sommes des fedayin.)

En dépit de fréquents accrochages, avec l'armée régulière libanaise, ils continuent à se promener librement.

— Nous aimons autant la guerre que le whisky.

— Moi, je ne bois pas d'alcool et puis je suis « hippie », je suis pour la paix.

Ils me déposent à Tyr, dernière ville avant la frontière israélienne. Saint-Jean d'Acre n'est pas loin... Mais depuis la guerre des Six Jours, les Arabes refoulent tous les titulaires de passeport muni du tampon israélien. Je pense donc qu'il est préférable de visiter d'abord les pays arabes.

Grâce à une amie égyptienne, connue à Toronto, j'ai pu me trouver un lit dans un petit chalet, sur la route de Bikfaya, au-dessus de Beyrouth à mi-distance entre la Méditerranée toute bleue et les monts Liban, couverts de neige. L'air y est doux et embaume le pin et l'olivier. La guerre ne semble qu'une mauvaise rumeur ici. Le chalet fait partie d'un centre de rééducation pour enfants sourds-muets, dirigé par des sœurs auxiliatrices.

Je vais être seul pour le Nouvel an, les sœurs en sont désolées.

— Nous regrettons, seulement nous sommes invitées en ville pour le réveillon et nous n'avons guère eu le temps de vous préparer un repas. Nous vous avons juste laissé un petit quelque chose au réfectoire.

Les sœurs Fouad, Janine et Marie-Thérèse sont parties

lorsque je pénètre dans le réfectoire. Je crois tomber des nues. Près d'un sapin se trouvent réunis des tas de fromages de France, un choix de charcuteries délicieuses, du beurre frais, une baguette, le tout importé. « Un petit quelque chose » ont-elles dit ; un vrai festin ! Tout ce qui m'a hanté l'esprit depuis mon départ, lorsque l'estomac me tiraillait, est là comme par miracle : mon bique préféré, du saucisson, etc. On dirait que la France une dernière fois me tire par la manche afin de m'inciter à renoncer.

Comme pourchassés, des fantômes en noir, se faufilent dans les rues. Lorsqu'ils s'immobilisent, je ne distingue aucune forme. Autour de moi je ne vois que des hommes et j'en conclus aussitôt que sous ces voiles lugubres, se cachent des femmes. Il ne s'agit pas de ces voiles mettant en valeur la beauté des yeux, style marocain ou algérien, comme dans « Tintin et Milou », non, c'est une véritable housse qui dissimule le tout. C'est incroyable ! Lorsque je songe que sous d'autres latitudes, en Australie, par exemple, des femmes vont jusqu'à montrer leurs fesses... et qu'ici en Syrie elles se cachent encore le bout du nez.

Le monde arabe est une société d'hommes exclusivement et je le découvre à Palmyre, une oasis de palmiers, faite de tentes noires, de gourbis et de ruines impressionnantes, en plein désert jaune d'ocre, comme sur les cartes postales. Je me trouve dans l'ancien royaume de la reine Zénobie et c'est là que je côtoie, véritablement, mes premiers Arabes, car les Libanais se disent phéniciens. J'ai tout le loisir d'observer les hommes, immobiles pour la plupart. Certains égrènent leur chapelet à gros grains, d'autres vautrés dans des estaminets, fument le narghilé. Leurs lourds manteaux de peaux de mouton semblent les condamner à l'inertie. Accroupis, par petits groupes, assemblés autour du thé sucré, ils paraissent engagés dans d'interminables conversations. Seul le disque du minaret, qui tourne cinq fois par jour, sort ce monde, oisif, de sa torpeur. « Allah » les fait se dresser comme par automatisme. Chacun alors se râcle la gorge, crache un bon coup, puis se dirige vers la mosquée. Lorsque je les suis, l'un d'eux me chasse d'un vilain geste, tandis qu'un autre me jette une lourde pierre, car j'avais sorti ma caméra. Il n'y a pas une femme à la mosquée. Allah serait-il exclusivement une affaire d'hommes ?

Le désert, autour de Damas, est planté de... D.C.A. La brillante métropole de l'Islam, qui intrigue encore l'Européen n'est plus que l'ombre d'une cité. La ville est sur le pied de guerre, en permanence. On y voit beaucoup d'uniformes de tout genre, des voitures bariolées et quelques rares costumes typiques attrayants. De nombreuses femmes ne sont plus voilées, mais elles filent en regardant droit devant elles, comme traquées et il n'est pas question qu'elles répondent à mes demandes de renseignements. La rue est un vrai cirque.

Je visite la mosquée des Omeyyades, la plus grande du monde, un chef-d'œuvre de l'architecture islamique. A l'intérieur se trouve le tombeau de saint Jean-Baptiste. Dans l'immense salle de prières, qui mesure plus de cent trente mètres de long, des gens, pieds nus sur des tapis gigantesques, prient le front sur le sol, d'autres marmonnent le Coran, d'autres mangent ou blaguent, rient, discutent et certains dorment carrément. Soudain, Abdel, qui m'a pris avec lui à Palmyre, une semaine plus tôt, m'interpelle. Il parle un peu l'anglais. Il m'embrasse en pleine mosquée et décide de me présenter à un uléma, portant une splendide barbe de dignitaire.

— Voilà André, mon bon ami de France, il me dit des choses magnifiques sur Bahá'u'lláh.

— Bahá'u'lláh est un menteur, un menteur, réplique le théologien musulman en français.

— teur... teur... répond l'écho de la voûte immense.

L'homme est devenu rouge, il crie, les bras au ciel, et réveille la plupart de ceux qui dormaient le long des murs. Abdel reste interdit. Son regard amical m'interroge. Mes propos l'avaient séduit. Je laisse l'uléma vider sa colère.

— Vous savez, lui dis-je, Mahomet est aussi un menteur aux yeux des chrétiens !

Les prêtres et les théologiens sont toujours plus enclins à défendre leurs dogmes et leur position qu'à chercher la vérité. Les grands prêtres du Temple n'ont-ils pas déjà, à l'époque, traité Jésus de menteur ?

Me voici, maintenant, sur le chemin de Damas, sur les traces de saint Paul. Mais en fait de vision, j'ai droit à une drôle de visite... à quelques kilomètres de l'endroit où l'homme de Tarse fut désarçonné, je suis rejoint par une jeep bariolée. Je pense tout d'abord que l'on m'offre un bout de conduite et je grimpe sans méfiance. Mais lorsque nous passons à la hauteur de la petite église commémorative, le véhicule ne s'arrête pas.

— Hé, les gars, c'est là que je descends ! Où m'emmenez-vous ? Qu'est-ce que cela veut dire ? !!!

Une dizaine de kilomètres plus loin, on me débarque dans une ferme isolée, camouflée, transformée en camp militaire. J'y subis un premier interrogatoire, assis sur un lit en fer. Coup de téléphone à manivelle, une sentinelle vient me chercher et me conduit à bord d'une jeep russe jusqu'à un second camp où je subis un deuxième interrogatoire ; troisième camp, plein de matériel, en perpétuelle effervescence, nouvel interrogatoire. Attente, puis à nouveau, un flot de questions. Je suis dans les mailles du contre-espionnage syrien et par comble de malchance, mon passeport est à l'ambassade d'Iraq. J'aboutis finalement au quartier général de Damas où l'on me trimballe de bureau en bureau, de question en question. Inlassablement je répète la même histoire.

— Avez-vous déjà été en Israël ?

— Non, mais j'ai l'intention d'y aller un jour.

— Vous êtes un salaud !

— Je regrette, mais je fais le tour du monde et j'ai l'intention de visiter tous les pays.

— Nous haïssons les juifs.

— Oui, je le sais, et pendant ce temps-là les juifs répètent « nous haïssons les Arabes ». Bravo, si vous espérez trouver une solution de cette manière...

— Vous devez haïr les Juifs.

— Je ne hais personne.

— En tout cas vous avez filmé...

— Ecoutez, j'en ai marre de toutes vos salades. Pour la centième fois je vous répète que j'ai pas filmé. Si vous y tenez donnez-moi cinq dollars et je vous laisse mon film. Vous pourrez le développer et vous verrez qu'il n'y a rien, à part quelques vues de la mosquée des Omeyyades...

Il me faut alors expliquer que mes papiers sont à l'ambassade d'Iraq, pour une demande de visa. Les palabres n'en finissent pas. Il est tard. Je suis fatigué. J'ai faim. Ils ont vidé mes poches. Qu'ont-ils trouvé ? Un coran et des dépliants sur la Syrie. On me laisse seul vingt minutes, puis enfin :

— Vous pouvez partir.

— Ah non, pas comme ça ! Vous rigolez non, depuis ce matin, je n'ai pas avalé un croûton. Vous pourriez avoir l'obligeance de réparer... Promis, je ne dirai pas aux Israéliens où je mange !

Ma journée en zone militaire interdite me vaudra un *chich kebab* et un pudding à la confiture de rose.

La nuit est tombée lorsque je me retrouve dans les rues grises du quartier de Bab-Touma. Un crachin tenace s'abat sur Damas. Ibrahim, un étudiant, par crainte d'un raid de police, ne veut plus me garder chez lui. J'erre, un peu sans but. Une plaque en français : hôpital Saint-Louis. J'y entre avec l'intention de demander ma route. Le planton qui ne parle que l'arabe me met en communication avec une sœur de garde.

— Je suis Français...

Elle ne me laisse pas achever, elle raccroche aussitôt. La voici qui débouche déjà en haut d'un grand escalier, toutes voiles dehors. L'hôpital français est tenu par des sœurs de Saint-Vincent-de-Paul, mais la sœur Elizabeth est Syrienne. Elle me conduit à une grande salle toute blanche, très propre où je trouve trois lits vides. Je prends ma première douche depuis dix jours. La sœur dont le bonheur a quelque chose de communicatif, me traite avec une touchante gentillesse. Elle me trouve fatigué, trop maigre et me supplie de rester quelques jours afin de me reposer. Cette religieuse me réconcilie avec son peuple.

Puisque je suis dans le « coin », j'aimerais bien faire un tour en Jordanie, toute proche. Seulement j'hésite car depuis le 8 janvier[1], la radio y signale de durs combats. Le roi Hussein a fait donner l'assaut contre les camps de commandos palestiniens, renouvelant les opérations sanglantes du fameux Septembre Noir. A l'université de Damas les étudiants, que je peux approcher, ne cessent de vociférer contre le « petit roi » et hurlent leur haine des Israéliens sur des accents de marche militaire. Je suis effrayé, affligé par cette hystérie collective. D'heure en heure, je suis les événements que je note en rouge sur mon livre de bord, car il y a toujours un transistor dans la rue. Le 12, les combats sont généralisés.

A l'office du tourisme, on me déconseille de tenter le voyage, car les étrangers sont paraît-il, refoulés.

Seulement, je sais pertinemment que si je ne visite pas la Jordanie maintenant, je n'aurai plus jamais l'occasion d'y revenir. Attendre ? Et si le conflit s'éternise, s'étend à d'autres pays ! Je me demande aussi, si les Arabes n'exagèrent pas un peu l'importance des événements, comme à leur habitude. Je prends ma décision, ce sera maintenant ou jamais. Après tout je ne me suis pas mal sorti du guêpier cambodgien, pourquoi, avec ma chance, n'en sortirai-je pas cette fois ? A l'ambassade vide, gardée par des militaires, baïonnette au canon, l'employé est surpris de me voir demander un visa, qu'il m'accorde sans histoire.

Des fedayin surexcités m'ont véhiculé jusqu'à Bosra, une petite bourgade aux maisons de pierre volcanique noire, datant des Romains.

— Nous voulons tuer ce chien d'Hussein, me disent mes commandos, armés jusqu'aux dents.

Ils me déconseillent toutefois de franchir la frontière où le mortier cogne sans arret.

1. 1971.

Au poste frontière, je demande aux Syriens de me laisser faire quelques pas en Jordanie. Je veux d'abord jeter un coup d'œil, en face, pour savoir si je peux poursuivre, après quoi ils pourront estampiller mon passeport.

Je vois d'abord un imposant déploiement de matériel militaire et des photos du roi Hussein, à tous les pas. En avançant encore, je découvre véritablement un pays en guerre, ici une maison touchée par un obus, là une procession suivant des cercueils. Seul le ciel semble serein.

Un taxi bourré s'arrête. Je m'approche.

— D'où venez-vous ?

— D'Amman.

— Y a-t-il des problèmes sur la route ?

— Non, rien, ce matin. Le cessez-le-feu devrait être effectif maintenant. Nous sommes les premiers à sortir de la capitale.

Un cessez-le-feu avec des commandos, je me demande si ce sera respecté. Enfin, ce taxi a bien pris la route, pourquoi n'en ferais-je pas autant. Je rebrousse chemin et récupère mon passeport tamponné « sortie ». Cette fois je suis bien obligé d'aller de l'avant, je ne peux plus retourner en Syrie, sinon avec un nouveau visa qu'il me faudrait demander à... Amman.

Au poste jordanien on se montre soupçonneux. Le fonctionnaire qui m'interroge croit tout d'abord que je travaille pour les fedayin, mais ne voyant aucun visa de Chine rouge dans mes papiers, il me laisse entrer dans son pays.

De la frontière à Madaba [1] distante de 120 km, je ne vais pas subir moins de neuf contrôles. La police et l'armée sont partout, à chaque croisement, à chaque coin de rue. A Jerash, où les immenses ruines romaines fument encore, consécutivement à de violents combats, un soldat du roi, un de ces rudes Bédouins venus du désert, me sort sans ménagement d'une Mercedes et me bouscule jusqu'à son Q.G. Je lui enjoins d'être plus courtois, mais le gars, encore bouillant des récents combats, est persuadé d'avoir fait un prisonnier de choix et me traite en conséquence. Je n'en mène pas large. Dans un

1. Madaba, vieille de quatre mille ans, est une ville dont il est fait mention dans la Bible, connue pour ses mosaïques.

bureau crasseux, il vide mon sac par terre, comme un butin. Il tombe sur une photo de Maggy, appelle aussitôt d'autres Bédouins, et tous en faisant des gestes obscènes, éclatent de rire. Un officier, finalement, me tire de là après que je lui aie montré un article, en arabe, paru dans un journal de Damas, consacré à mes aventures. On me recolle dans un autre taxi et quelques kilomètres plus loin tout recommence. Suweileh, on vide mon sac à même le trottoir, sous la pluie. Au terme du neuvième contrôle, j'arrive à Madaba en pleine nuit, littéralement épuisé, rompu par les heures de tensions extrêmes que je viens de vivre. Je choisis d'aller me présenter à la prison, car j'ai le pressentiment que c'est encore là que je serai le mieux. Il faut absolument que je dorme une bonne nuit. Les policiers qui ressemblent à des bobbies britanniques, m'accueillent volontiers. Ils me placent dans une étroite cellule, blanchie à la chaux, en compagnie d'un type qui vient de poignarder son voisin.

Le lendemain, je n'ai pas fait cinquante mètres qu'une auto-chenille, surmontée d'une mitrailleuse de gros calibre, bondée de soldats royaux excités par leur victoire, s'arrête à ma hauteur. Un soldat saute à terre et m'empoigne en criant. Il veut me faire grimper sur le véhicule. Ah, non, surtout pas ça, les commandos font trop de cartons là-dessus, non je ne servirai pas de cible. Un second Bédouin, vêtu d'une longue gabardine kaki qui lui arrive aux chevilles, m'agrippe également. Je m'arc-boute contre la chenille afin de leur résister. Par chance, un « bobby » attiré par l'attroupement vient à ma rescousse et après m'avoir arraché des mains des soldats se met à parlementer. Il est convenu qu'ils me conduiront au bureau central de la police, situé à deux kilomètres de là. Au bureau central, où je m'attends au pire, à ma grande surprise, on me place sous la protection du chef de la police touristique qui met au point ma visite des célèbres mosaïques, visite guidée et commentée, alors qu'au loin tonne le canon de campagne.

D'un promontoire, nous découvrons un paysage biblique de roches blanches, d'oliviers à l'ombre desquels paissent des chèvres noires. Et le mont Nébo, d'où Moïse vit la Terre promise sans qu'il pût y pénétrer, Mukawir où Salomé dansa pour obtenir la tête de saint Jean-Baptiste.

— N'allez pas là-bas, me conseille mon guide, sans être zone militaire, le village est encore très primitif, il est peuplé de gens simples qui prennent tous les Européens aux cheveux longs, comme vous, pour des Israéliens. Il y a toutes les chances pour qu'ils vous tuent.

N'ayant pas envie de finir comme saint Jean-Baptiste, je renonce, malgré moi. C'est peut-être la première fois que je renonce, mais je tiens à ma peau même si je n'en prends pas bien soin.

A Kérak, un piton qui domine la mer Morte, ancienne forteresse des croisés, il y a encore beaucoup de policiers qui se croient tous obligés de me contrôler, à tel point que je décide de les éviter.

Me surprenant à me cacher, la foule se met à jouer au jeu du contre-espionnage, un jeu idiot dont je fais les frais. Je ne peux plus faire un pas, acheter du pain, m'asseoir à un restaurant, sans me faire interpeller.

— *Passport, mister ?*

Cent fois, mon interlocuteur, l'air mauvais, s'empare de mon passeport et fait semblant de le lire, car bien entendu il ne sait pas lire l'alphabet latin, d'autant plus qu'en général, il le tient à l'envers. A la fin, excédé, je ne réponds plus et refuse de sortir mes papiers. Cela me vaut une course poursuite dans les rues médiévales, qui s'achève au Q.G. de la police, où, tellement fatigué, je déroule mon duvet sur le tapis de l'entrée et m'endors.

A minuit, deux gros en pyjama me réveillent et veulent me fouiller. Je les envoie balader :

— Ça suffit à la fin et ne me touchez pas surtout, j'ai une bombe atomique dans mon sac. Si vous voulez absolument la voir, revenez demain, maintenant je dors.

Et je disparais dans mon duvet, immobile, tendu comme un serpent, prêt à mordre. Cet harassement continuel, ma solitude dans ce milieu hostile, me découragent profondément.

Le lendemain matin, je retrouve l'un de mes gros. C'est

le chef de la police. Tandis qu'il appose un tampon sur mon passeport, il me demande :

— *It is true, you have a bomb*[1] ?

Pétra, un cirque de six kilomètres de montagnes roses. Une ville taillée dans la roche pendant plus de cinq siècles par les nabatéens[2]. Pétra une des merveilles du monde. J'y vis un entracte réparateur.

— Quel est ton pays ?

— Frantzaoui.

— Alors, tu es le bienvenu !

Pour une fois l'accueil est différent, mais je n'en suis pas ravi pour autant, car je trouve plutôt triste de devoir cette affabilité à des circonstances politiques : « Dogol kwayès[3] ». Je ne veux pas me plaindre, mais l'homme est parfois décourageant, même lorsqu'il se montre bon. Si on te donne le nom d'une fleur, vas-tu cesser d'en apprécier la beauté ? Alors pourquoi changes-tu d'attitude en apprenant la nationalité d'un homme ?

Me voici enfin à Amman, la capitale du royaume hachémite de Jordanie. Le spectacle n'est pas beau à voir. Les rideaux de fer des boutiques sont constellés d'impacts de balles, beaucoup de fenêtres des façades sont sans vitres, les murs troués, écroulés, défoncés, les écoles n'ont plus de toit, bien des maisons sont éventrées, les postes de police ont été incendiés. J'ai l'impression d'avoir manqué de peu un sacré feu d'artifice.

Un papier à la main, je cherche mon chemin. De la foule pressante, surgissent trois types.

— Que cherches-tu ?

— Un ami m'attend à cette adresse que l'on m'a donnée à Damas.

1. C'est vrai, vous avez une bombe ?
2. 300 avant Jésus-Christ.
3. De Gaulle, très bien !

— On le connaît. Il est des nôtres. Mais tu ne peux pas dormir chez lui, c'est trop petit. Il habite dans un camp de réfugiés. Viens avec nous, on va te trouver quelque chose.

Dans le quartier Al Ashemi, je fais la connaissance d'un médecin du Fatah. Il n'a pas de place à l'hôpital qui regorge de blessés, mais il me trouve une chambre chez des amis palestiniens, dans un building à moitié rasé par les tanks du roi, lors du fameux Septembre Noir. Avant de me coucher, j'accepte de bavarder avec mes hôtes ; à l'avance je sais que rien ne sortira de notre conversation. Ali, un étudiant, est le plus virulent.

— On ne veut pas la paix, André, ce que nous voulons c'est la guerre, les tuer tous. Ils ont volé nos terres, ma maison comprends-le, est à Jérusalem.

— Mais enfin, tu es né ici, à Amman, tu n'étais même pas né au moment de l'exode des Palestiniens. Tu as toujours vécu ici et puis il y a belle lurette que les bulldozers ont dû raser ta maison. Tu n'y retrouveras pas ton mode de vie...

— Ma maison, tu entends, est à Jérusalem. Dès que j'ai fini mes études, je prends la mitraillette. Je suis fedayin Je veux être commando !

Je regagne ma chambre avec un épouvantable moral, la passion, la haine, les aveuglent tous. La fatigue aidant et la peur dans une certaine mesure — après tout je suis logé chez des Palestiniens, les perdants des récents combats et l'on redoute un assaut final — je me sens soudain désespéré. L'homme serait-il voué à faire son propre malheur ? Cette unité, cette fraternité, cette famille, grande famille mondiale dont parle Bahá'u'lláh... Ces convictions sont les miennes définitivement, il faut croire, André, tiens bon et surtout n'abandonne pas. Tu es à un mauvais tournant, mais tu es sur la bonne route.

En attendant, le mauvais virage n'en finit pas, une vraie spirale, car les contrôles continuent et à El Azraq, alors que je pensais pouvoir respirer — oasis et paix ne sont des mots que l'on associe que chez nous — je suis de nouveau arrêté comme espion à la solde d'Israël et emprisonné puis transféré à Amman.

— Avez-vous été en Israël ?

Ça recommence, je connais maintenant le scénario par cœur. Heureusement pour moi, la fin est, aussi toujours la même. On me relâche.

Je découvre Bagdad au lever du soleil. J'ai fait vingt heures de camion, des heures et des heures interminables de cahotement, dans une chaleur étouffante et dans la poussière. Voilà trois nuits que je n'ai pas véritablement dormi. J'ai l'impression que je ne vais plus tenir le coup très longtemps. Si cela continue, je sens que je vais abandonner. Depuis plusieurs jours, je ne me pose plus que les mêmes questions : que fais-tu là ? A quoi te sert ce ridicule marathon ? Le désespoir est là, malgré tout je sais que si je pouvais dormir, profondément, au moins huit ou neuf heures, je récupérerais ma « patate » légendaire. Alors, je m'accroche, j'essaie de tenir, encore une heure, deux heures.

Allongée le long du Tigre, Bagdad n'est plus la brillante, l'envoûtante capitale des contes des Mille et une Nuits. L'Iraq a la couleur et l'odeur de la terre. A la devanture des boutiques, des carcasses de moutons pendent, couvertes de mouches et de cette maudite poudre ocre, portée par le vent du désert. L'ensemble est piteux.

Je cherche en vain ce passé fabuleux, les restes de l'ancienne Mésopotamie, de cette civilisation assyrienne dont on me parlait à l'école. A Mossoul, sur la rive droite du Tigre, qui fait face à Ninive, l'ancienne capitale, je voudrais retrouver ces terribles guerriers d'autrefois, dont quelques bas-reliefs perpétuent l'allure martiale. Ici, le passé tout comme l'avenir, ne semble préoccuper personne.

Dans les cafés, les restaurants, on ne voit que des hommes et dans leur conversation les rêves des stratèges ont fait place à des obsessions plus prosaïques.

— En France, combien coûte une femme à marier ?

— ...

— Ici, tu vois, c'est selon... suivant sa beauté et sa classe, on paye jusqu'à deux mille cinq cents dollars... ou l'équivalent en chameaux et en chèvres. Certaines valent bien cinquante chameaux, m'explique un étudiant, tout heureux de bavarder avec un étranger.

— Chez moi, ça ne coûte rien (j'ai envie de dire : avant) mais il faut qu'elle soit consentante.

— C'est bizarre ça, ce n'est pas bien. Chez nous, elles n'ont pas le droit de refuser.

Quoique convaincu que, décidément, les Européens ont des mœurs bizarres, l'étudiant décide de me garder chez lui. Comme il est célibataire, mon hébergement ne pose pas de problème [1]. Il habite une modeste pièce, aux murs de torchis, dans une demeure musulmane classique, c'est-à-dire dissimulée derrière de hauts murs, la fenêtre unique donnant sur une cour intérieure. Là nous reprenons notre conversation. Il se déclare progressiste, mais me fait comprendre qu'il y a tout de même des limites : il ne tolérerait pas que ses sœurs aillent au cinéma, il ne se mariera pas avec une fille qui a embrassé un autre homme. Le plus naturellement du monde, il m'explique que lorsque ses études seront terminées, son père lui achètera une femme et le jour du mariage, en soulevant le voile de son épouse, il aura... la surprise de sa vie. Très peu pour moi !

Voilà quelque temps que cette notion de voile m'intrigue. Pratiqué avant Mahomet, l'usage du voile fut surtout répandu par les Turcs. Le Coran n'en fait pas mention, mais recommande simplement à la femme d'observer une certaine réserve. Je ne dis pas qu'à l'époque le voile n'était pas nécessaire, au même titre qu'une loi sociale... Avant le prophète, la femme était traitée comme du bétail et c'est Mahomet qui lui donna un statut. Mais ce voile, à notre époque ?... Aujourd'hui quelques rares jeunes femmes, plus évoluées, ouvertes sur le monde, tentent de rejeter cette tradition surannée. Mais, même vêtue à l'occidentale, le voile demeure... dans leur tête.

Dans un bus, je rencontre une grande et jolie Arabe, Ikbal, qui parle anglais et français. Enfin, une femme à qui

1. Les étrangers ne sont pas admis à pénétrer dans un intérieur où vivent des femmes, non voilées. Dans le cas contraire, il faut les cacher...

m'adresser dans ce monde d'hommes intolérants et dominateurs.

— Je ne peux pas vous accompagner au musée, je suis navrée mais la société m'en empêche... ce serait mal vu.

Qu'à cela ne tienne, puisqu'elle travaille dans une compagnie pétrolière, j'irai lui rendre visite à son bureau.

Elle porte une jupe courte, mais correcte. De toute évidence, je la trouble mais son émoi n'est pas dû à mon charme personnel, sinon à cette absence de voile. J'ai l'impression qu'elle est vêtue ainsi malgré elle. Elle a le regard traqué. Elle devrait faire comme certaines de ses compagnes qui portent une mini-jupe... sous leur voile noir.

L'Arabe, tout comme l'Asiatique, se lève avec le soleil, ce qui me vaut dès le petit matin, d'assister de ma chambre, à un spectacle très inhabituel se déroulant dans la cour de la maison de mon étudiant. Toutes les femmes des gourbis attenants y font leur toilette autour du jet d'eau central. La femme arabe ne portant pas le voile chez elle, je la découvre en quelque sorte. Elle est belle. Des tatouages bleutés couvrent son visage, ses mains, ses pieds et ses yeux noirs sont expressifs. Les vieilles sont habillées de noir, mais les jeunes portent des tissus châtoyants brodés d'or ou d'argent. La plupart du temps elles ont le nez orné d'un bijou doré agrémenté d'une turquoise qui leur couvre la bouche, ou bien un simple anneau d'or transperce leur narine gauche.

Elles portent aussi de lourdes boucles d'oreilles ainsi que des colliers très travaillés. Les enfants, qui s'accrochent à leurs pantalons bouffants, sont également couverts de bijoux, bracelets, anneaux aux chevilles, médailles dans les cheveux... certains ont les ongles peints en rouge. Bien à l'abri, les yeux écarquillés, j'observe cette scène rare une bonne dizaine de minutes et puis décide de tenter une expérience.

J'ai à peine ouvert la porte, fait un pas, ma brosse à dents à la main, qu'elles disparaissent toutes en un instant, comme une volée de moineaux. Je me retrouve seul devant la petite fontaine.

Babylone, un tas de poussière... Mais plus que cela, ce que je remarque, partout, c'est le marasme dans lequel se débat la société musulmane comme si quelque maléfice l'avait frappée... Marasme qui m'attriste, me choque, me peine, me révolte, m'irrite aussi... Je note sur mon livre de bord que l'Islam vit son déclin. Pour quelle raison ? Il me faudra encore parcourir quelques kilomètres avant de connaître la réponse à cette question.

C'est à Al Qurna, au confluent du Tigre et de l'Euphrate que se trouve *l'Eden* dont on parle dans la Bible. A Al Qurna un arbre, qui n'est pas un pommier, est censé être celui de la tentation d'Adam. C'est que, raconte l'histoire, Dieu inspira Adam afin de lui faire saisir toute la différence existant entre le bien et le mal (c'est l'histoire de la fameuse pomme) et c'est là qu'en lui inculquant ces notions, Dieu fit véritablement d'Adam le premier homme, car, on le sait maintenant, il n'était pas le seul de son espèce sur terre à ce moment-là.

C'est ici aussi, il y a quatre mille ans, que Dieu révéla qu'il était *Un* à Abraham. C'est d'une ville toute proche, Ur, où il naquit et dont il ne reste plus qu'une ziggurat [1] impressionnante, qu'Abraham partit pour la Terre sainte, faisant alors accomplir à l'humanité ses premiers pas vers une maturité qui est le privilège de notre époque. D'Abraham à Bahá'u'lláh : de la notion de famille à la civilisation mondiale. A travers Moïse, la tribu, le Christ, la cité et Mahomet véritable fondateur de la nation moderne.

Il fait nuit lorsque j'arrive à Sibah, sur le Chatt al'Arab, à la frontière. En face, à Abadan, brûlent les torchères des raffineries iraniennes. A l'idée de me trouver en Iran, je me sens déjà mieux, car j'en ai ma claque de ces continuelles bagarres entre « frères » arabes. Il y a quelques minutes à peine, dans le bus qui m'amenait de Basra, une bagarre a

1. Temple surélevé de Chaldée.

encore éclaté [1]. Ça s'est terminé sur le bas-côté, chacun descendant régler le compte de son « frère » en donnant le plus de coups de pieds possible. Le plus violent fut même un policier qui écrasait son poing au hasard sur les crânes et sur les nez qui passaient à sa portée.

Le Chatt al'Arab est un delta, fait d'eau et de terre parfois mélangées et sa traversée est réglementée. Comme il fait nuit, on me refoule à trois kilomètres en arrière, car comme ne l'indique aucun panneau, Sibah est zone militaire.

Le chef de la police me repère et me contrôle. Il y avait longtemps. Il s'étonne de ne pas trouver Sibah, mentionnée comme point de sortie sur mon passeport. Première nouvelle. Il veut me renvoyer sur Bagdad. Je proteste car je n'ai aucune envie de faire un détour de deux mille kilomètres dans les conditions actuelles de la « fraternité » arabe. Sans se gêner, il fouille mon sac et tombe sur ma carte du Proche-Orient, qu'il examine attentivement. Soudain, il semble se mettre en colère, fouille dans sa poche et sort un stylo à bille, puis s'apprête à rayer quelque chose sur ma carte.

— Eh, c'est « ma » carte. Vous n'avez pas le droit de l'abîmer.

— Je ne connais pas de golfe *Persique*. Ça s'appelle le golfe *Arabique* ! ! !

D'un geste, je la lui fauche. Ensuite, c'est la routine...

— Avez-vous été en Israël ?

... le shah d'Iran est un chien, le roi Hussein ne vaut guère mieux. Pour lui les choses sont simples. Il y a les amis et les ennemis, ceux-là il *faut* les haïr.

— Vous avez de la chance d'être un Français...

Sinon quoi, pauvre fonctionnaire fanatique ? Plus que les difficultés et l'âpreté de la route, la dureté de cœur, la « méchanceté » et l'ignorance crasse de certains humains me foutent le moral par terre.

La traversée de l'Iran marque alors une sorte de palier,

---

1. La plus belle eut lieu à la frontière Jordanie-Iraq : une mêlée de pèlerins de La Mecque montant à l'assaut de la douane. Guerre sainte, je suppose ?

car je n'irai pas jusqu'à dire que je m'y restaure. D'une part je suis pressé et ne prends guère le temps de me reposer et puis, si la police me laisse en paix, je subis malgré tout quelques mésaventures. C'est ainsi que poursuivi par une foule d'excités furieux de me voir filmer des scènes d'inondations, je ne leur échappe qu'en traversant un fleuve de boue rougeâtre, bras tendus, caméra au poing, manquant à chaque pas de trébucher et de disparaître. Tiède caramel.

Donc un répit, car si je ne suis pas davantage fatigué, côté moral je demeure angoissé au point de ne plus savoir véritablement pourquoi je continue ma progression vers le sud, alors que dans ma tête, l'idée d'abandon devient de plus en plus évidente, pressante. A.B.A.N.D.O.N. Ce serait tellement plus raisonnable.

Des hauteurs de Quetta, capitale du Baloutchistan, je plonge dans la vallée de l'Indus, à bord d'un de ces camions pakistanais abondamment décorés de motifs religieux et profanes, garnis de guirlandes lumineuses, psychédéliques à faire rêver tous les hippies de la terre.

Cette fois le problème du froid est réglé. Je troque mon anorak et mes moufles contre une superbe toque du Baloutchistan, coiffe brodée de fils d'or et cousue de petits miroirs qui me protégera du soleil, soudain ardent.

J'ai à peine le temps d'oublier l'hiver que la chaleur m'accable, d'autant que je remonte l'Indus, perché sur des camions à la lenteur désespérante, dépourvus de protection. La route n'est pas très large, la bande centrale complètement défoncée, oblige les camions à rouler une roue sur le goudron et l'autre sur le bas-côté. Résultat chaque véhicule soulève un nuage de poussière que je respire à pleins poumons. J'en ai le nez et la bouche en bois. Les croisements entre camions sont épiques et donnent lieu à des disputes. Parfois le problème se règle à coups de poing ce qui n'arrange rien à la moyenne déjà bien entamée par la présence sur les routes de chameaux attelés, de caravanes, une multitude de piétons et de cyclistes, sans compter les innombrables arrêts pour le thé et le hasch.

Sachant que le Pakistan et l'Inde sont plus qu'en froid, la guerre y est toujours imminente, j'avais pris la précaution de solliciter mon visa indien avant d'entrer au Pakistan. Mais les consuls auxquels je m'étais adressé ne voulant pas se fatiguer, m'avaient dit de le prendre à Lahore... Bien entendu lorsque j'atteins Lahore, j'apprends qu'il n'y a pas de consulat de la République indienne. Je maudis le corps diplomatique qui, non seulement me retarde, mais m'oblige à faire un détour de 600 kilomètres, car il faut que je me rende à Islamabad, si je veux obtenir ce visa. Dans mon état de fatigue, c'est pour le moins révoltant. Dans la capitale, un fonctionnaire de l'ambassade de France, me fait l'honneur de sa maison et me permet d'y prendre une bonne douche. J'en ai besoin. Je ne me suis guère lavé depuis la Syrie. Mais je ne reste pas à Islamabad, car je ne veux pas me laisser prendre au piège d'un bon lit, j'ai peur d'y réfléchir et d'arriver à une décision que je ne prendrais que contraint et forcé, à la limite de mes forces. Le confort engourdit vite. Retourner au fossé après, exige pas mal de courage...

Il n'y a qu'une seule route, entre l'Inde et le Pakistan, qui soit ouverte aux touristes. Encore faut-il qu'ils aient l'autorisation des autorités militaires. Autant dire que les véhicules qui s'y aventurent sont rares. Toute une matinée, je guette en vain, prêt à tendre le pouce au moindre bruit de moteur. Vers midi, un couple de Hollandais me passe sous le nez, en D.S. 19. Je suis furieux. Ils n'étaient que deux, à l'arrière leur banquette était insolemment vide. Les vaches ! Moi qui n'en peux plus. Trois heures plus tard, à la frontière, je les retrouve et comprends pourquoi ils ne se sont pas arrêtés. Ils passaient du haschish et viennent de se faire piquer. Au point où j'en suis, c'est dur à dire, mais j'ai vraiment de la chance.

Elle est enfin là, cette frontière de l'Inde. Il y a des heures, des jours, des semaines que j'attends cet instant. Je finis même par me demander si je n'ai pas trop attendu... A la dernière seconde, avant de sortir mes papiers, j'hésite. Je ne peux pas passer comme ça. Je décide de m'asseoir un peu à l'écart pour souffler. Avant de pénétrer dans ce pays tant espéré, tant désiré, il faut que mes forces reviennent, et puis aussi que je boive un coup car j'ai très soif. Là, devant moi se dressent quelques misérables échoppes...

Une image obsédante me revient en tête : une semaine auparavant, à la sortie de Multan dans un ramassis aussi peu engageant, je demande de l'eau. Un type plonge alors son bras nu dans une espèce de bidon, dont je ne sais s'il est métallique ou s'il s'agit d'un tonneau ou d'une poterie, tant il est crasseux. Le verre qu'il me tend est rempli d'une eau grise dans laquelle il y a quelque chose en suspension. Comme de la poussière, de la vase... j'ai très soif... Avant de boire, j'ai un doute... cette eau est répugnante. D'où sort-elle ? Tant pis, au point où j'en suis... et puis j'ai tellement soif. J'avale le tout sans y penser. Le verre est à peine vidé que je regrette d'avoir bu. Je viens de faire une énorme bêtise...

11

« UNE VACHE, C'EST COMME MA MÈRE ! »

Je m'accroupis au bord de la route. Je vide mes boyaux d'un mucus laiteux, écumant. Moi qui croyais avoir atteint au Pakistan les limites de l'endurance, je suis servi. Tout cela à cause d'un malheureux verre d'eau. Dysenterie ? Amibiase ? Malaria ? Je ne sais pas ce que j'ai et je n'ai guère la force de me poser la moindre question. Je passe une partie de ma journée, ramassé sur moi-même, la culotte sur les talons. Il y a tout un groupe de maladies, hépatite virale, typhoïde, choléra ou diphtérie qui signifient, ici, pour celui qui les contracte la fin de tout, le retour à la maison s'il n'est pas trop tard. On m'a parlé de ces maux qui terrassent les voyageurs.

— Tout le monde tombe malade. Personne n'y coupe. Tu vas chier tes tripes au début et puis si tu résistes, si tu passes le cap des dix premiers jours, tu seras vacciné ; sinon fais-toi rapatrier, dare-dare.

Depuis Istanbul, j'ai rencontré assez de malades pour me rendre compte du sérieux de ma situation. J'ai une peur monstre de terminer mon périple plus tôt que prévu à cause de ces fièvres. Angoissé je lorgne chaque verre d'eau que l'on me présente, chaque plat, en me demandant quel virus va m'achever. Je sais désormais que je peux crever en Inde. Je le sens en moi, dans mes tripes. Ici cela fait partie de la règle du jeu, car s'il y a beaucoup de tabous, il n'y a aucune hygiène.

Je ne sais pas si c'est à Delhi que j'atteindrai le fond, si je trouverai pire, mais je sais que je n'ai plus de force [1] et que je ne désire que deux choses : dormir et calmer mon estomac. Mais pour cela il me faut des roupies. J'ai su, par ouï-dire que le change *au noir* fixe le dollar à onze roupies et demie au lieu de sept et demie. Ça vaut le coup de tenter. Par expérience, je sais qu'il y a des risques et qu'il est préférable de s'adresser dans l'une de ces boutiques où sous une couverture commerciale, des changeurs officieux se chargent de l'opération. Il n'y a aucun problème pour trouver ces officines, des rabatteurs, des enfants généralement, assaillent les touristes dans les rues commerçantes et près des monuments.

— *Change, mister, change...*

Pendus à mes basques, les enfants me harcellent l'un après l'autre, certains me frappent pour attirer mon attention. Ils s'accrochent à moi. Plus loin un jeune homme s'approche de moi et me glisse :

— Quatorze roupies pour un dollar, ça t'intéresse ?

Celui-ci m'offre trop, c'est certainement un combinard, un voleur. Il insiste et prend un ton enjôleur. Inconsciemment, je l'écoute. Je suis tellement las, sans ressort, sans défense, prêt à faire, à accepter n'importe quoi. J'ai si faim. Gymnastique, strip-tease partiel, j'extrais mes chèques de voyage de la poche secrète de mon pantalon Il les examine, me les rend, puis m'entraîne au travers de la cohue. Je le suis à Connaught place, dans un petit restaurant vraiment très tranquille. Toujours aussi mielleux, engluant, il entreprend de m'endormir en me racontant que j'ai de la chance d'être tombé sur lui, le plus sérieux, le plus avantageux. Je n'ai aucune résistance à lui opposer. Je me sens comme une mouche prise dans une toile d'araignée. J'ai beau me répéter que je suis en train de faire une bêtise, de me faire voler, je ne réagis plus. Le « changeur » me dit alors de lui remettre mes chèques car, prétend-il, il doit les examiner à la loupe, à son bureau pour vérification de leur authenticité. Il me dit qu'il s'est déjà fait posséder et s'excuse de tant de précaution. J'hésite encore,

---

1. Depuis Bucarest, un forcing de 12 000 km en cent passages m'a saturé de route.

puis abandonne. Il disparaît avec mes chèques derrière un rideau. Je sais qu'il se fout de moi car un échange au noir ne se pratique jamais comme ça. Mais je suis à bout, endormi. Dix secondes plus tard, pris de remords, je parviens tout de même à me lever. Derrière le rideau il n'y a plus personne, ni bureau ni loupe, mais quelques caisses vides et une porte entrouverte sur la rue... Je viens de me faire blouser comme un débutant et en pleine connaissance de cause. Consentant, je n'ai aucune excuse. Sinon que la fatigue est mon pire ennemi.

Les chèques de voyage en cas de perte sont remboursés. Mais à Delhi, l'opération est particulièrement longue et difficile. La liste des pertes et des vols y est impressionnante. La faune européo-américaine qui a trouvé un tas de combines pour demeurer le plus longtemps dans le pays, vit de ces « pertes ».

La banque me fait remplir toute une déclaration que je dois faire viser par l'ambassade et un avocat. Je dois y joindre une attestation de vol et la liste des numéros de mes chèques. Par chance je l'avais tenue régulièrement à jour. Cette démarche me coûte encore quelques dollars, mon maigre comptant rescapé. L'avocat m'a refilé un coup de tampon bidon donc inutile et m'en a pris au passage trois. Les deux autres disparaîtront dans la poche d'un cabaretier qui en échange me remettra de la fausse monnaie.

Lorsque je retourne à la banque, je la trouve fermée. Que vais-je devenir, sans un ?

Je ne sais même pas où dormir, où poser ma tête lourde. Tant pis, je dormirai sur le trottoir comme tout le monde. Avant de m'étendre j'ouvre mon livre de bord et y note une courte phrase : 21 février 1971 : le jour le plus noir.

Je continue à vider tripes et boyaux dans le caniveau, je suis à bord de l'épuisement, incapable de raisonner. Toutes mes résolutions, tout ce que la route et l'Asie m'ont enseigné ne parvient plus à me réconforter. Je n'ai plus de réactions normales, comme le boxeur groggy. Une chape de plomb m'oppresse. Je m'interroge à nouveau sur le pourquoi de mon tour du monde, je remets tout en question dans le brouillard de ma tête. Amer, atterré, désespéré... Le fait que je sois natif du Scorpion n'arrange rien car toutes les idées qui me défilent dans la tête sont extrêmes. En attendant, indifférent à la misère qui m'entoure, à l'odeur pestilentielle, aux mouches qui s'acharnent sur mon visage, je n'ai plus qu'un souci : dormir pour oublier ma solitude, ma faiblesse, mon effondrement moral.

Dans Chandri Chowk, la rue commerçante du vieux Delhi, je découvre ce qu'est la Cour des Miracles. Une vague de misère, inconnue, me submerge. Je patauge dans un égout dont l'odeur prend à la gorge. C'est inimaginable le nombre de bossus, de mutilés, de malades et de mendiants qui se traînent dans la saleté. Des enfants nus tendent la main. Cette foule bruyante se heurte, se bouscule, chacun y est indifférent au sort d'autrui parce qu'il est au moins son égal dans le dénuement. Des vendeurs ambulants, des dresseurs d'ours et de singes se disputent l'attention des passants. On y voit parfois de splendides saris aux couleurs vives, mais aussi tellement de haillons, de corps nus couverts de crasse et puis... ces vaches faméliques et sacrées devant lesquelles tous s'écartent. Des mouches, encore des mouches, écœurantes, menaçantes. Quel cloaque, quelle odeur. Des rats crevés se décomposent sur la chaussée tandis que des chiens squelettiques n'ayant plus ni poil ni peau fouillent de leurs pattes leur propre chair à vif.

Je suis allé dans ce que l'on appelle un hôpital. Un toubib, un petit noiraud tout sec, m'a donné sans vraiment m'ausculter, des pilules et du sirop pour enrayer ma « colite ». Le sirop, sans me guérir, me permet de reprendre quelques forces.

Sur un pont de chemin de fer, j'assiste à un spectacle antédiluvien : un dentiste opère sur le trottoir. A côté de lui un torchon sale, posé sur le sol, jonché de dents cariées, cassées, sanguinolentes. De l'autre côté, il a placé des instruments de menuiserie et du coton, gris tant il est sale. Il travaille à l'indienne, accroupi, les fesses sur les talons, les genoux sous le menton. Il est en train de limer ce qui reste des dents d'un pauvre bougre qui lui fait face dans la même position. Il va lui fixer une fausse dent. Une cinquantaine de badauds assistent à la séance. Je crois être celui qui souffre le plus. De temps à autre, le praticien fouille dans la bouche du patient avec ses doigts douteux. Il essaye la dent et l'essuie chaque fois avec un pan de son turban. C'est tout simplement dégueulasse. Le malade crache par terre, il n'a même pas un peu d'eau pour se rincer la bouche. Je m'éloigne, j'en ai déjà trop supporté.

J'ai eu la bonne idée de visiter le plus parfait des chefs-d'œuvre de l'architecture : le Taj Mahal à Agra, construit au XVIIe siècle par Shah Jahan, un prince éperdu à la mémoire de son épouse adorée. Le Taj me bouleverse. Ce mausolée est un poème d'amour, pur comme le marbre blanc dont il est fait, vif comme les feux des pierres précieuses dont est incrusté le sarcophage. J'y passe trois jours entiers à écouter le rossignol dans les jardins, havre de fraîcheur parfumée ; trois jours à regarder les coupoles se refléter dans l'eau du grand bassin. L'amour dans la pierre. La nuit, sous la pleine lune le marbre irradie une douce lumière, le lieu devient magique.

Je ne suis pas guéri, mais ce séjour me fait du bien, d'autant que j'ai rencontré des touristes français qui, rentrant chez eux, furent contents de se débarrasser de quelques roupies et surtout de médicaments parmi lesquels il y a celui qu'il me faut. Je vais cesser, momentanément, d'être l'esclave de mes intestins. J'abandonne ma trop fréquente et grotesque position de l'homme-tinette.

Au Taj Mahal j'ai rechargé mes batteries, bien m'en a pris, car à Bénarès, j'ai besoin de toutes mes forces pour me cramponner, pour résister aux ravages que ce cauchemar, dans lequel je suis soudain plongé, ne va pas manquer de faire en moi. Bénarès, ville sacrée de l'hindouisme, est le concentré purulent de la péninsule indienne. Toute la misère du monde est là, rassemblée au bord du Gange. C'est Chandri Chowk puissance quatre. Décidément, il est écrit que je n'atteindrai pas le fond, chaque jour surgit du gouffre, une nouvelle marche qui m'entraîne encore plus bas.

D'entrée je suis pris de nausées, aucun livre, aucune photo, aucun film ne peut donner une idée de ce chancre. Ces odeurs âcres, asphyxiantes, les couleurs éblouissantes, le tintamarre assourdissant, les cris de toutes sortes — je me sens « stoned » — il faut y aller pour les sentir, les découvrir, les entendre. Il faut supporter la vue de ces plaies pourrissantes, de ce magma humain, du flot de cette misère qui ici atteint un paroxysme que l'imagination la plus délirante ne peut concevoir. Résignée, impuissante, toute une population, des enfants aux vieillards impotents, tend la main. A perte de vue des centaines, des milliers de gueux agglutinés, calés les uns contre les autres, attendent. C'est un défilé de croûtes sanguinolentes couvertes de mouches, d'abcès béants, de moignons puants, de chairs en état de décomposition... Pitié et dégoût m'envahissent et alternent dans mon cœur. Les pèlerins, indifférents faufilent leur silhouette le long des *ghats*, des marches qui mènent au fleuve. Comment décrire ces mendiants décharnés, squelettes aux yeux mobiles, ces *sadhus* (saints hommes) à nattes tombant sur les talons, drapés dans de rudimentaires bures couleur safran, ces hommes à demi nus couverts de cendre, le V de Vichnou ou les trois barres de Çiva peints sur le front, ces infirmes se traînant sur le bitume qui fond sous le soleil, tous ces êtres livides en guenilles ou complètement nus, ces aveugles grimaçant dans le vide... Des femmes, le nez, les oreilles percés de bijoux, les chevilles cerclées d'anneaux très lourds formant un cal épais, les doigts de pieds couverts de bagues, progressent le visage fermé, écrasées par leur pauvreté, car ces parures sans valeur sont tout ce qu'elles possèdent. On y voit aussi des Blancs réduits à l'état d'épaves par la drogue, des mâcheurs de bétel qui ne cessent d'expédier sur le sol des crachats rouges et puis partout des grabataires, qui attendent la mort. Au Ghat Manikarnika, on brûle les corps en permanence de jour comme de nuit... Il est vrai que le désir le plus ardent de tout hindou est d'être incinéré à Bénarès, et de voir ses cendres répandues dans le Gange. Ainsi espère-t-il arrêter le cycle des réincarnations.

Depuis dix ans la jeunesse européenne et nord-américaine

qui se prétend hippie et déferle sur l'Inde, a quelque peu gâté les relations existant au départ entre les Indiens et les humbles voyageurs de mon espèce. Traditionnellement, les *gurudwaras* (temples sikhs), logent et nourrissent leurs hôtes aussi longtemps que ceux-ci séjournent. Mais les hippies y ont dépassé la mesure, trop pris leurs aises, trop fumé, trop fait l'amour, au point qu'aujourd'hui la porte en soit fermée à tout Européen. Je tente malgré tout ma chance car je ne me sens pas capable de dormir dans la rue à Bénarès.

Dans le temple de la rue Luxa, on me trouve effectivement différent des hippies. Je suis accepté et l'on m'offre une *charpaie* (lit de corde). Au réveil, sans le savoir, je provoque ma propre perte en me promenant un rasoir électrique à la main, à la recherche d'une prise. Un homme à barbe et turban lève les bras au ciel, puis s'enfuit en courant, prévient le principal porteur de la même barbe noire, qui à son tour crie au sacrilège et d'un geste péremptoire m'indique la sortie. Il me chasse parce que j'ai voulu me faire la barbe. Si j'avais su plus tôt ce que j'apprends en sortant...

Fondée au XVe siècle par le gourou Nanak, la religion sikh voulait concilier le polythéisme, la tolérance hindoue et le monothéisme, le fanatisme musulman qui alors divisaient le pays. L'un des successeurs de Nanak ayant été décapité par erreur, les sikhs décidèrent d'être reconnaissables et afin de n'être plus confondus, ne se coupent pas un poil. Lorsque leur barbe devient longue, ils la partagent en deux et la nouent sur le sommet de leur crâne qu'ils dissimulent sous un turban.

Si mes intestins me laissent quelque répit, mes déplacements forts longs, parce que effectués à vitesse réduite, la chaleur épouvantable, la nourriture pauvre en calories, font que très vite je suis de nouveau à plat.

A Dahnbad, fatigué, couvert de sueur, de poussière et de cambouis, je rencontre M. Mukherjee, qui frappé par mon état d'épuisement, me conduit chez lui, ce qui est extrêmement rare en Inde où la misère trop grande a rendu chacun insensible au sort d'autrui. Sa femme, vraie disciple de Ramakrishna, m'accueille avec cœur. « Adore Dieu dans ton prochain », a dit le Maître. Tous deux, délicats, extrêmement bons se dépensent au service de l'homme. Il y a longtemps que je n'avais entendu un tel langage spirituel, respiré cette tranquillité de l'âme. Cette rencontre replace d'un coup mon moral au plus haut. Dès qu'il y a amour tout s'éclaire, les arbres semblent plus verts, les oiseaux plus gais... La voici enfin, l'Inde que j'attendais à l'âme si élevée, à la recherche de laquelle je suis lancé depuis si longtemps.

— Vous êtes *ramta sadhu bahata neer*. En hindi cela signifie le saint errant *eau qui court*.

Ce n'est pas la première fois que l'on me traite de sadhu, ma barbiche, mes traits émaciés m'ont souvent valu cette épithète flatteuse. Mais pourquoi eau qui court. Mon hôte m'explique que si j'ai l'air encore aussi jeune, c'est parce que je suis comme l'eau qui court et se renouvelle sans cesse, contrairement à l'eau stagnante des étangs et des mares. Il est vrai que lorsque l'on ne fait que passer, on n'a le temps de nourrir ni haine, ni envie. J'aime beaucoup cette image.

M. Mukherjee m'offre mon billet de chemin de fer pour Calcutta. Dans l'immense gare, grande comme trois fois les gares parisiennes, les trains n'arrivent jamais à l'heure. Il faut dire que même en matière de chemin de fer les vaches ont encore la priorité.

Une amie de ma bonne Jenny habite Calcutta. Je décide d'aller la voir, jusqu'à présent, Jenny m'a toujours refilé de bonnes adresses.

— Mes actions montent, je n'ai jamais eu autant de bénéfice en si peu de temps. Avez-vous gagné aux courses dimanche dernier...

La villa empeste l'opulence. Rita l'amie de Jenny, n'est pas encore là, son mari qui n'a pas su me refuser l'entrée de sa maison, sirote sous mon nez un excellent café et discute avec un ami aussi gras et riche que lui. Visiblement ma présence les gêne, ma pauvreté surtout. Ils en remettent et font étalage de leur aisance. De la provocation. « Monsieur » a étudié en Angleterre et possède ce côté dédaigneux des Indiens qui parlent bien l'anglais. J'ai beaucoup de mal à patienter jusqu'à l'arrivée de Rita. A peine est-elle là que je prends congé. Un balayeur me désigne un carré de terre à côté de sa cabane. Ça me suffira.

Je ne suis pas le seul sous les étoiles, un demi-million de déshérités vivent sur les trottoirs de Calcutta. Les plus démunis d'entre eux, nus comme des vers, n'ont pas un bout de carton pour s'isoler du sol. Des bébés au ventre gonflé, n'ont plus que la peau sur les os de leurs membres. Ils grouillent dans la poussière comme de grosses araignées. Le matin des centaines de ces pauvres bougres pataugent des heures autour des pompes municipales. Chacun attend son tour pour humecter la farine de soja distribuée par le gouvernement. Du doigt, ils mélangent l'eau et la farine dans une boîte de conserve puis ingurgitent ce seul « repas », cette unique pitance quotidienne. Une femme désaltère son nourrisson avec l'eau de la flaque...

Ce régime, cette absence de minimum vital a créé une sous-espèce humaine. *L'homme n'est pas capable de servir efficacement, s'il est affaibli à ce point. Il ne possède pas toute sa lucidité* [1]. L'esprit, contrairement à certaines croyances locales, ne peut compenser l'absence de protéines.

Vers midi, un camion à la triste réputation, patrouille les rues de la ville : le camion des pompes funèbres municipales qui ramasse sans hésiter tout corps inerte. Je veille à ne jamais dormir longtemps après le lever du soleil.

Je vais désormais vivre en chemin de fer. Les gares remplaceront les temples sikhs. Mes déplacements seront plus faciles qu'en camion et tout compte fait me coûteront moins cher [2].

Chaque étranger, pour peu qu'il soit jeune, possède une carte d'étudiant. J'ai la mienne, fausse bien entendu, je l'ai achetée un dollar à Bali. Je suis censé être étudiant en sociologie à Toronto, or comme mon passeport indique également ma qualité d'étudiant (ça fait tout de même plus sérieux

1. Abdu'l-Bahá.
2. 15 000 km pour 16 dollars.

qu'auto-stoppeur) le tour est joué et pour voyager à demi-tarif je n'ai plus qu'à aller chercher un formulaire de demande de réduction appelée ici « concession ». La démarche ne pose aucun problème, sauf à Bombay et à Delhi, où le nombre d' « étudiants » est effarant. Les autorités n'y sont pas dupes et savent parfaitement que deux cartes sur trois sont fausses. voire complètement bidons, du style abonnement de concert ou auberge de la jeunesse. Du coup, dans ces deux villes, un « étudiant étranger » sur deux est purement et simplement refoulé. Mais ces tracasseries ne sont rien en comparaison des efforts qu'il faut fournir pour obtenir le billet lui-même dans une gare. La file d'attente au guichet de troisième classe est tellement longue et dense qu'il faut s'y prendre des heures à l'avance. On y risque l'asphyxie et l'écrasement en permanence. Alors j'ai recours au système, un peu salaud, dit *système sahib* qui consiste à jouer de la couleur de ma peau et à entrer dans le bureau par l'entrée interdite au public et à acheter ainsi mon billet, sans perdre de temps. Avec un billet de chemin de fer, mes problèmes s'évanouissent puisque l'on peut dormir dans les salles d'attente. Je passe généralement la nuit dans celles des secondes, le contrôleur n'osant pas vérifier mon billet car les sahibs voyagent en première. La salle des premières est trop surveillée, quant à celle des troisièmes, elle équivaut à dormir dans la rue... C'est tout de même réconfortant de pouvoir compter dans chaque ville, ou presque, sur une pièce équipée de toilettes et de douches, où je peux ainsi me relaxer, dormir sous un ventilo.

Prendre le train est moins aisé que pénétrer dans une salle d'attente de seconde avec un billet de troisième, voire plus difficile que d'obtenir un billet sans user du système sahib. Avant que le convoi ne se soit totalement immobilisé, les troisièmes classes sont prises d'assaut en bout de quai. Très agiles, les passagers montent par les portes, mais surtout par les fenêtres, telle une armée de singes. Moi, je suis condamné, par mon sac, à attendre l'arrêt complet et à passer par la porte. Il est toutefois encore plus facile de monter que de descendre d'un train indien, car les courants contraires ne sont pas toujours équilibrés et les plus faibles sont souvent refoulés. Cela donne lieu à de sacrées bagarres sur le marchepied. A l'intérieur c'est la lutte pour les places assises, tandis que par les fenêtres arrivent, propulsés par des coolics énergiques, des malles solides et anguleuses. Dans de tels moments, il est plus que jamais *dangereux de se pencher au-dehors.* J'ai toujours beaucoup de mal à progresser dans les couloirs bondés, bourrés de bagages, de paniers, de baluchons. Les porte-bagages ne sont pas réservés aux valises, mais aux plus agiles des voyageurs qui s'y allongent, observant narquois les moins chanceux. Lorsque le train démarre, quelques types sautent en marche par les fenêtres : les revendeurs de places assises, qui, les occupant dès l'entrée du train en gare, les ont ensuite revendues au plus offrant.

Peu à peu on s'installe, on se tasse au maximum, à huit sur une banquette prévue pour quatre. Pas mal ! Ma présence surprend. Un sahib en troisième ? Cela me vaut de toujours trouver au minimum un coin de malle pour m'asseoir.

Lorsque mes voisins parlent anglais, nous discutons, la conversation est alors ponctuée de « atcha, atcha », locution typique qui ne veut rien dire, mais que l'on place à tout propos en dodelinant de la tête.

— Atcha, atcha, ce voyage se déroule très bien sahib, atcha, tu vois tout s'arrange. Une place pour tout le monde. Atcha, atcha, quand je pense qu'il s'en trouve pour critiquer ce pays...

J'en déduis alors que tout est relatif et que celui qui ne quitte pas son pays ne le connaît pas véritablement parce qu'il ne peut pas comparer.

Il m'arrive fréquemment de passer une ou deux nuits dans le train. Comme je suis incapable de dormir assis, accroupi et encore moins debout, je dois m'allonger à tout prix. J'ai repéré que personne n'occupe le petit espace qui se trouve sous les banquettes de bois. S'agirait-il d'un tabou ?

— *Legs up, gentlemen* [1] !

Je fais alors le ménage, le vide en retirant cruches, menus bagages, détritus, vieux papiers, morceaux de canne à sucre

1. Messieurs, jambes en l'air !

mâchouillés jusqu'à la corde et j'étale un nylon sur lequel je dispose mon duvet, puis, au prix d'une gymnastique qui provoque rires et commentaires, je m'allonge. Je coince mon sac sous ma tête pour m'assurer de le retrouver à mon réveil. Il n'est pas question de faire un seul mouvement, mais l'endroit me suffit et malgré l'écho des roues toutes proches, les chaos multiples, je ne tarde jamais à m'endormir, tant ma fatigue est grande en fin de journée.

Je suis, parfois, réveillé par des coups de talons, les nouveaux passagers ignorant complètement que quelqu'un dort sous leur siège. Le matin, je pince le talon nu le plus près de mon nez, talon qui disparaît avec un cri. Réflexe immédiat, les voyageurs plongent leur tête que je vois alors apparaître à l'envers, les yeux écarquillés, entre deux genoux. La surprise est grande. Un sahib, c'est pour le moins inattendu !

A Madras, j'abandonne mon duvet pour une natte de paille tressée et un morceau de tissu de couleur qui me servira de couverture. Pendant seize mois, je vais dormir à la dure sur le bois, le ciment, la pierre, au point de ne plus jamais pouvoir supporter un lit un tant soit peu moelleux.

Pondichéry, un nom comme Titicaca surgit de ma mémoire scolaire, ponctué de rires gouailleurs, innocents. L'ancien comptoir français a gardé un petit air colonial. Autour du square central, place du Gouvernement, ombragé par d'énormes arbres, partent des rues aux noms français, propres et nettes. Maisons pastels, végétation tropicale, la ville somnole au bord d'une longue plage rectiligne sous une chaleur accablante.

Pondichéry devient peu à peu la propriété de la société Aurobindo, un ashram fondé en 1920 par Sri Aurobindo ; ce centre de yoga intégral est dirigé, lors de mon passage, par la femme d'Aurobindo, une Française que l'on appelle la « mère [1] ».

Dès que j'entends parler de yoga, je songe au cliché le plus répandu, celui du type décharné, torturé qui demeure

1. Décédée en 1974.

des heures dans une position impossible. Il me faut absolument tirer cette affaire au clair. Et si moi aussi je fréquentais une de ces écoles de yoga, appelée ashram. Elles pullulent. Les Beatles, avec leur gourou Maharaji en ont lancé la grande mode en Europe et depuis, toute une jeunesse venue des pays industrialisés, en quête de surnaturel, d'équilibre, de spiritualité se précipite vers ces centres plus ou moins authentiques. Aurobindo est l'un des plus connus. Mille cinq cents personnes vivent dans ce grand laboratoire de l'esprit où l'on recherche la perfection intégrale, l'harmonie avec la conscience universelle. Pour s'y faire admettre par la « mère », il faut d'abord subir un an de préparation et d'essai, à ses propres frais. Depuis 1967, les membres d'Aurobindo se sont lancé dans la construction d'une ville internationale futuriste baptisée Auroville. L'idée est d'en faire la ville idéale, d'en supprimer l'argent et la police. Les habitants en seraient des individus ayant atteint une perfection permettant de vivre sans connaître aucun des problèmes de la société d'aujourd'hui. Tout est prévu pour que la cité vive sur elle-même. Mais le rêve de ville est encore en chantier. Une place centrale en forme de lotus, un début de ferme, une maternité, quelques maisons c'est tout ce qu'il y a pour le moment.

— Auroville sera la première cité-modèle. Dans le futur, la planète entière ne sera plus bâtie que d'Aurovilles, m'explique une jeune femme.

— C'est merveilleux, mais excusez-moi, vous m'avez bien dit que ces cités n'auront pas de police. L'homme étant l'homme avec ses défauts, comment ferez-vous ?

— Les malfaiteurs seront renvoyés !

Je reste perplexe. Renvoyés par qui, puisqu'il n'y aura plus de police, renvoyés où puisqu'il n'y aura que des Aurovilles ? Sur la lune ?

Le monde, au seuil de l'éveil spirituel, a encore beaucoup de chemin à parcourir avant d'atteindre cette perfection. Il ne faut pas rêver, il faut au contraire ne pas ignorer les données de base, de la réalité, sinon ce serait le chaos. Auroville est sans doute une excellente chose, une expérience rare pour ceux qui y participent, une poignée de Français, d'Américains et autres à la recherche de leur vérité intérieure, mais je ne crois pas que ce soit la solution aux maux dont souffrent notre humanité. Ce n'est pas une ville parfaite qui fera les citoyens parfaits, mais des citoyens parfaits feront sans aucun doute la cité de rêve.

Ma perfection et ma patience, je n'aurai jamais celle d'attendre un an le bon-vouloir de « mère », n'étant pas encore idéales, je me dirige sur un autre ashram situé à Lawspet, à quatre kilomètres de Pondichéry.

Un grand bâtiment, de couleur verte, construit sur un plateau de terre rouge, continuellement rafraîchi par le vent du large, entouré d'arbres, de fleurs et de silence : *Ananda Ashrama.* Les stages y durent habituellement de trois à six mois, mais par chance au moment où j'arrive, débute un stage accéléré, d'un mois. Les ashrams sont en principe gratuits, mais celui-ci exige une donation volontaire de huit roupies par jour. Meenakshi Devi, Barbara Tomscha de son vrai nom, une Américaine portant le sari, m'accueille et me présente l'école. Je fais la connaissance du Swami [1]. La donation versée à l'avance, elle me conduit à ma chambre dans laquelle je ne dormirai pas, je préfère la fraîcheur du toit-terrasse et la protection de quelques feuilles de palmiers.

Nous sommes une bonne vingtaine d'apprentis yogis des deux sexes et de nationalité différente.

Swami Gitananda, un personnage très corpulent à barbe fleurie, respire la santé. Il nous parle d'une voix forte dans un anglais très pur, un anglais du Canada, où il séjourna très longtemps. C'est un bon orateur. Hindou orthodoxe, il se réfère souvent à la *Bhagavad-Gita* [2] et à Krishna et croit à la réincarnation. Les trente journées se déroulent sur le même rythme.

5 h 30 : lever. Thé très clair, toilette. On nous apprend à se gargariser et à se râcler la gorge...

La première des leçons, qui durent une bonne heure, a lieu sur le toit à 6 heures, au lever de l'astre du jour. C'est

1. Le père, le maître spirituel, directeur de l'école.
2. Livre sacré de l'hindouisme faisant partie du Mahâbhârata.

la leçon de *hatha yoga.* Il s'agit des fameuses positions que l'on appelle yoga en Europe mais qui ne sont en réalité qu'une préparation au vrai yoga. Un esprit sain dans un corps sain, telle pourrait être la définition du hatha yoga, des *asanas, kriyas* et *mudras*[1]. Nous nous évertuons, chacun sur notre paillasse. Le swami qui trône sur un petit podium explique minutieusement chaque position, mais ne les pratique jamais devant nous. Sa corpulence lui interdit toute démonstration. Rick, son premier disciple, un révérend américain en stage depuis trois ans, maigre et souple, met en pratique l'enseignement du swami. Malgré ma propre maigreur, mes années d'acrobaties diverses, je ne suis pas très souple et j'ai quelques difficultés à faire ces exercices. Je tire un meilleur parti du *prânâyâma* qui a pour but la régulation de la respiration afin d'obtenir le contrôle de la *prânâ,* la force vitale contenue dans l'air. Ces derniers exercices me font un bien énorme, je ne les abandonnerai plus.

Glandes réglées, poumons déployés, circuits magnétiques coordonnés, nous formons un cercle, assis en tailleur sur le carrelage du réfectoire. Entre nos genoux, une gamelle de gruau saupoudré de sucre brun et un verre d'eau : le petit déjeuner. Il est 7 h 30.

9 heures. Nous nous retrouvons sur le toit pour l'*inâna yoga* ou comment apprendre à se relaxer. Le swami dessine sur un tableau noir, nous demande de nous tranformer en tube creux, en poste-émetteur, en fourmilière... en triangle, tout cela en se servant des plexus. Il nous demande de nous entourer le corps de cercles imaginaires partant du nombril et grandissant lentement. J'essaye consciencieusement !

12 h 30. Déjeuner. Des crudités, le menu ne varie jamais : un concombre, une carotte et une tomate, sans rien. Pour les déguster, j'ai envie de prendre la position du lapin si bien décrite à la première heure du matin par le swami gros et gras. Comment fait-il ?

15 heures. Après la sieste, *raja yoga* exercices de concentration.

---

1. Positions fermes, activités circulatoires, contrôle des glandes.

17 h 30. On nous apporte une assiette de fruits, c'est le dîner. C'est de plus en plus difficile à supporter. J'ai faim. J'ai l'habitude de prendre des repas légers, mais à ce point...

19 heures. Dernière séance : le *satsangha,* à la lueur des étoiles. Le swami nous régale de sa philosophie. Les *shishas,* élèves, posent ensuite des questions. Puis après une pause de silence, nous fredonnons en chœur des *mantras.* « *Om, om, tam, tam* », la litanie scandée monte doucement dans le calme de la nuit, comme une dernière prière.

En dépit de cet horaire, assez chargé, je trouve le temps de me documenter à la bibliothèque et d'y approfondir ma connaissance du yoga. Les types de yoga sont nombreux, les écoles de pensées et les maîtres également, mais je ne crois pas que chaque être soit capable de parvenir à l'extase. Le yoga n'en demeure pas moins un excellent moyen de contrôle de soi, une discipline qui conduit à la libération de l'homme, qui l'aide à dépasser ses perceptions sensorielles, les limites de sa raison et de son intellect. Je crois même que le hatha yoga, la base du yoga, devrait être enseigné dans nos écoles. Relaxant, il met en forme contrairement à la gymnastique qui, si elle développe force et musculature, n'en est pas moins éprouvante.

Je ne pense pas avoir perdu mon temps à l'ashram, mais le yoga a des limites et surtout le vénérable swami qui, brillant causeur, est une vraie personnalité « Lion ». Il me fait davantage penser à un commerçant opportuniste qu'à un saint homme. Il a su profiter d'une mode. Curiosité réputée, il est capable d'arrêter son cœur et de commander chacun de ses muscles au point de pouvoir rentrer ses testicules et son pénis à l'intérieur de son bassin, sans y toucher... Des médecins soviétiques sont venus spécialement assister à sa performance... En vrai Indien, il s'est marié jeune, a fait quatre enfants à sa femme, puis a plaqué sa famille pour méditer et devenir un saint. Il est fier de n'avoir jamais eu d'éjaculation nocturne depuis, et soutient que le sperme se résorbe dans le corps et n'a nullement besoin de le quitter. *Shakti,* la force regagne ainsi, selon lui, l'esprit et l'homme conserve toute son énergie. A mon sens, il en fait un peu trop. A

59 ans, il se prétend champion de lutte gréco-romaine, lieutenant-colonel de la marine britannique, blessé de quarante éclats de shrapnel durant la dernière guerre mondiale (je ne sais pas si je dois attribuer l'absence de cicatrices au miraculeux yoga ?). Il a fait neuf fois le tour du monde et a été trente ans chirurgien au Canada. C'est avant tout un charlatan qui ne manque pas de piquant. Végétarien, il prétend inutile d'absorber des protéines d'occasion, puisque les vaches les tirent elles-mêmes de la végétation.

Ses élèves sont divisés en trois groupes : ceux qui gobent tout les yeux exorbités, agenouillés à ses pieds et le révèrent comme Dieu le Père. Têtes de fous, hantés de visions, désaxés tels Ron, David, Brian, Linda, Sergio, Alwyn. Les simples dévots forment une majorité respectueuse qui croit tout en restant équilibrée : Meena, la secrétaire amoureuse qui depuis trois ans ne quitte pas le swami d'un pouce, Rick le roi du hatha yoga, Eschwari, une Indienne guérie par le swami, Terry, la sœur de Meena, qui jeûne depuis seize jours, pour « voir », Maria, une Suissesse, Nathan un Indien dravidien, Nori un Japonais silencieux. Je fais partie du reste, des sceptiques : Kabir le brahmane, Janos le Canadien de Lettonie qui soupçonne le swami d'escroquerie, Tom un Suédois maoïste, Patrick, un Français qui fume des gitanes et va se taper quelques steaks en cachette, pas du tout dans le coup et Mireille sa petite amie, qui ne pige pas un mot d'anglais. Elle, au moins, est hors de portée du swami.

Janos est mon copain. Le swami lui a prédit qu'il serait assassiné dans les quatre jours qui suivront son départ de l'ashram. Ça nous fait bien rigoler.

Regonflé grâce aux exercices de prânâyâma, mais sceptique au sujet de l'extase à bon marché, je décide de quitter l'ashram un peu avant la fin du stage. Première chose : je me précipite dans un restaurant de Pondichéry où je m'envoie un bon steak pommes frites et une bonne baguette à la française.

J'avais projeté de me rendre à Ceylan, mais à Rameswaram, je tombe sur un os : le ferry ne part plus. La révolution ayant éclaté, toutes les communications sont interrompues. Il est vraiment difficile de planifier un voyage autour du globe. Depuis des mois, je suis à la merci de la violence, des caprices de la politique, des disputes des « Grands ». La révolution n'ayant pas d'horaire précis, sans attendre je choisis de remonter vers le nord, Bombay et le Népal. Si les problèmes de Ceylan s'arrangent, je redescendrai.

Dans les montagnes de Mysore, l'oxygène de l'altitude me ravigote. J'y fais la connaissance de Raghuram, un jeune intellectuel de 32 ans, qui présente à lui seul toutes les contradictions de l'Inde contemporaine. Il déteste la langue officielle, l'hindi, qu'il délaisse au profit de sa propre langue maternelle, le kanara, l'une des huit cent cinquante, couramment parlées ici. En *dhoti,* tissu blanc fixé à la taille dont on relève les pans du bout des doigts, je visite les caféiers de mon hôte. Planteur progressiste, il est extrêmement soucieux du sort de ses travailleurs et de leur bien-être, mais il a organisé une grève contre l'abattage des vaches.

— Une vache, c'est comme ma mère !

Je ne suis pas tout à fait d'accord avec lui, mais je me demande à quoi peut bien servir de tuer ces animaux squelettiques. On devrait les laisser engraisser auparavant. En tant que planteur, il appartient à la caste des *shudras*, la plus basse, et bien que le système ait été aboli, il m'explique qu'un *brahmane*, d'une caste supérieure à la sienne, n'accepterait jamais de venir dîner chez lui de peur de se souiller. Marié, selon la coutume, par son père, qui lui a choisi une femme, il prétend être heureux. Simplement ils n'ont aucune conversation. Femme très simple, peu instruite, elle s'occupe des enfants et demeure à la cuisine avec sa sœur. Je ne la verrai jamais que de loin.

Bengalore : je longe les grandes avenues d'un pas décidé, indifférent à la foule pressante. Chamrajpet, où se trouve ce quartier ? Un dernier rayon de soleil éclaire le faîte des toits où bondissent des singes turbulents. Si je ne peux pas la voir, lui parler, je risque de passer la nuit dans la rue. Poussé par mon instinct rebelle, mon goût pour le non-conformisme, je cours peut-être au scandale, je fonce à sa recherche.

— C'est à quel sujet ? atcha, atcha.

— Mlle Eschwari, est-ce bien ici ? Je suis un de ses amis de Pondichéry, je voudrais la saluer.

Je l'ai connue à l'ashram. Elle était sans doute la plus studieuse, la plus dévote des shishas du swami qu'elle couronnait de fleurs et dont elle baisait les pieds avec une ferveur qui pourrait choquer en Occident. Jalouse, Meena, la secrétaire amoureuse du swami, fit chasser Eschwari qui sut partir dignement. Ame magnifique, parée de son plus beau sari, elle nous offrit, le soir de son départ, des dattes et des raisins secs, puis chanta une dernière fois avec émotion. Sans amertume. Je me souviens de la dernière phrase de son petit propos d'adieu : « Je demande pardon, à tous, pour les petites offenses que j'aurais pu vous faire. »

Le père d'Eschwari hésite. Il se demande s'il doit me faire entrer ou appeler sa fille à la grille. En me présentant ainsi j'ai bouleversé les convenances et le pauvre homme se trouve dans une situation imprévue. Il disparaît ; quelques minutes plus tard, Eschwari, gracieuse, vient m'ouvrir et me fait entrer dans une pièce meublée d'un modeste sofa, d'une table disposée en coin et d'un poste de radio. Le père, la mère, les frères et les sœurs, la servante sont présents.

Mains jointes sur la poitrine, j'incline la tête afin de les saluer comme il est de bon ton. Tous m'observent. Je suis le sahib. Eschwari rompt le silence en racontant ce qu'elle sait de mes aventures. Je la bénis, car elle obtient de son père qu'on me laisse dormir dans la véranda — j'y resterai trois jours — ce qui me comble, car je déplore le manque de contact avec la population. La grande misère qui rend les individus insensibles au sort d'autrui, m'interdit malheureusement toute pénétration véritable d'un foyer indien.

Une pièce toutefois m'est interdite, celle qui est réservée au culte, le *puja*. J'y aperçois une statue de Ganesha, le dieu bedonnant, à tête d'éléphant, protecteur des écrivains et des sciences, ainsi que des images aux couleurs pâlottes, encadrées de guirlandes de fleurs fraîches : les effigies de Çiva,

Krishna, Lakshmi. De petites mèches, des bâtonnets d'encens brûlent doucement.

Je ne vois Eschwari que le soir, car elle n'a pas le droit de m'accompagner dans la journée en ville. Sa joie profonde m'enflamme le cœur. Parée de ses longs cheveux noirs, encadrant des traits fins, elle est fort belle. Mais sa féminité, sa présence sensuelle ne me sont pas perceptibles, elle m'apparaît transfigurée par la pureté. Nous parlons de longues heures dans le salon, sous la surveillance du père qui a pris place sur le sofa, de la mère, accroupie dans l'entrebâillement de la porte de la cuisine. Vive, intelligente, Eschwari a réellement fait sa propre révolution, mais elle n'est pas révoltée. Lucide, les tabous lui pèsent ; toutefois elle pense qu'il est trop tôt pour tout bouleverser.

Je l'écoute avec plus d'attention que je n'en accordais au swami. Je suis envoûté. Son père et sa mère ne sont plus que deux ombres anonymes. Elle est debout devant moi, appuyée contre la table, je suis à ses pieds. Sa peau noire [1] plongée dans la pénombre, irradie une lumière dorée, très douce. Sa force, sa puissance spirituelles sont telles qu'elle provoque en moi des visions que seul le troisième œil peut percevoir. Instant magnifique. Je songe à l'auréole des saints représentés sur les murs de nos églises, au halo qui les entoure parfois.

— J'aimerais aussi faire le tour du monde, mais je voyagerai dans ma prochaine réincarnation. Dans celle-ci, je n'en ai pas le courage...

Petite Eschwari, je suis sûr qu'un jour viendra où justice sera rendue à la femme indienne, inéluctablement. Un monde équilibré en dépend.

New Delhi, Calcutta... Bombay. Une nouvelle fois, je me retrouve dans la rue parmi des milliers de miséreux dont c'est la résidence perpétuelle. Voilà des semaines que je vis quotidiennement dans cette rue et je ne peux pas m'y faire,

1. Elle est d'origine dravidienne.

surtout la nuit. Sans mur autour de moi, je ne peux pas bien dormir. C'est psychologique.

Une colline couverte d'arbres gigantesques et fleuris, Malabar, le plus beau site de la ville, située au bout de Marine Drive, le copacabana de Bombay, m'attire particulièrement. Mais l'endroit est trompeur. Des vautours et des corbeaux planent lentement éveillant en moi un pressentiment. Dissimulées derrière le feuillage, huit tours se dressent silencieuses... Les *Parsis,* derniers descendants des zoroastriens, chassés par l'invasion mongole au XIIIe siècle, y exposent leurs morts. Le travail est bien fait. Les rapaces blanchissent les os des corps en moins de vingt minutes. C'est sans doute plus efficace que le feu et surtout plus rapide que les vers. C'est au terme d'une cérémonie qui dure quatorze jours qu'intervient l'ultime bain de soleil. Seuls les croque-morts ont le droit d'accéder à ce lieu sacré et d'accompagner les défunts. En baratinant deux jeunes filles, j'ai réussi à entrer dans la salle funéraire, la dernière étape avant la tour, mais je n'irai pas plus loin. Le monde parsi, qui entretient encore le feu sacré du dieu Mazda dans des temples décorés de lions assyriens est impénétrable. Monde fermé s'il en est. On naît parsi, on ne le devient pas. Seul un parsi peut épouser une parsie.

« La vérité de la religion réside dans la valeur morale, non dans les pratiques extérieures de valeurs imaginaires », ainsi parlait Zoroastre. Mais le souffle de sa parole a perdu toute sa force. Un souffle qui inspira si longtemps les empereurs perses, du premier empire du monde, un souffle qui fut un appel à la justice sociale, qui illumina le règne du grand Cyrus. Mais la religion parsie, comme toutes les autres a besoin de renouveau. Dieu ! que ce besoin de régénérescence m'apparaît évident lorsque je songe à la contribution de la morale parsie à l'histoire du monde et à ce qu'elle est devenue aujourd'hui.

18 mai 1971. Voilà presque trois mois que je suis en Inde. On me refuse de prolonger mon visa, je n'ai plus qu'à quitter le pays pour gagner le Népal. Atcha, atcha !

Depuis que les hippies ont consacré Katmandou paradis sur terre, les camions de Raxaul [1] ont institué un péage. Ils réclament dix roupies népalaises [2] pour conduire leurs passagers sur les 189 km de montée vers la capitale. C'est dix roupies ou rien. Impossible de discuter, ils se tiennent les coudes.

Je fais le voyage en compagnie d'un Canadien de retour d'Israël et de Népalais au teint jaune. De dangereux petits lacets nous hissent à 2 500 m jusque dans les nuages. L'ascension se fait au milieu de grands pins verts, bercés par le murmure perpétuel des torrents. L'air est plutôt frais. Lorsque s'amorce la descente vers la célèbre vallée, au travers des champs en terrasse, apparaît, barrant l'horizon sur 180° la chaîne himalayenne. Neige et nuages confondus. La vallée de Katmandou est à la montagne ce que Bali est à la mer. Toutes deux sont des joyaux où l'œuvre de la nature et celle de l'homme rivalisent de beauté et d'audace.

Le Népal, accessible depuis peu à l'étranger, est le seul pays au monde dont le gouvernement vende lui-même de la drogue. C'est un monopole comme un autre, tel celui des gauloises. La grande spécialité du pays est le gâteau au haschisch, une expérience que je ne veux pas manquer.

Je choisis au fond d'une ruelle le *Cabin*, une espèce de cave sombre, née de l'invasion américaine. Débordant de couleur comme une boîte de San Francisco, dégueulant les mêmes tubes de Jimmy Hendrix, la ville est infestée de tripots de ce type, grâce auxquels les Américains ne se sentent pas trop dépaysés, car même en voyage, ils sont incapables de quitter leur pays. Stiv, un jeune Népalais dont je partage le tapis, m'accompagne discrètement. Un épais nuage de fumée bleue flotte au ras des têtes, une odeur âcre me pique la gorge et les yeux. La salle est bondée de jeunes, silencieux ou hilares, en plein « trip ». Un *shillom*, petite pipe d'argile en forme d'étroit coquetier, brûlante de haschisch, circule parmi ces inconnus. Mon voisin, au teint olivâtre, le lève délicatement

1. A la frontière au pied des premiers contreforts himalayens.
2. 75 cents U.S.

dans ses mains jointes au-dessus de sa tête. Plusieurs fois il invoque Çiva, puis avec un rictus caractéristique absorbe trois bouffées avant de me le passer. Stiv m'explique comment il faut tenir et fumer le « shillom ».

Le menu que l'on me tend est en partie américain ; hamburger, poulet frit, steak... mais en partie seulement car y sont offerts à la clientèle les spécialités locales : gâteau au haschisch, pudding à la marijuana, café à la ganja... un gâteau pour une roupie, cela me semble un « voyage » à bon marché. Ayant l'intention d'apprécier pleinement mon repas, je décide d'avaler le gâteau d'abord afin de sensibiliser mes réflexes gustatifs. Genre de cake pour le thé de ces dames, celui-ci a l'air bien innocent et je n'en fais qu'une bouchée. Stiv me dit qu'il faut attendre, que l'effet s'en fait moins vite sentir que celui de la fumée. Au bout d'un quart d'heure, rien ne s'est encore produit. Je suis persuadé que la dose était trop faible et j'en commande un second. Les choses se déroulent très vite alors. Je me sens d'abòrd « stoned » comme je le fus sur la plage d'Acapulco. Le pain au miel que je grignote en attendant que l'on me serve le plat commandé plus tôt, me paraît excessivement doux. J'en ai le palais impressionné beaucoup plus durablement qu'il ne serait normal, chaque miette semble une bouchée savoureuse. Très vite ce stade est dépassé, je perds bientôt toute notion de la réalité. Depuis combien de temps suis-je dans cet antre enfumée ? Pourquoi suis-je ici ? Mon estomac se creuse soudain, comme la lame d'une tempête, les murs se mettent à chavirer et la panique me gagne. Ça tourne et si je sens encore qu'un peu d'air frais me ferait du bien, je suis incapable de me lever. Je suis cloué sur mon banc et par trois fois je retombe lourdement sur le derrière. Comment sortir, franchir la porte là-bas qui forme un angle de quarante-cinq degrés avec le sol ? Si je me penche pour la franchir, vais-je tomber ? Avec l'aide de Stiv je parviens à me dresser, mais aussitôt un cercle de feu monte en tourbillonnant autour de moi. Des pieds, il vient me frapper la nuque dans un jaillissement d'étincelles, puis ça repart. Je me sens ballotté au sommet d'une vague prête à m'engloutir. A l'intérieur même de mon crâne, des images surgissent, instantanées et démultipliées, se succédant à une vitesse hallucinante : mille bouddhas, mille oiseaux, mille fleurs identiques répétées en couleur vive. A rendre fou.

— Stiv, je t'en prie, fais-moi descendre.

— Qu'est-ce que tu racontes, André, tu es sur la route, à côté de moi ! Je t'assure...

— Mais enfin puisque je te dis que je plane. Comme un oiseau, je suis au-dessus des toits. Je le vois bien.

Je tends les bras comme un équilibriste sur un fil récalcitrant, je suis angoissé car je redoute la chute. Le chemin qui me ramène chez Stiv n'en finit pas. Et si un courant d'air m'entraînait vers l'Himalaya ? J'ai déjà vu des oiseaux être soudain déportés par le vent.

Rendu chez Stiv, je vomis quatre fois avant de sombrer dans un sommeil abyssal sur un parquet-gyroscope. Mon réveil est épouvantable, j'ai la gueule de bois : mal au crâne, idées cotonneuses, corps affaibli, estomac barbouillé. Je déteste être dans cet état. Je suis décidément convaincu que l'alcool et la drogue aboutissent à abrutir l'homme. Je comprends les raisons de ceux qui s'y adonnent, mais je peux, également, leur assurer qu'il existe d'autres moyens de vivre exalté. Les cadavres ambulants de drogués toussants et crachants que je croise sur les routes de l'Inde et du Népal m'en persuadent jour après jour. Ils ont cru « monter », « voler haut », faire un « voyage » mais à chaque fois ils sont redescendus un cran au-dessous. Euphorie illusoire, véritable suicide échelonné dans le temps. A l'évidence, l'élixir de l'exaltation, le vin de choix n'est pas dans cette bouteille. La véritable ivresse est tout autre : *ne croyez pas que nous avons révélé un simple code de lois. Non, c'est plutôt le vin choisi que des doigts de la puissance et du pouvoir nous avons décacheté pour vous* [1].

Je suis maintenant sûr de moi. Plus je me familiarise avec les écrits bahá'is, plus je me sens *high*, « stoned ». La preuve du gâteau est définitive. J'ai découvert ce que je cherchais,

1. Bahá'u'lláh.

le véritable trésor qui était au bout de ma route : le vin choisi de la Révélation.

Place Durbar, à Katmandou, parmi les hippies qui s'insèrent parfaitement dans la mosaïque des costumes typiques et colorés, et les Népalais aux cuisses nues et puissantes, ployant sous leur charge maintenue sur le dos par une bride qui leur ceint le front, un sadhu, complètement nu, traverse indifférent à la foule des curieux qui l'observe. L'homme doit venir du sud de l'Inde, car il est très noir. Etrange vision : son bras droit est levé pour la vie. Il doit appartenir à la secte de Çiva, dont les adeptes vivent dénudés et se terrent dans les cavernes et les bois. Que fait-il en ville ? Peut-être change-t-il de tanière, cherchant le jus de *soma,* liqueur sacrée par laquelle les hommes entrent en relation avec les dieux. Dans sa main gauche il tient un trident, qu'il appuie sur son épaule, insigne divin à l'extrémité duquel est accroché un semblant de baluchon. Ses cheveux, couleur de chanvre sale, lui battent les talons. Avec l'immanquable point rouge entre les sourcils, le troisième œil, il a fière allure ce sadhu. Seule coquetterie notoire, il a le pénis entouré d'une bague à laquelle pendent des grelots qui tintent à chaque pas. A chaque voyageur qui recherche le but du Prédestiné, la patrie divine, son style...

La route du Tibet traverse les trois zones d'influence : américaine, russe et chinoise.

Drapeaux rouges, salopettes uniformes bleues, grand portrait de Mao sur fond de massif himalayen, le Toit du Monde me refuse son entrée. Comme à Hong Kong, comme à Macao, les Chinois ne veulent pas de moi : j'allais au Tibet, comme toujours, pour y rencontrer les Tibétains avant tout. Par bonheur, j'en rencontre en deçà de la frontière. Des réfugiés.

— Nous avons dû fuir parce qu'il nous était impossible de pratiquer notre religion. Nous sommes partis de nuit avec un peu d'argent et de nourriture. Après trois mois de marche épuisante à plusieurs milliers de mètres d'altitude, nous avons atteint la frontière indienne et depuis huit ans nous sommes au Népal.

L'accueil est extrêmement chaleureux, quoiqu'ils manquent de tout. Dès mon arrivée, je troque une paire de chaussures, trouvée dans le charter français de l'Amazone, contre une grosse boucle d'oreille masculine, ornée d'une turquoise. Le bijou n'a pas une grande valeur, mais pour moi il a celle de l'objet familier porté quotidiennement au fil des générations.

Pas un de ces visages, couleur de parchemin, tannés par l'altitude, ne me refuse un sourire. Chémi, un enfant de dix ans très éveillé, me prend par la main et me fait visiter son campement et les ateliers où l'on travaille la laine et les fabriques de tapis. Dans l'atelier de filage c'est le moment de la prière, les rouets tournent tandis que les femmes chantonnent des « mantras ». Sur la place centrale, un tas de pierres autour duquel se déplacent des vieilles agitant leur moulin à prières. Et tout en priant elles continuent à papoter. Je m'étonne que les Américains n'aient pas songé à créer de tels gadgets qui permettent, à la fois, de gagner du temps et le ciel. Le village est planté de hauts mâts de bambou au bout desquels flottent des banderolles imprimées : des prières destinées aux dieux et aux esprits voyageurs. A l'entrée du temple, une espèce de gros tambour suspendu retient mon attention : encore un moulin à prières. A chaque tour une clochette retentit, autant de coups de clochette, autant de prières...

Un vieil artisan qui fabrique des bottes, m'arrête en passant. D'un coup d'aiguille, il répare la poche de mon pantalon qui était déchirée, puis s'éloigne sans rien dire. Brave vieux qui me parle d'amour sans dire un seul mot.

C'est la mousson qui me chasse de ce pays attachant, de ce Tibet où j'ai passé plusieurs jours sans toutefois quitter le Népal. Dernier regard sur l'Annapurna que de gros nuages noirs vont bientôt engloutir. Mon camion à dix roupies me redescend sous une pluie battante. Derrière nous, un glissement de terrain noie plusieurs lacets de la route sous un amas de boue.

Calcutta... La mousson a verdi la ville, mais elle n'a pas balayé les immondices, ni chassé la plus grande misère du monde. Les rues sont noyées, le choléra est aux portes. Je suis à nouveau plongé dans le cauchemar indien, dans la réalité. Et la réalité, aujourd'hui, c'est la guerre du Bangla Desh. Cinq millions de Bengalis se sont réfugiés en Inde, fuyant la boucherie répressive des Pakistanais de l'ouest. Le réfugié, ce produit de notre ère démente. Il y en a environ cinquante mille au bout de la piste de l'aéroport Dum Dum à dix-huit kilomètres au nord de Calcutta. Le cheptel humain est entassé sous de longues bâches. Visages résignés, dépourvus de confort, en ont-ils jamais eu, ces hommes et ces femmes attendent, mais ils ne savent pas quoi. Noyés dans le bruit infernal des avions qui atterrissent et décollent au-dessus de leur tête, ils font la queue, une carte rose à la main, par centaines, poitrine contre poitrine, pour une ration de riz, quelques oignons, du *dahl,* sorte de lentilles, et du sel. Un Bengali, aux grands yeux doux et tristes, m'invite d'un geste.

Jeune instituteur, il s'est enfui avec sa femme, sa petite fille et plusieurs membres de sa grande famille.

— Ils s'en prennent aux hindous maintenant... Tandis que l'armée pakistanaise nous menaçait de ses fusils, nos voisins musulmans ont pillé nos cinq maisons. Ils nous ont tout volé. C'est atroce, je ne peux pas supporter de voir ma famille dans cet état d'abandon.

Il a tout perdu, mais il m'offre une mangue. Ce geste me pince le cœur, car les fruits sont introuvables dans ce camp. Je le supplie de la donner à sa petite fille.

— Le choléra est dans nos murs. Il y a déjà eu deux cent vingt-cinq cas déclarés...

A l'infirmerie, un médecin indien est en train de rédiger une longue commande de médicaments. Il peste contre la paperasserie qui, même dans ce cas d'extrême urgence, ne sait pas s'effacer. Chaque jour la foule des réfugiés grandit. Des Britanniques ont dressé un hôpital de campagne et des appareils de l'armée livrent quotidiennement équipement et matériels sanitaires. Des infirmières bénévoles, pistolet à vacciner à la main, font injection sur injection.

Ultime vision de ce camp : un vieillard squelettique vêtu de lambeaux portant dans ses bras sa petite fille qui vient de mourir, victime du choléra.

Lorsque j'atteins Colombo (Ceylan) je suis épuisé sur tous les plans. Physiquement je n'en peux pratiquement plus. Ma nouvelle traversée de l'Inde m'a remis à plat. La tête me tourne de façon incessante, j'ai la gorge en feu, mes jambes sont incapables de me porter et une fièvre croissante me contraint à m'habiller chaudement ce qui est un comble sous un tel climat. Pour clore le tout je viens d'être victime d'un accident de la route. En voulant éviter une enfant tombée de vélo, mon chauffeur fit une embardée et précipita son camion contre un arbre. Je suis blessé aux mains et au visage. De simples coupures, mais tout de même je n'avais pas besoin de cela. Du côté du moral, ça ne va guère mieux, car traverser l'Inde du nord au sud, son immense misère, la foule de cette sous-espèce humaine, est un calvaire pour l'esprit. La malnutrition, le manque d'hygiène, la chaleur, l'agression permanente de ces malheureux auprès desquels je passais pour un nanti, m'ont complètement démoli.

Ceylan m'a tout de suite offert le contraste de sa nature riche, propre et verdoyante. Il me fallait au moins ça pour m'aider à poursuivre.

Un peu contraint et forcé, je me présente à l'Alliance française de Colombo, inquiet quant à l'accueil car je me méfie non seulement des consulats, mais aussi de la mentalité de certains Français à l'étranger, du style « chacun se démerde ». Dans mon état, j'ai besoin d'aide. Je me résigne donc à tirer une sonnette nationale. Bien m'en a pris. Daniel Carillon, le jeune directeur, m'accueille avec une infinie générosité et me soigne durant cinq jours.

A peine suis-je mieux que le démon de la route me chasse de la demeure douillette de Daniel. La peur d'être dorloté me fait commettre une nouvelle imprudence que je paierai un jour ou l'autre, je le sais. Mais c'est plus fort que moi, tant que je serai debout, je continuerai d'avancer. Je n'ai aucun mérite, je suis ainsi fait. Têtu et obstiné.

Une Land Rover me prend à Matale. Elle transporte des sacs de riz et des régimes de bananes.

— Je suis épicier en gros, je vais livrer cette marchandise, me dit Nazed, le chauffeur musulman, comme pour s'excuser du peu de confort.

Puis il se tourne vers son compagnon, un bouddhiste. Un clin d'œil et ils éclatent de rire. La religion n'a pas l'air de les séparer ces deux-là et le spectacle de leur amitié complice me réconforte.

Nous traversons la province centrale au milieu d'une jungle dense. La conversation est détendue. Mes joyeux compères me harcellent de questions sur mon voyage. Soudain, Nazed se tourne vers moi.

— Ça te plairait de voir la contrebande des pierres précieuses ?

— Certainement !

Quelques kilomètres plus loin, la jeep bifurque brusquement vers la droite et quitte l'asphalte pour une piste de terre rouge absolument défoncée. A chaque cahot je fais un bond. Qu'est-ce que je déguste ! Bah, peu importe l'état de la route. Le stop c'est avant tout l'imprévu. Cela, aucun voyage organisé, aucun moyen de transport régulier, autobus, bateau, train, avion ne peut me l'offrir.

La piste, quoique complètement perdue, est très fréquentée. J'en fais la remarque.

— Ce sont des acheteurs de pierres, des trafiquants qui viennent traiter avec les paysans du coin. Tu sais la compétition est sévère car les profits sont énormes... Mais tu n'as encore rien vu. Tu vois tous ces types ne sont que des amateurs...

De temps à autre de gros lézards d'un bon mètre traversent la piste devant nous en se dandinant. Le chemin est de plus en plus malaisé, étroit. Nous roulons plus d'une heure dans la forêt sauvage, au milieu des cris des perroquets et des singes effarouchés. Au bout de vingt ou trente kilomètres, la Land Rover s'immobilise tout près d'une cabane en bois, surprenante à cet endroit. Mes deux gars déchargent le riz et les bananes et les entreposent dans la cabane. Deux gardiens nous préparent des *yams*, tubercules douces avec de la noix de coco fraîche et du poisson séché, au piment. Aucun d'entre nous n'est pressé et le repas s'éternise autour d'une tasse de thé. Je ne pose pas de questions, mais je suis impatient de connaître ce qui va suivre.

Nazed et son copain s'enfoncent maintenant dans un fourré par un sentier à peine visible. Je les suis. Tout à coup, sorti de nulle part, un homme se joint à nous. Nous marchons encore deux kilomètres dans le sous-bois épais, écartant branches et racines sur notre passage. Je me demande comment ils font pour ne pas se perdre. Le sentier est inexistant. Nous débouchons sur une espèce de clairière. Au sol, la terre rouge a été éventrée, retournée. La forêt à cet endroit, a été brûlée et une odeur de feu de bois flotte dans l'air. Il y a une bonne cinquantaine de trous qui témoignent du labeur des mineurs qui presque nus, creusent sous un soleil torride.

— Tu piges ? me fait Nazed, fier de me montrer son exploitation clandestine dont nous faisons le tour. Il commente abondamment les différentes opérations d'extraction.

— J'ai quatre-vingts gars qui travaillent pour moi, on fait fifty-fifty. La moitié pour eux et l'autre pour moi et mon associé. En plus, bien sûr, je les nourris. C'est pour cela que je suis venu aujourd'hui. Je me débrouille ensuite pour faire polir les pierres, en douce, à Colombo, et pour les refiler sur un bateau en partance pour Hong Kong.

— C'est pas dangereux votre petit commerce ?

— Oh, le gouvernement est trop impuissant. Bien sûr, la police a des doutes, mais dans la jungle, crois-moi, faut nous trouver. Tu as repéré, tout à l'heure, le gars qui nous a suivi ? C'est l'homme de garde. Ils sont plusieurs. A la moindre alerte, tout le monde s'enfuit. Ni vu, ni connu.

— Mais tout de même cette circulation, ces bagnoles ?

— Tinquiète pas, on a des alibis tout cuits, moi je possède une épicerie en gros à Tamale, ce qui me donne le droit de trimbaler de la nourriture aux paysans, et mon pote, lui, a une petite exploitation agricole dans le coin, avec cinq éléphants qui lui travaillent sa terre. Alors il faut bien que de temps à autre il vienne jeter un œil pour voir si tout va bien !

Le lendemain sur la route de Dambulla, une grosse Austin avec trois types dedans s'arrête pour me prendre. A l'arrière il y a des noix de coco, des légumes frais et des sacs de riz.

— Vous êtes Français ? Vous faites le tour du monde ? On aurait peut-être quelque chose d'intéressant à vous montrer... Ça vous dirait de visiter un camp de contrebande de pierres précieuses ?

— Sans blague... Ça existe ?

La mousson et la nuit ont effacé le décor lorsque j'arrive à Nuwara Eliya. Le vent d'altitude (1 900 m) souffle glacial. La tourmente me contraint à frapper aux portes et l'on finit par m'accepter à l'auberge de la jeunesse. Ma chambre a des allures de cellule. Sur les murs tristes, la peinture s'écaille, le lit de fer est rudimentaire et une pauvre lampe donne à l'ensemble un aspect misérable. J'ai très froid et je claque des dents. La fièvre me fait frissonner et je ne me contrôle plus. Mes jambes sont si faibles que je suis obligé de m'asseoir sur le lit. Mes yeux tombent alors sur une balance. Horreur ! Elle indique cent vingt et une livres. Je fais un rapide calcul : à quatre cent cinquante-trois grammes pour une livre (mesure anglaise), j'arrive tout juste à cinquante-quatre kilos. Je refais trois fois le calcul. Afin d'être sûr que la balance marche bien, je pèse mon sac qui fait dans les douze kilos. Aucune erreur possible, je pèse bien cinquante-quatre kilos.

ALERTE — SANTE. J'inscris, en gros caractères et en

rouge, ces deux mots sur mon journal de bord. Je n'ai jamais été rond, mon poids de forme est d'environ soixante-cinq kilos pour un mètre soixante-seize, c'est dire que je suis « finement » charpenté. J'ai toujours veillé à ne pas trop maigrir car mon poids me sert de baromètre de forme. Au bout de quelques mois de voyage, dès que l'effort s'est fait sentir, je suis tombé à soixante et un, puis sous les tropiques à cinquante-neuf. Mais jusqu'alors je ne m'étais pas inquiété. Cette fois, je bats une sorte de record lourd de signification. Au-dessus du lavabo, une glace, à demi cassée, couverte de taches, capte mon regard. Une ombre bleu-noir cerne mes yeux, mes pommettes sont saillantes. J'ai du mal à me reconnaître dans le portrait de cet étranger au visage émacié. Non, c'est pas vrai ! Du bout des doigts je palpe la peau du visage de « l'étranger ». Elle a la consistance d'un parchemin. Je songe tout à coup que mon voyage peut être foutu car il n'est pas impossible que je sois miné de l'intérieur. Afin de mieux me rendre compte des dégâts, je me dévêts complètement. Le spectacle n'a rien de réjouissant. Un vrai repas de chien. Que d'os. Pas un poil de graisse, je n'ai plus de fesses. Je pose le pied sur le rebord du lit. La chair molle de ma cuisse pend lamentablement autour du fémur, comme du linge sur un fil. Mes côtes sont des cordes de guitare, mais, en revanche mon ventre ressemble à une baudruche tant il est gonflé. Je suis couvert de petits boutons rouges apparus au Népal. Je ne souffre pas, mais je sens que le ressort est cassé.

Je déteste ces instants où je m'attendris sur moi-même, où mon moral tombe comme un soufflé. Depuis quelques mois de tels moments se répètent un peu trop. Je n'aime pas ça. Si au moins je pouvais sortir de cette antichambre de cimetière, aller me promener ; mais il fait noir, il pleut et il y a ce vent de glace. Alors les idées tournent dans ma tête. Foutue colite, maudit régime végétarien de l'Inde, maudits tabous dont je vais peut-être crever, saloperie de fièvre. Je suis bien obligé de faire le bilan de quatre années d'épreuves physiques, d'une vie plus que spartiate. Il n'y a pas de miracle et ainsi qu'il fallait s'y attendre, tout devait basculer lorsque j'ai bu le verre d'eau que la mort, déguisée en pakistanais, me tendit voici quatre mois.

Voilà plus de huit jours que je digère très mal et qu'il me faut douze ou treize heures de sommeil, et malgré cela, je ne récupère pas. A la réflexion, je ne me sens pas capable de mourir ici, je suis un lutteur et je n'ai aucune envie d'aller faire du stop de l'autre côté, mais je sais que je vais devoir vivre un ton au-dessous. Je vais essayer de me ménager et pour moi cela signifie un changement d'habitudes radical. Manger plus ? Ça tombe mal, ici, je ne peux rien approcher en dehors des bananes et du pain d'épice, le reste n'est que brasier aux piments... Comme en Nouvelle-Zélande, la socialisation est assez poussée à Ceylan. La médecine étant gratuite, je me fais examiner et la conclusion du médecin tombe comme une sentence. Je dois m'arrêter deux ou trois mois ! Autant me demander de me balancer par la fenêtre immédiatement. Non, il n'est pas question que je m'arrête. Tant que je ne serai pas cloué sur place, je continuerai. Mais je me promets de changer de rythme et d'aller plus souvent voir les hommes en blanc.

Le journal *Lankadipa* vient de sortir, en jolis caractères cingalais, auxquels je ne comprends rien mais qui me ravissent, un article sur mon voyage. Une photo en gros plan confirme ce que j'ai vu dans le miroir de l'auberge de jeunesse : un visage de déporté, dont la maigreur est accentuée par une crinière à boucles noires tombant sur les épaules et un bouc sévère encadrant la bouche. « Cristo, Cristo » me lançait-on déjà en Colombie, à Moscou, une fois, on m'appela « Kristus » ; cette fois, la ressemblance est parfaite. J'ai vraiment la tête du Christ tel qu'on le représente sur les images populaires. Une tête de Christ à Géthsémani.

Sans oublier que je ne suis qu'André Brugiroux, fourmi parmi les fourmis, je songe alors à ces hommes, les Prophètes qui se retiraient au désert pour harmoniser, dans la solitude, leur âme avec la conscience cosmique, avec Dieu. Une quête à laquelle je voudrais que mon voyage ressemble de plus en plus.

Dans le ferry qui me ramène sur le continent, je suis très vite dans l'ambiance. Les hommes et les femmes accroupis font leurs besoins devant les portes des toilettes occupées. Inde de la nausée. Je retrouve le grouillement malsain, le harcèlement, les vaches sacrées et faméliques, les chemins de fer-cages à singes, les bagarres pour un siège, les nuits sous les banquettes, atcha, atcha...

Je voudrais remonter vers l'extrême-nord, vers le Cachemire, à quatre mille cinq cents kilomètres de là, d'une seule traite, mais je ne peux pas ne pas m'arrêter à Ahmedabad, d'où Gandhiji [1] lança ses grandes idées d'indépendance et de développement de la Nation indienne, d'où le « fakir nu » ainsi que l'appelait Churchill dédaigneux, entreprit sa première marche de protestation : cinq cents kilomètres à pieds avec quatre-vingts compagnons. C'était en 1930.

La non-violence, la grande idée de Ghandi, a donné à l'étranger une fausse idée de son pays, où je n'ai trouvé que querelles et luttes quotidiennes. L'agression est dans l'air, l'Inde est en guerre avec ses voisins. Gandhi est pourtant à mes yeux, l'une de ces âmes pures, l'un de ceux qui ont su voir la lumière avant tous les autres. « Je ne puis permettre à un texte sacré de l'emporter sur mon raisonnement », disait-il. Il paya sa lucidité de sa vie. Mais Gandhi n'est pas mort pour rien, l'Inde inspire notre monde, grâce à lui et grâce à une pléiade d'Indiens illuminés qui ont surgi au tournant du siècle. « La nuit est terminée, éteins la flamme de la lampe de ton propre petit coin, noirci de fumée. Le grand matin qui est pour tous, apparaît à l'Orient », prophétisait le poète mystique Rabindranath Tagore. « Il faut regarder les choses avec un esprit neuf, sans accumulation précédente, chaque jour », disait Krishnamurti. « L'abeille bourdonne aussi longtemps qu'elle ne s'est pas posée sur la fleur. Elle devient silencieuse lorsqu'elle commence à aspirer le nectar », constatait Ramakrishna qui prétendait que tous

1. Terme affectueux désignant le Mahatma Gandhi.

les prophètes annonçaient le même Dieu : « Toutes les rivières mènent à l'océan ». Vivekananda, son disciple, prêchait la nécessité de l'union entre l'Est et l'Ouest. Gandhi : la non-violence ; Tagore : la proximité d'un âge nouveau ; Krishnamurti : le devoir de se trouver soi-même ; Aurobindo : l'harmonisation du matérialisme et de la spiritualité, etc.

Lorsque le soleil se lève, seuls les pics les plus élevés captent les premiers rayons. Sommets de l'humanité, les élus et les penseurs dont je viens de parler ont été frappés par l'un des rayons de la pensée de Bahá'u'lláh. La plupart de ces philosophes ont senti, les premiers, les parfums nouveaux mais n'en n'ont pas repéré la source. Chacun a su, à sa façon, refléter une part de la lumière, mais aucun ne possède l'intensité originelle du rayonnement du Persan. La vallée est pour l'instant profondément endormie, mais il ne fait aucun doute que le soleil rejoindra le zénith pour éclairer tous les hommes.

L'Afghanistan sera-t-il ma tombe ? Accablé par la chaleur, le ventre ballonné, vidé par la colite incessante, j'ai voulu m'accroupir au pied d'un arbre. Tout s'est mis à tourner, je me suis écroulé. Premier évanouissement, annonciateur d'une fin prochaine, première station de mon calvaire.

Je n'ai pas mangé depuis deux jours. Voilà plus de vingt-quatre heures que mes tripes déversent, sans cesse, une eau pourrie, puante. La nuit précédente, au Pakistan, alors que j'avais trouvé asile dans le poste de police de Landi Kotal, je n'ai pas fermé l'œil. Je n'ai pas arrêté d'aller et venir entre mon lit et la tinette. On pouvait me suivre à la trace, car je ne peux plus me contrôler. Short trempé, jambes dégoulinantes, fontaine putride, les flics ont fini par m'éjecter. Perdues toutes notions de dignité, je suis parti en direction de la frontière, distante de huit kilomètres. Mais avant, j'ai dû m'accroupir encore, sous l'œil de curieux qui rigolaient. Profitant de ce que j'étais dans cette posture, un revendeur m'aborda et me tendit un assortiment de flacons de couleurs.

— Eh, *master*, opium, cocaïne, morphine ? Tiens prends,

pas payer. Ici pays libre ! Ça bon pour soucis. Oubli, gratuit.

Et moi qui n'arrêtais pas de m'oublier...

— Foutez-moi le camp ! Vous les hippies, vous mettez tous le même disque... Des gars comme vous, monsieur le globe-trotter, j'en vois défiler des centaines par jour ! (sic)

Le petit instituteur de province, promu directeur de l'Ecole de France à Kaboul, n'a pas encore assimilé la montée en grade, qu'il n'aurait sans doute pas obtenue dans son pays. Il a une grosse tête, en conséquence de quoi il se croit autorisé à monter sur ses grands chevaux. C'est l'été et l'école est fermée. Comment ai-je pu oser solliciter un petit coin de cour pour dormir ? Pauvre bonhomme qui voit des hippies partout et les confond avec les voyous, les drogués et les bons-à-rien.

La roche est nue, rose ou rouge depuis des heures. J'ai sautillé toute la journée au garde-à-vous sur un vieux camion poussif, chargé de pierres et d'Afghans qui sentent le mouton et qui sont terriblement sales. Sardines à la verticale, il n'est même pas possible de remuer un bras. Je ne risque pas de tomber. Le soleil descend vite maintenant et un type s'est mis à faire la quête. Il ramasse le bakchich qui sera remis au propriétaire du camion. Le ton monte. Apparemment certains ne sont pas d'accord sur le tarif. La discussion s'envenime, les cris fusent et bientôt les turbans volent. Tandis que nous roulons toujours, la bagarre éclate. Je ne sais pas comment ils arrivent à se taper dessus tant nous sommes serrés, mais les coups de poing partent et atterrissent. Deux fois je suis obligé de me baisser pour éviter de basculer. J'essaye de me faire tout petit, car lorsque je vais lui expliquer que je fais de l'auto-stop (et je n'en démordrai pas), ça va barder pour mes abattis.

Le chauffeur arrête son camion, non pas à cause de la bagarre — à l'intérieur de son bahut il y a un tel potin qu'il n'a rien entendu — mais parce que c'est tout simplement l'heure de la prière. Je suppose qu'à cet instant tous les autocars du pays en font autant. Le pugilat cesse et chacun saute à terre. Ablution des mains et des pieds dans un cours d'eau proche de la piste et, dirigées vers La Mecque, commencent les courbettes. Les fronts touchent régulièrement le sol. « Allah, Allah... » Sur l'autre rive, une tribu de *Koutchis* (nomades du Nord) est en train de s'installer. Les tentes ne sont pas encore dressées. Les femmes, voilées de rouge, couvertes de bijoux, ont allumé le feu pour le *kebab*. Les bergers rassemblent les moutons dont la tête est peinte en vert ou en violet, les chèvres et les chameaux qui renâclent dédaigneusement tandis que disparaît le soleil. La prière est terminée, tout le monde regagne le camion qui démarre. La bagarre reprend aussitôt !

Dix minutes plus tard, le « caissier » parvient à ma hauteur. Comme prévu, je suis éjecté sans ménagement. C'est assis sur un tas de charbon que je gagnerai l'entrée de la vallée de Bamiyan. Après le camion d'anthracite, un minibus affrété par des Français me conduira jusqu'aux deux bouddhas géants taillés dans la falaise, cœur de ce haut lieu touristique de l'Afghanistan.

Même en été, les nuits de Bamiyan sont froides, nous sommes à 2 800 m, avec mon morceau de tissu pour toute couverture, j'ai l'air malin.

Je fouille les abords de l'hôtel Intercontinental, en pleine nuit, à la recherche d'un abri où la froidure ambiante serait plus supportable. A l'extrémité d'une espèce de parterre, je devine des arcades. Ce n'est pas l'idéal, mais la température doit y être moins basse qu'ailleurs et puis... j'en ai marre de tourner, de sauter sur place, de me battre les flancs pour me réchauffer. Depuis que je me suis, un jour, allongé sur des fourmis géantes, je prends toujours la précaution d'examiner l'endroit où je compte dormir. Je craque une allumette...

Un hurlement de sauvage perce la nuit. Je me dresse d'un bond, le sang figé. A hauteur de mon nez, une baïonnette va et vient dans un mouvement rapide. J'en louche, tant elle est près. Au bout de la lame luisante, un fusil et au bout du fusil, un cinglé de militaire. Je me brûle avec l'allumette, que j'avais oubliée. Il continue à s'agiter avec son engin de mort, décidé, semble-t-il à me faire un trou entre les deux yeux. Quelle panique ! Le type hurle comme un sauvage à l'attaque. Coincé contre le mur, plaqué contre l'arcade, je ne peux faire aucun mouvement. Faut pourtant que je me décide car une épitaphe du genre : « Tué accidentellement en Afghanistan » ne me fait pas du tout envie.

— Touristi franza, touristi franza !

J'ai lâché ces deux mots dans un sursaut de désespoir. Ils ont jailli de l'intérieur comme un appel au secours. La lame s'est immobilisée. Je reprends doucement ma respiration, et dans un imperceptible mouvement je dégage, ma tête d'abord, puis tout le bonhomme, sur le côté. Il a l'air calmé. Il me fait signe de me retourner et me recolle la baïonnette dans les reins. Il recommence à hurler. Il se prend pour Gengis Khan. Même à Hollywood, ils seraient incapables d'en fabriquer un plus vrai.

J'en serai quitte pour une belle frayeur et une nuit à grelotter au milieu d'un champ pierreux.

— Vous avez entendu ces cris, cette nuit ?

— Oui, ça m'a réveillé en sursaut !

— J'ai cru qu'on égorgeait quelqu'un, mais le portier de l'hôtel n'avait pas l'air au courant. Tout de même, le coin n'est pas très sûr...

— C'est bien pour cela que je ne quitte jamais le groupe. Vous savez un coup de couteau est vite pris par ici, je l'ai lu.

Ma petite aventure aura au moins alimenté les conversations des touristes de l'hôtel Intercontinental qui se sentent peu rassurés de savoir qu'il existe encore de vrais sauvages. Le coin n'est pas envahi que de touristes à dollars et à « air conditionné », il y a aussi beaucoup de jeunes, hordes plutôt sympathiques venues d'Europe. Et énormément de jeunes Français depuis le raid Paris-Kaboul en 2 CV de 1970. La mode. Aujourd'hui, on fait l'Afghanistan comme d'autres faisaient la vallée de Chevreuse ou les plages normandes. L'Europe de la jeunesse s'est donc donné rendez-vous là, en bon voisinage et on la retrouve dans tous les petits restos qui ont sorti leurs tables de part et d'autre de l'unique rue du village. Des voitures parfois rafistolées, avec un splendide itinéraire peint sur le flanc, stationnent à la queue leu leu dans un décor de caravansérail. Parmi ces jeunes, il s'en trouve quelques-uns pour donner raison à l'instituteur de Kaboul. Nier leur existence serait aussi absurde que le raisonnement de ce pauvre ambassadeur de la grande culture française.

La plupart des petits bistrots du village, les *Chaïkanas*, possèdent une pièce vide qu'ils louent pour trois fois rien à tout possesseur de duvet. Dans ces arrière-boutiques, le hasch circule librement comme partout et l'on m'en propose vingt fois par jour. Dans la mienne, j'y trouve quatre corps, quatre épaves. Yeux caverneux, regard vitreux, lorsqu'ils sont ouverts, les joues creusées, le teint jaune, ils toussottent sans arrêt. Ils ont l'air de cadavres. Seule la lueur du shillom qui passe de main en main, leur donne à chaque bouffée, un air de vie. Une pauvre vie. Dans une semi-obscurité, allongés sur leur grabat, aux effluves rances, ils sirotent de petits verres de thé chaud ; parmi eux, une Française, maigre à faire peur, me rend malade à force de tousser. Quel dégoût que cette drogue de malheur.

Cette concession faite au « philanthrope » de Kaboul, je vais me réjouir le cœur en compagnie d'autres jeunes qui appartiennent à la vraie vague « hip » de la non-violence et de l'amour universel. Je suis vraiment heureux de constater que cette vague née aux U.S.A. a franchi l'Atlantique et qu'elle déferle maintenant sur nos côtes. Emmanuel, Antoine et Grégoire se sont serrés dans leur 4 L pour me faire une petite place. Gauchistes enragés, « combattants » de mai 1968, ils ont dépassé Mao, la violence, les horizons limités de la politique pour rejoindre cette nouvelle jeunesse, encore bien minoritaire, touchée par la lumière de Bahá'u'lláh. Ils ont l'air très heureux et je pourrais l'être moi aussi si je n'étais pas aussi malade, dévoré par ce verre d'eau, qui continue de me ronger de l'intérieur. J'ai l'impression d'avoir encore maigri.

Mazar-I-Sharif, dans le nord du pays. L'idée de la mort me hante à nouveau. Ça recommence, je n'ai plus aucun courage. Je me traîne parmi les gourbis insalubres. Des moutons dépecés pendent à la poussière, environnés de mouches qui se noient dans la flaque de sang qui sèche sous chaque carcasse. De grosses guêpes se battent pour les abats et creusent les foies, aux reflets verts, disposés sur les étals.

Je ne bois plus que du thé, *sia* ou *saps*, noir ou vert, que l'on me sert dans des pots artistiquement raccommodés, du plus bel effet. Je suis à bout. La splendide mosquée bleue, je m'en fous... J'ai la tête vide, ça tourne ; ce soir, je sens que je vais encore tomber dans les pommes. Par chance, le directeur d'une école, ils ne sont pas tous pareils la preuve, m'accueille dans son bureau. Tandis qu'il va me chercher à manger, je m'endors, je plonge dans un sommeil vertigineux. J'ai l'impression de faire une chute sans fin.

A l'aube, la femme de ménage veut me faire dégager. Je suis loin d'avoir récupéré, je lui fais signe de me laisser dormir. Elle gueule et appelle à la rescousse trois gaillards qui, me prenant par les bras et les jambes, me déposent dans un couloir. D'un geste, ils balancent mon sac près de moi. Je sombre à nouveau. La vieille me réveille à coups de balai. Lamentablement, à quatre pattes, traînant mon sac, je gagne la cour déserte et je m'étale dans la poussière.

Les murs de l'école se mettent à danser, un voile noir s'abat lentement sur mes yeux. J'ai un goût de terre dans la bouche. Je la respire à pleine narine cette terre qui m'attire maintenant, qui m'attend, car mon heure est proche...

12

LE PAYS DE BAHA'U'LLAH

Que rien ne t'attriste, ô pays de Tá (Téhéran) car Dieu a fait de toi la source de joie pour l'humanité... source de sa lumière puisque c'est en tes murs que la manifestation de ta gloire est née.

Bahá'u'lláh.

(Epître au Fils du Loup, 1891)

Les rues sont désertes, Shiraz dort encore. Le froid vif a figé les flaques d'eau. Mansour, mon compagnon, consulte sa montre. Il est 6 h 45, nous sommes à l'heure. Sur la petite place, accoudé à la fontaine centrale, un homme vêtu à l'européenne, nous regarde venir. Lorsque nous arrivons à environ dix mètres de lui, il se met en route d'un pas tranquille. Sans un mot, nous le suivons dans l'étrange silence du matin. Un dernier instant l'obscurité s'accroche au contour des choses. Dans le dédale de la vieille ville, nous longeons de hauts murs dissimulant habitations et cours intérieures. Nous marchons ainsi dix bonnes minutes. Pas une seule fois notre guide, qui n'est pas censé nous connaître, ne se retourne.

L'Iran est le berceau de ma nouvelle foi. J'y effectue mon premier pèlerinage, mais aussi une sorte d'enquête. Car, si les paroles de Bahá'u'lláh m'ont conquis dès l'Alaska, si j'ai pu constater la puissance et le pouvoir de la foi bahá'ie, en Amérique, en Australie, en Chine, au Japon, en Inde, je veux garder un œil lucide, je veux voir, par moi-même, comment fonctionne la plus ancienne communauté bahá'ie du monde, je veux voir vivre le modèle de la future civilisation de *l'âge d'or.* Mon insatiable curiosité, un certain scepticisme me poussent à vérifier avant d'accepter. Je veux apprendre l'histoire de ma foi, mais aussi en faire l'analyse et voir si tout cela tient debout.

Des précautions s'imposent, car depuis quelques mois la pression a repris. Les bahá'is sont obligés d'être très prudents. Contrairement à l'enseignement de Mahomet, l'Islam, tout comme la religion catholique souvent, fait preuve d'un cruel fanatisme. Dans un pays qui fut un modèle de tolérance religieuse, il y a vingt-cinq siècles, sous Cyrus le Grand, dont l'Iran s'apprête à commémorer le souvenir [1] en grande pompe, les bahá'is sont obligés de se terrer. Il y a plus de cent ans que cela dure.

Tout en parcourant ce labyrinthe conduisant à la maison où se déroula la première phase de l'événement qui est, à mes yeux, le plus important de l'histoire de notre humanité, je songe aux hommes qui, dès les XVIIe et XVIIIe siècles, ont pressenti quelques-uns des traits essentiels de la foi qui est la mienne aujourd'hui. Fénelon [2], Montesquieu [3] et d'autres dont certaines phrases me reviennent à l'esprit, furent parmi les premiers *cosmopolites,* citoyens du monde, à vouloir travailler au bonheur de l'ensemble des hommes. Semblables aux premières lueurs de l'aube qui perce, ces philosophes ne pouvaient qu'annoncer la naissance de temps nouveaux, la Révolution américaine, la Révolution française... Je songe aussi à Samuel Morse qui, le 24 mai 1844, émettait, de Washington à Baltimore, le fameux message télégraphique extrait des Ecri-

---

1. 1971.

2. « Quiconque préfère sa propre gloire aux sentiments de l'humanité est un monstre d'orgueil. »

3. « Si je savais quelque chose utile à ma patrie et qui fut préjudiciable à l'Europe et au genre humain, je le regarderais comme un crime. »

tures : « Qu'est-ce que Dieu a forgé [1] ». Or, la veille, le 23, à l'est du nouveau monde, en Perse, un jeune homme de 25 ans, connu pour sa beauté, la délicatesse de ses manières, sa piété exceptionnelle et la grande noblesse de son caractère se déclarait élevé par Dieu au rang de Báb [2]. Il se proclamait précurseur d'un être encore plus grand dont la venue était proche. L'histoire recommençait : Elie, Jean-Baptiste, le Báb... La grande aurore promise dans tous les livres sacrés éclaircissait le ciel de l'humanité.

Cette date marque la fin du monde de l'adolescence de l'homme, d'un monde et non pas *du* monde, ainsi que le laissent entendre des traductions trop approximatives de la Bible. La fin du monde, c'est en fait, la fin du *cycle adamique*.

Le petit gars de Brunoy, parti à la recherche de ce qui faisait rayonner Charles de Foucauld, saint François d'Assise et Gandhi, découvrait à son tour ce qu'il avait longuement cherché. Le fabuleux trésor de sa quête dépassait même infiniment sa pauvre imagination. Précieuse réponse, inestimable récompense d'une odyssée de quatorze ans. Les hommes, les choses, les événements, le monde s'ordonnaient dans ma tête et ma vie prenait définitivement tout son sens. *Dieu existe :* Il a tenu ses promesses.

Les religions ne sont pas différentes mais successives, la révélation est progressive et la Bible, que j'avais longtemps pris pour un conte, renfermait tous les éléments de la connaissance, bien que tous ne fussent pas intelligibles d'un coup [3].

---

1. « Quelle est l'œuvre de Dieu », selon la Bible de L. Segond (Nombres 23 : 23).

2. Porte en arabe.

3. Toutes les prophéties, celles de Daniel, notamment, sont clairement explicitées dans les écrits bahá'ís. (En ce qui concerne, par exemple, la date de 1844, référence peut être faite à « Voleur dans la nuit » de W. Sears et aux « Leçons de Saint-Jean d'Acre » d'Abdu'l-Bahá.) En voici deux :

Dans le livre de Daniel, il est fait état de 70 semaines séparant la reconstruction du temple du sacrifice de celui que l'on appellera le Christ. Daniel se réfère au 3e édit d'Artaxerxès Ier, autorisant le retour des juifs à Jérusalem (457 avant Jésus-Christ). Or, suivant la terminologie des livres saints où il est dit que « le jour du Seigneur est une année » (Nombres 14 : 34) il nous est permis de conclure :

70 semaines = 490 jours = 490 années. Daniel a donc exacte-

Après avoir passé de nombreuses portes très basses, descendu des escaliers, suivi un long couloir sinueux, notre guide s'arrête devant une porte de bois, regarde furtivement autour de lui et frappe discrètement du bout des doigts. Mon cœur bat d'appréhension et d'émotion.

— Allá'u'abhá

— Allá'u'abhá, Dieu est glorieux.

Je réponds à l'homme qui vient de nous ouvrir. Monsieur A... nous introduit dans un salon glacial et selon la coutume nous offre un petit verre de thé qu'il remplit plusieurs fois. Monsieur A... est un descendant du Báb qui, lui-même, descendait de Mahomet. Il nous explique qu'il a été obligé de murer les issues de la maison à la suite des nombreuses attaques des musulmans. Puis il me raconte la mémorable soirée du 23 mai 1844.

— En ce temps-là, certains théologiens étaient parvenus à isoler la date de 1844 et c'est vous dire la fièvre de « fin du monde » qui s'était emparée de l'Occident. En Perse, la croyance en l'apparition imminente d'un messager divin était surtout répandue dans la secte des *Shaykhis.*

« *Regarde tous les signes sont manifestes en Moi* »

Ce fut à un maître distingué des Shaykhis, Mullá Husayn, que le Báb annonça en premier sa mission. Deux heures quinze après le coucher du soleil du cinquième jour du mois de jamádiyu'l-avval en l'an 1260 de l'hégire [1] dans cette maison où vous vous trouvez présentement. *Cette nuit,* déclara celui

ment prédit la date de la mort du Christ à 33 ans, 457 + 33 = 490.

Au 8e chapitre, verset 13, du livre de Daniel, il est dit : « Jusqu'à quand durera la vision du sacrifice continuel et de la révolte qui cause la ruine, pour livrer le sanctuaire à être foulé aux pieds ? » A cette question Daniel répond : « 2 300 soirs et matins ». En d'autres termes jusqu'à quand durera le malheur de l'humanité ?

Calculons :

2 300 jours = 2 300 ans.

2 300 ans — 456 (années écoulées entre l'édit d'Artaxerxés et la naissance de Jésus) = 1844. Année de la proclamation du Báb.

1. Point de départ de la chronologie des musulmans établie d'après la date de la fuite de Mahomet de La Mecque à Médine en 622. (1 260 années lunaires correspondent à 1 222 de nos années solaires).

qui fut le héraut de l'ère nouvelle, *cette heure précise sera, dans les jours à venir, célébrée comme un des plus grands et des plus signifiants de tous les festivals.*

Après quelques jours de réflexion, le pieux et docte Mullá Husayn fut fermement convaincu que le messager, longtemps attendu, était vraiment apparu. Peu de temps après, la majeure partie des Shaykhis partageaient son enthousiasme et fêtèrent le Báb. Ils prirent le nom de bábis et bien vite la renommée du jeune prophète se répandit à travers tout le pays.

— C'est ce que les livres d'histoire appellent la révolution babiste, souligne à mon intention Mansour, dont les aïeux, adeptes du Báb, durent s'enfuir à Bahrein [1], où ils vivent encore.

— L'éloquence convaincante, poursuit Monsieur A..., l'écriture inspirée du Báb, son savoir et sa sagesse, son courage extraordinaire, son zèle de réformateur soulevèrent l'espoir chez un peuple tombé dans la plus déplorable des décadences. Mais les persécutions commencèrent aussitôt, car la haine avait embrasé les milieux musulmans orthodoxes.

Nous traversons ensuite un patio, puis un second, plus petit, renfermant un bassin carré empli d'eau ; dans un coin, un puits et un oranger de belle taille, planté par le Báb lui-même. Au rez-de-chaussée, les pièces où vivaient sa mère et son serviteur noir. Au premier étage, la salle de la proclamation, nue, de couleur verte, ornée de moulures de plâtre très décoratives, qui comporte un mur de vitraux donnant sur le patio. Sur le sol, un unique tapis persan, comme seul ce pays sait en tisser. Nous nous recueillons. Monsieur A... chante les versets nouveaux et la mélodie comble mon cœur de joie et de bonheur. La pièce, abondamment colorée par la lumière qui perce les vitraux, me semble un palais de légende.

— André, vous êtes complètement fou ! Vous êtes d'une maigreur à faire peur, il n'est pas question que vous repartiez

1. Archipel du golfe Persique.

ainsi. Laissez-moi vous soigner. D'ailleurs, j'ai pris rendez-vous avec un médecin pour demain.

Mme Ghadimi, une Bretonne décidée, m'a installé dans la chambre d'amis de la nouvelle villa qu'ils viennent de faire construire à Elahiyeh dans le quartier chic de Téhéran. Elle s'est promis de me retaper, s'occupe personnellement de mes repas et veille à mon repos. Son mari, un Persan, extrêmement cultivé, possède une situation aisée, forgée de ses propres mains. Il parle impeccablement le russe, l'anglais, le français et le persan. L'un de ses ancêtres, à la cinquième génération, fut converti au babisme par Mullá Husayn lui-même. A la suite de persécutions incessantes, son père dut se réfugier avec toute sa famille à Ishqabad dans le Turkestan soviétique, là où fut érigée la première maison d'adoration bahá'ie. Le jeune Youssef avait quinze ans lorsque éclata la révolution bolchévique et sa famille rentra en Iran. Ses six frères, répartis dans le monde entier, proclament tout comme lui, l'avènement de la Paix Universelle.

Le médecin, un spécialiste de l'appareil digestif, tente de me rassurer malgré mes 52 kilos (jamais je ne suis descendu aussi bas), et mon ventre-baudruche. Pourtant au laboratoire, on me découvre un vrai zoo dans l'estomac ! Grands perdants de ce tour du monde, mon système digestif détraqué et mon estomac rétréci : toute ma vie je supporterai les conséquences de six ans de nutrition peu conforme à l'hygiène moderne ni comparable à la débauche de calories typique des repas du monde occidental.

L'avenue Shah Reza divise Téhéran en deux. Au nord, la partie moderne, à l'image de l'Iran d'aujourd'hui en pleine expansion. Au sud, l'ancienne Perse, avec son caractère conservateur, avec ses mullas pas rasés, les petits ânes surchargés, les femmes voilées. C'est évidemment le vieux Téhéran qui m'intéresse le plus. J'y passe de longues heures à flâner. Je visite les caves de la banque Markazi, abri des fabuleux trésors du shah. La salle des joyaux de la couronne, c'est la caverne d'Ali Baba. Une lumière bien réglée fait miroiter l'or, l'argent, les rubis, les turquoises, les saphirs, les diamants, les améthystes... des pierres précieuses par monceaux. On y trouve le plus gros diamant taillé du monde, la plus grosse perle ronde du monde, le plus gros rubis non taillé et des milliers de perles fines du golfe Persique, de bijoux et d'objets rares.

Mais rien ne vaut à mes yeux, et surtout pas les pierres contenues dans cette cave de légende car après tout elles ne sont que pierre, le trésor qui gît au fond d'un puits dans le jardin voisin.

« Vous pourrez me tuer quand vous le voudrez, mais vous ne pourrez pas arrêter l'émancipation des femmes » avait dit Táhirih à un ministre chez lequel elle était enfermée. Elle fut étranglée par des soudards enivrés, puis jetée dans ce puits [1]. Dotée d'une rare beauté, d'un courage aussi exceptionnel que son intelligence, poétesse de renom, Táhirih, rencontra le Báb dans un songe. Enflammée par les versets nouveaux, elle montra tant d'enthousiasme, fit preuve de tant de fermeté dans ses convictions que tous ceux qui l'écoutèrent en furent stupéfaits. A une époque, où les femmes ne devaient jamais converser avec les hommes, elle soutint des controverses avec les plus cultivés et triompha chaque fois. Arrêtée sur ordre du gouvernement, elle fut lapidée, frappée d'anathème et exilée de ville en ville. Menacée de mort, elle ne faiblit jamais dans sa détermination de lutter pour libérer ses sœurs. Au cours d'une réunion des bábis les plus ardents à Badasht [2], Táhirih se présenta, parée comme une reine, mais sans son voile. En le retirant, elle souleva des siècles de traditions, d'oppression masculine, de soumission. Ce faisant, elle commit une sorte de sacrilège qui provoqua une telle surprise que l'un de ses amis se trancha la gorge, certains s'enfuirent, l'un de ces derniers tentant auparavant de l'assassiner. Celle que l'on avait surnommée la pure, dont on se jugeait indigne de regarder, ne fut-ce que l'ombre, apparut radieuse, belle et forte devant tous.

En réalité, les prophéties du Coran venaient de se réaliser.

1. Août 1852.
2. Eté 1848.

Le « clairon venait de résonner [1] » et l'appel d'une ère nouvelle était proclamé. L'égalité de l'homme et de la femme allait devenir réalité.

Ce geste inouï, scandaleux, eut des résonances dans le monde entier. Nicolas, le consul français de l'époque, le comte de Gobineau et de nombreuses personnalités répercutèrent et louèrent l'exploit de Táhirih. Sarah Bernhardt demanda à Catulle Mendès d'écrire un drame sur la vie de Táhirih. Ce dernier la surnomma « La Jeanne d'Arc persane ». Ce qui m'étonne le plus dans tout cela, c'est que ces événements, qui eurent un certain retentissement à l'époque, sont pratiquement inconnus des Occidentaux, aujourd'hui, et même du reste du monde.

Au cœur du quartier populaire, je renouvelle l'expédition clandestine de Shiraz. Grâce à Monsieur K..., un ami des Ghadimi, j'ai obtenu la permission de visiter cette maison dont les bahá'is de Téhéran eux-mêmes, par mesure de sécurité, ignorent l'adresse : la maison natale de Bahá'u'lláh.

Cette demeure fut à l'évidence celle d'une famille riche et honorée. Luxueuse, pour l'époque, elle comporte cours, jardins, bassins, un nombre impressionnant de pièces et chose rare, elle est équipée de cheminées d'aération pour la climatisation en été et d'une triple salle de bains. Ici aussi, les portes donnant sur l'extérieur ont été obstruées. Nous allons nous recueillir dans une pièce vide et spacieuse, décorée de marqueterie, de niches et de vitraux. Ici naquit Bahá'u'lláh, *la gloire de Dieu,* le plus grand nom, le promis de tous les âges, mais aussi le promis de toutes les légendes, de tous les peuples [2] : l'éducateur longuement espéré, le canal d'une grâce merveilleuse qui dépasserait toutes les dispensations précédentes. Bahá'u'lláh est le dizième avatar des hindous, le Shah-Bahram des zoroastriens, Maitreya ou Amitabha [3], le cinquième Bouddha, le Seigneur des armées des juifs, l'Iman Husayn, de

1. Coran 74 : 8, 6 : 73.
2. Les légendes de nombreux peuples dits primitifs, leurs rites « païens » ne sont souvent que les restes de religions disparues.
3. Gloire de l'infini en pali (Bahá = gloire, Allah, Dieu en arabe).

retour, des musulmans Shi'ites, le Christ des Sunnites et des chrétiens, également de retour, etc.

Tous les Prophètes, le Christ et Mahomet le furent, sont venus pour préparer, graduellement, l'humanité à ce grand jour. Bahá'u'lláh a fondé les bases de l'unité mondiale et inauguré l'âge glorieux de la Paix et du Bonheur sur la terre promis par tous ses prédécesseurs [1] et chanté par de nombreux poètes.

Je suis véritablement bouleversé par le fait de me trouver dans cette demeure, car je sais que ma quête s'achève ici. Tout au long de mes voyages, j'ai lu et médité les œuvres de Bahá'u'lláh et j'ai compris combien son enseignement conduisait à l'épanouissement de l'homme. Comme lui, je sais que les humains ne peuvent plus continuer à vivre comme ils le font aujourd'hui, ignorant, maudissant, assaillant et détruisant leurs voisins. Expansionnisme et nationalisme sont les pires des utopies.

— Il était âgé de 22 ans, lorsque son père mourut, m'explique Monsieur K..., le gouvernement souhaitait le voir succéder à son père, dans les fonctions de ministre, ainsi que le voulait la coutume. Bahá'u'lláh déclina cette offre. Alors le Premier ministre dit : « Qu'il garde sa liberté. Cette position est indigne de lui, mais il a sans doute en vue quelque but élevé. Je ne puis le comprendre, mais je suis convaincu qu'il est destiné à quelque haute mission. » Bahá'u'lláh épousa hardiment la cause du Báb et pour cela, fut bastonné et emprisonné. Il ne dut la vie qu'à son appartenance à la noblesse. C'est dans un épouvantable cachot de Téhéran, où il était enfermé, que lui fut révélée sa mission. « *Ne t'afflige pas... En vérité nous te rendrons victorieux par toi-même et par ta plume.* » Il fut ensuite exilé à Bagdad avec toute sa famille, où il proclama officiellement sa mission en 1863. D'exil en exil, de Constantinople à Andrianople, il acheva sa vie recluse, après quarante années d'épreuves indescriptibles.

1. Le Christ a dit : « Je ne suis pas venu apporter la paix, mais l'épée ». (Matthieu X, 34).

à Saint-Jean d'Acre, la prison-forteresse des Turcs ottomans, la pire du moment.

— Mais je comprends maintenant, dis-je, en interrompant Monsieur K... ce que voulut signifier Jésus lorsqu'il dit : « De même que l'éclair part de l'Orient et brille jusqu'à l'Occident, de même en sera-t-il de l'avènement du Fils de l'homme [1] ». Or Bahá'u'lláh est venu d'Orient vers l'Occident.

— Exactement. Il s'éteignit le 29 mai 1892 après avoir écrit une centaine d'ouvrages et avoir proclamé au monde entier, par de brillantes épîtres [2], l'imminence de la civilisation mondiale. Sais-tu que Napoléon III fut le seul souverain à recevoir deux messages de Bahá'u'lláh ? Cela parce qu'il était certainement le pire des chefs d'état : conspirateur, versatile, hypocrite, superficiel, ivre de sa propre gloire. On raconte qu'il jeta le premier message à terre en disant : « Si cet homme est Dieu, je suis deux fois Dieu ». En 1869, l'empereur reçut un second message expédié de la prison-forteresse de Saint-Jean d'Acre : « *Il ne convient pas que tu gères tes affaires selon les exigences de tes désirs. Nous voyions l'humiliation à tes trousses alors que tu es dans l'insouciance... Pour avoir agi ainsi et pour t'en punir, ton royaume sera jeté dans la confusion et ton empire t'échappera...* » Il est inutile de te préciser que Napoléon III alors au Zénith de son règne ne prêta aucune attention à cet avertissement. Et pourtant, l'année d'après...

Ce furent les monarques et les chefs religieux auxquels s'adressa Bahá'u'lláh, avant tout autre. En réponse à leur mépris, du fond de sa prison, il prophétisa : « *A deux catégories d'hommes le pouvoir sera arraché : aux rois et au clergé.* »

---

1. Matthieu 24 : 27.
2. Epître à la reine Victoria, au pape Pie IX. au Kaiser, au tsar Alexandre II, etc. Les Editions Baha'is (45, rue Pergolèse, Paris 16e) ont publié ces épîtres étonnantes qui jettent une lumière nouvelle sur l'histoire contemporaine, sous le titre : La Proclamation de Bahá'u'lláh. Epîtres reçues par tous les dirigeants de la terre en 1968 en commémoration du centenaire de leur parution.

Les jours s'écoulent un peu trop lentement, à mon gré, dans mon « manoir » d'Elahiyeh, en dépit de l'extrême gentillesse de mes hôtes. Tout ce luxe, ce décor exquis, le confort douillet et les crêpes savoureuses que Mme Ghadami me sert, elle-même, ne peuvent empêcher mes pieds de se sentir envahis de fourmis. Le loup que je suis n'a qu'une envie : regagner ses bois. Je ne suis pas tout à fait guéri, mais je vais mieux et j'ai repris du poids. Alors pourquoi rester un jour de plus ? J'ai toujours été résolu à ne laisser ni les mirages du confort ni l'âpreté de la misère modifier ma « vitesse de croisière ».

Histoire de me refaire la main, je me lance dans un tour d'Iran, d'environ dix mille kilomètres. A ma grande surprise, le stop marche au poil.

Sur les bords de la Caspienne, toute bleue, je suis pris par un camion-citerne qui, à 25 à l'heure, progresse en sursautant le long d'une piste aux allures de tôle ondulée. Le chauffeur, un musulman communiste, une bonne bouille à la Peppone et bien que ne parlant que le persan, me dit tout le mal qu'il pense des Anglais et du gouvernement.

— *Shoma amerikani ?*

— Nakher, Franzaoui [1] !

— Vous catholique ?

— Non, bahá'i.

Il reste muet comme immobilisé par une crampe. Aurait-il avalé de travers ?

— Bahá'i, très mauvais !

— Moi, très mauvais ?

— Non, toi très bon, mais bahá'i.

Visiblement, il a beaucoup de mal à comprendre comment un étranger peut s'être fourvoyé dans cette secte maudite. Le peuple illettré gobe tout ce que les mullas et autres chefs religieux lui racontent. Ceux-ci sentant leur position menacée, leur prestige miné, leur job chancelant, ne se gênent pas pour

1. Vous, Américain ? —Non, Français.

calomnier la vérité nouvelle en répandant les pires mensonges. Ce n'est pas nouveau. On a déjà vu ça au temps du Christ. Les mullas, xénophobes et bornés, n'ont-ils pas cherché, il n'y a pas si longtemps, à interdire l'implantation de cinémas, à empêcher l'entrée en masse des enfants dans les écoles ? Par bonheur leur pouvoir diminue inéluctablement.

« Peppone » me dépose à Astará (province d'Azerbaïdjan), une ville à cheval sur la frontière. Il fait nuit noire. Longeant ce qui me paraît être la rue principale, je cherche dans l'obscurité un petit coin peinard, pour y passer la nuit. Tout à coup avant que j'aie pu réagir, je me retrouve dans une cellule militaire. Je ne comprends pas grand-chose, mais puisqu'on me procure de force un abri, pourquoi se poser des questions ? A peine assoupi, on me réveille : un Français.

— Qu'est-ce que vous faites là ?

— J'aimerais bien le savoir, on m'a empoigné dans la rue, balancé en taule sans motif.

— Ecoutez, c'est un malentendu. Ils ont cru que vous cherchiez à passer la frontière en douce. Vous ne les avez peut-être pas vus, mais vous n'étiez pas très loin des barbelés russes. Ils vous laissent sortir. Venez donc avec moi. Je suis ingénieur. J'habite à l'hôtel, il y a un lit de libre dans ma chambre, ça ne vous coûtera rien... Allez, ne faites pas le zouave. Si vous restez là, demain vous aurez droit au tribunal militaire. Dans le coin, ils ne rigolent pas.

En l'espace de deux ou trois minutes, je passe d'un cachot de caserne à la luxueuse chambre n° 6 de *l'Astará Inn* où séjourna récemment Podgorny. Bob, le directeur, emballé par mes histoires m'installe devant un pot d'un kilo de caviar. A l'aide d'une cuillère à soupe je tartine, en épaisseur, de délicieux toasts tout chauds. Il s'agirait d'un vulgaire pâté de foie que je n'en mettrais pas moins. Le menu que l'on sert ensuite vaut sans doute celui que l'on servit au chef d'Etat soviétique : esturgeon grillé, poulet frit à gogo, fruits, glace... Mon estomac trop accoutumé à digérer de maigres sandwiches en est saisi de stupeur.

J'arrive le 15 septembre 1971 à Tabriz, capitale de l'Azerbaïdjan, où j'obtiens encore un franc succès. Partout où je passe mon short est l'objet de tous les regards et le commentaire est toujours le même :

— Mini joupe, mini joupe[1] !

Au terme d'une longue flânerie dans les galeries du Bazaar, j'avale, dans une pâtisserie, une glace élastique à la pistache. A côté de moi, trois chevelus américains discutent à voix haute. Surprise, ils parlent de moi.

— T'as lu les conneries, dans le journal, sur ce mec qui fait le tour du monde. Faut pas nous prendre pour des ploucs ! un dollar par jour, c'est impossible.

— T'as raison, ce type est un baratineur.

— Nous on pourrait en faire autant. Quand on veut. Les canards sont tous les mêmes, prêts à raconter n'importe quoi. Ça fait vendre. Le reste ils s'en foutent...

A quoi bon leur tenir tête. Je pourrais refaire, devant eux, mes calculs, parler de mon organisation, leur dire que je ne change que le strict nécessaire et m'arrange pour me faire expédier mon argent, en dollars, dans une zone dollar, ce qui n'est pas une mince affaire. Evidemment pour en arriver là, il faut gamberger et jouer au banquier, mais j'en ai tellement bavé pour amasser mes économies qu'il n'est pas question de les gaspiller.

Parviz, un ami bahá'i m'invite à dîner ; riz à toutes les sauces, viandes, légumes frais, fruits, yaourt en quantité... Quel festin ! Le tapis regorge de victuailles.

— Mais combien y a-t-il d'invités ?

— Toi et moi.

— Mais il y en a pour quinze !

Je découvre alors combien l'Iran est la terre de l'hospitalité généreuse. En France, chaque maîtresse de maison calcule parfois au plus juste et insiste généralement pour que l'on achève tous les plats, voyant en cela la preuve de ses talents personnels. En Iran, au contraire, finir un plat serait faire injure et signifierait que l'hôte n'a pas prévu assez grand. La générosité ne doit pas se mesurer.

1. Le short est très mal vu dans de nombreux pays et impossible à porter en Amérique latine. En Asie, ceux qui en portent ne peuvent être que des « hippies ».

Iran, terre de contraste, hospitalière et cruelle à la fois.

Parviz descend d'une famille bahá'ie des temps héroïques, des temps proches encore, où vingt mille personnes furent massacrées. Sacrifice consenti à la justesse d'une cause que personne ne peut nier. Mon propos n'est pas de relater les abominables boucheries qui se déroulèrent alors, d'autres l'ont fait avant moi [1]. Je voudrais seulement tenter d'expliquer pourquoi ces vingt mille martyrs ont ainsi pu offrir leur vie et pourquoi, grâce à ma foi, j'ai pu poursuivre mon voyage malgré les obstacles répétés.

Etre bahá'i n'est pas un legs, un titre que l'on se transmet de père en fils. Aucun ne peut se déclarer avant l'âge de 15 ans, avant d'avoir acquis une conviction personnelle profonde, car le premier principe de cette foi est fondé sur la recherche individuelle de la vérité. Chaque homme doit comprendre les choses avec son propre entendement et les sentir avec son propre cœur. Etre bahá'i c'est avant tout un libre choix. Et cela signifie simplement *aimer tout le monde, aimer l'humanité et s'efforcer de la servir ; travailler pour la paix* [2].

En compagnie de Parviz je visite la mosquée Ali Shah, forteresse monumentale aux murs épais d'une dizaine de mètres. Le Báb y fut enfermé quarante et un jours au sommet d'une tour après avoir reçu de la population de Tabriz un accueil délirant, en dépit des interdits. Je ne peux m'empêcher d'établir un parallèle avec le Christ qui reçut un accueil triomphal à Jérusalem, une semaine avant sa crucifixion. « Hosanna, Hosanna », criait le peuple.

— C'est là que le Báb a été fusillé en 1850, me dit Parviz lorsque nous passons devant le parking terriblement anonyme d'un bâtiment administratif.

Je continue, seul, mon pèlerinage ; je visite divers lieux saints, Kermanshah, Rezaiyeh, etc., sur les traces du Báb et de Bahá'u'lláh. Partout les bahá'is me reçoivent avec une extraordinaire gentillesse. Ils ont vraiment quelque chose en plus des autres. Je sens bien qu'il n'y a plus de frontière,

1. E. Renan par exemple dans les « Apôtres », le comte de Gobineau, etc.
2. Abdu'l-Bahá.

que nous ne formons qu'une seule famille. La grande famille mondiale est pour bientôt, le Christ ne l'a-t-il pas laissé entendre : « Que votre règne arrive... [1] ».

En observant ces gens apparemment si différents de moi par la couleur de la peau, les habitudes, la position sociale et qui pourtant m'entourent de tant d'affection, je me rends compte que les fusils sont bien inutiles, que le pouvoir noir n'existe que par haine du pouvoir blanc, que tant qu'il y aura des rouges et des blancs, les uns prendront toujours les autres pour des méchants et réciproquement. La réalité est tout autre. Il n'y a qu'un seul pouvoir celui de l'Amour qui doit régénérer toute la société humaine. Qu'il s'agisse d'un vieux marchand de tapis, d'un jeune vendeur de frigos, d'un architecte, d'un pauvre artisan, ou d'un bourgeois, l'accueil est toujours le même, simple, touchant, sincère. La plus vieille communauté bahá'ie du monde fonctionne à merveille. Lorsque l'on en sera à ce stade partout sur le globe, la terre sera le Paradis. Mon séjour parmi elle m'a remis complètement sur pied, j'ai repris huit kilos ! Tel un phénix, je renais prêt pour un nouveau départ.

Un soir, Monsieur K... m'entraîne au *Park Hôtel.* Au bar, il me présente un petit gros, bonasse, en djellaba blanche, nu-pieds. Ce type est, plus ou moins, le nouvel ambassadeur du Yémen-Nord, où une guerre interminable vient tout de même de s'achever et pour la première fois le pays ouvre ses portes à l'étranger. C'est une chance que je dois absolument saisir. Mais voilà, aucun consulat n'est encore ouvert à l'extérieur. C'est sans doute pour cette raison que mon ami K... a tenu à me présenter à Son Excellence. Au cours d'une anodine conversation, l'ambassadeur m'explique que pour perdre son ventre, il pratique la marche à pied et que cette dernière offre, malheureusement, des inconvénients dont des ampoules. Et Son Excellence de me montrer son pied meurtri.

1. La seule prière dictée par le Christ lui-même.

Voilà pour moi l'occasion inespérée de lui rendre service et d'obtenir un visa.

— Excellence, si vous me laissez faire, avec une épingle et un peu d'alcool, cette vilaine ampoule aura vite disparu.

Nous gagnons la chambre 504. Après avoir percé l'auguste ampoule, je place mon petit couplet habituel. Son Excellence me réclame aussitôt mon passeport. Me délivrerait-il déjà le visa ? Non, il désire avant tout s'assurer que mon passeport ne comporte aucun tampon « Israël », trace de mon passage chez l'ennemi juré.

— Eh bien, c'est une bonne idée de venir nous voir... Une très bonne idée, jeune homme. Vous aurez ce visa lorsque vous le désirerez, pour quatre dollars... Mais auparavant, je dois relire mes instructions concernant les démarches, formulaires à remplir, photos d'identité à fournir, empreintes, etc. Vous me comprenez ? Revenez me voir dans quinze jours.

Sa réponse m'enchante car le délai me paraît tout réduit en regard de ceux que l'on m'a imposés aux consulats de Koweit, d'Arabie Saoudite, de Katar, de Bahrein... toute la péninsule arabique me fait languir.

— Mais certainement, Monsieur, vous êtes le bienvenu, repassez seulement dans six mois, un, deux ou trois ans... *Insh'allah* [1]...

Alors quinze jours,... c'est demain. A la vérité, j'attendrai un peu plus car, tout de même, il se fera prier par principe. Mais sentant que la résistance n'est pas aussi forte qu'ailleurs, je décide de jouer le grand jeu, aidé en cela par mes amis Ghadimi. Nous obtenons rendez-vous au bar « Riviera » et lorsque nous arrivons, l'ambassadeur a déjà absorbé une dose de Gin-Tonic qui ne semble pas prescrite par le Coran. Il me secoue la main longuement, souriant aux anges et dodelinant du chef. Visiblement, il est rond. Ayant fait quelques emplettes, caviar et raisins, il s'apprête à regagner son hôtel pour les y déposer. M. Ghadimi ne perdant pas une seconde, suggère que nous l'y accompagnions, après un dernier verre.

---

1. Littéralement : « Si Dieu le veut. » Expression arabe très usitée signifiant le doute ou l'impossibilité !

Il l'entortille avec une histoire d'enfants, de photo de famille qui devrait nous conduire à la chambre 504 du *Park Hôtel.* Stratagème efficace. Ayant eu beaucoup de mal à introduire la clé dans la serrure de la porte de sa chambre, l'ambassadeur me demande d'ouvrir moi-même la valise diplomatique. Puis vaguement, il est de plus en plus cotonneux, il m'indique comment imprimer le visa sur mon passeport. C'est bien la première fois que je me délivre personnellement un visa !... Son Excellence ayant saisi son porte-plume, m'octroie d'un geste hésitant, trois mois de séjour et une magnifique signature. Il ne m'a demandé ni photo, ni quoi que ce soit : numéro du passeport, raison de ma visite. Je n'ai rempli aucun formulaire. Polie, Son Excellence nous raccompagne. En traversant la terrasse de l'hôtel, au-dessus des lumières de la ville, il me prend dans ses bras et m'étreint longuement. Commençant à étouffer, je suis obligé de réagir et appliquant la technique judo, je le prends à bras le corps et le soulève, puis le fais tournoyer trois fois. Adieu protocole. En signe d'amitié, nous échangeons alors de longues tapes dans le dos. Les bras levés au ciel, la tête perdue dans les nuages de l'alcool, il nous regarde nous éloigner.

Koweït, la ville surgie du sable il y a une dizaine d'années, grâce à l'or noir, bien qu'ultra-moderne a l'air sale et délabrée. De grosses voitures américaines patrouillent d'immenses avenues bordées de cages de béton. Il n'y a presque pas d'arbres et le vent du désert balaye le sable fin qui recouvre par endroits l'asphalte des chaussées. Les deux tiers des passants sont des étrangers. Ce qui donne à la foule un aspect bigarré flatteur pour l'œil.

Je m'adresse à un vendeur de chaussures, un Syrien, pour lui demander ma direction et un verre d'eau. Furtivement le bonhomme regarde autour de lui puis, me tirant par le bras, m'entraîne à l'arrière de sa boutique.

— Malheureux, me dit-il à voix basse, comme si nous étions deux conspirateurs, c'est le premier jour du *ramadan.* Personne n'a le droit de manger ni de boire entre 5 heures le matin et 6 heures le soir. Tu m'entends, personne ! Sinon tu te fais embarquer par les flics. Tu sais le ramadan au gnouf, ça n'a rien de réjouissant. Et puis ne t'avise pas d'éplucher une banane en pleine rue, t'as beau être étranger... Tous les restaurants sont fermés jusqu'à ce soir,.. Enfin t'es bien tombé, moi je suis catholique, alors tu sais quand j'ai envie d'en griller une ou de boire un coup je viens me planquer ici. Mais je fais très attention. Tiens, bois.

Le pays n'est que sable surchauffé, étendue monotone plantée de torchères brûlant le gaz au ras du sol. La nuit le croissant lunaire semble suspendu dans un ciel orangé. Etrange vision.

L'Arabie Saoudite vit aussi du pétrole et s'est, de ce fait, considérablement modernisée. Aujourd'hui, on coupe la main des voleurs sous anesthésie. Mais à l'ambassade, le personnel, imbu de lui-même, se fout de tout, arrive en retard et méprise les étrangers. On me refuse mon visa because ramadan et because pas question de visiter.

Après plusieurs hoquets, l'avion s'immobilise devant une cabane en tôle ondulée, rouillée et battue par les vents dans un sauvage décor de pics violacés : le poste de douane du Yémen-Nord... Un pauvre bougre débraillé, ne sait pas trop quoi faire de mon passeport, où sont imprimés des caractères illisibles, jamais vus. Mais à la vue du paraphe de Son Excellence, il me fait signe de passer l'air entendu.

L'ancien royaume de la reine de Saba, c'est encore le Moyen Age. Misère flagrante et absence totale d'hygiène. Ce n'est pas la première fois que je me trouve dans une telle situation, mais j'ai toujours autant de mal à m'y faire. Les rues, étroites, tortueuses au possible, sont de véritables poubelles. Les charrettes à ânes, les troupeaux de moutons, y soulèvent des nuages de poussière. Les gens en guenilles déambulent, au milieu de chiens pelés, de charlatans bonimenteurs qui les accrochent, de gosses pouilleux. Malgré tout cela, Sanaa me plaît ; le pays n'a pas été touché par le tourisme. On me laisse donc tranquille, on ne me prend pas pour un

Américain puisqu'on ignore ce que c'est. Ni Hilton, ni coca-cola, ni néon publicitaire. C'est la première fois que je vois une ville aussi vraie, typique, originelle. L'architecture locale est unique. Les maisons, de plusieurs étages, sont en forme de tours faites de briques blondes, de pisé ou de pierre. Les façades sont ornées de petites fenêtres encadrées de blanc, souvent biscornues, aux vitres colorées, aux volets en bois ouvragé. Dans la rue, je croise des hommes en « jupe-midi » portant force turban. Ils vont souvent les pieds nus, un fusil, crosse en l'air, à l'épaule. Leur barrant l'estomac, le terrible *djambia,* poignard à lame recourbée. Ces Yéménites, armés comme des pillards, ont les traits fins et me paraissent fort aimables. Leur femme les accompagne parfois, portant de lourdes charges sur la tête et... deux voiles, dont l'un noir avec de gros ronds rouges, leur tombe jusque sur le ventre. Je n'ai aucun mal à filmer des femmes islamiques pour une fois. Au contraire, les hommes rigolent et cherchent à se faire filmer à leur tour. Je suis le seul touriste, parmi cette population d'un autre âge, mais je n'éprouve aucune crainte. Tous me saluent.

— *Sadir, sadir !* Ami, ami !

A ma grande surprise je ne provoque aucun attroupement et les gosses ne me lancent pas de pierres, ce qui est pour le moins inattendu, en pays musulman.

Nejab, un jeune étudiant yéménite, rencontré dans l'avion, m'invite chez lui. Il me reçoit au dernier étage d'une tour. Sous la terrasse, la salle de réception n'est meublée que de tapis et de coussins, comme sous une tente de nomades. Au centre deux grandes pipes à eau posées sur un plateau de cuivre ciselé, au mur, pendent des carabines, avec des cartouchières garnies et des poignards. Il me présente tous les hommes de la maison, me sert le café, le fameux *moka,* originaire de la région, comme une vulgaire tisane : grains non torréfiés et cosses séchées flottent dans l'eau.

Nejab qui a 18 ans vient d'être marié par son père à une jeune fille qu'il n'avait jamais vu bien entendu. Il est encore en pleine lune de miel et en bon musulman, il ne me présente pas sa femme et, en plus, la cache. Cependant, un après-midi, après la sieste, tandis que je descends l'escalier qui mène à la cour intérieure, je tombe par inadvertance sur la mère de Nejab et sur sa jeune épouse sans leurs voiles. Elles prennent le soleil et bavardent assises en tailleur. Je les contemple, ravi d'enfreindre une coutume qui m'exaspère, sans chercher à me dissimuler. Immédiatement la mère se cache la tête dans les mains tout en me tournant le dos. Quant à la bru, elle ne fait ni une, ni deux, saisit sa robe et s'en couvre le visage. Charmant !

Hodaida, sur les bords de la mer Rouge, 2 200 m plus bas. La ville est sale au possible, pue et ne semble appartenir qu'aux mouches, tant elles sont nombreuses. Le cheikh Sinane Abou Lohoume, me reçoit au milieu de sa cour et me pose un tas de questions. Il me loge au meilleur hôtel de la ville et donne des ordres afin que je sois nourri, malgré le ramadan.

— Je vous servirai dans votre chambre, cela vous évitera de vous faire égorger, m'explique l'hôtelier.

En fin d'après-midi, je me divertis au spectacle des restaurants. Vers 5 heures et demie, ils sont pleins. Les consommateurs, attablés et impatients, tournent lentement leur cuillère dans leur bol de soupe de millet en attendant le coup de canon qui les délivrera à 6 heures justes. A cet instant les têtes se baisseront d'un coup et la ville s'emplira d'un étonnant concert de lapements.

Le ramadan qui chamboule la vie de tant de pays n'est plus qu'une grosse farce ; bouleversement des horaires, mais sans plus et surtout pas un jeûne. Les Yéménites ont tourné la difficulté, ils dorment le jour et travaillent la nuit. L'esprit a définitivement quitté le cadavre des anciennes religions.

Au Sud-Yémen, changement de décor et d'atmosphère surtout. Barbelés, mitrailleuses, casernes et sacs de sable délimitent la frontière. Mon barda est vidé dans la poussière et, minutieusement, un troufion fouille chaque objet. C'est-à-dire quoi ? Le peu de choses qui me reste, dont je ne peux à aucun prix me débarrasser : ma natte et un drap pour dormir, ma caméra, mon journal de bord avec un stylo à bille, mon livre de prières, une carte avec des dépliants et des bouquins sur la région traversée (lorsque ces documents dépassent trois kilos, je les expédie à la maison), mon rasoir avec son cordon dénudé au bout pour pénétrer toutes les prises de terre, un miroir-boîtier, un coupe-ongles, un demi-peigne, un savon et une serviette de taille réduite, une brosse à dents et le dentifrice, de l'aspirine, un pull, un k-way, un maillot de bain, un mini-slip et une paire de socquettes, question d'hygiène (le reste de mes habits est sur mon dos. Depuis longtemps je ne trimballe plus de rechange ; je lave avant la sieste ou la nuit pour renfiler au réveil. Je me débarrasse des habits chauds nécessaires en zone froide au fur et à mesure. Aucun instrument de cuisine non plus, pas même un couteau : à sa recherche, je me fais de nouveaux amis), un grand lacet que j'attache à mon sac lorsque la nuit est peu sûre et que j'enroule autour de mon poignet par précaution. Chaque objet, chaque effet est protégé par un plastique à cause de la poussière et de la pluie. Un inventaire vite fait, pourtant le « gabelou » s'éternise. Ce genre d'accueil me rappelle quelque chose. Cette ambiance de camp ne peut être inspirée que par l'Union soviétique. Dès l'entrée je le sens, les vibrations ne sont pas bonnes. La liberté doit mal respirer dans ce pays. Ici la Chine et l'U.R.S.S. cohabitent, se livrant une inlassable petite guerre d'influence. L'U.R.S.S. a fourni les barbelés, la police secrète, et la Chine... l'absence de beurre, de savon, etc. Au Sud-Yémen, l'ennemi juré n° 1 est l'Arabie Saoudite (reléguant Israël au second rang). Je n'y ai fait qu'escale, donc : pas de tampon. De ce fait, je suis autorisé à entrer au paradis socialiste du Yémen-Sud, et à visiter la capitale : Aden. Le rocher est superbe, l'océan Indien vert et scintillant, mais la ville, construite par les Britanniques est aujourd'hui défunte. Seuls trois ou quatre cargos russes et chinois mouillent dans la baie qui voyait autrefois passer sept cent cinquante navires par mois. La radio, les journaux, les graffiti sur les murs, la foule dans les rues vilipendent les Anglais.

Rien, pourtant, ne semble avoir été fait depuis l'indépendance. On rencontre des chèvres dans les couloirs, dans les escaliers des buildings où tout a été saccagé, pillé jusqu'aux poignées de portes (les gens se barricadent à l'aide de chaises). Les fils électriques ont été arrachés et les parties communes sont couvertes d'excréments, d'immondices. Au bureau de tourisme, on m'offre de la propagande, mais aucun conseil, aucune information utile, aucune recommandation. Partout le même air d'abandon, la même saleté. Les pays dits « socialistes » ont vraiment quelque chose de triste.

Perché sur le rocher, sur le point de quitter l'Arabie, je me mets à penser à tout ce que j'ai vu depuis la Turquie. Une question me turlupine depuis longtemps : comment le fier Islam qui a proclamé à coups de sabre l'existence d'un Dieu unique, ne tolérant aucun compromis, est-il aujourd'hui à la merci de peuples qui prétendent que Dieu n'existe pas ?

Une nouvelle fois, je puiserai la réponse dans les écrits bahá'is. Bahá'u'lláh nous explique que le développement de l'humanité dépend tout particulièrement de certaines âmes éclairées, qui sont, en fait, les guides et les vrais éducateurs des hommes. Moïse par exemple, qui réussit seul et sans aucun pouvoir à soustraire son peuple de l'esclavage dans lequel le tenait l'Egypte et à le conduire en terre promise où il devint la plus renommée des nations au temps de Salomon. Réputés pour leur force, mais aussi pour leur technique, leurs arts et le raffinement de leur civilisation, les juifs inspirèrent les philosophes grecs tels Socrate ou Hippocrate, qui firent spécialement le voyage de Jérusalem. Puis vint le déclin et la dispersion après la prise de la ville par Titus.

Egalement seul, le Christ réussit à réconcilier des ennemis prétendus irréductibles comme les Grecs, les Romains, les Chaldéens, les Egyptiens et les Assyriens. Par le seul pouvoir de la parole, il développa la conscience des individus et provoqua l'adoucissement des mœurs.

Mahomet, seul encore, unifia des tribus sauvages et pillardes dispersées dans toute l'Arabie pour y faire fleurir la dernière grande civilisation de la planète : l'Islam. La fameuse technologie dont les Occidentaux sont si fiers y puise ses racines. Les croisés, ébahis tout d'abord, puis la Renaissance, véhiculèrent mathématiques, arts et sciences sur les rivages de l'Europe alors plongée dans les ténèbres.

A la base de chaque renouveau de l'humanité, il y a une âme à mission prophétique, derrière laquelle se trouve le pouvoir divin. Toute pensée objective peut mesurer le gouffre qui sépare Moïse, le Christ, Mahomet, d'Alexandre le Grand, de César ou de Napoléon. D'ailleurs l'histoire, n'est-elle pas essentiellement divisée en civilisation chrétienne, islamique, bouddhique, etc. ?

Bahá'u'lláh explique l'histoire, mais aussi prophétise : « *Bientôt l'ordre présent disparaîtra et un ordre nouveau verra le jour à sa place.* »

Nous sommes à l'époque où le monde subit les affres de l'agonie d'une ère sur le déclin et les douleurs de l'enfantement d'un cycle nouveau. Partout émergent les signes d'un nouvel esprit de foi, de fraternité, d'universalisme, brisant les chaînes des préjugés, du chauvinisme, du matérialisme égoïste. Telle est la conclusion de mon périple. L'âge d'Adam n'est pas encore révolu, mais il s'engage dans une lutte avec l'ère nouvelle, dont il ne sortira pas. Je pense que nous vivons actuellement le pire moment de l'histoire de l'humanité, mais je crois aussi que l'espoir est là.

La révélation est progressive, sans fin. La venue du Prophète est le point de départ d'un nouveau cycle, d'une nouvelle civilisation qui comme le soleil, gagne son apogée puis décline. Un autre soleil se lève alors et l'histoire continue ; il n'y a cependant qu'un seul soleil, une seule parole divine mais tout simplement plusieurs levers, plusieurs Prophètes, plusieurs renaissances. Il n'y a qu'un Dieu et son enseignement est continuel, graduel. « J'ai beaucoup de choses à vous dire, mais vous ne pouvez pas les comprendre maintenant[1] ». Donc, qu'une seule religion, qu'une seule éthique. Les hommes préparés peu à peu depuis l'aube de l'histoire, sont désormais au seuil de l'avènement de ce qui leur a été promis depuis toujours : l'unité du genre humain qui enfantera la Paix

1. Le Christ selon Jean 16 : 12.

Universelle et la justice sociale. L'ère du balbutiement, de la préparation, fait place à l'ère de l'accomplissement.

Evénement suprême et répété dans l'histoire, la loi de Dieu est manifestée périodiquement et régénère l'homme. La dernière manifestation divine fut révélée en Perse et aujourd'hui, elle réveille le monde entier et le tire de sa nuit.

13

DIEU EST VRAIMENT GLORIEUX

> La lumière de l'Unité est si puissante qu'elle peut illuminer la terre entière.
>
> Bahá'u'lláh.

Djibouti : misérable étendue de sable surchauffé quelque part à l'entrée de la mer Rouge. Je vais bientôt entamer ma cinquième année de stoppeur solitaire ; drôle, mais aujourd'hui, je n'accepterais pas de compagnon de route. J'ai vaincu la peur de moi-même, de la solitude, je suis libre. Et puis, je ne suis jamais vraiment seul, il me faut bien parler aux autres et les gens viennent. Il est des soirs, où j'ai hâte de me retrouver avec moi-même. Ce voyage est si éprouvant que je serais incapable de le refaire, mais, même si l'on m'offrait une fortune je ne changerais pas de style, car je fais exactement ce que je veux. Le prix en est élevé, la récompense en conséquence.

Au centre de la ville, sur la place Ménélik, à l'ombre des arcades se trouve le syndicat d'initiative, avec à l'intérieur la plus délicieuse des hôtesses : Naguiba. Elle porte une robe jaune vif, très courte, échancrée, découvrant une poitrine mûre. Sa peau est couleur de miel, ses cheveux très noirs, soigneusement peignés. De grosses boucles ornent ses oreilles, elle ne se maquille pas. Comportement exquis, éducation à la française, amabilité sans faille, dès le premier abord je suis conquis. Depuis plus d'un an, c'est-à-dire depuis mon entrée en Turquie, je ne sais plus ce qu'est véritablement une femme. Voilées, dissimulées, parquées... Je suis devenu le roi du *bramacharya* [1], le plus chaste des *sannyasins* [2]. Naguiba réveille en moi le désir, mais aussi le poète, l'amoureux de ce qui est beau, que je n'ai jamais cessé d'être... Aïe ! La belle est musulmane.

— Je n'ai pas le droit de sortir sans être accompagnée... On n'est pas à Paris ici, que veux-tu !

— Pas moyen d'aller faire un petit tour, rien qu'une petite balade, histoire de bavarder ailleurs ?

— Tu es fou, je suis obligée de rentrer directement chez moi, et l'on connaît mes horaires, crois-moi.

Résultat, je passe de nombreuses heures au syndicat d'initiative dont je suis d'ailleurs l'un des rares visiteurs.

Au fil des jours Naguiba se confie, néanmoins. Je la sens malheureuse. La religion de ses parents, le sort qu'elle réserve aux femmes, les traditions et les coutumes locales lui pèsent. Un soir, elle me raconte une histoire inouïe. Elle me parle de femmes « cousues », une pratique qui se perpétue de nos jours dans l'est africain. Je sais qu'en Afrique les femmes subissent l'ablation du clitoris, mais j'ignorais que dans les contrées orientales du continent, on allait encore plus loin...

— Lorsqu'elles atteignent entre six et dix ans, les fillettes, me raconte Naguiba, sont saisies par des matrones qui les immobilisent. Contre leur gré, les pauvres enfants sont alors livrées au plus barbare des rites. L'une des bonnes femmes commence par arracher, le plus souvent d'un coup d'ongle, le clitoris naissant des malheureuses qui se débattent tant qu'elles peuvent. A ce moment, une autre mégère se met à lui entailler le pubis avec un couteau tout ce qu'il y a de plus ordinaire. C'est affreux. Deux plaies sont ainsi ouvertes, puis rapprochées, collées l'une contre l'autre et agrafées à l'aide d'aiguilles d'épineux que l'on plante carrément dans les lèvres du sexe

1. « Chasteté » en Hindi.
2. Sages, saints.

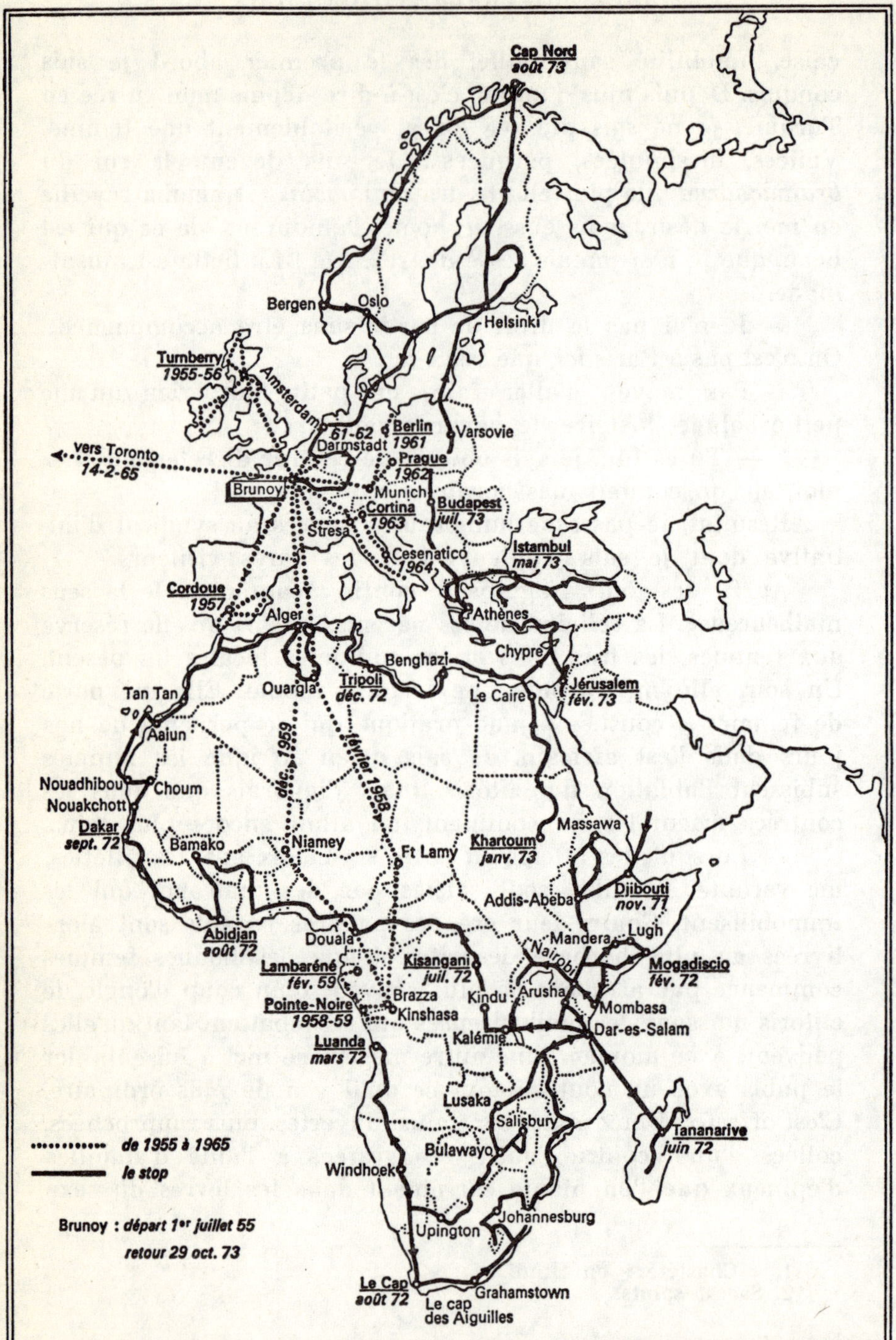
Cap Nord
août 73
Bergen
Oslo
Helsinki
Turnberry
1955-56
Amsterdam
61-62
Darmstadt
Berlin
1961
Varsovie
Prague
1962
vers Toronto
14-2-65
Brunoy
Munich
Cortina
1963
Budapest
juil. 73
Stresa
Cesenatico
1964
Istambul
mai 73
Cordoue
1957
Alger
Athènes
Chypre
Benghazi
Tripoli
déc. 72
Ouargla
Le Caire
Jérusalem
fév. 73
Tan Tan
Aaiun
Nouadhibou
Choum
Nouakchott
Dakar
sept. 72
déc. 1959
février 1958
Bamako
Niamey
Ft Lamy
Khartoum
janv. 73
Massawa
Djibouti
nov. 71
Addis-Abeba
Abidjan
août 72
Douala
Kisangani
juil. 72
Mandera
Lugh
Nairobi
Mogadiscio
fév. 72
Lambaréné
fév. 59
Brazza
Kindu
Arusha
Pointe-Noire
1958-59
Kinshasa
Mombasa
Kalémie
Dar-es-Salam
Luanda
mars 72
Lusaka
Salisbury
Tananarive
juin 72
Bulawayo
Windhoek
Johannesburg
Upington
Le Cap
août 72
Grahamstown
Le cap
des Aiguilles
de 1955 à 1965
le stop
Brunoy : départ 1er juillet 55
retour 29 oct. 73

de ces enfants hurlant de douleur. Le tout est ensuite recouvert de résine. En attendant la cicatrisation complète [1], les fillettes sont ligotées fermement du bassin aux genoux. Cela se déroule sans la moindre hygiène. C'est atroce...

Ecœuré, je n'ai même pas la force de demander à Naguiba de suspendre là son récit.

— Cette coutume barbare fait de la nuit de noces une épouvantable boucherie. Le marié avant de prendre possession de sa femme, se livre en préambule, à l'aide d'une lame de rasoir ou d'un silex tranchant, à une opération sanguinolente souvent accompagnée de coups, qui n'a rien d'érotique. A chaque accouchement, la cicatrice doit être ouverte complètement...

Je n'arrive pas à en croire mes oreilles. Tout cela m'est raconté avec résignation, par cette jolie *afar*, si vivante, si... tentante. Faire l'amour avec un silex tranchant... Quel dégoût. Naguiba qui croise mon regard sait que je balance entre la volupté qu'elle m'inspire et la répugnance que provoque en moi son récit. Elle devance la question que j'étais sur le point de lui poser.

— Rassure-toi, j'ai pu y échapper. J'étais très malade à cette époque-là, je n'ai simplement subi que la première opération... André, si au cours de ton voyage tu rencontres des femmes tristes, renfermées, apeurées, tu sauras pourquoi.

En Ethiopie commence mon vrai tour d'Afrique, misère profonde, saleté repoussante, odeurs fortes et pénétrantes se mêlent à l'exaltante fraternité des hommes, à leur générosité, à leur noblesse de caractère. Dans les *toucouls* enfumées, rudimentaires, où le bébé sur la paille attire plus de mouches que le veau gisant à son côté, chez les plus pauvres, chez les plus nus, je suis chez moi. Avec joie, je partage leur pauvreté. Je les aime comme ils sont.

L'Ethiopie est sous la coupe de l'empereur [2]. Il appuie son

1. Une quinzaine de jours : il s'agit, en fait, d'une vraie greffe (infibulation).
2. 1972.

pouvoir sur le clergé qui fait peur aux enfants avec ses chasse-mouches, soutient que la terre est plate et ânonnent le guèze, la langue sacrée des évangiles abyssiniens dont ils ne comprennent pas un seul mot. Ce pays est l'une des plus anciennes terres chrétiennes, mais elle est aussi profondément ancrée dans l'ignorance que la plupart de ses voisins d'Arabie ou d'Asie. Là encore, le contraste est grand entre les dirigeants et le peuple. Un jour, je me poste à la sortie du palais impérial afin d'assister au départ de Sa Majesté, se rendant à son travail. Le cortège de Mercedes, les plus grosses qui soient, parcourt chaque jour avec apparat le kilomètre qui sépare le palais des bâtiments officiels du gouvernement. « Nouvelle Fleur » la capitale, est un assemblage de buildings modernes et de taudis indescriptibles. Afin que Sa Majesté ne soit pas affectée par la vue de ces derniers, de grandes palissades, joyeusement barbouillées de vert, masquent la réalité. Comment peut-on en être encore là ? Combien de temps encore, les hommes s'obstineront-ils à cacher la misère derrière des palissades ? Tant qu'un peuple vivra le cul nu pendant que ses dirigeants se pavaneront en Mercedes, le monde entier ne pourra trouver le repos. Je sais que l'égalité entre les hommes est du domaine de l'utopie — *même si elle venait à s'établir, elle ne pourrait être maintenue (...) l'ordre du monde entier en serait détruit* [1] — mais, tout de même, il est urgent d'abolir les extrêmes. *Pour Moi, la chose préférée, c'est l'équité,* nous dit Bahá'u'lláh. Car l'Amour n'est pas suffisant. La société doit être basée sur la JUSTICE.

1964 ! Que veut dire cette date ? Dabord, je viens d'avoir mes trente-quatre ans le 11 novembre 1971, il y a tout juste huit jours... Le calendrier est neuf. Il n'y a pourtant aucune erreur. L'Ethiopie comme la Russie, la Bulgarie, la Roumanie, la Tchécoslovaquie, j'en passe, a conservé le calendrier Julien [2].

---

1. Abdu'l-Bahá.
2. Le calendrier Julien fut réformé par le pape Grégoire XIII au XVIe siècle.

Du coup, me voilà rajeuni de sept ans. Les juifs, eux, sont en 5732, les musulmans en 1390. Quelle pagaille !

Le vendredi est le jour de repos des musulmans, le samedi est le sabbat des juifs, le dimanche, le jour du seigneur des chrétiens ; pour toutes ces raisons, les commerçants dans certains pays ne travaillent pratiquement que quatre jours sur sept. Comment les hommes peuvent-ils parler de s'entendre avec de tels systèmes dépassés : A Jérusalem, par exemple, chaque feuillet du calendrier comporte cinq dates, en « grégorien », en « copte », en « hébraïque », en « julien », en « hégire ». Comment s'y retrouver ? Pour mettre tout le monde d'accord, y compris les hindous et les bouddhistes, qui ont bien sûr leur calendrier propre, les bahá'is en proposent un, universel, qui offre la particularité d'être complètement nouveau et de ne s'inspirer d'aucun système existant. Il offre surtout l'énorme avantage de ne vouloir imposer à personne le système du voisin : une source de querelle en moins.

6 février 1972. Je pénètre un no man's land hérissé de buissons d'épineux sous un soleil implacable.

— Marche tout droit, dans cette direction, tu tomberas forcément en Somalie, m'a dit le « District Commissioner » de Mandera, le dernier ramassis de huttes sous juridiction Kenyane.

C'est bien la première fois que je franchis une frontière sans barbelés, sans douane et sans interrogatoire soupçonneux. Pour dire la vérité, j'ai développé une véritable allergie aux frontières depuis le temps que j'en franchis et aux consulats, leurs corollaires. Il n'y a rien, ni personne, que du sable à perte de vue. Cependant, je sais que je ne dois pas me réjouir trop vite...

Je suis au pays des nomades, des immenses Somalis qui circulent sans contraintes dans ce gigantesque terrain vague. Sable, chameaux, musulmans, j'ai l'impression de me retrouver dans un pays arabe. Mon sac me colle à la peau, mon front ruisselle. Il y a longtemps que je n'en avais pas autant bavé. Tout cela pour aboutir dans ce coin oublié d'Allah, cette Somalie qui ne veut plus de touristes et fait tout pour ne pas leur délivrer de visa. Bah, il en faut plus pour me décourager, d'autant plus que je finis par avoir l'habitude de tourner les difficultés administratives.

Mogadiscio, la capitale, n'est accessible que par air ou par mer, aucune route ne la relie à Addis-Abeba, ni à Dar es-Salam, ni à Nairobi. Il faut donc être complètement fou pour entreprendre ce que je suis en train de faire, mais ce raid Nairobi-Mogadiscio est, pour moi, une sorte de défi. Sans avoir présumé de mes forces, je dois tout de même reconnaître que je n'avais pas prévu une telle peine à progresser, lentement de zone d'ombre en zone d'ombre, de palmier en palmier, de hameau en village, de sieste en sieste. Mandera, à mi-parcours : c'est déjà l'exploit.

Dans ce tombeau pour mécanique, je roule un bout avec un couple de milliardaires américains qui fait un safari en Land Rover, piloté par un guide expérimenté. Ils se croient encore chez eux à Houston, au Texas. Au hasard de l'itinéraire, nous nous sommes arrêtés pour déjeuner. J'observe le guide, narquois. Il se démène comme un diable déployant des parasols, dépliant une large bâche sur le sol, pour le confort de ces messieurs-dames, déballant table, chaises, buffet de camping. Tout y est : vaisselle en porcelaine, verres fins à pieds ciselés, argenterie luxueuse, nappe immaculée. Dingue, c'est dingue, je n'ai jamais vu ça. En short, assis dans le sable à l'ombre d'un baobab, j'assiste à toute cette mise en scène, cloué par la surprise. Le guide, parfait dans son rôle de majordome très stylé, m'adresse un clin d'œil complice tout en faisant la chasse aux moustiques avec sa super-bombe qui fait pschiiit... L'Américain, la cinquantaine, un ventre impressionnant, s'est équipé dans un magasin chic de Nairobi. Pantalon et saharienne couleur sable, casque colonial, vraisemblablement pêché dans l'arrière-boutique — il y a belle lurette que l'on ne porte plus ce genre de coiffure — il est parfait : un vrai Tartarin. Sa femme est maquillée comme pour une soirée de gala. Elle croule sous les diamants. Ses oreilles, son cou, ses doigts étincellent. Très grande dame, elle se tortille avant de s'asseoir. Ils ont l'air chouette... J'imagine la belle brousse que leur « préparent » les copains du guide, une brousse tout confort avec eau, électricité, air conditionné et trophées à défenses d'ivoire au bout du fusil...

Si moi aussi j'avais eu recours à une agence de voyage, j'aurais sans doute été préservé des contrôles policiers, cadeau des nouveaux maîtres de la Somalie. C'est évidemment l'inconvénient numéro un du mode de déplacement que j'ai choisi. Les ennuis de Jordanie et d'Irak recommencent. Dès que je me pointe dans un village, je suis pris pour un espion ou un contre-révolutionnaire. Automatiquement.

— Qu'est-ce que c'est que ce truc-là ?

— Ben quoi, vous le voyez bien, une grenade !

Je me suis fait pincer à Lugh sur le pont qui enjambe le Juba, délicieux ruban d'eau verte dans l'ocre rouge du désert. Ils ont tout fouillé de fond en comble, examiné minutieusement chacune des pages de mon livre de bord. Un des flics a fini par découvrir un objet bizarre qu'il tient dans sa main, l'air inquiet. Escorté par huit types en uniforme, je fais une entrée remarquée à l'état-major de la police. Le chef et ses adjoints veulent démonter l'objet. Je m'y oppose formellement.

— Dans ce cas, faites-le marcher, prouvez-nous que vous pouvez vous raser avec !

— C'est malin, vous n'avez pas l'électricité !

Toute la journée, tandis que je cherche un véhicule pour continuer, ils ne me lâchent pas d'une semelle, cela me permet de me porter volontaire pour une nuit de cabane. Toujours ça de pris. Le lendemain, ils sont nettement mieux disposés à mon égard. Malheureusement, je provoque une émeute place du marché et la foule excitée me ramène en me tenant par l'oreille, chez mes hôtes de la nuit. Surpris de me voir revenir, ils me coffrent afin de me soustraire à la populace. Je me demande ce que j'ai bien pu faire. Au bout d'une heure j'apprends le fin mot de l'histoire : je suis accusé d'avoir pissé le long d'une haie bordant un enclos à chèvres...

— Mais ça n'est pas un grand crime que je sache ?

— Si monsieur, ici on ne fait pas cela DEBOUT ! ! !

J'atteins enfin Mogadiscio et la mer. Quelques arbres verts, des maisons blanches sur des dunes de la même couleur et le vent du large, c'est pas trop tôt. Mais le charme du décor est annihilé par l'ambiance qui règne en ville. La révolution a tout nationalisé et a institué la suspicion en vertu. La propagande a tout envahi, les cinémas ne passent plus que des documentaires russes, techniques ou politiques. Dans les rues, la police pourchasse les vagabonds à coups de bâton. Je n'ai jamais autant vu de postes de police et entre deux photos de travail au tableau d'honneur du rendement, des slogans proclament Mahomet premier socialiste scientifique du monde. J'ai du mal à admettre la réalité de ce pays, de ce peuple indolent, fier, facile à vivre, habitué des grands espaces supportant le joug d'un tel système policier.

Le troisième soir de mon séjour somalien, Qudrat, l'ami qui m'héberge, invite quelques copains à venir dîner avec nous. Sultan, qui a perdu sa place au moment de l'installation du nouveau régime nous quitte le premier. A peine dehors il est cueilli par la police qui l'interroge plus d'une heure au sujet du touriste français.

— Dis-nous ce qu'il est venu faire ici.

— Mais puisque je vous dis qu'il fait le tour du monde..

— Tu mens, nous on va te le dire. Il vient faire des photos de filles nues pour les publier dans des revues étrangères !

Quand je pense que je n'ai même pas pris ma caméra avec moi. Avec l'expérience, j'ai acquis un flair particulier, une sorte d'instinct qui m'entraîne à prendre un maximum de précautions avant d'entrer dans certains pays. Le pauvre Sultan s'en tire en promettant de se taire et de m'espionner à son tour.

Le lendemain, il me raconte qu'on lui a offert de l'argent sans doute au nom de la chasse à la corruption, principe sacro-saint du socialisme scientifique. Il me dit également qu'ils lui ont déballé tout mon emploi du temps, le plus exact depuis mon arrivée en ville. Tandis que nous nous baladons, Sultan m'indique discrètement où se trouvent les flics chargés de me « suivre ». Il me dit qu'il n'y a pas moins de dix mille policiers à la « Secrète », qui surveillent tout le monde et se tiennent à l'œil les uns et les autres.

Ce qui m'ennuie le plus dans tout cela, ce n'est pas l'ambiance de barbouzerie mais le fait que je suis coupé de tout contact réel avec la population, car chaque tentative de conversation est considérée comme un échange de codes et de messages. Je me demande comment les Soviétiques, qui prônent l'amitié entre les peuples, parviendront à leur fin. Les barbelés n'ont pourtant pas les vertus des guirlandes de tiarés de Tahiti.

Je vais parcourir l'Afrique en long et en large.

— Ta tribu ? me demande un Kikuyu, roulant de gros yeux ronds pour remplir une paperasse.

En quittant la Somalie, il ne faut pas croire que mes soucis s'achèvent. Loin de là. Le continent africain trois fois plus grand que l'Europe (cinquante-quatre fois la France) est vraiment un casse-tête. Le Sahara isole totalement le Nord ; la forêt du bassin congolais interdit l'accès au centre. L'avion, bien sûr méprise tous ces obstacles, mais le pauvre piéton que je suis considère ceux-ci avec plus que de l'inquiétude. Les longs parcours d'asphalte, sont au nombre de deux. Au nord de Mogador (Maroc) au Caire ; au sud, il s'agit d'un V gigantesque conduisant de Nairobi au Kenya, à Luanda en Angola par Le Cap [1]. En dehors de ces deux itinéraires importants il est vrai, le bitume est pratiquement inconnu. La voie ferrée, qui sert essentiellement à acheminer le minerai vers les ports, est balbutiante et ne relie que très rarement des centres urbains. La saison des pluies est un autre obstacle, de taille, tout comme les variations de climats et de température. Beaucoup d'Africains sont des malades en sursis et tout comme en Amérique du Sud ou en Asie, les endémies les plus variées guettent l'aventurier : amibes, malaria, tsé-tsé et dysenterie,

1. Où j'établirai mon record de vitesse en stop : 4 000 km en 3 jours.

pour ne citer que les principales. Mon ventre ballonné, qui demeure mon souci majeur, me rappelle sans cesse que je dois me méfier de l'eau en général. Pour ne pas attraper la malaria, je prends de la nivaquine, régulièrement, deux fois par semaine. Pour le reste, je m'en remets à la chance, sous peine de me trimbaler avec une véritable pharmacie sur le dos. C'est hors de question. Quant aux animaux sauvages, le plus féroce reste le moustique !

L'Afrique est aussi terre de querelle, de conflits, et le voyageur doit tenir compte non seulement du peu de moyens de communication, des maladies mais aussi des conditions politiques régnant dans les pays qu'il traverse. Il faut savoir qu'il ne fait pas bon se présenter à l'entrée de certains pays avec un passeport porteur de visas ou de tampons émis par l'Afrique du Sud, la Rhodésie, l'Angola ou le Mozambique. Pour ma part, je me suis arrangé pour faire apposer ces derniers sur un passeport temporaire échangé ensuite au Malawi [1], qui, forcé, entretient de plus ou moins bonnes relations avec tout le monde.

Lorsque j'entreprends ma tournée africaine [2], tout trafic est interrompu entre l'Angola et le Zaïre, la Zambie et la Rhodésie, le Mozambique et la Tanzanie, le Tchad et le Soudan, le Kenya et la Somalie, l'Ethiopie et le Soudan... La Guinée-Bissau est inaccessible pour cause de guerre et la Guinée-Conakry pour cause de régime... On se bat également à l'intérieur du Tchad, du Soudan et la frontière entre la Tanzanie et l'Ouganda n'est pas recommandée aux civils. Quand je pense qu'avant-guerre, avec deux passeports, le français et le britannique, on aurait pu faire le tour complet du continent, sans aucun problème. Aujourd'hui, l'Afrique est un puzzle constitué d'une soixantaine de territoires ce qui surtout, représente à peu près autant de visas (toutefois, dans les anciennes colonies françaises l'entrée des citoyens de l'ex-mère patrie y est tolérée sans visa). Afin de pouvoir visiter à mon aise les trois royaumes indépendants de Bost-

1. J'ai consommé en tout une demi-douzaine de passeports.
2. De novembre 1971 à février 1973.

wana, Lesotho et du Swaziland, je me suis même fait passer pour un sujet de Sa Gracieuse Majesté. Trois fois j'ai menti avec assurance à la question :

— *What country are you* ? (De quel pays êtes-vous ?)

— France !

— Oh, Fransse, euh Fransse... Ça fait partie du Commonwealth ?

— *Of course, sir* (Bien sûr !)

J'en demande pardon à Marianne, à tous les patriotes que je pourrais choquer, mais grâce à ce mensonge j'ai pu éviter de grosses complications administratives.

Pour toutes ces raisons, mon itinéraire africain ne ressemble en rien à un parcours organisé. Ainsi suis-je repassé cinq fois en Tanzanie, qui me servait de plaque tournante.

Mais l'Afrique, pour moi, c'est avant tout l'homme, le « frère » de couleur, avec son cœur sur la main, sa simplicité sans calcul, sa gentillesse spontanée, sa franche bonne humeur. Le mot frère est un mot d'Afrique. Jamais je ne me suis davantage senti en sécurité qu'en plein cœur de la forêt vierge, dans un village perdu chez ceux que l'on appelle « les sauvages ». Lorsqu'ils me voyaient arriver, mes frères indigènes me tendaient une chaise, dans ce pays où l'on vit au ras du sol, on m'apportait un verre d'eau, on s'inquiétait à mon sujet. N'avais-je besoin de rien ? J'étais non seulement reçu à chaque fois, mais accueilli, chacun se préoccupant de partager quelque chose avec moi : un coin de case pour dormir ou de la nourriture. Je crois bien que jamais je n'ai senti autant de chaleur, autant d'amitié, autant de fraternité autour de moi. Ils ne m'ont jamais fait sentir que la couleur de ma peau était différente de la leur.

J'ai vécu de longs mois parmi eux, non seulement parce que mes moyens ne me permettaient pas de fréquenter le monde des Blancs et des notables de couleur, mais surtout parce que je m'y sentais bien. C'est sans doute chez mes amis d'Afrique que j'ai rencontré l'homme que je cherchais, l'homme que j'aime. C'est là que j'ai découvert à quel point nous sommes tous un, en dépit des différences, des ethnies, des appartenances tribales. Jamais je n'aurais cru à ce point balayer les préjugés, futiles barrières d'illusion que j'écartais désormais aussi facilement qu'un léger rideau, afin de mieux découvrir la réalité des cœurs. J'avais compris que chaque être est mon « moi inconnu, rendu visible [1] », que dans chaque visage, il faut chercher son autre soi-même, le reflet de Dieu. Nos différences apparaissent alors très belles, nécessaires. Je finis même par me demander si ce qui reste de la civilisation ne se trouve pas au cœur du Congo, aujourd'hui, où les relations humaines sont encore intactes.

Si en Afrique, il me semble avoir découvert l'homme au cœur pur, le frère, celui qui pourrait être le citoyen du village mondial que j'appelle de tous mes vœux, je me suis aussi rendu compte que le chemin de cet Eden était encore très long et sinueux, qu'il faudrait encore beaucoup de peine pour le débroussailler, car là plus qu'ailleurs, il m'est apparu enfoui sous les habitudes, les coutumes, les haines ancestrales, le chauvinisme. L'homme est d'abord l'esclave de lui-même, des habitudes contre lesquelles il ne se rebelle jamais.

Assis sur le bord d'une route ou d'une piste, il m'est souvent arrivé de penser à mon père qui, après des années et des années d'exil, ne s'est jamais senti chez lui à Brunoy, affectionne encore les sabots, avale sa soupe dans un bol et mange son fromage en le tenant dans le creux de sa main, en le tranchant avec un opinel, comme autrefois lorsqu'il cassait la croûte derrière sa charrue au milieu des labours en Auvergne. Lorsque j'étais enfant, ne voyant personne faire la même chose, j'étais gêné. Déjà, je me posai la question : pourquoi les habitudes ancestrales, les conditionnements sont-ils si tenaces ? A Mombasa, sur la côte brûlée du Kenya, je me suis à nouveau demandé pourquoi la moitié des femmes se promenaient les seins nus et pourquoi l'autre moitié allait et venait transpirant sous de grands voiles noirs qui les dissimulaient totalement ? Ces femmes, perpétuellement au contact les unes des autres, ne trouvent-elles pas cela incongru ? Passe encore lorsque l'on ignore qu'il existe une autre façon de se vêtir, de penser, de vivre, mais lorsque l'on peut comparer... Cent fois, je me

1. Khalil Gibran.

suis interrogé à ce sujet. Notamment sur la route Arusha-Nairobi, une des plus folkloriques du continent avec ses animaux sauvages sur fond de Kilimandjaro. De part et d'autre, des Masaïs, longs Noirs à cheveux rouges, d'une nudité à peine voilée, parés de verroterie, guerriers renommés, armés d'arcs et de flèches assistaient imperturbables au défilé des cars de touristes à lunettes d'écaille, décorées, elles aussi, de clinquant. Appuyés sur leur lance, plantés au milieu de leur troupeau, que pouvaient-ils penser de ces étrangers qui les mitraillaient avec leurs appareils photo, leurs caméras et leurs flashes insolents. L'homme au cul nu et l'homme qui venait de marcher sur la lune s'observaient, comme l'on observe les animaux dans une ménagerie. Avaient-ils, les uns et les autres, une idée de la distance qui les séparait tandis qu'ils étaient presque face à face. Il faudra pourtant qu'ils fassent un premier pas, puis un second, qu'ils marchent l'un vers l'autre. Il le faut. L'homme originel, indifférent à la technologie ne peut plus demeurer dans son coin de brousse, il doit apprendre à distinguer ce qu'il y a de meilleur chez l'autre et à l'accepter. Quand on connaît la ténacité des vieilles habitudes, des tabous, on comprend que les idées neuves ne puissent cheminer que lentement dans l'esprit des gens. Il est temps, cependant, que chacun prenne conscience de la réalité de l'existence d'autrui et cesse enfin de le mépriser, de l'ignorer. Partager, coopérer, le contact grandissant a rendu la solidarité inévitable... L'homme de la technique, lui, doit réapprendre ce que sont les relations humaines.

Debout, le pouce tendu comme à l'habitude, je me demande, puisque les convois de camions passent devant moi sans s'arrêter, si je ne rêve pas. Les chauffeurs ont des faces lunaires et paraissent ne pas me voir. Je fais pourtant de grands gestes, je m'agite comme un clown pour essayer de les stopper, en vain. Casquette et tunique bleue caractéristiques, pas de doute ce sont des Chinois le long de la route qui de Dar es-Salam à Lusaka traverse la forêt. Ils construisent la voie ferrée qui reliera les deux capitales distantes de 1 800 km sans avoir aucun contact avec l'extérieur, la population.

— Ah mon vieux, c'est trop « la » souffrance, le tour du monde, me dit un africain qui me tient mollement la main depuis une bonne dizaine de minutes.

Je peste car je suis pressé d'arriver à Lusaka où séjourne actuellement Ruhiyyih Khanum, Mme Rabbani. Canadienne de 61 ans, elle sillonne l'Afrique depuis trois ans à bord d'une Land Rover en compagnie de sa secrétaire Violette Nakhjavani, une Persane, toutes deux au service de Bahá'u'lláh. Ruhiyyih Khanum, épouse de l'unique gardien de la foi bahá'ie, Shoghi Effendi [1] est l'auteur du premier petit livre bahá'i qui me soit tombé entre les mains en Alaska [2]. C'est de là que pour moi tout est parti.

Lorsque j'arrive à Lusaka, toute la ville parle de la conférence de Mme Rabbani.

— Quelle femme intelligente, quel savoir. Cette femme est extraordinaire... me confie l'ingénieur grec qui me pilote.

— Oui, certes, mais ce qui l'est encore davantage, c'est le message qui est derrière elle !

Je fais d'abord la connaissance de M. Agahi, un « pionner » bahá'i persan, qui travaille comme simple ouvrier dans un atelier de radio-télévision (chez lui il occupait un rang très élevé). Il est heureux de recevoir un autre bahá'i et m'embrasse généreusement selon la coutume de son pays. Un de ses compagnons, un Nigérien, surpris par la chaleur de nos effusions, l'interroge :

— Y a-t-il longtemps que vous connaissez ce Français ?

— Non, c'est la première fois que je le vois.

— Ça alors, c'est INCROYABLE !

Inimaginable, le voilà le vrai miracle de Bahá'u'lláh, le miracle de l'unité entre les hommes, entre deux inconnus. A l'heure actuelle, de par le monde, ce miracle se reproduit à une fréquence accélérée, car l'unité est en marche, malgré le scepticisme d'une humanité désabusée.

1. Décédé en 1957. Nommé par Abdu'l-Bahá, le fils du fondateur, dans son testament.

2. « Prescription for living ».

C'est M. Agahi qui me présente à Ruhiyyih Khanum, lors d'un dîner. Je bavarde alors longuement avec cette grande dame, très digne, qui malgré sa fatigue m'accorde toute son attention.

— Je me demande comment vous pouvez faire pour sauter d'un pays à l'autre comme ça ! J'ai tellement de mal personnellement avec toutes ces histoires de visa.

— Moi aussi, madame, j'en ai par-dessus la tête de ces complications inutiles. Ça me ruine le moral, mais je tiens bon.

— Le monde, André, est très malade, il arrive à son point d'ébullition... Dites-moi, après tant d'épreuves, je vous trouve en bonne santé.

— Je suis pourtant fatigué. Mon ventre me donne beaucoup de souci et je récupère très mal. Ce voyage est très dur, mais je crois que le vôtre n'est guère plus aisé que le mien. J'ai du mal à imaginer comment vous pouvez vous débrouiller. Deux femmes seules, dans une voiture. Que faites-vous pour les pannes, les crevaisons ?

— Oh, croyez-moi, il y a toujours quelqu'un pour nous dépanner, au bon moment.

— Ici vous êtes en pays civilisé ! me lance avec une moue arrogante, un type courtaud, en short et chemise blanche à épaulettes dorées. Il a la peau d'un rose vif parsemée de milliers de taches de rousseur, la peau d'un Anglais et il est officier d'immigration rhodésien.

C'est mon premier contact avec l'Afrique des « Blancs ». Le temps de franchir le pont qui enjambe le Zambèze, face à la formidable brèche fumante des chutes Victoria, je passe de la nuit de la pagaille zambienne au jour de l'efficacité british. Victoria, c'est le charme et la netteté des décors urbains d'outre-Manche avec ses gazons méticuleusement soignés, ses parterres fleuris. Tout y est organisé et bien peint. Quel changement après le joyeux laisser-aller de l'Afrique Noire. Ici tout est à sa place, les Noirs également et c'est là le drame.

En Rhodésie, les villes sont divisées en quatre : il y a les quartiers des blancs, ceux des Noirs, des métis et des Asiatiques. L'Africain qui habituellement est gai, aime la vie, aime à rire, à palabrer et jouer est devenu prudent dans ce pays, distant, respectueux, d'une soumission qui me crève le cœur. Le courant ne passe plus. Au fil des heures, les vibrations deviennent franchement mauvaises. De Bulawayo à Salisbury, des ruines de Zimbabwe au parc de Matopos, la phrase du bonhomme de la frontière me revient en tête, sans cesse : « Ici, vous êtes en pays civilisé... » Bon sang, quand cela finira-t-il. Je me demande si je pourrais longtemps supporter de telles démonstrations d'égoïsme, de bêtise et d'ignorance.

Je trouve un climat encore plus néfaste en Afrique du Sud ! Un soir, alors que la faim me pousse à la recherche d'un estaminet bon marché, je suis saisi d'inquiétude devant un *Fish and Chips* [1], une boutique modeste, en planches, qui n'a apparemment qu'une seule porte. Que faire ? On m'a bien prévenu, étranger ou pas, la moindre erreur peut me coûter six mois de détention, sans jugement et cela au nom de deux lois : « l'Immorality Act » et le « Communist terrorist Act ». Longuement je me pose la question de savoir si ce Fish and Chips à porte unique, est ouvert aux Blancs. Dilemme. Car ici tout est divisé en *Blankes* et *Nie Blankes*. Après tout me dis-je, puisque je suis Blanc, je dois bien avoir le droit d'entrer, aussi, je vais me ranger sagement au bout de la file des africains qui patiemment attendent leur tour dedans. A cet instant, un Blanc passant devant tous se fait servir aussitôt et repart sans autre forme de procès, son petit paquet huileux à la main. Toute honte bue, je quitte la file pour faire comme l'autre Blanc. Je n'ai pas envie d'aller en tôle, alors je me conduis selon la loi. Je n'avais pas remarqué mais il y a deux bassins à frites et deux poêles pour le poisson. Deux huiles, une pour les Blancs, l'autre... C'est cela l'« apartheid ».

C'est écœurant, tous les bâtiments publics, la majorité

1. Etablissement généralement modeste où l'on vend du poisson et des frites dans des cornets en papier journal.

des commerces ont deux portes, même s'il n'y a qu'un seul comptoir à l'intérieur. Les plages, les taxis, les trains, les autocars, les pissotières sont divisés en deux. Le meilleur est toujours réservé aux Blancs. Il y a même des bancs publics pour blankes et nie blankes. Gare où l'on met ses fesses en Afrique du Sud. Quelle honte, cela me rappelle Hitler...

Re-belote en Afrique du Sud-Est où les Blancs sont aussi libéraux que leurs voisins. A la sortie d'Upington, aux portes du désert de Namibie, j'attends toute une journée sous un soleil meurtrier. Finalement une voiture de la police s'arrête à ma hauteur. Les vibrations ne sont pas terribles. Sans que je lui demande quoi que ce soit, mon flic, comme tous les autres conducteurs qui m'ont accepté à leur bord, entame la même litanie, qui revient chaque fois, lancinante comme un mal de dents : l'apartheid.

— Je prends tous les auto-stoppeurs, sauf les communistes.

— Comment pouvez-vous distinguer à priori un communiste d'un autre ?

— Dès que je parle avec lui, je m'en rends compte. Si c'est un de ces salauds de communiste, il redescend vite fait.

— Alors, si je comprends bien, il vaut mieux que je fasse attention à ce que je vais dire...

D'ailleurs, il est tout à fait inutile que je parle, il le fait pour deux. D'un ton sans réplique, il me raconte l'Afrique des Blancs, dernier bastion de l'Occident. Selon lui toute contestation, toute idée originale, même, est d'inspiration communiste. En fait tout cela n'est qu'un paravent destiné à justifier un système ultra-répressif, favorisant l'application de lois contre nature. Il tonitrue :

— Je suis responsable du territoire des *Ovambos* et spécialiste du dressage des chiens. Je leur apprends à bouffer ces sales Noirs, dès qu'ils lèvent le petit doigt. Bande de fainéants. Vous vous rendez compte, ils ont osé se mettre en grève... Croyez-moi, ils puent, ils sont bons à rien. Il faut les parquer loin des Blancs, les séparer. Pour ça, on peut compter sur moi. Vous savez, on a réussi à croiser trois races de chiens et on a obtenu un résultat fantastique, encore meilleur pour les pister ces singes noirs...

— *Excuse me sir,* mais vous ne me paraissez pas très logique. Vous dites que le mélange des races canines donne de bonnes choses mais que dans le même temps les hommes doivent rester séparés indéfiniment. Si je comprends bien dans votre pays, les chiens sont supérieurs aux gens ?

Le flic reste bouche ouverte, interloqué. Je n'en dis pas plus car je sens que si j'ajoute encore un mot, il est capable de me déposer n'importe où en pleine nuit, dans cette réserve bantoue précisément interdite aux blancs.

Il y a bientôt trente ans que le racisme est légal, constitutionnel ici. Le plus cynique, c'est que l'Eglise réformée hollandaise approuve l'apartheid en s'appuyant sur un texte de la Bible : « Maudit soit Canaan, qu'il soit l'esclave des esclaves de ses frères [1]. » Je me demande par quelle pirouette mentale les Afrikanders ont bien pu voir dans les Zoulous, les Xhosas, les Asiatiques, les descendants de ce Canaan ? Depuis la Genèse, le Christ fondateur de leur Eglise, après tout, n'a-t-il pas suggéré d'aimer même son ennemi et Calvin serait-il resté muet sur le thème de l'amour du prochain ? Mais il y a encore plus fort, car cette même Eglise réformée hollandaise a de nombreux adeptes parmi les Noirs. Bien entendu, les services religieux ont lieu à des heures différentes, il n'est pas question de mélanger les Blancs et les fils de l'esclave des esclaves...

Honte à ce pays où l'Américain parce qu'il est blanc est considéré comme un Européen (à sa grande indignation) où les Indiens et les Pakistanais sont baptisés bantous, tout comme les Chinois tandis que les Japonais eux sont décrétés blancs d'office, c'est-à-dire Européens. Quant aux personnalités étrangères de couleur, si l'on ne peut éviter de les recevoir, elles sont alors bombardées « blanc d'honneur [2] » ce qui leur permet de descendre dans des hôtels corrects, de se déplacer à leur guise. La belle *republick* que celle-là, où un docteur

1. Genèse 9 : 25.
2. « A la lumière des connaissances anthropologiques modernes, il n'existe pas de supériorité ni d'infériorité raciale, ce qui existe, ce sont des différenciations biologiques, conditionnées par les différences de milieu » rappelle l'éminent anthropologue Josué de Castro dans *Géopolitique de la Faim.*

noir ne peut commander une infirmière blanche, où l'ambulance blanche ne peut transporter de blessé noir et inversement. Je me demande s'il existe un pays où les lois sont plus iniques. Après huit heures du soir, par exemple, les Noirs n'ont plus le droit de circuler en ville, ce qui fait que les domestiques et les femmes de ménage sont obligées de quitter leur *boss* de bonne heure, car il n'est pas question qu'ils vivent sous le même toit. Alors, lorsque ces messieurs-dames ont des invités, ils sont contraints de faire le service eux-mêmes, ce qui les fait râler.

Grahamstown, dans la province du Cap. Je reste bloqué de longues heures à la sortie de la ville, dans le quartier réservé aux Bantous. Tout a l'air minable à côté des extraordinaires villas des Blancs dont le standing a de quoi faire rêver les vrais Européens. Les Xhosas passent en silence devant moi, sans me regarder, comme si je n'existais pas. Ça me révolte. Je maudis ce système qui transforme les êtres en ombres. Je suis sûr qu'ils se demandent ce que je peux faire là, chez eux, assis dans l'herbe, près de mon sac. J'interpelle une femme dans une maison voisine et à sa grande surprise je lui demande un peu d'eau. Visiblement elle ne comprend pas comment je puis oser boire dans le verre qu'elle me tend. Elle ne répond rien à mon remerciement, pas un sourire... Elle n'a pas confiance. Un peu plus tard je m'approche d'un marchand d'ananas, un Bantou. L'homme est entouré d'enfants mais lorsque je m'apprête à caresser l'un d'eux, c'est une envolée de moineaux, tous détalent.

Paradoxalement, c'est à bord de la voiture d'un Noir que je quitte ce quartier de parias.

— Eh bien dites-moi, vous n'êtes pas rancunier, vous au moins, vous prenez des Blancs !

— Moi ça me fait plaisir de te prendre. J'aime tous les hommes mais tu as de la chance que ma femme ou ma fille ne soient pas là, sinon j'aurais été obligé d'appliquer la loi.

Dans la banlieue de Johannesburg, capitale de l'or, je visite Soweto, la zone bantoue, résidence de 600 000 « esclaves » noirs. Bien alignées, de petites maisons en brique et tôle ondulée ont remplacé les taudis d'autrefois. On en a gardé un afin que chacun constate la différence et en déduise combien le Blanc est bon. Il y a deux arbres fruitiers plantés devant chaque maison, le Bantou doit lui aussi cultiver son jardin... Terrain de sport, de jeux, jardins d'enfants, salles de spectacles, boutiques pas chères, églises, tout a été prévu tout y est, même... le grillage qui ceinture le tout et en interdit l'accès aux Blancs (à l'exception des visites organisées). Sans doute ces quartiers neufs valent-ils mieux que des bidonvilles, mais cet effort en faveur des indigènes n'est finalement qu'un faux-semblant. En réalité, les « Blankes » dissimulent derrière ces quelques avantages matériels, toute l'horreur de leur crime contre l'humanité. Etant donné les énormes profits qu'ils tirent de l'exploitation de l'homme noir, ils peuvent bien lui redistribuer une modeste part des bénéfices. Certes, ces Bantous sont mieux habillés, mieux logés, mieux payés que leurs voisins, ils ont leurs écoles et la Sécurité sociale... mais tout de même, les Blancs sont cent fois mieux payés, cent fois plus libres. Ils peuvent rire tout à leur aise. J'en ai la nausée. Malgré ma volonté, les Noirs me rejettent, par habitude, par crainte :

— *Yes my boss, no my boss...*

— Mais puisque je vous dis que je ne suis pas votre boss, mais votre ami, votre frère...

— *O.K. my boss...*

A Jo'burg [1] gros dédale de béton armé, un Blanc me prend en stop sans que j'aie besoin de lui faire signe. Il a l'air sympathique, lui aussi entame le couplet sur l'apartheid, mais cette fois le ton n'est plus le même.

— J'ai une bonne usine, je dois avouer que mes Noirs bossent mieux que les Blancs. En tout cas, je place mon argent à Londres et je suis prêt à filer dès que ça commence à remuer. Croyez-moi cela ne tardera pas. Ça finira dans le

1. Johannesburg.

sang. Il suffit de raisonner un peu pour comprendre que l'apartheid ne peut pas marcher. Notre économie a fait un bond extraordinaire, surtout pas à cause de la séparation des races, mais au contraire grâce à la mise en commun des capacités de travail de chacun. Les Noirs n'ont qu'à s'arrêter et l'on verra un beau désordre. Cela dit, eux de leur côté ont besoin de notre technique, mais tout de même... Les Noirs sont cinq fois plus nombreux que nous. Ils ne possèdent que 13 % des terres et pas les meilleures. Et puis on les scolarise, c'est une bonne chose, mais il ne faut pas espérer qu'après, tout continuera comme avant. Non, je vous le dis tout ça s'achèvera dans le sang. Les grands fautifs dans cette affaire sont les Boers qui sont encore plus butés que nous les Anglais... dans le sang, je vous le dis...

— Quand part le prochain train pour Kabalo ?

— Je ne sais pas, Monsieur...

— Je ne vous demande pas l'heure, mais seulement le jour.

— Mais je vous dis, monsieur, je ne sais pas, me réplique le chef de gare de Kalémié, accompagnant sa réponse d'un geste désabusé. Il faut attendre...

Les mercenaires ont fait sauter, il y a huit ans, tous les ponts de l'unique piste qui traversait le pays, ceux-ci n'ayant pas été réparés, je suis condamné à attendre un train hypothétique, ici à Kalémié, l'ex-Albertville. Abandonnée sur les bords du lac Tanganyika, la ville fait pitié. Les Belges sont partis en 1960, et rien n'a été fait depuis les combats sécessionnistes de 1964. Près de la gare, l'église porte encore la trace des balles, les inscriptions en flamand ont été arrachées. Dans l'ancienne banque aux vitres brisées, la police militaire trône arrogante. Des flics et des bidasses c'est tout ce que l'on voit en ville. Pas un seul ouvrier, pas un charpentier, pas un maçon. Le centre commercial est délabré et les villas des colons s'écrouleront à la prochaine intempérie. Rien n'est entretenu.

Isle-de-France qui ne conçoit pas qu'un *Muzungu,* un

Blanc attende dehors, m'offre sa case de pisé. Les poules et les canards s'ébattent dans la cour tandis qu'une fille, accroupie sur une natte, prépare le manioc. Deux autres se coiffent, tressant minutieusement leurs antennes tout en écoutant un mauvais transistor qui débite d'un haut-parleur nasillard, d'interminables « cha cha cha » batékés. Dans un coin, des adultes jouent aux cartes avec une nonchalance inconnue chez nous. Bananiers, palmiers, bougainvillées, chaleur, odeur de la terre, hospitalité, gaieté, j'ai retrouvé la décontraction du Congo, connu voici quatorze ans, mais cette fois je reviens en frère, en ami et non en colon, libre de mon choix.

Peu à peu la bonne humeur et l'insouciance des Africains me gagnent, pourquoi m'en ferai-je après tout ? Les Français appelés à réorganiser le réseau ferroviaire m'ont fait cadeau d'un billet.

— Je vous souhaite du courage, me dit l'un d'eux, ici vous ne savez jamais quand vous partez ni quand vous arrivez !

Un certain mercredi je me retrouve, assis dans un vieux compartiment de seconde, paré pour la première partie du parcours Kalémié-Kabalo, 273 km. Je partage les lieux avec un couple d'Africains et leurs sept enfants qui ont visiblement très peu d'écart.

— Il va falloir que je m'arrête, me confie le bonhomme, ma femme ne peut plus nourrir au sein et j'en suis réduit à faire chauffer les biberons moi-même. Ce n'est pas une vie !

Les autres wagons sont bondés, car à chaque fois que les Zaïrois se déplacent, ils trimbalent avec eux tout ce qu'ils possèdent. Ces gens-là ne voyagent pas, ils déménagent. Caisses mal serties, balluchons, cuvettes, réchauds, vélos, familles, d'où sortent-ils ces équipages et surtout où vont-ils ? Pratiquement toute la journée, le train se traîne en territoire pygmée et j'atteins, déjà très fatigué, Kabalo. Mauvaise nouvelle, le train qui assure la correspondance pour Kindu, au nord, vient de partir. Cela n'a rien de vraiment surprenant puisqu'il n'y a pas d'horaire fixe. Une nouvelle fois on me prodigue l'excellent conseil d'attendre. Que faire d'autre pendant une semaine. Kabalo est un dépôt. L'aéroport est fermé, les pistes sont hors d'usage, aucun bateau ne remonte le Congo... non il n'y a véritablement qu'une seule solution : le chemin de fer. A longueur de journée, je vais entendre les coups de marteau censés remettre en état deux locomotives sorties du musée.

J'ai vite fait le tour des environs : le port abandonné, aux grues rouillées, les entrepôts lugubres, vides, puant le rance. Je reviens toujours à la gare qui n'a pas été retouchée depuis le départ des Belges. Tous les carreaux sont cassés, la peinture est écaillée, l'ensemble croule sous la poussière. La salle d'attente est un souk nauséabond, mais paisible. Tout le monde attend. Je comprends mieux maintenant pourquoi les indigènes ne voyagent pas seuls, mais avec tout un nécessaire à la vie domestique.

Les trains, les gares, la plupart des villages, n'offrent ni restaurant, ni hôtel. Alors un peu partout, n'importe comment, on s'organise. Plusieurs fumées s'élèvent lentement dans le ciel torride : on fait la tambouille sur les réchauds, ou sur un feu improvisé entre deux pierres, posées sur le quai. Les poules caquètent et les chèvres s'ennuient au milieu des voies. A l'ombre, des hommes croquent de la canne à sucre et recrachent la pulpe sans s'en faire. Tous ces gens ont le moral et paraissent heureux, d'un bonheur communicatif. Cela est à peine croyable, tant ce pays du Kivu est pauvre. La province est plongée dans le plus profond des marasmes, malgré les slogans politiques triomphants. Certes les Noirs occupent aujourd'hui les maisons des Blancs, ainsi que le leur avaient promis les orateurs au moment de l'indépendance mais je ne crois pas qu'ils puissent y rester longtemps car, délabrées, elles menacent de s'effondrer à tout moment. Ajoutons à cela qu'il y a belle lurette que tous les plombs ont sauté et que la robinetterie est hors d'usage. Toute la famille se retrouve généralement dans le salon autour d'un grand feu central dont la fumée noircit le plafond. Aucun carreau n'a été lavé depuis douze ans, mais à quoi bon se tracasser puisque ceux qui sont cassés ne sont pas remplacés, l'essentiel n'est-il pas de laisser pénétrer la lumière ?

Ces quelques lignes désabusées ne doivent pas tromper, car si je déplore l'état d'abandon dans lequel se trouvent la plupart des pays d'Afrique, je ressens profondément le drame de ses habitants. C'est au Canada que, paradoxalement, j'avais réalisé l'étendue du drame de la colonisation, alors qu'au Congo la première fois durant mon service militaire, je n'avais rien senti véritablement. J'avais bel et bien fait partie de la clique dominante. J'avais été, à ma façon certes, un maître. Ce n'est qu'à Toronto que je compris combien la liberté collective est précieuse, combien la situation de colonisé est insupportable car je me sentais entièrement solidaire des Canadiens français et leur résignation me faisait peine. L'idée de race dominante, supérieure m'est intolérable ! Dépouillé par les Blancs, tout d'abord à l'époque de l'esclavage, puis plus tard lors de la colonisation, aujourd'hui, alors qu'il est enfin libre, l'Africain se retrouve prisonnier d'une civilisation dite moderne à laquelle il ne comprend rien, il n'est pas préparé. La civilisation occidentale, étrangère pour le moins, importée sans ménagement, déjà source de grosses difficultés chez nous, ne peut qu'en créer d'insurmontables ici. L'homme où qu'il soit a droit à la plus grande liberté, à la dignité, au respect, à la justice, mais je pense, sincèrement, que certains peuples ne sont pas encore aptes à se gérer eux-mêmes. Les choses sont ainsi. Il est très difficile d'échapper au progrès, de l'empêcher de s'étendre, car progresser est la vocation même de l'homme. La coopération est par conséquent nécessaire, mais elle ne doit pas se faire à sens unique et de façon autoritaire. Tant que l'homme ne placera pas là où il faut l'homme qu'il faut sans distinction de couleur, de nationalité, de fortune, tant qu'il n'aura pas compris qu'il lui faut travailler pour l'espèce, pour le bien de tous et non pour celui de son propre groupe ou de son parti, la misère demeurera le lot du plus grand nombre et le ridicule chaos contemporain continuera. Aujourd'hui, nous n'avons plus d'excuses à nos maux car nous possèdons moyens et connaissances.

Parfois, une des deux locos, crachant des jets de fumée blanche, semblant issus de mille orifices, grinçant diaboliquement, fait quelques tours de roues avant de s'immobiliser à nouveau, sans raison apparente. Alors les coups de marteau reprennent.

Le sixième jour, un cortège d'individus portant de gros rondins sur la tête chargent le tender. Manifestement cela sent le départ et... le lendemain, des wagons sont accrochés, les uns aux autres. Ils sont aussitôt pris d'assaut et l'attente reprend, interminable. On a simplement changé d'endroit, transporté notre impatience et notre ennui. Les voitures de troisième sont du plus dépouillé. De simples boîtes sans banc, sans filet à bagages. De véritables cages de tôle sans fenêtre. Il n'y a qu'un seul wagon de « luxe » partagé entre les premières et les secondes. Cela n'empêche pas les sièges d'être éventrés et d'exhiber leurs ressorts rouillés. Il n'y a plus de vitre et les toilettes sont condamnées. Si j'ai l'intention de me déplacer durant la marche, je dois faire attention où je mets les pieds car le plancher n'est qu'une suite de trous béants donnant directement sur le ballast. En attendant le départ, les voyageurs somnolent, à l'ombre des wagons. Il fait une chaleur étouffante, le ciel est de plomb. Pas un souffle d'air. Comment font-ils pour supporter pull-over, gabardine, cravate, cache-col, chapeau de feutre ? Sur le quai des femmes en chemise de nuit allaitent. Certaines sont déjà enceintes du suivant, d'autres portent un *mtoto*, un bébé, sur le dos tandis que plein d'enfants à peine plus âgés s'ébattent autour d'elles dans la poussière.

Enfin ce convoi ferroviaire d'une autre époque se met en branle. Les marchepieds et les toits débordent d'individus agglutinés. Le voyage, long de 441 km, ne va pas durer moins de 21 heures.

A Kindu, j'abandonne le chemin de fer pour un bateau sur le Congo, *le Delbeque* qui passe par-là tous les dix jours. Grâce à l'obligeance d'un brave flic, je suis admis en surnombre et en attendant le départ, je dois me planquer derrière la cambuse.

Ubundu (Ex-Ponthierville), l'herbe et la brousse ont récupéré une grande partie de la cité. Nouveau camping à la gare où le drapeau flotte à l'envers. Je donne un morceau de pain rassis et moisi à l'un des cheminots, pour ses poules.

Mais à peine ai-je le dos tourné, il le dévore. Nous effectuons le dernier tronçon Ubundu-Kisangani, à moins de six à l'heure. Les branches frappent à la fenêtre. Au kilomètre 74, dans un râle, la loco, qui paraît au bord de l'évanouissement, nous fait franchir l'Equateur. Dans un compartiment, mes voisins se demandent ce que je peux bien faire là. Ils sont persuadés que mon voyage est très « grave » et ils voudraient bien savoir combien à mon retour, me versera mon gouvernement. Ils n'imaginent pas un seul instant qu'il puisse s'agir d'une initiative personnelle et désintéressée.

Plus tard, à Buta, après avoir effectué un long parcours en camion, secoué comme il n'est pas permis, surtout dans mon état (je suis à nouveau pris de coliques), je me retrouve sur un train de marchandises, à voie étroite, à cheval sur une citerne, sans garde-fou, avec deux instituteurs noirs. Nous roulons toute la nuit et je m'efforce de ne pas dormir, pour ne pas tomber. Plus tard, encore, je prends place à bord d'une locomotive diesel. Les deux mécanos sont de sacrés lascars qui se font beaucoup d'argent avec des passagers clandestins. Ils ont débranché le mouchard et s'arrêtent n'importe où pour aller prendre des clients, voir des filles ou se taper un whisky zaïrois [1]. Puis, de nouveau le tape-cul d'un camion ; trop courbatu, je serre les dents... Il y a de nombreux fleuves à traverser dans la région, malheureusement les bacs belges ont coulé depuis longtemps. On passe sur des assemblages de pirogues précaires, à la pagaie... C'est peut-être ça, l' « authenticité » dont parle Mobutu !

Nouakchott, du béton triste trop vite surgi des sables afin de donner une capitale à la Mauritanie indépendante. Maures au teint plus clair, sable, chameau, tentes typiques, chaleur de fournaise, le désert est bien là. Devant moi se déroule le Sahara, à perte de vue. Certes, aujourd'hui, il n'est plus infranchissable, mais tout de même en stop, ce n'est pas une mince affaire, d'autant que les camions et les jeeps qui

1. Alcool de banane au goût savonneux.

empruntent les trois pistes qui le traversent pratiquent des tarifs prohibitifs. Apparemment, je passerais en payant ou je ne passerais pas. Cela dit, je ne vais tout de même pas abdiquer tout de suite. Ils ne me connaissent pas les chauffeurs des sables, je suis coriace. En plus, j'aime ce genre de situation, moi, stoppeur chevronné. Je vais tout d'abord relever le défi et je ne paierai que si vraiment il n'y a aucun moyen de faire autrement. J'ai tout mon temps, c'est là ma force. Rares sont les jours où un camion ne quitte pas la ville, mais rares aussi sont ceux qui vont jusqu'à Bir Moghrein, à mi-distance du Maroc. Je serai donc réduit à faire des étapes plus courtes, de bled en bled. Je reste une semaine à l'affût, vérifiant chaque rumeur, négociant inlassablement et en vain... avant de dénicher un camion de farine en partance pour Atar, à 450 km plus au nord. Une semaine de palabres pour voyager à l'œil, ça n'est pas cher payé. Lorsque je me hisse enfin au sommet des sacs de froment, au coucher du soleil, je saisis mieux pourquoi le chauffeur a accepté de me prendre. Nous sommes cinquante-deux, perchés là-haut, pas un de moins. Cinquante et un voyageurs payants sur cinquante-deux, la recette n'est tout de même pas mauvaise. Une fois installé, recroquevillé au maximum, perdu au milieu des djellabas, je me retrouve coincé comme une sardine dans sa boîte. Pas question de bouger, de remuer, ne serait-ce que le petit orteil. Nous roulons de nuit pour, en principe, éviter la canicule, mais peine perdue, dès la sortie de Nouakchott, un vent brûlant et lourd, chargé de sable, venu du cœur du désert, nous emmitoufle et nous étouffe. J'en arrive à regretter les barrières de pluie d'Afrique centrale et du Cameroun qui m'ont tant ralenti. Passée Akjout, la piste emprunte le lit des oueds et les secousses succèdent aux secousses. J'ai mal partout au point d'avoir la sensation de recevoir des coups. Voilà qui me rappelle un bouc en chaleur avec lequel je partageais l'arrière d'une Land-Rover au Libéria. Le salaud, toute la nuit il m'a bourré les côtes de ses ruades, en essayant de monter une ravissante petite chèvre qui se trouvait à côté de moi. La corde étant trop petite, c'est moi qui écopais. Et l'odeur... insoutenable !

Le lendemain matin, je me retrouve tout bleu, de la tête aux pieds : la teinture des vêtements des maures. Je comprends maintenant pourquoi on les appelle les hommes bleus. J'effectue ensuite en plein midi le parcours Atar-Choum, perché sur le toit d'une jeep, directement exposé au feu solaire. La rocaille, les épineux, le sable, l'or, le violet, l'ocre du décor dansent sous l'effet de la chaleur. Le vent me brûle, il fait au moins cinquante degrés. Mes yeux finissent par se fermer de douleur. A l'arrivée, c'est le coup de bambou, le k.o., je ne sens plus mes jambes...

Au hasard de la conversation, j'apprends qu'il est dangereux de continuer sur Bir Moghrein en raison de conflits locaux. Je me résous à descendre par un train de minerai jusqu'à l'ancienne Port-Etienne, là je trouverai bien un rafiot capable de me mener à Aaiun, la capitale du Sahara espagnol. Je n'avais pas prévu un tel détour vers l'ouest, mais cela vaut mieux que de mourir en plein désert. Vers dix heures, le soir, le train le plus long du monde s'est immobilisé devant moi, au sortir d'un long tunnel percé dans la seule et unique butte de la région. Somme toute un tunnel construit pour le plaisir ! N'aurait-on pas pu faire passer la voie à côté de la colline ? Non, car Madrid n'a pas voulu céder le moindre mètre carré de son terrain et à côté de la colline on était en territoire espagnol ! Affaire de souveraineté nationale... C'est à mourir de rire. Pour ne pas pénétrer à cent mètres à l'intérieur d'une frontière nue, des hommes ont creusé durant des mois un long tunnel en plein désert, avec cette chaleur ! Ah, la souveraineté nationale, la belle affaire, lorsqu'on se souvient qu'autrefois le point de rencontre entre deux explorateurs déterminait une frontière.

L'accès de ce convoi, plus de deux kilomètres de wagons chargés de minerai tirés par trois locomotives diesel, est bien entendu interdit, mais je ne suis pas le seul à grimper sur les pyramides de roches.

Quelle nuit, un véritable supplice que je ne suis pas près d'oublier. Je n'avais pas prévu, non plus, qu'il serait aussi difficile de passer la nuit sur un tas de pierres en perpétuel mouvement, des pierres anguleuses et coupantes, car extraites de fraîche date. Une fois le convoi en route, il n'est plus question de sauter. Que ferai-je en plein désert ? J'avais vaguement entendu dire que des Mauritaniens qui avaient tenté l'expérience que je suis en train de faire, y avaient laissé leur peau. Je n'ai aucun mal à admettre la véracité de cet avertissement en voyant des blocs de minerai, lourds de plusieurs kilos se détacher sous les trépidations, du sommet de la pyramide et venir buter avec fracas contre les parois du wagon. Une poussière fine me pique les yeux, me remplit le nez, les oreilles, colmate les pores de ma peau. Le vent n'a pas cessé, toujours chargé de sable. On ne voit plus les étoiles. Et cette fournaise... Je ne me souviens pas d'avoir connu une nuit aussi épouvantable. Meurtri, encrassé, j'ai l'air d'un charbonnier au petit jour...

Aaiun-Tan Tan au Maroc, la dernière étape délicate avant de retrouver l'asphalte. Obstacle majeur, il n'y a aucune piste et enfin la frontière est fermée pour tout simplifier. A mon avis, les frontières c'est démodé. Du temps du transport à dos de mule ou en diligence, passe encore, mais à l'époque du Jumbo-Jet et du Spoutnik, je ne comprends plus. Moi des trucs comme le mur de Berlin, ça me dépasse. Et il n'y a pas que Berlin !... Les pays scandinaves, eux, ont fait sauter leurs frontières et la circulation est libre : aucun Norvégien ne se sent davantage Suédois pour autant. Maudite invention humaine. Ici, les deux pays sont en bisbille permanente à cause des mines de phosphate convoitées par Madrid et Rabat. Je me trouve « stuck », coincé encore une fois. Comment me tirer d'affaire, c'est la question que je me pose en tournant dans Aaiun lorsque Miguel, un sergent de la Légion m'apprend que la rupture entre les deux nations n'est qu'« officielle » et n'affecte en rien la contrebande. Deux fois par semaine des convois, venus de part et d'autre se retrouvent dans un no man's land et trafiquent à leur aise. Miguel se charge même de me trouver une place sur l'un des camions...

Au crépuscule, nous nous arrêtons près d'un misérable assemblage de tôle ondulée aux allures de vagues cabanes. On y prépare le thé et nous y dormons à l'abri des vents de sable. Quelle n'est pas ma surprise de découvrir à mon réveil, surgis de nulle part, une armada de camions accouplés, arrière contre arrière. Fruits et légumes frais du Maroc, produits finis espagnols, changent de main. Les affaires sont les affaires, le trafic va son train avec l'insolence de l'impunité. Même l'intendance militaire espagnole est là... en cliente.

En quelques heures, le troc est achevé, les « ennemis » se séparent, non sans s'être donné rendez-vous. Une cinquantaine de Bedford rouges repartent vers Tan Tan. Le plus dur est, pour moi, de trouver un chauffeur qui n'exige aucun *matabich* (pourboire).

La piste s'étire interminable, sous le soleil qui creuse les ombres des traces de pneus des convois précédents. Je n'arrête pas de boire et de m'éponger. Chemin faisant, nous croisons des carcasses de voitures et puis, dans une zone particulièrement meuble, une 2 CV et une 4L bloquées. A l'arrière leurs occupants, rouges comme des piments, poussent du restant de leurs forces.

— Merde, on n'a même pas fait un kilomètre aujourd'hui dans cette connerie de sable...

Les pauvres — je bénis le ciel d'être à pied — les camionneurs les tireront de là, mais pas à l'œil. Pour sortir une voiture et la tracter, ils exigent une somme équivalente... au prix de la voiture, ce qui explique toutes les carcasses le long du parcours.

Au coucher du soleil, après la prière, on allume de grands feux avec les épineux qui agonisent très vite en crépitant joyeusement. Les braises seront utiles à la préparation du repas. Assis dans le sable, les yeux perdus dans le ciel qui s'obscurcit lentement, j'écoute le silence du désert. L'air embaume le thé à la menthe. Instant de sérénité rare, j'oublie tout pour mieux pénétrer le monde des étoiles. Quelque part, derrière moi, la lune, comme une grosse orange lumineuse, émerge lentement, sans bruit. Dieu que les astres de la nuit sont beaux, lorsque l'on a fait tout ce chemin pour les contempler. Que le Bien-Aimé me semble proche et que me semblent vains et lointains le tumulte et les travers des hommes... Mon cœur est en paix et ma pensée danse, légère. Je songe qu'au bout de ces sables que je caresse voluptueusement de la main, au delà du pays des pharaons, je vais enfin atteindre la *Quiblih* de mon voyage : Haïfa, en Terre Sainte.

Mes compagnons se préparent à dormir. Mes amis. Je ne connais plus d'étrangers. Ma maison, désormais, c'est là où j'allonge ma carcasse, ce sable encore chaud en l'occurrence. La terre entière est devenue mon pays et tous les hommes mes compatriotes. *Yá bahá'u'labha,* Dieu est vraiment glorieux.

14

PORTE D'ESPÉRANCE

Car c'est de Sion que viendra la loi...
(ISAIE, II, 3)

Sur le mont Carmel, le mausolée du Báb, tel un phare, domine la baie de Haïfa et guide les pas des pèlerins bahá'is et des visiteurs. Les restes du Báb furent ensevelis à Haïfa en 1899 sur l'ordre de Bahá'u'lláh qui, lui, repose à Bahji, de l'autre côté de la baie, derrière Saint-Jean d'Acre. Les prophéties se sont réalisées : « porte d'espérance... gîte de mon peuple... où toutes les nations afflueront », et Bahá'u'lláh ne peut être soupçonné d'avoir choisi ce lieu en fonction des écritures car c'est en prisonnier et en banni qu'il y fut conduit.

12 février 1973, en cette journée exceptionnellement belle et douce pour la saison, je gravis les pentes de la « Montagne de Dieu » et une sorte de grâce me fait oublier soucis et fatigue. J'ai peine à croire que j'ai enfin atteint le sommet de ma randonnée. Depuis l'Alaska, ce lieu pour moi sacré, était devenu un but, un objectif dirait un militaire. J'y respire plus profondément, plus intensément qu'ailleurs. Tout m'y semble plus beau, plus vrai. Les oiseaux sont plus gais et le ciel encore plus radieux. Un sentiment de reconnaissance m'envahit. En dépit des tracas, des obstacles, des détours,

j'ai trouvé la source nouvelle à laquelle je puiserai définitivement l'élixir d'une vie pleine à déborder.

Autour de moi, les visages sont épanouis, mais dans les yeux, je peux lire une intense émotion. Il y a quelques minutes, à peine, nous étions encore, les uns pour les autres, des inconnus et puis là, nous voici soudain frères, conscients de vivre quelques-unes des minutes les plus importantes de notre vie. Certains pleurent doucement.

Akka [1] n'est plus aujourd'hui qu'une petite ville touristique typique, plaisante à visiter, les pieds baignant dans l'eau de la Méditerranée. Ce lieu fut pourtant terrible. Il fut autrefois la « plus grande prison » ainsi que la nomma Bahá'u'lláh, la forteresse pénitentiaire où les turcs enfermaient les plus grands criminels de tout l'empire. Un endroit réputé malsain au point qu'aucun oiseau ne puisse le survoler sous peine de tomber raide mort. L'abominable citadelle est aujourd'hui devenue le musée des héros israéliens de la *Hagana.* Dans une de ces cellules Bahá'u'lláh fut enfermé plus de deux ans. C'est d'ici qu'il expédia ses épîtres aux puissants de la terre, rédigea le KITAB-I-AQDAS, le livre des lois selon lesquelles notre planète doit devenir « un seul troupeau avec un seul berger [2] ».

« Le visage de celui que je contemplai, je ne saurais l'oublier et pourtant je ne puis le décrire. Ses yeux perçants semblaient pénétrer jusqu'au tréfonds de l'âme ; de larges sourcils soulignaient la puissance et l'autorité (...) Il eût été superflu de demander en la présence de qui je me trouvais ; je me prosternai devant celui qui fait l'objet d'une vénération et d'un amour que les rois lui envieraient et auxquels les empereurs aspireraient en vain ! » Le portrait de l'éminent orientaliste E.G. Browne de l'Université de Cambridge [3] me revient en mémoire et m'accompagne en parcourant les allées des splendides jardins de Bahji, où repose Bahá'u'lláh. Je

1. Saint-Jean d'Acre.
2. Jean 10 : 16.
3. Seul portrait écrit de Bahá'u'lláh. Le professeur Browne eut le privilège de le rencontrer à Bahji en 1890. Cf. « A Traveller's Narrative. »

pense aussi à mes amis bahá'is du monde entier, aux Van Brunt, perdus à Valdez en Alaska qui m'ont les premiers conduit sur la piste de ce que je crois être la Vérité, aux Ghadimi, aux membres de la communauté d'Iran, mais aussi à ceux d'Afrique, du Viêt-nam, à tout ce réseau d'amitiés, à cette volonté d'amour qui ne cesse de sourdre, partout plus forte, sur tous les continents à la fois. *La religion est en vérité l'instrument capital de l'établissement de l'ordre dans le monde* [1]. Je le crois désormais car aucune alchimie politique ne peut créer cette société aussi belle et pure que l'or, que nous souhaitons tous, avec de fragiles individus faits de mauvais plomb. Tant que le royaume de Dieu ne sera pas établi dans les cœurs, l'union des esprits ne pourra se faire et aucune crise, aucun problème ne trouvera de solution.

Unification du genre humain, des religions, réconciliation de la religion avec la science, établissement de la paix universelle, justice internationale, adoption d'une langue auxiliaire qui puisse être comprise et parlée par tous, émancipation des femmes, abolition de l'esclavage domestique et industriel, respect des droits et des libertés individuels, droit à une éducation universelle, etc. Je n'arrive pas à croire que devant tant de problèmes à résoudre, les hommes ne veuillent toujours pas entendre le message de Bahá'u'lláh révélé il y a plusieurs décades dans ce coin d'orient ténébreux. En énumérant ces problèmes prématurés pour le moins à l'époque, le prisonnier de Saint-Jean d'Acre en donnait en même temps les solutions, dressant le plan cohérent qui aujourd'hui enfin entre peu à peu dans les faits comme la marque même du progrès ! Mais, en dépit d'un début d'exécution, personne encore, parmi les puissants, ne veut reconnaître la justesse de ses dires. Il faudra pourtant qu'un jour les hommes se décident à écouter, à entendre enfin la voix de celui qui fut chargé de les guider vers l'âge d'or. *Concentrez toutes vos pensées et votre cœur sur l'amour et l'unité. A une pensée de guerre, opposez une plus forte pensée de paix. Une pensée de*

1. Bahá'u'lláh.

haine doit être détruite par une puissante pensée d'amour... [1]
La Révélation est la plus grande des Révolutions.

— Vous n'avez pas de force, jeune homme.

J'ai beau faire de multiples grimaces, je n'arrive pas à comprimer cette foutue poignée à ressorts qu'il me faut à tout prix écraser afin de convaincre ce toubib de Tel-Aviv que je suis capable de me rendre dans un kibboutz. A vrai dire, je suis épuisé. Les neuf jours de mon pèlerinage à Haïfa m'ont regonflé le moral, mais au physique je n'en peux plus. Les soixante-dix mille kilomètres de mon marathon africain, ont eu raison de ce que la maladie jusqu'ici avait épargné. Je suis cette fois en fin de course et il faut absolument que je m'arrête. Maigre comme un clou, lui-même, le médecin me palpe. Il m'indique que l'âge de trente-cinq ans, le mien, est celui au delà duquel on n'accepte plus aucun volontaire dans les kibboutzim.

— Décidément, vous n'êtes pas très costaud !

— Mais enfin, j'aurai assez de force pour cueillir des oranges et des pamplemousses.

Un peu surpris, le bonhomme m'a accordé mon certificat de santé.

J'ai choisi le kibboutz *Tsuba* sur une colline de Judée, tout de suite à la sortie de Jérusalem. A Tsuba, je n'aurai d'ailleurs pas à cueillir d'agrumes, puisqu'il n'en pousse pas. Je dois l'avouer, je n'avais aucune envie de m'évertuer à grimper dans les arbres, à m'y écorcher et répéter le même geste rotatif pendant des semaines.

Quatre murs, des repas copieux et réguliers, une douche chaude à proximité, un lit, j'avais oublié la vie normale. Dans un chalet de bois, je partage la chambre d'un juif américain. Dès mon arrivée, je me trouve aux prises avec un sentiment étrange, celui de la sécurité, du confort, de l'insouciance. La vie du kibboutz, spartiate aux yeux de certains même volontaires, me paraît idyllique. N'empêche que je me

1. Abdu'l-Bahá, à Paris en 1911.

sens tout drôle, car je n'ai vraiment pas l'habitude de m'arrêter et surtout pas celle d'être nourri et logé comme un bourgeois.

Tsuba répond tout à fait à mes souhaits car j'y retrouve la vie véritable, l'esprit de jadis. Deux cents adultes et à peu près autant d'enfants vivent ici. Le kibboutz, ni riche ni pauvre, a 25 ans, et il est aussi vieux que l'Etat d'Israël. Il ressemble à une colonie de vacances, à une grande famille et il ne tient qu'à moi de m'y intégrer.

6 h 30. Réveil. J'enfile un bleu et des bottes. Chaque volontaire, nous sommes une douzaine, est affecté à une corvée différente, qu'il n'est pas question de refuser. Les deux premiers jours, je suis chargé de nourrir quelque cinq mille poules blanches, qui caquètent et s'agitent dans leurs cages suspendues. Tout en poussant mon chariot de graines, je songe qu'il y a bien longtemps que je n'ai pas travaillé, depuis le cargo de Tahiti. En fait, j'ai tout de même travaillé toute une journée à Haïfa, où j'ai désherbé le jardin des bonnes sœurs allemandes afin de payer mon séjour dans leur couvent. Deux jours plus tard, je quitte les volailles pour devenir maçon et participer à la construction d'une école maternelle. Rien n'est plus lourd à charrier que le ciment et le soir je crois bien être sur le point de m'évanouir tant je suis éreinté. Par chance, le second jour, en l'absence du chef, les trois arabes en compagnie desquels je travaille m'offrent de faire ma part de boulot afin que je puisse aller me reposer. Ils seront mes premiers amis : Abdallah, Abed et Jamil. Le jour suivant : la planque, enfin. Je suis désigné pour les vaches. Quatre cents têtes en comptant les veaux. L'ambiance y est à la franche camaraderie, nous sommes cinq. Mes compagnons sont tout surpris de voir le « coup de main » du banlieusard. Instantanément je retrouve les gestes appris autrefois, au cours des vacances chez mes tantes Jeanne et Alice. Avec plaisir, je hume à nouveau l'odeur de l'étable. Nourrir les bêtes, les conduire à la trayeuse mécanique, décharger la paille, répartir le foin, peser les veaux, je ne sens pas passer la journée. Ce qui me passionne le plus est de... jouer à la sage-femme. Il y a presque une naissance quotidienne. Cer-

tains jours, c'est compliqué, alors on aide à l'accouchement. Après avoir attaché une corde autour des pattes avant du veau, on tire de toutes ses forces, à deux ou trois. Tout cela n'est pas très ragoûtant, mais c'est la vie belle et bouillante. La vie vivante, telle que je l'aime. « Andrea », un veau avec une grosse tache blanche sur le museau, baptisé en mon honneur perpétuera pendant quelque temps mon souvenir dans ce kibboutz que j'ai tant aimé.

Ici la langue commune est l'hébreu, mais heureusement, aux vaches, deux de mes compagnons parlent l'anglais, deux autres l'espagnol et le dernier l'allemand. Je me suis pris d'amitié pour le Chilien : Yanoch. Grand, athlétique, perpétuellement optimiste, nous formons équipe et lorsque le travail le permet, nous nous allongeons sur la paille pour parler de son pays et aussi de la guerre... de cette saleté de guerre omniprésente qui fait qu'à Tsuba l'atmosphère n'est pas tout à fait détendue.

— Tu ne peux pas t'imaginer l'émotion, en 1967, quand on a conquis Jérusalem. Toute la population se précipita sur le Mur des Lamentations. Un *hasidim* [1] me bouscula pour y arriver plus vite, toutes mèches au vent. Les hasidim, tu sais bien ces types à barbe, tout en noir, qui sont toujours courbés dans les écritures et refusent de porter les armes. Ce sont eux qui balancent des pierres sur les ambulances le jour du Sabbat puisqu'il est interdit de travailler. Ils ne portent même pas de mouchoir ce jour-là... C'est te dire. Figure-toi que le mien fonçait dans le brouillard, le melon enfoncé, relevant des deux mains sa redingote de ghetto. Il se ruait hagard contre le mur. Je l'ai bloqué avec ma mitraillette. « Où vas-tu comme ça toi, tu n'as pas fait la guerre ? T'as pas un peu honte ? » Eh bien, cet espèce de pâlichon qui tout à coup n'était pas très rassuré, me répliqua : « Tu crois avoir conquis le mur avec ta mitraillette, mais ce n'est pas toi. C'était un miracle... »

A ce moment Yanoch éclate d'un rire franc et sonore.

---

1. Secte fanatique croyant que son pays lui sera rendu par le Messie et non par l'armée.

Comme bon nombre d'Israéliens, il ne croit pas en Dieu. Cela ne l'empêche pas de se sentir juif et, ici plus qu'ailleurs, chez lui. En plus des amis que j'ai pu me faire, j'ai une famille à moi. Indiani venu de Birmanie, et Suzanne sa femme, une Américaine, ont décidé, ainsi que le veut la coutume, de m'adopter. Ils ont voyagé et n'ont pas tout à fait l'esprit kibboutz, parfois gênant pour l'étranger. Ce sont eux surtout qui me font connaître et aimer Tsuba. Je passe de très longues heures avec eux et fréquemment nous prenons nos repas ensemble. *Pourim, Pessah*... nappes blanches et bougies, voici venu le temps des fêtes. Mes amis m'expliquent Israël que j'étudie dans les livres durant mes heures de liberté. Ils m'apprennent à chanter cette vie, cette amitié si fortes, uniques au monde. Je me sens bien, trop bien... au point de me rendre compte que le confort et la sécurité du kibboutz m'enveloppent et m'isolent peu à peu. Chaque matin je me répète : « André, tu te laisses engourdir. Il faudrait que cesse le temps des os de pigeons... souviens-toi que tu es un loup errant [1] ». En moins de huit semaines je me suis refait une santé. Chaque huit jours, je prends cinq cents grammes et bientôt j'atteins un poids optimal : 64 kg. A vrai dire, j'ai rarement été aussi gros. Il est temps de partir. J'ai accumulé de l'énergie pour six mois de route, pour les derniers pays européens que je n'ai pas encore visités [2].

Une dernière fois, le dernier matin, je plonge une grande louche dans un seau rempli de yaourt. Je me tape quatre œufs frits et je m'en vais boucler mes « bagages ». Adieu, la quiétude douillette du kibboutz, la chère abondante, la route est là qui déroule son ruban tentateur. Au bout le soleil m'attend, le soleil de minuit. Au Cap Nord. Un rendez-vous à ne pas manquer.

Mais avant de prendre la direction de la Norvège, je vais parcourir Israël et les territoires occupés dans tous les

---

1. Allusion à la fable de La Fontaine *Le Loup et le Chien*, « os de poulets, *os de pigeons*, sans parler de maintes caresses », deviendraient la récompense du loup s'il acceptait le collier du chien. Fable symbolisant le conflit de tout homme entre l'attachement et la liberté.

2. C'est à Skopje, en Yougoslavie que je bouclerai symboliquement la boucle.

sens. Des hauteurs du Golan à Sharm-el-Sheik, la pointe du Sinaï, des rives du Jourdain à Gaza. Le stop, ça n'est pas de « la tarte » dans l'état hébreu. Il faut être toqué comme je le suis pour faire du stop dans un pays en guerre, car personne n'accepte de « ramasser » un civil ne serait-ce que parce qu'il y a suffisamment à faire avec les militaires. Il y en a à chaque carrefour, au point qu'à certains endroits, la police militaire est obligée d'organiser le stop, avec autorité. Résultat : je me suis fais bousculer plus souvent qu'à mon tour, jusqu'à ce que je trouve le mot clé.

— *Tourist !*

Le touriste était admis même dans les camions militaires et les jeeps en patrouille ! Autre ennui de taille : pas moyen de me débarrasser de mon sac pour visiter les villes. Personne ne voulait le garder à cause des attentats !

Lorsque je quitte le pays du miel et du lait dont parle la Bible, je ne puis m'empêcher de penser à ce que les hommes en ont fait : une poudrière. « On veut la paix, mais les Arabes, eux n'en veulent pas. » C'est ce que l'on m'a dit au moment de mon entrée dans le pays. Lorsque j'étais « en face », de l'autre côté, dix-huit mois plus tôt, j'avais entendu la même chanson : « On veut la paix, mais les juifs, eux, n'en veulent pas. » Alors, avec un petit sourire amer, du bateau en route pour Le Pirée, je dis adieu d'un geste à peine esquissé à cette terre de violence, où de part et d'autre du Jourdain, les hommes se saluent en invoquant la Paix. *Shalom* en hébreu, *Salam,* en arabe. La Paix, dont ils parlent mais ne veulent apparemment pas. Vraiment, ce monde atteint le fond de sa contradiction.

A cet instant, je pense au jour promis par Bahá'u'lláh où les hommes se considéreront enfin comme les citoyens d'une mère patrie commune, où tous seront membres d'un même corps. Je songe à ce jour proche puisque attendu avant la fin de siècle, où les hommes commenceront à bâtir à l'unisson cet âge d'or dont ils ont tant rêvé. Mais je pense aussi à cette « tempête » sans précédent, imprévisible dans son déroulement, catastrophique dans ses effets immédiats, dont parlent les écrits de Celui dont je suis aujourd'hui le disciple [1], « tempête » qui ne laissera plus qu'un choix à l'homme : S'UNIR.

Non je ne suis pas désespéré, au contraire, car les luttes stériles, les guerres ruineuses cesseront enfin, après cet événement extraordinaire dont nul ne connaît la teneur, ni la date précise. Je crois en des lendemains heureux. En des jours d'une paix sans fin, partagée par tous, aux quatre coins de la terre. Six ans de voyage, le pouce tendu sur le bord de toutes les routes, de toutes les pistes, par tous les temps, me l'ont appris peu à peu, au point que cela devienne ma foi profonde.

Au delà de notre horizon, momentanément très obscurci, le soleil brille encore. Bientôt, il éclairera définitivement les hommes de sa lumière chaleureuse. Cet astre rayonnant, bienfaisant est à l'image du grand bonheur et de la fraternité qui nous attendent, qui m'attendent moi aussi, tout comme le soleil de minuit.

Shalom !

---

1. Parallèlement, d'autres signes ou prévisions laissent entrevoir cet événement sans précédent. Cf. Nostradamus, certains savants, des écologistes, de nombreux astrologues réputés, des sociologues, des maîtres spirituels orientaux, des écrivains, la troisième lettre, énigmatique, de Fatima, les Ecritures : Apocalypse de Saint-Jean, Ezéchiel (38.39), etc.

Annexes

BILAN

1955-1973 — 18 ans d'aventures autour du monde dont 6 ans d'auto-stop ininterrompu à travers 5 continents (1967-1973). En tout, 400 000 km, soit dix fois le tour du globe, mais UN SEUL TOUR DU MONDE
340.000 km gratuits sur le total de 400.000, soit plus des 4/5 du parcours en STOP (ne pas oublier que les 2/3 du globe sont de l'eau et que le stop sur la mer est pratiquement devenu impossible aujourd'hui, malgré tout ce qu'on raconte).
Nombre total de pays visités : 135

BUDGET

Parti en 1955 avec .... 1 000 A.F.

6 ans de stop :

Vivre (repas-lavage-logement) ...... 1 017 $
Se déplacer (transports payés) ...... 983 $
Total voyage .... 2 000 $
Faux-frais (visas, souvenirs, livres, musées, vêtements, argent volé, médicaments, frais de banque, poste, etc.) .... 2 000 $
Films (une caméra + 220 films 8 et super 8) .. 1 000 $

Vécu par jour avec une moyenne de 0,4943 $.
Tour du monde réussi avec, par jour (faux-frais et films exclus) .... $ 1

MES RECORDS

Nombre de passages[1] (autos-bateaux-avions) : 1 978
Passage le plus long en Australie : 2 423 km
Deuxième plus long au Pérou : 2 310 km
Record de rapidité en Afrique du Sud : 4 000 km en 3 jours de stop
Point le plus élevé pour dormir : Andes : 4 845 m

Température la plus basse : Alaska : — 45°
Température la plus élevée : Australie : + 64°
Poids habituel : 65 kg — le plus bas : 52 kg
Une seule nuit d'hôtel payée (forcée par l'Intourist) Moscou.
Attente la plus longue sur le bord de la route : 3 jours en Patagonie.
Nombre de passeports utilisés : 6.

1. Déplacement gratuit en stop.

ITINERAIRE

I — AVANT LE DEPART

1	FRANCE	
2	SUISSE	Ravitaillement pendant la guerre
3	LIECHTENSTEIN	Transit
4	AUTRICHE	Ski
5	BELGIQUE	Scout : descente de la Meuse en canot pneumatique
6	ALLEMAGNE-Ouest	Campement scout
7	LUXEMBOURG	idem

II — PREPARATION AU TOUR DU MONDE

DATE D'ENTRÉE	N°	PAYS	KM	SÉJOUR	
30.06.55	8	GRANDE-BRETAGNE	6 000	15 mois	
01.10.56	9	EIRE	370		15 jours
22.01.57	10	ESPAGNE	3 840	10 mois	
12.11.57	—	ALLEMAGNE-Ouest	400	3 mois	
14.02.58		*Vol Paris-Pointe Noire*	6 400	—	
———	11	ALGERIE	—		1 jour
15.02.58	12	TCHAD	—		1 jour
16.02.58	13	CONGO-BRAZZA	3 200	21 mois	15 jours
16.04.59	14	GABON	1 740		8 jours
	15	ZAIRE	400		3 jours
	16	CABINDA	480		2 jours
29.11.59		*Vol Pointe Noire-Paris*	6 400	—	
———	17	CAMEROUN	—		1 jour
30.11.59	18	NIGER	—		1 jour
01.12.59	—	hôpital France (fracture ski)		9 mois	
02.07.60	19	MONACO	10		1 jour
11.09.60	—	ALLEMAGNE-Ouest	2 730	25 mois	
24.08.61	20	ALLEMAGNE-Est Berlin	360		2 jours
23.08.62	21	TCHECOSLOVAQUIE	300		5 jours
15.12.62	22	ITALIE	7 430	22 mois	
02.06.63	23	VATICAN	—		1 jour
16.08.63	24	SAN MARINO	—		1 jour
04.09.63	25	SAN LEO	—		1 jour
28.05.64	26	YOUGOSLAVIE	3 380		9 jours
13.06.64	27	BULGARIE	860		6 jours
14.02.65		*Vol Atlantique*	6 620	—	
———	28	CANADA	7 830	33 mois	7 jours
07.10.66	29	U.S.A.	1 250		3 jours
		TOTAL	60 000	12 ans 5 mois (dont un an entrecoupé en France)	

III — TOUR DU MONDE EN STOP

DATE	Nº	PAYS	KM	PASSAGES (1)	COÛT (2)	SÉJOUR (3)
25.11.67	—	CANADA	80	Toronto-Iguazu (Brésil) raid taxi 20 815 km 83 jours $ 1 par jour		—
26.11.	—	U.S.A.	6 720			13
08.12.	30	MEXIQUE	2 280			10
18.12.	31	GUATEMALA	380			1
19.12.	32	SAN SALVADOR	330			1
20.12.	33	HONDURAS	160			1
21.12.	34	NICARAGUA	380			—
— —	35	COSTA RICA	565			2
23.12.	36	PANAMA	605			7
30.12.		*Bateau Pacifique*	2 020			3
02.01.68	37	EQUATEUR	380			3
05.01.	38	PEROU	4 280			26
31.01.	39	BOLIVIE	1 015			10
10.02.	40	ARGENTINE	1 220			2
12.02.	41	PARAGUAY	400			4
16.02.	42	BRESIL	6 350	3	moyenne 50	27
15.03.	43	URUGUAY	520	1		4
19.03.	—	ARGENTINE	3 000	5		36
24.04.	44	CHILI	700	9		3
27.04.	—	ARGENTINE	780	5		11
08.05.	—	CHILI	1 500	—		7
15.05.	—	ARGENTINE	100	—		2
17.05.	—	CHILI	4 200	8		40
26.06	—	PEROU	4 700	32		37
02.08.	45	COLOMBIE	—			4
06.08.	—	BRESIL	2 700	3		21
27.08.	—	COLOMBIE	1 100	—		12
08.09.	—	EQUATEUR	800	—		5
13.09.	—	COLOMBIE	1 900	1		3
16.09.	46	VENEZUELA	2 460	10		8
24.09.	—	COLOMBIE	500	3		11
— —		*Vol Caraïbe*	700	—	—	—
04.10.	—	COSTA RICA	270	2	0*	7
11.10.	—	NICARAGUA	220	2	0	—
— —		*Vol Managua-Mexico*	1 700	—	—	—
— —	—	MEXIQUE	9 000	58	—	90
09.01.69	—	U.S.A.	2 600	12	75	5
14.01.	—	CANADA	3 200	14	0	22
05.02.	47	ALASKA	6 380	17	75	42
20.03.	—	CANADA	1 600	6	—	7

1. Nombre de véhicules à moteur, avions, bateaux gratuits (en stop). Les passages payés ne sont pas comptés.

2. Dépense pour vivre : manger, se laver, dormir ; moyenne journalière en « cents » américains.

3. Nombre de jours.

* Séjour gratuit par suite de dons reçus d'amis, de menus services, de combines ou des circonstances.

DATE	N°	PAYS	KM	PASSAGES	COÛT	SÉJOUR
27.03.69	—	U.S.A.	6 080	58	—	16
17.05.	—	MEXIQUE	5 700	10	25	50
03.06.	—	U.S.A.	640	8	—	15
18.06.		*Bateau Pacifique*	6 400	1	—	10
28.06.	48	POLYNESIE Française	3 400	7	40	74
11.09.		*Yacht Pacifique*	1 150	1	100	8
19.09.	49	ILES COOK	20	—	49	11
Perdu 1 jour pour ligne internationale						
		Vol Pacifique	3 000	—	—	—
01.10.	50	NOUVELLE-ZELANDE	6 300	135	100	52
22.11.		*Bateau mer de Tasman*	1 900	—	—	2
24.11.	51	AUSTRALIE	16 000	61	67	62
25.01.70	52	*Vol Timor*	2 000	1	—	—
— —	53	INDONESIE	1 000	5	26	30
26.02.		*Bateau mer de Java*	1 000	—	—	2
— —	54	SINGAPOUR	80	5	—	7
06.03.	55	BORNEO *et bateau*	2 020	2	16	14
20.03.	—	SINGAPOUR	110	5	50	8
28.03.	56	MALAISIE	1 200	11	49	9
06.04.	57	THAILANDE	4 700	74	—	29
05.05.	58	LAOS	750	5	15	13
18.05.	—	THAILANDE	1 440	15	37	5
23.05.	59	CAMBODGE	1 350	4	40	16
09.06.	60	VIET-NAM Sud	390	4	0	13
22.06.		*Vol mer de Chine*	1 300	—	—	—
— —	61	PHILIPPINES	5 200	53	100	48
09.08.		*Bateau mer de Chine*	1 130	1	—	1
10.08.	62	HONG KONG	120	5	50	23
04.09.	63	MACAO *et bateau*	150	2	50	3
07.09.	—	HONG KONG	—	—	—	3
10.09.		*Bateau mer de Chine*	800	—	—	1
11.09.	64	CHINE-TAIWAN	850	18	0	15
26.09.	65	ILES RYUKYU *et bateau*	1 600	—	—	3
29.09.	66	JAPON	6 010	146	—	48
16.11.	67	COREE-Sud *et ferry*	1 480	12	50	9
25.11.	—	JAPON	1 000	6	47	10
04.12.		*Bateau mer du Japon*	1 600	—	—	2
06.12.	68	U.R.S.S.	10 730	—	100	11
17.12.	69	ROUMANIE	810	3	50	2
19.12.	—	BULGARIE	485	17	50	2
21.12.	70	TURQUIE	1 520	17	100	2
23.12.	71	SYRIE	200	1	30	1
24.12.	72	LIBAN	700	40	20	10
03.01.71	—	SYRIE	630	22	—	10
13.01.	73	JORDANIE	1.420	19	40	11
24.01.	74	IRAQ	2 600	36	44	14
07.02.	75	IRAN	2 300	16	33	11
18.02.	76	PAKISTAN	2 500	17	13	7
25.02.	77	INDE	11 090	90	30	91
27.05.	78	NEPAL	700	8	52	15
11.06.	—	INDE	3 000	—	—	7

DATE	N°	PAYS	KM	PASSAGES	COÛT	SÉJOUR
18.06.71	79	CEYLAN *et ferry*	1 800	49	10	26
14.07.	—	INDE	5 740	—	—	17
31.07.	—	PAKISTAN	600	5	25	7
06.08.	80	AFGHANISTAN	4 025	10	30	15
21.08.	—	IRAN	6 515	52	0	61
21.10.	81	KOWEIT	150	1	0	6
27.10.	82	ARABIE-SAOUDITE *vol*	1 600	—	—	1
28.10.	83	YEMEN Nord	750	4	0	6
03.11.	84	YEMEN Sud	150	2	0	7
10.11.	85	T.F.A.I. (Djibouti)	75	—	25	8
18.11.	86	ETHIOPIE	4 550	26	0	38
26.12.	87	KENYA	2 155	7	0	13
08.01.72	88	OUGANDA	1 380	11	10	7
15.01.	89	RWANDA	355	3	15	3
18.01.	90	BURUNDI	290	2	25	4
22.01.	91	TANZANIE	1 760	10	—	10
01.02.	—	KENYA	1 640	6	20	5
06.02.	92	SOMALIE	1 160	4	0	12
18.02.	—	KENYA	1 520	8	50	6
24.02.	—	TANZANIE	1 535	11	—	4
28.02.	93	ZAMBIE	1 370	8	20	5
04.03.	94	RHODESIE	1 660	9	15	13
17.03.	95	BOSTWANIE	715	8	16	3
20.03.	96	AFRIQUE du Sud	1 045	12	—	5
25.03.	97	NAMIBIE	1 800	7	—	5
30.03.	98	ANGOLA	2 865	10	15	7
05.04.	—	NAMIBIE	1 610	4	—	1
06.04.	—	AFRIQUE du Sud	3 530	50	49	22
28.04.	99	LESOTHO	290	5	15	4
02.05.	—	AFRIQUE du Sud	1 635	20	—	13
15.05.	100	SWAZILAND	170	2	29	3
18.05.	101	MOZAMBIQUE	1 780	6	54	6
24.05.	102	MALAWI	1 450	18	19	7
31.05.	—	TANZANIE	900	2	43	9
09.06.	103	ZANZIBAR	130	2	0	1
10.06.	—	TANZANIE	110	2	—	3
13.06.		*Vol océan Indien*	1 500	—	—	—
— —	104	MADAGASCAR	1 645	10	50	22
05.07.		*Vol océan Indien*	1 500	—	—	—
— —	—	TANZANIE	1 250	—	—	5
10.07.	—	ZAIRE	1 880	9	45	16
26.07.	105	REPUBLIQUE CENTRAFRICAINE	1 300	3	46	8
03.08.	—	CAMEROUN	1 300	10	64	5
08.08.	106	NIGERIA	930	8	56	5
13.08.	107	DAHOMEY	180	3	75	2
15.08.	108	TOGO	50	1	40	1
16.08.	109	GHANA	1 050	5	52	4
20.08.	110	HAUTE-VOLTA	760	2	0	3
23.08.	111	MALI	1 000	2	0	7
30.08.	112	COTE-D'IVOIRE	1 450	10	50	11

DATE	N°	PAYS	KM	PASSAGES	COÛT	SÉJOUR
10.09.72	113	LIBERIA	600	3	50	4
14.09.	114	SIERRA-LEONE	480	3	0	4
18.09.		*Vol Guinée*	700	—	—	—
— —	115	GAMBIE	50	3	65	1
19.09.	116	SENEGAL	660	8	80	10
29.09.	117	MAURITANIE	1 235	4	25	8
07.10.	118	RIO DE ORO	1 520	1	0	5
12.10.	119	ILES CANARIES	200	2	83	9
21.10.	—	RIO DE ORO	80	1	—	2
23.10.	120	MAROC	2 000	10	60	23
15.11.	121	CEUTA	10	—	0	1
16.11.	—	MAROC	840	7	—	4
20.11.	—	ALGERIE	3 350	28	66	27
17.12.	122	TUNISIE	1 335	15	30	10
27.12.	123	LYBIE	2 765	11	40	8
05.01.73	124	EGYPTE	1 045	—	68	19
24.01.	125	SOUDAN	2 210	1	15	10
03.02.	—	EGYPTE	1 570	—	—	5
— —		*Bateau Méditerranée*	600	—	—	—
08.02.	126	CHYPRE	410	9	35	4
12.02.		*Vol Méditerranée*	250	—	—	—
— —	127	ISRAEL	3 600	78	47	81
04.05.		*Bateau Méditerranée* (CHYPRE)	480	—	—	1
05.05.	—	TURQUIE	5 470	51	50	30
04.06.	128	GRECE	4 315	52	79	33
07.07.	—	YOUGOSLAVIE	840	7	125	2
09.07.	129	HONGRIE	445	7	107	7
16.07.	—	AUTRICHE	185	1	114	7
22.07.	—	TCHECOSLOVAQUIE	230	—	—	—
23.07.	130	POLOGNE	755	10	57	7
30.07.		*Ferry Baltique*	900	—	—	1
31.07.	131	FINLANDE	2 235	31	65	19
18.08.	132	NORVEGE	3 250	26	144	18
05.09.	133	SUEDE	470	—	72	9
14.09.	—	ALAND	1 030	5	57	3
17.09.	—	SUEDE	620	6	—	3
20.09.	134	DANEMARK	150	3	40	13
02.10.	—	ALLEMAGNE-Ouest	450	4	—	—
03.10.	135	HOLLANDE	400	10	54	12
15.10.	—	BELGIQUE	250	4	0	10
25.10.	—	ALLEMAGNE-Ouest	500	4	0	2
27.10.	—	FRANCE	510	12	0	2
29.10.	—	Maison à BRUNOY				
		Marche à pied, au moins...	11 970			
		TOTAL	340 000	1 978	49	2 076

Cet ouvrage a été reproduit
par procédé photomécanique par la
SOCIÉTÉ NOUVELLE FIRMIN-DIDOT
Mesnil-sur-l'Estrée
pour le compte des Éditions Robert Laffont
24, avenue Marceau, 75008 Paris
en avril 1997

Imprimé en France
Dépôt légal : avril 1997
N° d'édition : 38024 - N° d'impression : 38464